DISCARDED

University of Winnipeg, 515 Portage Ave., Winnipeg, MB. R3B 2E9 Canada

DISCARDED

University of Winnipeg, 515 Portage Ave., Winnipeg, MB. R3B 2E9 Canada

Historia de América Latina

Historia de América Latina

Dirigida por Nicolás Sánchez-Albornoz

1. *América indígena*
   Pedro Carrasco
   La conquista
   Guillermo Céspedes

3. *Reforma y disolución de los Imperios ibéricos, 1750-1850*
   Tulio Halperin Donghi

Monografías

Población y mano de obra en América Latina
Compilación de Nicolás Sánchez-Albornoz

Breve Historia de Centroamérica
Héctor Pérez Brignoli

HD
5730.5
A6 P58
1985

Población y mano de obra en América Latina

Compilación de
Nicolás Sánchez-Albornoz

Alianza Editorial

© de la compilación: Nicolás Sánchez-Albornoz

© de la compilación: Nicolás Sánchez-Albornoz
© Alianza Editorial, S. A., Madrid, 1985
   Calle Milán, ·38; 28043 Madrid; teléf. 200 00 45
   I.S.B.N.: 84-206-4206-1
   Depósito legal: M. 38.176-1985
   Compuesto en Fernández Ciudad, S. L.
   Impreso en Lavel. Los Llanos, nave 6. Humanes (Madrid)
   Printed in Spain

INDICE

Presentación   9

Introducción   11

1. Las poblaciones indígenas del litoral brasileño de São Paulo y Río de Janeiro. Comercio, esclavitud, reducción y extinción, por Warren Dean   25
   La población tupinambá alrededor de 1555, 28.—La declinación de la población antes de 1555, 31.—La provisión de proteínas de los tupinambá, 35.—Control demográfico y canibalismo ritual, 38.—Recolección de frutos y recursos agrícolas, 40.—Explotación de la fuerza de trabajo, 42.—Epidemias, 45.—Transformación del medio ambiente, 48.

2. Los indígenas de Guatemala en los siglos XVI y XVII: tamaño de la población, recursos y organización de la mano de obra, por Murdo J. MacLeod   53

3. La crisis demográfica del siglo XVI y la transición del Tawantinsuyu al sistema mercantil colonial   69
   I) El derrumbe de la población indígena, 70.—II) Los usos de la fuerza indígena en la formación de la nueva economía mercantil, 77.

4. Mano de obra y migración en un centro minero de los Andes: Oruro, 1683, por Ann Zulawski   95
   Conclusión, 112.

5. Población y fuerza de trabajo en una economía agraria en proceso de transformación. La provincia de São Paulo a fines de la época colonial, por Maria Luiza Marcílio   115
   Introducción, 115.—Estructura global de la población paulista: 1798-1828, 118.

6. Repuesta campesina ante las demandas del mercado y el problema de la tierra en Bolivia. Siglos XVIII y XIX, por Herbert S. Klein   127

7

7. Trabajar para vivir o vivir para trabajar: Empleo ocasional
    y escasez de mano de obra en Buenos Aires, ciudad y campa-
    ña, 1850-1880, por Hilda Sábato   149
    1. Escasez de mano de obra y trabajo ocasional, 150.—2. Hacia un
    mercado de trabajo, 155.—3. Trabajo ocasional: una forma de vida,
    157.—4. Empleo ocasional y mercado de trabajo, 165.—5. Algunas re-
    flexiones finales, 182.

8. Población y mano de obra en espacios vacíos. El caso de un
    pequeño país: Uruguay, 1870-1930, por Juan Rial   185
    Alambramiento y marginación de la fuerza de trabajo rural, 185.—In-
    migración europea y demanda de mano de obra en Montevideo, 188.—
    El mercado de trabajo en Montevideo en 1889, 190.—El mercado de
    trabajo en los departamentos del interior en la última década del si-
    glo XIX, 193.—El mercado de trabajo en el Uruguay de 1908, 195.—El
    mercado de trabajo hacia 1930. Comparación con la situación de 1980,
    204.—Una economía pequeña. Problemas estructurales de un mercado
    de trabajo reducido, 208.

9. Inmigrantes y *caipiras* en la división del trabajo de la hacienda
    paulista (1850-1930), por Chiara Vangelista   221

10. Del esclavo al asalariado en las haciendas de café, 1880-1914.
    La génesis del trabajador volante, por José Souza-Martins ...   229
    Población y producción: cuatro problemas, 229.—La roza y la deuda
    en la sujeción del trabajo libre, 231.—El campesino en el ritmo del
    capital: la producción del productor, 240.—Contradicciones del colo-
    nato, 244.—La liberación del salario, 253.

11. Población y fuerza de trabajo: el caso de la cafeicultura en el
    oeste paulista, por Maria Coleta F. A. de Oliveira y Felícia
    R. Madeira   259
    Introducción, 259.—El colonato en la cafeicultura: implicaciones de-
    mográficas, 261.—El tamaño de la familia en el colonato, 265.—Con-
    sideraciones finales, 275.

12. Mano de obra en la agricultura de exportación venezolana,
    por Gastón Carvallo y Josefina Ríos de Hernández   279
    El marco agroexportador, 280.—Localización espacial de la agroexpor-
    tación y de la mano de obra, 284.—Formas de inserción de la mano de
    obra en la hacienda, 286.—Formas de inserción de la mano de obra en
    la producción mercantil familiar, 290.—Consecuencias de la crisis de
    agroexportación, 293.

13. Oferta de trabajo y expansión agraria. La agricultura venezo-
    lana del período de Guzmán Blanco (1873-1889)   299

14. ... Y los últimos serán los primeros. La inmigración masiva
    en Venezuela, 1945-1961, por Susan Berglund   313
    Antecedentes, 313.—Vino nuevo en odres viejos: la política de inmi-
    gración de 1936 a 1943, 314.—Las puertas se abren y cierran: la polí-
    tica de inmigración de 1944 y 1961, 316.—Los inmigrantes, 318.—Inmi-
    grantes y fuerza de trabajo, 320.—... Y los últimos serán los primeros,
    324.

Presentación

El conjunto de trabajos de carácter netamente histórico que aquí se reúnen, trata de cómo población y mano de obra han estado relacionadas en América Latina desde antes del llamado «descubrimiento» hasta muy cerca de nosotros. El libro no entra en la situación actual, ni tampoco sistemáticamente en todos los casos del pasado. La secuencia irregular es propia de este género de recopilaciones. En cuanto a la cobertura geográfica del libro, es amplia también, no obstante omisiones involuntarias como las de México y el Caribe. Hay una concentración obvia de trabajos sobre Brasil, Venezuela, los Andes y Río de la Plata. La obra constituye un primer intento de superar el ámbito local en el que se ha desenvuelto hasta ahora el tema y, sin abandonar el análisis concreto, de plantear en su dimensión común a América Latina la cuestión de la relación entre demografía y fuerza de trabajo.

El VIII Congreso Internacional de Historia Económica, celebrado en 1982, contó con una sesión dedicada a este punto. Aquí vienen recogidas la mayor parte de las comunicaciones redactadas para aquella ocasión. Debido a la amplia respuesta que tuvo la convocatoria y que, en consecuencia, no todas las ponencias podrían ser debatidas en el corto tiempo acordado, la reunión hubo de desdoblarse. Así, los trabajos relativos al siglo XIX fueron discutidos por anticipado en un seminario celebrado en Santander del 10 al 12 de agosto de 1982 en la Universidad Internacional Menéndez Pelayo; los restantes, tal como estaba previsto, el día 17 de agosto en Budapest, sede de aquel Congreso. Este tomo suma los trabajos preparados indistintamente para una u otra subsección. Comprende incluso aquellos papeles de ponentes que por varias razones no pudieron hacerse presentes. También omite mi propia comunicación discutida en Budapest y que se puede leer ya en *Historia Boliviana*, 3-1-1983. El carácter itinerante de la reunión acrece las deudas más allá de lo habitual. La primera es naturalmente para con los participantes por su presentación y por la ulterior revisión con sacrificios de su texto. La asistencia de varios latinoamericanos a la sesión de Santander fue facilitada generosamente por el Instituto de Cooperación Iberoamericana, Madrid. Consta aquí nuestro agradecimiento por posibilitar el acercamiento entre estudiosos. La Universidad Internacional Menéndez Pelayo merece nuestro especial reconocimiento por facilitar traslados, alojamientos y organización del seminario en el grato marco del palacio de la Magdalena, frente al Cantábrico. Pedro Tedde de Lorca, de la Universidad de Málaga, comentó las ponencias discutidas allí. Graciela Sánchez-Albornoz ha traducido al español, con el cuidado que el lector está en condiciones de juzgar, aquellos textos que originalmente fueron escritos en portugués, inglés y francés; en suma todos menos los capítulos 3, 7, 8, 12 y 13. También ha contribuido al necesario trabajo de *editing* o revisión de los textos. Al comité organizador del VIII Congreso ha de reconocérsele el haber prohijado la idea de esta discusión y de haber hecho particularmente agradable la estancia a orillas del Danubio.

N. S.-A.

Introducción

El pasado de América Latina que recorren las páginas de este libro abarca un largo tramo de varios siglos durante el cual el factor trabajo detentó un papel central en la economía. La expansión se lograba principalmente al agregar mano de obra a las actividades productivas; cuando los brazos decrecían, la capacidad en cambio mermaba. En el sistema económico ulterior, crecimiento o depresión resultan por otra parte de la variable intensidad con que se aplica otro factor, es decir, con que se invierte capital. El hombre cede ahora lugar, desplazado por innovaciones tecnológicas, producto directo de tales inversiones. La economía sobre la que tratan los varios estudios aquí reunidos no es, pues, la más reciente, sino una economía preindustrial, poco capitalizada, hasta hace poco básicamente agraria, aunque en forma y en grados diversos.

La fuerza que aquella agricultura requería era la de los brazos. Cada par pertenecía a una persona. Fuerza de trabajo y demografía se encuentran por tanto estrechamente enlazadas. De las vinculaciones entre ambas discurre este libro; lo hace examinando ejemplos históricos concretos. La comparación vale en tanto que los casos pertenecen a un mismo sistema.

Población y mano de obra se relacionan para empezar en lo que hace al reemplazo de las generaciones. El ser humano trabaja un extenso período de su vida, pero llega un momento en que se incapacita o agota y debe ser sustituido. Por lo común, la mera sustitución no presenta problemas: suele haber suficientes jóvenes dispuestos a ocupar el puesto que su mayor deja vacante. En América Latina no ocurrió, sin embargo, así des-

11

pués de la Conquista. Por más de un siglo, cada generación fue más
corta que la anterior; su reemplazo fue parcial y por tanto insuficiente.
La fuerza de trabajo llegó a reducirse, a la vez que la población, hasta
una mínima expresión. Tan drástica y larga caída general acarreó por
lógica graves consecuencias económicas y sociales.

De este tema fundamental de la historia colonial de América se ocupan los tres primeros capítulos del libro. Warren Dean describe el agudo
proceso que llevó a la extinción de la población autóctona en el litoral
brasileño de Río de Janeiro a São Paulo. Munro MacLeod traza luego
la retracción, menos acusada, de la población indígena en la América
Central. Por otra parte, Carlos Sempat Assadourian repasa críticamente
el fenómeno para los Andes. El colapso demográfico que la conquista
europea provocó se halla plenamente demostrado. La reconsideración de
lo acaecido en Centroamérica y en los Andes introduce sin embargo matices y nuevas perspectivas. En cuanto al litoral brasileño, el estudio aquí
incluido no tiene precedente: por primera vez se aborda la cuestión en
detalle.

Noticias de tradición indígena sobre el tamaño de la población precolonial, sabido es que no hay para Brasil como existen para México o
Perú. Los naturales del litoral, escasos y más primitivos, no necesitaron
de recuentos. Como por otra parte sólo tuvieron al principio un contacto
intermitente con los invasores, también escasean los testimonios numé-
ricos de origen europeo. Difícil se presenta estimar el tamaño de la
población indígena al momento de los primeros desembarcos. A falta de
fuentes directas, Dean ha recurrido a su otra versación, aparte de la histórica: a partir de datos ecológicos ha inferido tamaños y variaciones. Rele-
vada la franja costera útil y estimada la biomasa que posiblemente alber-
garan el bosque y las ensenadas, Dean deduce una capacidad de sustentación para una población de cazadores, pescadores y agricultores bastante numerosa. También postula que ésta habría alcanzado un punto de
saturación en relación con los recursos aprovechables, en vísperas de la
llegada de los europeos. La intrusión trastocó el precario ajuste. El paisaje
se transformó y la capacidad de sustentación se redujo. La población
mermó además al distraerse de las comunidades fuertes contingentes de
indígenas hacia los labrantíos de los conquistadores. Causas múltiples se
concatenaron de este modo para forzar el declive. Demografía y fuerza
laboral se realimentaron a la baja, en una trágica espiral característica del
temprano período colonial.

América Central, más compleja en la organización social de sus indígenas y en la diversidad de sus recursos naturales, no perdió población tan
drásticamente como la costa de Brasil. Territorio tras territorio, MacLeod

repasa la diversa evolución. Como en el resto del continente, los extremos se sitúan en las costas y, por otra parte, en las tierras altas. Las primeras se despoblaron; las segundas pudieron preservar un mínimo de habitantes. Las migraciones, sin embargo, modificaron pronto estos resultados: algunas franjas costeras no tardaron en ser explotadas por los colonizadores apelando a los naturales de las tierras frías, y quedaron por ende repobladas. Los indígenas acudieron por la fuerza, o se dejaron ganar por alguna ventaja. Que éstos perduraran dependió en última instancia de los recursos apetecidos en cada zona por los conquistadores y no tanto de la aptitud de los primitivos habitantes para sobrevivir y reproducirse. La variable económica, subraya MacLeod, prevalece en esta ocasión en la relación entre población y fuerza de trabajo.

Esta preeminencia de lo económico aflora igualmente en el ensayo siguiente. Assadourian comienza fijando las líneas del declive poblacional. Argumenta en pro de un temprano y abrupto derrumbe demográfico en los Andes centrales y meridionales, al revés de la mayor parte de los estudios que han solido prestar más atención al período siguiente, del virrey Toledo en adelante. La mayor abundancia de fuentes ha inclinado los estudios en favor, en efecto, de esa etapa más tardía. En ella, la declinación resulta empero, arguye Assadourian, menos nítida por la «desafiliación», el abandono de las comunidades por los indios. Si los ausentes se pierden a menudo para la localidad de origen, no sucede igual para el conjunto: reemergen forzosamente en otro sitio y allí empiezan una nueva vida, activa en lo económico y reproductiva en lo demográfico.

La pérdida de población llevó a una profunda contradicción. Cuanto más se expandía la economía mercantil, una vez afianzado el régimen colonial, ¿cómo reclutar más hombres para su servicio? ¿Cómo conseguir que la oferta de trabajo creciera en medio de tamaña hecatombe? Las disponibilidades aumentaron a fuerza de coacción. En definitiva, oferta y demanda no operaron con la fluidez debida; la compulsión distorsionó constantemente su articulación. Del reemplazo generacional nos deslizamos imperceptiblemente hasta el juego, no siempre espontáneo de las fuerzas del mercado.

La compulsión, factor perturbador, no se impuso ocasionalmente, sino que se instauró para durar. La coacción no desapareció de América Latina ni siquiera cuando, años más tarde, los hombres dejaron de escasear, sino que se prolongó hasta no hace tanto. A la larga, el recurso al apremio sólo aplazaba, sin embargo, el ajuste debido. La mita que dotaba a las minas de Potosí anualmente de un elevado contingente forzoso de indios necesitó reducir las tandas en el siglo XVII, franca admisión de que los hombres habían menguado en el Altiplano. Tergiversar las reglas del mercado fue posible, pero sólo a la corta y dentro de ciertos límites. De las perturbaciones que la mita potosina introdujo en la demografía y en la oferta de trabajo del Alto Perú versó precisamente la comunicación que presentamos en el Congreso de Historia Económica de Budapest. Su texto no figura en este volumen, según advertimos ya en la *Presentación*.

El estudio de Assadourian nos lleva a una segunda cuestión que saldrá a relucir más de una vez en capítulos sucesivos: la fragmentación de la masa laboral. El tronco común de la mano de obra andina se escinde, en efecto, tras la Conquista entre una mayoría que produce sus propias subsistencias y otro grupo menor forzado a rendir para el mercado. División no supone aislamiento. Más bien lo que existió fue una dependencia dinámica entre ambos, de signo por cierto asimétrico: ambos grupos se reprodujeron en buena medida dentro de las comunidades, pero el sector ocupado en actividades mercantiles recibía una transferencia periódica de brazos; nunca al revés.

La reducción más que secular de la población y de la fuerza de trabajo indígenas tocó a su fin, en general, entrado el siglo XVII. En el análisis de Ann Zulawski (capítulo 4), la población aparece estabilizada en su reproducción. El censo de Oruro, de 1683, que ella desmenuza muestra cómo una generación reemplaza ya a la anterior. A estos nativos se une un flujo permanente de inmigrantes de los aledaños. La oferta de brazos es en este caso espontánea, sin recurso a la coacción. Un régimen salarial se esboza, aunque todavía imperfecto. A partir de un documento puntual, Zulawski consigue evocar esta doble transición hacia la estabilidad demográfica y hacia la formación de un mercado laboral.

De la estabilidad recién lograda saltamos a una alza impetuosa. A fines del siglo XVIII, una fuerte expansión agraria urge en el São Paulo atlántico una aceleración del crecimiento poblacional. Una política de sistemático fomento demográfico alienta los matrimonios y la natalidad, a la vez que la acción sanitaria procura reducir los óbitos. Las autoridades también estimulan las migraciones: atraen a metropolitanos y fundan nuevas villas. Entre 1798 y 1828, la población aumenta deprisa, según atestiguan los padrones en que María Luisa Marcilio basa su indagación (capítulo 5). Con ser rápido, este crecimiento no basta. Tampoco es el que más conviene a un monocultivo exportador en auge. Este prefiere al esclavo, sujeto a trabajo forzado, más que al operario libre. Para satisfacer la demanda del monocultivo, la trata negrera introdujo entonces gran cantidad de africanos. Ellos acrecentaron la masa servil y a la vez la población total de la capitanía.

Subsistencia y monocultivo no hacen, pues, uso de la misma mano de obra y ésta no resulta intercambiable. En São Paulo, la fractura se extiende al orden demográfico: la fuerza laboral se reproduce por separado y cada fragmento presenta atributos propios. Junto a una sociedad campesina casi equilibrada en sexos y con una amplia base juvenil —lo cual le asegura un rápido crecimiento—, se erige la esclava, menor en tamaño y sesgada en su composición por sexo y edad a causa de su dura condición servil. Constreñida en su capacidad para reproducirse, la masa de esclavos se renueva y aumenta sólo por importación, o casi. La inmigración que nutre tanto a la población libre como a la esclava, desempeña para cada sector una función distinta. Al estrato más antiguo la inmigración aporta un suplemento de brazos; el más reciente depende básicamente de ella. La fragmentación paulista es más honda que entre los indígenas del Alto Perú.

Tras esta incursión atlántica, el capítulo de Herbert Klein (número 6) nos retrotrae al área andina. El autor examina el papel de las comunidades indígenas en las postrimerías del siglo XVIII y en el siglo XIX. Antes de entrar en materia, Klein pasa revista a la historia de las comunidades del altiplano boliviano. Mirando hacia atrás, aprecia el cambio. Con el tiempo, el peso de las comunidades en el conjunto de la economía se había reducido. A la vez ellas habían dejado de constituir aquel pozo sin fondo del que el sector mercantil —minas y haciendas— extraía despiadadamente recursos materiales y humanos. Buena parte de su producción se orientaba a la sazón hacia el mercado. Por momentos las comunidades incluso aventajaban en él a las haciendas. Sus miembros se reproducían por otra parte con cierta holgura, aunque a menudo no llegaran a cubrir sus crecientes necesidades de mano de obra. En el departamento de La Paz, en el que Klein se detiene, las comunidades daban entrada a trabajadores indígenas de todo orden. Las comunidades también competían, pues, por la fuerza de trabajo. Este auge comercial y demográfico de las comunidades no fue empero duradero: ellas prosperaban en cuanto la nación se aislaba y replegaba sobre sí misma; cuando la economía se abría hacia el exterior, retrocedían. En este contrapunto entre hacienda y comunidades, Klein disipa la enraizada idea de unas comunidades indígenas arrinconadas y las descubre activas y capaces de defender en el siglo XIX su dominio sobre tierras y hombres. Con este ensayo el libro abandona el mundo indígena y andino. Nuevos horizontes y nuevos temas irrumpen en escena.

En el lejano sur del continente se extendía una área espaciosa, poco explotada y vacía de hombres. Algunos puertos se erigen en sus costas, por donde penetraron los europeos tardíamente. Buenos Aires y Montevideo, en orillas opuestas del Río de la Plata, dominan la campaña que se extiende por el interior. Los dos capítulos del libro que siguen tratan de ambas ciudades y de sus territorios —una provincia el primero, una nación el segundo. Cronológicamente, el texto de Hilda Sábato se refiere a un período anterior; el de Juan Rial cubre más años. Ambos discurren sobre cómo llegó a constituirse un mercado de trabajo plenamente capitalista a ambas orillas del Plata.

A mediados del siglo xix, los trabajadores ocasionales abundan en Buenos Aires; representan, observa Sábato, hasta cuatro décimas partes de la fuerza de trabajo potencial. Estos trabajadores ocasionales no aspiran a una ocupación permanente, por cuanto todavía proliferan en el campo los bienes mostrencos. A lo sumo aceptan un empleo temporal cada vez que, dentro de su frugalidad, necesitan adquirir los contados artículos que no están al alcance de su mano. Tamaña sustracción de brazos al mercado alimenta una supuesta escasez de mano de obra. Una retención de la oferta distorsiona una vez más el mercado de trabajo. La compulsión no falta tampoco como respuesta, y se justifica con igual pretexto: la urgencia de desarrollar una economía mercantil. Claro que el Buenos Aires decimonónico no es el Perú del quinientos. La inmigración masiva de europeos compensa y supera el retraimiento de los naturales del país. No hay tampoco por qué recurrir a apremios tan crudos como entonces y cabe contentarse con presiones indirectas (Código Penal, papeleta de conchabo...).

La resistencia de parte de la masa laboral a incorporarse al mercado de trabajo no deja de ofrecer sus ventajas. Ni la ganadería ni la erección en curso de un red vial requieren ni garantizan un empleo fijo en la segunda mitad del siglo xix: fuertes fluctuaciones de la actividad económica afectan la demanda de mano de obra. El trabajador ocasional poco afecto a un compromiso permanente, se presta, sin embargo, para las labores temporales o circunstanciales. De esta reserva, estancias y empresas ferroviarias extraerán la mano de obra que necesiten cada vez. De mediados a fines de siglo un cambio gradual tiene lugar. La duración del empleo deja de estar determinada por las necesidades del trabajador, para depender de las oscilaciones de la economía. La intermitencia ayuda, por cierto, a incorporar a los antiguos trabajadores ocasionales, insensible, pero inexcusablemente, dentro de un mercado capitalista cada vez más ubicuo.

Si para Sábato esta modalidad perpetúa una antigua forma de vida, Rial la presenta como consecuencia de una constante marginación. Para Rial, al insertarse Uruguay en la economía mundial, la ganadería comercial y el alambrado se propagaron tierra adentro. Ganado y alambres tornan redundantes a muchos peones rurales. Los rancheríos donde se cobijan, a orillas de las nuevas estancias, surten a éstas de la escasa mano de obra permanente que requiere su explotación extensiva, o también del suplemento estacional que movilizan las zafras. Los excedentes liberados no se incorporan empero a la agricultura comercial que, en régimen de minifundio, se extiende a lo largo del litoral meridional. Esta apela más bien a campesinos que acuden de Europa. A la par de éstos, otros inmigrantes se instalan en Montevideo. La animación del puerto crea ocupaciones que los extranjeros desempeñan, cerrando el paso a los residentes más antiguos.

Rial parte de la bipartición entre trabajo informal, equiparable al ocasional de Sábato, y el formalizado, o sea, el que concurre al mercado capitalista. Cada uno se escinde a su vez entre el campo y la ciudad. Estas cuatro modalidades conforman compartimentos con escasa circulación entre sí, como queda patente en los censos ocupacionales de c. 1890 y 1908. A falta de trasvases, los excedentes de mano de obra no se dispersan, sino que se acumulan, y Uruguay aparenta una temprana sobrepoblación, cuando en suma todavía tiene pocos habitantes. En vez de la solución más drástica de eliminar las barreras, el país prefirió buscar paliativos. En un gesto malthusiano, la población redujo en general su fecundidad. Uruguay ostenta una transición demográfica y un estado de bienestar prematuros en Latinoamérica. El estado impulsó además la demanda de empleo, reduciendo la jornada de trabajo, adelantando jubilaciones y sobrecontratando en la burocracia.

Tanto en Buenos Aires como en Uruguay las ofertas sectoriales no se combinaron y la inmigración no disolvió la bisección inicial del mercado de trabajo. Contra la opinión que considera que la inmigración favoreció la movilidad, Sábato y Rial muestran que, al revés, taponó a los sectores tradicionales y prolongó el trabajo ocasional.

Fragmentación similar reaparece más al norte. En el vecino estado de São Paulo, la hacienda cafetalera apela, por la misma época, a la inmigración europea mientras hace de lado al trabajador nacional. Los tres capítulos siguientes del libro abordan la misma cuestión desde ángulos distintos. Algunos argumentos se solapan, pero otros se complementan.

Chiara Vangelista acota primero el campo general de los problemas (capítulo 9). El avance por el planalto acrecentó la demanda de mano de obra cuando la esclavitud entró en crisis y finalmente fue abolida. En ningún momento, subraya, los paulistas contemplaron la posibilidad de expandir las plantaciones de café con el aporte de los antiguos siervos. Una vez liberados, éstos engrosaron más bien la agricultura de subsistencia o los estratos inferiores del sector de servicios. Los hacendados dieron en su lugar entrada a los inmigrantes europeos y prolongaron bajo otro color el reclutamiento exterior de la fuerza de trabajo de la que habían dependido mientras rigió la esclavitud. Vangelista se interroga por esa inusitada elección. Factores culturales aparte, la explicación apunta hacia la continuidad del sistema económico. El régimen de trabajo buscado, el colonato, vino a garantizarla. De la esclavitud al colonato, São Paulo pasó, observa, sin traumatismos. El colonato permitió, por una parte, prescindir del esclavo sin incurrir en las altas erogaciones que hubiera acarreado la introducción del asalariado. La familia del colono ahorraba por otro lado trabajadores adventicios, sobre todo a la hora de levantar la cosecha. Organización de trabajo y relaciones sociales dentro de la hacienda se alteraron lo imprescindible, mientras que la producción tuvo oportunidad de crecer. El colonato no contribuyó, sin embargo, a que el trabajo convergiera hacia un mercado único. Al revés, acentuó su segmentación, siguiendo por cierto lineamientos hasta raciales. La discriminación se ejerció incluso contra inmigrantes europeos no italianos, tan restringido fue en suma el criterio de selección que prevaleció.

Perfilado el marco general, José de Souza-Martins ahonda en lo que hace a la estructura de la fuerza de trabajo. En un capítulo denso, muestra cómo ésta se desenvolvió en la hacienda cafetalera paulista durante el período de 1880 a 1914. *Posseiro*, aparcero, colono, *camarada*, hasta el *bóa-fría* y el trabajador volante fueron las formas múltiples, complementarias o sucesivas, que adoptó. El café en su expansión necesitó más brazos, pero no de cualquier clase, sino solamente para el cultivo y la recolección. El colonato resolvió este problema de una manera práctica, y también óptima para los intereses de los terratenientes. El colono ganó los territorios de frontera para la gran propiedad y evitó que el antiguo latifundista tuviera que desprenderse de su tierra e invertir su capital en el beneficio del grano, como ocurrió en otras partes de América. En São Paulo, plantación y beneficio siguieron unidos. Al igual que en el vecino Uruguay, caso tratado por Rial, la inmigración no vino por tanto a perturbar el orden social y económico, sino a consolidarlo.

En punto a movimientos demográficos, Souza-Martins centra su atención en cómo y para qué se reclutó la mano de obra. En el capítulo 11, María Coleta de Oliveira y Felicia Madeira se ocupan en cambio de otro aspecto de la dinámica de la población: del tamaño que tuvieron las familias de los colonos y de la reproducción del grupo. La idea más difundida es que la familia grande fue necesaria, por cuanto a mayor tamaño mayor podía ser también el ingreso que el colono obtenía de cuidar y cosechar las matas para el hacendado y de cultivar la parcela propia para su subsistencia. Ante esta creencia, Oliveira y Madeira exponen sus dudas. El tamaño de la familia no fue por cierto tan grande, ni tendió a aumentar entre los colonos tanto como cabría esperar de haber sido ello tan beneficioso. Al contrario, muestra bastante estabilidad. El tamaño, afirman con cautela, más parece estar condicionado por las pautas demográficas en vigor en el país de procedencia que por el modo como se explotó la hacienda cafetalera.

El último grupo de capítulos nos traslada a un nuevo ambiente: de Brasil pasamos a Venezuela. Los dos primeros trabajos, el de Gastón

Carvallo y Josefina Ríos Hernández y el de Aníbal Arcondo, siguen no obstante discurriendo sobre la economía cafetalera. La de Venezuela se desenvolvió casi simultánea a la de Brasil, aunque con modalidades y resultados muy distintos. El capítulo 12 se acopla en contrapunto con los tres capítulos dedicados a São Paulo.

A diferencia de esta región donde predominó la gran plantación, Venezuela produjo café en haciendas y en pequeñas fincas familiares. Cada tipo de explotación se localizó, según señalan Carvallo y Hernández, en distintas partes: en la costa prevaleció la hacienda, y en los Andes la pequeña explotación. La fuerza de trabajo y su reclutamiento variaron asimismo. La hacienda requirió una parte permanente, los «vecinos» asentados en ellas en conucos, más un suplemento estacional para la cosecha. Este lo aportaban las migraciones de asalariados desde la isla Margarita en el Oriente o desde Lara en Carabobo y Aragua. La explotación andina dependió en cambio del trabajo de la familia. Si alguna ayuda ajena necesitó, la obtuvo por intercambio de prestaciones en sus modalidades de «brazo vuelto» o *cayapa*. Al revés que en Brasil, la pequeña explotación reveló gran dinamismo. A última hora, la hacienda no aguantó los embates, mientras que las explotaciones familiares pudieron hacer frente a la recesión. En punto a mano de obra, la agricultura del café dependió en Venezuela exclusivamente de la oferta interior. Pocos inmigrantes entraron en el país durante el largo ciclo cafetalero. Un lento crecimiento natural de la población mal cubría la demanda en aumento. La escasez elevaba los salarios; los hacendados buscaron cómo comprimirlos. El capítulo 13 desarrolla este punto para un período más corto.

En los tres lustros que Arcondo aborda (1873-1889), la superficie plantada de café se expandió en un momento en que, paradójicamente, los precios del grano caían en el mercado mundial y los beneficios se contraían en proporción. La demanda de fuerza de trabajo aumentó sin que se elevara en contrapartida la oferta. En vez de estimular la inmigración, los venezolanos se disputaron los brazos disponibles o preconizaron, sin pleno éxito, una vuelta a formas compulsivas de reclutamiento. En la Venezuela de aquella época se adivina el rumbo que la cafecultura paulista podría haber seguido de no haber dispuesto de los colonos: crecimiento lento, compulsión laboral, rivalidad entre hacendados y, al final, cesión del cultivo a la explotación familiar.

La inmigración masiva, tan importante en Brasil, Argentina y Uruguay, llegó tarde a Venezuela. Susan Berglund da cuenta de cuántos individuos entraron después de la Segunda Guerra Mundial y refiere quiénes eran y a qué acudieron. No sólo la cronología, sino también la composición del flujo difiere en varios puntos de la conocida en otros casos. Berglund destaca en particular cuánto más alto fue aquí el nivel social en el que los extranjeros se insertaron. En el momento en que Venezuela les abrió sus puertas, la agricultura se hallaba en crisis y los ingresos de la nación dependían casi exclusivamente de la exportación de hidrocarburos. Agricultura y explotación petrolera —actividad ésta que insume escasa mano de obra— requerían una cantidad más bien limitada de brazos. El país, abierto ya a los incentivos del mercado, estaba en condiciones de proporcionarlos. La economía andaba más bien corta de personas calificadas, de mecánicos a empresarios. En este alto nivel, urbano por añadidura, se insertaron, pues, los extranjeros. Venezuela no repite la experiencia de Brasil o Argentina, donde la mano de obra extranjera, si bien terminó por concentrarse en las ciudades, engrosando las actividades de intermediación, antes había desarrollado en el campo el aparato productivo de la nación. La Venezuela de mediados del siglo xx recuerda más bien al Uruguay finisecular evocado por Rial. Tampoco en Venezuela los inmigrantes activaron la base exportadora del país; agrupados en su mayoría en la capital y ocupados en el comercio o los servicios, taponaron a los venezolanos de origen el acceso a las posiciones más remuneradoras.

* * *

El párrafo, o dos, que en esta introducción hemos dedicado a cada capítulo condensa información y argumentos. No recoge evidentemente todos los puntos que una lectura atenta de los textos descubrirá. La introducción sólo hilvana temas.

El conjunto de colaboraciones no constituye un repaso completo de la cambiante relación entre población y mano de obra en América Latina. No penetra en la etapa precolonial, ni en la industrial, ni cubre toda la región. Caribe y México son las lagunas —involuntarias— más notorias. De los casos históricos contemplados se desprenden, sin embargo, ciertas conclusiones de carácter general para la región y la época estudiadas.

El trabajo compone el principal factor de producción durante este período. La tierra no constituye entonces un bien escaso, sino que abunda. En bastantes capítulos la acción se sitúa harto característicamente en la frontera, donde sólo la disponibilidad de brazos limita el acceso al suelo. El Río de la Plata y São Paulo son ejemplos obvios de territorios de frontera. Unicamente en los Andes hacienda y comunidad compiten por la tierra, pero aun así, su suerte pasa ante todo por el control de la mano de obra. El capital, por otra parte, brilla por su ausencia, a no ser la inversión en la compra de esclavos. La economía creció, pues, o menguó, mayormente en función de la fuerza de trabajo movilizada. Al caer la población en Brasil, Centroamérica o los Andes, en el siglo XVI, la capacidad productiva también se contrajo. Lo opuesto fue, por fortuna, más frecuente. Un crecimiento natural sostenido vino a menudo seguido de un aumento de la fuerza de trabajo y de la correspondiente expansión económica.

Población y mano de obra no aparecen empero conectadas de una manera simple. Entre ellas no siempre se observa, y menos en el corto plazo, una correlación directa y proporcional. A mayor demanda de mano de obra no necesariamente sucede un crecimiento natural; tampoco a la inversa. En la conquista, la demanda creció, pero no la población. En el São Paulo del siglo pasado, la población aumentó más que el crecimiento vegetativo, ante una súbita necesidad de mano de obra. Dos casos, entre tantos, de discordancia en los movimientos. En estos ejemplos observamos, por otra parte, que la relación no siempre opera en una misma dirección. Cualquiera de ambas variables arrastra a la otra al cambio.

Población y fuerza de trabajo, por otra parte, no siempre se comportaron de acuerdo con una dinámica propia. En América Latina, factores exógenos interfirieron a menudo en esa intrincada relación. La conquista, una vez más como ejemplo, no entraba dentro de la lógica del desenvolvimiento del continente, pero torció irremediablemente el rumbo de éste. La apetencia de Europa por plata o productos tropicales elevó después la demanda de mano de obra. En adelante, América Latina se convirtió en receptáculo de exigencias exteriores. De fuera vino incluso parte de la mano de obra. La inmigración europea o africana (y excepcionalmente la asiática) constituyeron desde entonces un componente decisivo del movimiento de la población.

La fuerza de trabajo se reproduce de ordinario generación tras generación. Esta regla dejó de operar, sabido es, por un tiempo. Por más de un siglo después de la conquista, la reproducción no bastó: la población se contrajo sin interrupción. Menor reproducción, menos brazos: los andenes de cultivo abandonados atestiguan hasta ahora en los Andes, con una elocuencia muda, aquella capacidad perdida. La posterior recuperación de los indígenas estuvo basada en una renovación de su capacidad reproductora. Las comunidades andinas que Klein describe en el siglo XIX contrastan en vitalidad con las del primer siglo colonial. La reproducción pudo ya hacer frente a los requerimientos regulares; pero no a alzas repentinas en la demanda. Entre que ésta se disparaba y la reproducción se hallaba en condiciones de satisfacerla, tenía que pasar toda una generación. A medida, pues, que la economía latinoamericana fue tomando aceleración y sus ritmos se tornaron más nerviosos, los desajustes de este tipo sucedieron con mayor frecuencia. A la corta, se resolvían mediante trasvases de mano de obra entre regiones o entre sectores.

Tal desencaje entre oferta y demanda de mano de obra es el tema más ventilado en los capítulos de este libro. El desajuste puede proceder de un exceso como de un defecto. En la última parte de su trabajo, Rial discurre sobre la oferta excedente de mano de obra, relativa sin embargo, pues Uruguay se encontraba poco poblada todavía. Esta es la única vez que se alude a sobrepoblación en el libro. Los demás estudios tratan todos de la escasez de brazos y su solución por vía de la migración. McLeod menciona tempranas migraciones indígenas en Centroamérica. Zulawski y Klein recogen otras del área andina. La introducción de esclavos en São Paulo es explicada por Marcilio y la atracción allí mismo de colonos es debatida por Vangelista, Souza-Martins, Oliveira y Madeira. Los inmigrantes europeos se presentan en el Río de la Plata por mano de Sábato y Rial y, más tarde, en Venezuela por la Berglund. Carvallo y Hernández refieren migraciones internas en el ámbito venezolano.

Migraciones hay varias en razón de la distancia que el flujo recorre (transoceánica, interregional...), pero cabe clasificarlas también por la función que cada una cumple. Un desajuste temporal, pero repetido, da lugar a una migración estacional. Las haciendas cafetaleras de la costa venezolana recurrieron regularmente a trabajadores migrantes para la cosecha, como exponen Carvallo y Hernández. El surgimiento de centros mineros o de haciendas suscitaron, por otra parte, desplazamientos de mano de obra más permanentes, pero de carácter local, en el Perú colonial. La penetración en zonas poco habitadas trajo, en fin, inmigrantes de otros continentes africanos a Brasil o europeos al Río de la Plata, por no citar sino un par de ejemplos.

La inmigración en cualquiera de sus formas, ¿tuvo que ver con el tamaño de la fuerza de trabajo?, ¿fue señal siempre de insuficiencia? El debate sobre los colonos llegados a São Paulo, que abarca tres capítulos, nos pone sobre aviso. La ocupación y puesta en cultivo de la frontera necesitó desde luego mayor cantidad de brazos; pero la preferencia por los extranjeros se basó asimismo en razones económicas y sociales. Números aparte, median pues en la migración otras consideraciones.

Ante las migraciones modernas o el funcionamiento del mercado del trabajo suele suponerse que, establecidas las ventajas, el trabajador se ha de dejar ganar por la perspectiva de una mejora y acudirá por sí mismo donde perciba que existe. Ahora bien, la perspectiva del trabajador, ¿no fue oscurecida a veces por inhibiciones? Aquel acto voluntario, ¿es por lo demás el único acceso a la mano de obra?

El libro no entra en la cuestión de la brecha cultural que distanciaba a los indígenas, colectivamente, del orden impuesto por la conquista y que tanto frenó su incorporación espontánea al mercado de trabajo. La resistencia ocurrió asimismo por razones más individuales en sectores no estrictamente indígenas, como demuestra la historia tardía del trabajador ocasional bonaerense, recogida por Sábato. Las concepciones comunes sobre migración y mercado de trabajo parten de una identidad cultural y económica que no existió por entonces en América Latina y cuya falta entorpeció la formación de un mercado de trabajo.

La coacción suplió con demasiada frecuencia la prestación voluntaria. La movilización forzosa de la mano de obra se hizo bajo modalidades muy variadas, desde la flagrante de la esclavitud indígena y africana a la apenas disimulada, como las libretas de trabajo y las leyes sobre vagabundos, en la Argentina o Venezuela decimonónicas, pasando por los repartimientos y mitas de indios coloniales. Del capítulo de Dean al de Arcondo se suceden las menciones a este reclutamiento forzoso que, en grados más mitigados, ha durado prácticamente hasta nuestro siglo.

Las prácticas mercantiles penetraron poco a poco en el mundo del trabajo. Este, no obstante, no operó con homogeneidad y transparencia. El régimen colonial introdujo una primera bifurcación entre trabajo para la producción de subsistencia y trabajo para la producción mercantil en minas o haciendas. La entrada ulterior de inmigrantes —africanos o europeos— creó nuevos compartimentos. La llegada sobre todo de los segundos, procedentes de países con una tradición capitalista de más larga data, no aceleró, sin embargo, la fusión. Sábato, Rial, Vangelista y Souza-Martins rectifican en sus estudios el papel hasta ahora atribuido a la inmigración europea. Esta frenó más bien la integración de la población marginal. Además de ser lento, el proceso de formación del mercado de trabajo estuvo, pues, sembrado de contradicciones.

Por lo que se ha de leer en las páginas que siguen, la asociación entre población y mano de obra presenta, del siglo XVI al XX, características diferentes en América Latina que en el Viejo Mundo. La reproducción demográfica no parece haber sido la fuente, en la medida habitual y suficiente, del reemplazo de la fuerza de trabajo. La migración proporcionó además un suplemento importante de recursos humanos. El ritmo de la demanda, por otra parte, no estuvo estrictamente fijado por las condiciones locales, sino que vino impreso desde fuera del continente. Colonización y dependencia fueron en suma motivo de la frecuente discordancia entre ambas variables.

NICOLÁS SÁNCHEZ-ALBORNOZ

1. Las poblaciones indígenas del litoral brasileño de São Paulo a Río de Janeiro. Comercio, esclavitud, reducción y extinción

WARREN DEAN

New York University

En este ensayo se estima la población amerindia que ocupaba el litoral meridional del estado de Río de Janeiro en 1500, fecha del primer contacto con los europeos. Se intenta luego seguir su declinación demográfica hasta 1600, para lo que se toman en cuenta factores como la explotación laboral y las enfermedades. También se procura evaluar, como aspecto esencial de la ocupación humana, la repercusión que esta población tuvo sobre el medio ambiente. Las observaciones abarcan hasta el litoral de São Paulo, cuyos habitantes estuvieron vinculados estrechamente con los de Río de Janeiro.

Durante el último siglo la densidad de la población originaria del Brasil ha sido sometida a continuas revisiones con tendencia hacia el alza. Varnhagen había calculado 0,1/km² para la totalidad del territorio brasileño; creía, empero, que la costa estaba más densamente poblada. Steward y Faron calcularon un 0,7/km² para la región costera; John Hemming, un promedio de 2,2/km² para el estado entero de Río de Janeiro, y Pierre Clastres, 4,0/km². Estas y otras estimaciones no son, sin embargo, resultado de un examen cuidadoso de la documentación histórica disponible para cada localidad. No se ha estudiado la caída inicial de la población debida a epidemias, al derrumbe social y al trabajo compulsivo, por más que existe una buena cantidad de información sobre el

* Este trabajo se ha realizado gracias a una beca de la John Simon Guggenheim Memorial Foundation y a fondos provistos por la Graduate School of Arts and Sciences de New York University.

tema. Hay una clara relación entre estas cuestiones y la explotación del medio ambiente para proveer a la subsistencia y al comercio. Asimismo, los antropólogos han examinado, en relación con otras zonas de Brasil, las características del medio ambiente y de las técnicas de explotación como factores que influyen en la densidad demográfica. Todos estos aspectos, por tanto, quedarán involucrados en nuestro análisis [1].

La región estudiada es de tierra baja, separada del continente por una escarpadura que alcanza 900 metros de altitud. Esta barrera costera llega a veces hasta la orilla del mar, pero se repliega en el oeste hasta más de 60 kilómetros tierra adentro. Numerosas bahías, ensenadas y estuarios mellan profundamente la costa. En algunos sitios las dunas han apartado esas entradas del mar y formado lagos salobres, poco profundos. El clima es tropical, caliente, variando de súper a subhúmedo. Las precipitaciones abundan en la escarpa costera, pero disminuyen en tierras alejadas de ella. Así, en las islas llanas de la costa y en el Cabo Frío se encuentra vegetación xerófila, cactus incluidos [2].

La línea costera estaba cubierta por dunas y manglares y una formación de matorrales llamada *restinga*. Por detrás de esta vegetación, hasta el pie del acantilado, se extendía un bosque denso, denominado por Hueck «bosque tropical húmedo de hoja perenne de las llanuras costeras atlánticas». Esta formación, con algunas variaciones regionales, se extendía al norte hasta Natal y al sur hasta Rio Grande do Sûl. Desde el punto de vista de la flora, estaba emparentado con el bosque de las mesetas y también, en menor grado, con la selva amazónica. Contenía, empero, muchas especies diferentes y en el sector en torno a Río de Janeiro, algunas, al parecer, endémicas [3].

Los primeros pobladores de la región erigieron hacia el año 6000 a.C. los *sambaquís,* conchales formados por gentes contemporáneas de quienes

[1] Varnhagen, *Historia geral do Brasil antes de sua separação...*, 8.ª ed., Río de Janeiro, 1975, 1, p. 23; J. Steward y L. C. Faron, *Native Peoples of South America,* Nueva York, 1969, pp. 45, 52 y 57; J. Hemming, *Red Gold,* Cambridge, Mass., 1978; P. Clastres, *La société contre l'état,* París, 1974, p. 81. La metodología está inspirada en la introducción de W. R. Denevan a la compilación por él hecha, *The Native Population of the Americas in 1492,* Madison, 1976. Su artículo en el mismo libro menciona otras estimaciones, p. 219.
[2] Brasil, FIBGE, *Geografia do Brasil,* vol. 3, *Região Sudeste,* Río de Janeiro, 1977, pp. 51-87.
[3] *Ibid.,* pp. 91-116; K. Hueck y P. Seibert, *Vegetationskarte von Südamerika,* Stuttgart, sin fecha; S. A. Mori et al., «Distribution Patterns and Conservation of Eastern Brazilian Coastal Forest Tree Species», *Brittonia,* 33 (1981), núm. 2, páginas 233-245; L. Golfari, «Comunidades vegetais do Brasil», en *III Curso de Zoneamento Florestal,* Recife, 18 a 27 de julio de 1973, copia mimeográfica.

habitaban las cavernas de Lagoa Santa en Minas Gerais. Hay cientos de estos conchales a lo largo de la costa desde Vitória a Rio Grande do Sul; otros tantos han desaparecido, explotados industrialmente como cal o borrados por las aguas y corrientes. En una fase posterior, los moradores de sambaquí comenzaron a cultivar plantas. Entre tanto, gentes de habla gê y otras se adentraron en la región. Estos pobladores dependían cada vez más de la agricultura para su subsistencia. Es posible que la ocupación no haya sido continua durante este período. La penúltima ola de amerindios fue la de los waitaká, que, al parecer, llegaron a la costa desde el norte siguiendo el valle del Paraíba do Sul hasta el mar. Los waitaká no se extendieron tal vez a lo largo de toda la costa; llegaron, empero, hasta Isla Grande, donde todavía quedaba aislado un grupo en el momento de la llegada de los europeos [4].

Los tupinambá siguieron a los waitaká; conquistaron la región probablemente entre los años 1 y 700 de la era cristiana. La denominación «tupinambá» lleva a confusiones, ya que era el nombre con el cual muchos grupos de lengua tupi se designaban a sí mismos. Estos tupi habían formado una liga que se extendía por la costa desde Cabo Frío, donde se habían enfrentado con los waitaká, hasta Ubatuba, en el actual estado de São Paulo. La liga se llamó «tamoio», designación que sería más adecuada en tanto que es exclusivo de este grupo, pero ha caído en desuso. En todo caso los tupinambá estaban íntimamente vinculados por su lengua y por su cultura con otros grupos de habla tupi que residían hacia el oeste: los tupiniquim, que ocupaban la porción costera meridional hasta Cananéia, adentrándose algo hacia el interior, y los goianá, residentes en parte de la meseta de São Paulo y de Minas Gerais [5].

---

[4] M. de C. de M. C. Beltrão, Os tupinambá no Rio de Janeiro (1.200 anos de ocupação), Brasilia, 1972; N. Guidon et al., Documents pour la préhistoire du Brésil méridional: I: L'état de São Paulo, París, 1973; O. Dias (hijo), «Pesquisas no sudeste brasileiro», Boletim do Instituto de Arqueologia Brasileira, serie especial, 1975, núm. 1, y «Dados para o povoamento nao tupiguarani do estado do Rio de Janeiro», ibid. (1979), núm. 8; L. M. Kneip et al., «The Radiocarbon Dating of the "Sambaqui de Camboinhas", Itaipu, Niterói, RJ, Brazil», Anais da Associação Brasileira das Ciências, 53 (1981), núm. 2.

[5] B. Sušnik, Dispersión tupí-guaraní prehistórica: ensayo analítico, Asunción, 1975, pp. 58-70. Los ensayos bibliográficos más importantes sobre los tupinambá son los de A. Métraux, «The Tupinamba», en J. Steward (compil.), Handbook of South American Indians, 2.ª ed., Nueva York, 1963, 3, pp. 95-113, y del mismo autor, La civilisation matérielle des tribus Tupi-Guaraní, París, 1928; y el de F. Fernandes, Organização social dos tupinambás, 2.ª ed., São Paulo, 1963. Véase también de Fernandes, Aspectos do povoamento de São Paulo no século XVI, São Paulo, 1948.

Hacia el año 1000 d.C. los tupinambá habían alcanzado una considerable densidad demográfica. Ocupaban también algún territorio en la meseta; estas poblaciones del interior no serán, empero, tomadas en cuenta en nuestro ensayo porque la documentación histórica para la zona es sumamente pobre y las investigaciones arqueológicas apenas han comenzado. Cuando llegaron los europeos en 1550 o poco después, encontraron, pues, una población que dependía de la agricultura en grado mayor que los antiguos ocupantes de la región y que, por ende, tenía probablemente una mayor densidad.

La población tupinambá alrededor de 1555

¿Cuántos tupinambá había en el litoral al llegar los europeos? Para responder a esta pregunta, calcularemos primero la población existente hacia 1555 y luego la posible tasa de declinación antes de esa fecha. Se ha de seguir este procedimiento porque las primeras observaciones que tenemos sobre la población de los tupinambá datan de la década de 1550.

Esas observaciones se refieren únicamente de manera indirecta a la población total. Comprenden medidas de los tamaños de las casas largas donde residían los tupinambá, el número de unidades domésticas dentro cada una de ellas y el número de estas casas grandes por poblado. Había de 4 a 8 casas largas o *malocas* por pueblo o *taba;* cada una contenía entre 25 y 80 unidades domésticas. En este trabajo se supone que el promedio de unidades domésticas por maloca era de 40. Esta cifra es superior a la de 25 estipulada en el informe de Staden, pero considerablemente inferior al promedio estimado por otros observadores de la época. El número de adultos por familia debe haber sido un poco menos de dos, ya que los testimonios contemporáneos señalan que las mujeres, fueran casadas con el jefe de la maloca o de la taba o solteras a disposición de los jefes, superaban en cantidad a los hombres. Este exceso era sin duda el resultado de guerras, letales especialmente para los varones. Es razonable suponer también que una maloca no contenía necesariamente una dotación completa de mujeres, sino que por lo general sobraba algún espacio. Estimamos, por ende, que había 38 mujeres y 30 hombres por maloca. Los tupinambá, como indicaremos más adelante, eran una población en crecimiento, con una tasa moderadamente baja de mortalidad natural. La «razón de dependencia» era, por consiguiente, la de una población con una expectativa de vida de treinta años, descartado el exceso de óbitos masculinos. Esto resulta en unos 67 niños menores de dieciséis años de edad por maloca. Por último, el número más corriente de malocas por poblado parece haber sido el de cuatro; puede asignarse, sin embargo, a la taba de tamaño promedio una cifra algo más alta, 4,5. Una maloca contenía, pues, en las condiciones descritas, unas 135 personas, y una taba 607 [6].

Ningún observador europeo enumeró la totalidad de los pueblos tupinambá ubicados en la costa. Hans Staden menciona cinco en la vecindad de Parati, y Léry 22 en la bahía de Guanabara. De éstos 22 cinco, que estaban en la isla Governador, figuran en el mapa de Thevet. Contenían un total de 35 malocas y, por tanto, 4.725 personas. La isla, de unos 44 km^2 de superficie, tenía por tanto una densidad demográfica muy alta: 107/km^2. La densidad de población fue, al parecer, mayor en las islas costeras que en el territorio continental; la mayor facilidad para la defensa y la mayor productividad de los recursos pesqueros las hacían más atractivas. Los habitantes de Governador tal vez acudieran también a otras islas de la bahía o a tierra firme para recolectar frutos o para pescar. En el mapa de Thevet también se ve la vecina isla de Paquetá —o quizá sea Fundão—, más pequeña. Hay una taba allí, lo cual indicaría asimismo una elevada población, de unos 37/km^2, si la isla es en verdad Paquetá [7].

Los cinco pueblos alrededor de Paratí ocupaban lo que hoy son los distritos de Ubatuba, Paratí y Angra dos Reis, cuyos territorios suman 2.333 km^2. La densidad promedio dentro de esta área sería, pues, mucho menor un poco más de 1/km^2. El terreno de ese sector de la costa no favorecía la ocupación humana. La cadena montañosa de Bocaina, integrante del acantilado costero, llega hasta la orilla marítima y la mayor parte del macizo presenta declives de más de 45 grados. Unicamente Ubatuba posee alguna porción considerable de tierra llana. Los tupinambá quizás se instalaran en el lugar atraídos por la facilidad de su defensa;

---

[6] El tamaño de la casa y de la familia los estudia Fernandes, *Organização*, pp. 68-69; véase también F. Soares, *Coisas notáveis do Brasil*, Río de Janeiro, 1966, 1, p. 101, y P. de Magalhães de Gandavo, *Tratado da Terra do Brasil*, São Paulo, 1980, pp. 52-53. Para la proporción de niños en relación con adultos, véase Naciones Unidas, UNESCO, *Methods for Population Projection by Sex and Age*, Nueva York, 1956. Clastres consideraría demasiado baja la estimación hecha para el tamaño de la taba. Serafim Leite la tendría, en cambio, por muy alta; véase lo que expresa acerca del informe de Ir. Diogo Jacome, de 1551, quien decía que habitualmente encontraba pueblos de «400 almas o más», *Monumenta Brasiliae*, Roma, 1956, 1, p. 242n.

[7] H. Staden, *Viagem ao Brasil*, Salvador, 1955, pp. 96 y 97; A. Teixeira Filho, *Roteiro cartográfico da baia de Guanabara e cidade do Rio de Janeiro, século XVI e XVII*, Río de Janeiro. Véase también S. Lussagnat, *Les Français en Amérique*, París, 1953.

dependerían enormemente de los recursos provistos por la bahía para su subsistencia. La superficie productiva para la agricultura y para la caza no podía exceder los 500 km². Cabría aplicar, entonces, una densidad demográfica de 4,8/km² al resto de la costa tupinambá.

La lista de pueblos de Léry registra 14 en el área que es hoy la ciudad de Río de Janeiro. La definición de que era tierra habitable es igualmente difícil para esta región a causa del macizo que se levanta hacia el oeste; la porción de terreno llano es aquí, empero, mucho más extensa. Los pueblos enumerados por Léry ocupaban, suponemos, no más de 1.600 km², incluidos los actuales suburbios de Duque de Caxias y Nova Iguaçu. Si excluimos las poblaciones situadas en las islas de la bahía, la densidad promedio habría sido de algo más de 5,3/km². Léry menciona sólo tres tabas sobre el lado este de la bahía, pero cabe pensar que tomó en cuenta exclusivamente las que mantenían buenas relaciones con los franceses. Una enumeración de 1567, tampoco completa, se refiere a otros dos pueblos situados con toda probabilidad hacia el oriente [8].

No existen listas para los pueblos localizados entre la bahía de Ihla Grande y Río de Janeiro, ni para la costa al oriente de este último lugar hasta Cabo Frío. Si en la porción sin enumerar la disponibilidad de recursos seguía pautas similares a las de las zonas llanas de Paratí y de Río de Janeiro, la densidad demográfica habría sido allí entre el 4,8 y 5,4 kilómetro cuadrado.

Se han de descontar, sin embargo, las áreas ocupadas por los macizos. Aparte de los de la cordillera de Bocaína, existen otros aislados al oeste de la bahía de Guanabara, Tijuca incluida, dentro de los límites actuales de la ciudad de Río de Janeiro. Todos sumados ocupan unos 300 km². Hacia el este de la bahía hay otros afloramientos montañosos; unos 100 kilómetros cuadrados de estas formaciones tienen un declive tan pronunciado como las orientales. Todas estas cadenas más la de Bocaína, que se extiende sobre unos 250 km² de tierras costeras al este de Agra dos Reis, restan alrededor de 2.500 km² de agricultura y de caza a la comarca tupinambá. El territorio sobrante, 10.960 km², no incluye la Isla Grande, en manos todavía de los waitaká, ni el litoral paulista más allá de Ubatuba, que era entonces, hasta el fuerte portugués de Bertioga, tierra de nadie. Dentro de estos límites se calcula, por consiguiente, que la población costera de los tupinambá era en 1555, entre 57.000 y 63.000 personas, tomando en cuenta naturalmente la mayor densidad demográfica de las islas de Governador y Paquetá.

---

[8] *Monumenta*, 4, p. 383n.

Las descripciones existentes sobre las partidas de guerreros tupinambá dan idea de una densidad aún mayor de la población nativa. Algunas mencionan ejércitos de hasta 10.000 hombres. Knivet cuenta haber conducido, hacia 1596, 30.000 tupinambás en una batalla. Los cálculos que los europeos hacían del número de guerreros en orden de batalla son probablemente poco fiables. Aun en el caso de que los nativos fueran sus aliados y que el observador no tomara parte en la lucha, la excitación y la tensión del momento habrían llevado a exagerar la cuenta. No puede creerse a Ulrich Schmidel cuando cuenta que fue atacado por 6.000 guerreros durante su marcha a São Vicente. El hecho acaeció cerca de un pueblo aislado y en un bosque tal que no permitía tener una clara visión de lo que ocurría. El relato de Knivet no fue corroborado por fuentes portuguesas, que deberían haber registrado lo que hubiera sido un conflicto de enormes proporciones, la batalla más grande, quizás, jamás desarrollada en suelo brasileño [9].

Staden, por otra parte, describe una partida de guerreros de tamaño más proporcionado con el del pueblo donde habitaba. Este poblado y otro vecino formaron una fuerza de algo más de 300 hombres, que vencieron en el mar a un grupo de tupiniquim. Es posible concebir ejércitos de hasta 1.000 ó 2.000 hombres, como así también expediciones navales de 50 a 100 canoas, siempre que por lo menos media docena y aun una docena de pueblos se hubieran unido en alguna liga. Números más altos han de considerarse como productos de la fantasía [10].

La declinación de la población antes de 1555'

Las observaciones sobre los tupinambá hechas en los años de 1550 y 1560 se refieren a una sociedad ya alterada por la presencia constante de los europeos durante más de cinco décadas. La población de 1555 no era la que existía en el momento del primer contacto. Es posible que la declinación demográfica, acaecida entre los amerindios en otras partes del Nuevo Mundo, hubiera comenzado entre los tupinambá de la costa ya hacia esa fecha. Para demostrar este supuesto, se ha de calcular primero la amplitud de la invasión europea antes de 1555.

---

[9] U. Schmidel, *Crónica del viaje a las regiones del Plata, Paraguay y Brasil...*, Buenos Aires, 1948, p. 435; A. Knivet, «The Admirable Adventures and Strange Fortunes of Master Anthonie Knivet», en *Hakluytus Posthumus or Purchas His Pilgrims*, Glasgow, 1906, 4, p. 12; J. de Léry, *Histoire d'un voyage fait en la terre du Brésil*, París, 1972, pp. 176, 177 y 178.

[10] Staden, *Viagem*.

El primer viaje documentado hacia esta región fue el de Gonçalo Coelho, efectuado probablemente en 1501. Vespucio participó en esta expedición, que adquirió palo de Brasil en el Cabo Frío y que se aventuró quizás hasta la bahía de Guanabara. Hubo tal vez otra en 1501, pues expediciones posteriores encontraron en São Vicente a un portugués que decía haber desembarcado allí en ese año. El mapa de Nicolau de Caveiro de 1502-1503 muestra ya las bahías de Guanabara y a la Isla Grande, datos obtenidos posiblemente de fuentes distintas de las de la flota de Coelho. Paulmier de Gonneville, llegado a la costa de los tupinambá en 1504, cuenta que, «en años anteriores», de Honfleur, su puerto de origen, han zarpado barcos rumbo a Brasil. Puede suponerse, por ende, que navíos europeos navegaban con cierta frecuencia por esta región desde el momento del descubrimiento oficial en 1500, o incluso, quizás, desde antes [11].

Los navegantes españoles y portugueses enviados a descubrir un pasaje por el rumbo sudoeste usaron, durante esos primeros años, Río de Janeiro, São Vicente, Cananéia y Santa Catarina como estaciones de abastecimiento y reparaciones. Para los portugueses São Vicente era el punto costero más meridional dentro de su lado en la división establecida por el Tratado de Tordesillas; se esforzaron, por tanto, en retenerlo. Levantaron allí, antes de 1530, una torre de piedra. Una palabra tupi, cuyo significado era posiblemente «lugar de aprovisionamiento», servía para nombrar al lugar. Concesionarios de palo de Brasil acudían con regularidad al cabo Frío, uno de los tres puertos más importantes para este comercio. El diario de navegación del *Bretoa* da idea, para 1511, de un trato continuado, con provisiones de la madera esperando en la playa la llegada de los barcos. Los franceses sustituyeron a los portugueses en el comercio de Cabo Frío después de 1519. Los portugueses habían provocado, por lo visto, la hostilidad de los tupinambá al apresarlos como esclavos; los franceses parecieron en comparación socios comerciales más benévolos y aliados más convenientes [12].

---

[11] J. Capistrano de Abreu, *O descubrimento do Brasil*, 2.ª ed., Río de Janeiro, 1976, pp. 42-49; Teixeira Filho, *Roteiro*, p. 22; A. Vespucci, *El nuevo mundo, cartas...*, Buenos Aires, p. 152; D. García, «Relación y derrotero..., 1526», en J. T. Medina (compil.), *Los viajes de Diego García de Moguer al Río de la Plata*, Santiago de Chile, 1908, p. 237; B. Paulmier de Gonneville, *Relation authentique du voyage...*, París, 1869, pp. 104-106; J. Cortesão, *A fundação de São Paulo, capital geográfica do Brasil*, Río de Janeiro, 1955, pp. 114 y 137.

[12] J. F. de Almeida Prado, *Primeiros povoadores do Brasil*, 5.ª ed., São Paulo, 1976, pp. 62-70 y 104-108; J. Veríssimo Serrão, *O Rio de Janeiro no século XVI*, Lisboa, 1965, 1, pp. 38-40; M. Neme, *Notas de revisão da história de São Paulo, século XVI*, São Paulo, 1959, pp. 23-33; A. Marchant, *From Barter to Slavery*.

Sin detallar la totalidad de los viajes que están documentados o que pueden inferirse fácilmente, cabe decir que, para 1555, diez expediciones españolas habían tocado la costa tupi y que, antes de 1519, por lo menos dos buques portugueses y, a partir de esa fecha, seis franceses habían andado por año por el cabo Frío. A todos ellos se agregan otras ocho expediciones portuguesas llegadas a ese litoral. Sumarían, pues, más de 330 barcos. Si se calcula en 100 hombres la dotación de un buque aparejado para guerra y en 35 la de un navío mercantil, entonces unos 10.000 europeos habían establecido algún contacto con los tupinambá entre 1501 y 1555. Pudo haber, además, otros viajes clandestinos o simplemente no registrados, de estas mismas naciones. También quizás otros, pocos, de los ingleses, de los cuales hay alguna evidencia. Los ingleses habían dejado un factor comercial en tierra hacia el decenio de 1580[13].

Estos contactos con los europeos variaron en intensidad. Los marineros de los navíos que cargaban palo de Brasil tenían prohibido abandonar la factoría; con todo, se dedicaban a intercambiar mercancías por cuenta propia. Había también marineros que habían naufragado y factores que se quedaban en tierra para adquirir y almacenar el palo de Brasil y enseñar a los loros a hablar portugués o francés. Los portugueses trajeron misioneros franciscanos, de cuya suerte y actividades no se sabe casi nada. Algunos marineros fueron abandonados en tierra como castigo; otros desertaban por las pésimas condiciones de vida a bordo, o por temor a la guerra, o simplemente porque querían gozar de la libre sexualidad de las desnudas mujeres tupinambá. Estos europeos procrearon una prole mestiza. En la expedición de Magallanes de 1519, uno de los pilotos portugueses que llevaba lo persuadió que pasara por Río de Janeiro con el fin de recoger allí a un hijo suyo, nacido de una mujer tupinambá en un viaje anterior[14].

Estos conctactos bastaron para elevar la mortalidad de la población nativa. Los portugueses exportaron esclavos que compraban a los tupiniquim en São Vicente. Algunos de estos cautivos eran tupinambá. A partir de 1531 se emplearon esclavos para trabajar en las plantaciones

---

Baltimore, 1942, pp. 29; M. Mollat, «Premières rélations entre la France et le Brésil: des Verrazani à Villegagnon», *Cahiers de l'Institut des Hautes Études de l'Amérique Latine*, 6 (1964); Cortesão, *A fundação*, p. 43.

[13] R. Hakluyt, *The Principal Navigations, Voyages, and Discoveries of the English Nation*, 2 vols., Cambridge, Inglaterra, 1965, 2, pp. 638-641.

[14] V. Willeke, *Missões franciscanas no Brasil (1500-1975)*, Petrópolis, 1974, pp. 20-29.

de azúcar de São Vicente; asimismo había tupinambá entre ellos. Estas circunstancias provocaban continuas guerras entre ambas tribus [15].

Es probable que las enfermedades infecciosas de origen europeo se introdujeran con anterioridad a 1555. Hay una noticia de «muchas» muertes provocadas por la fiebre en la flota de Sebastián Caboto mientras permaneció anclada en Lagoa dos Patos, en 1527. Este es el único indicio que hay sobre un suceso de tal naturaleza; puede bastar, empero, como prueba, ya que es poco lo que sobre el tema se revela de esos viajes. El abandonar en tierra a marineros enfermos pudo haber sido una práctica común. Así lo hicieron Anthony Knivet y otros compañeros de la expedición de Kavendish en 1591. El diario de navegación de Pero Lopes de Sousa, de la expedición de 1531, expresa de manera dramática el terror que despertaban las epidemias a bordo. El abandono de enfermos en las playas habrá incrementado, sin duda, el peligro de contaminación de las poblaciones indígenas de la costa [16].

La curiosa escasez de población observable en toda la costa de São Paulo en el decenio de 1550 podría atribuirse a las perturbaciones provocadas por la presencia de los portugueses durante el medio siglo anterior. De acuerdo con informes previos, la costa meridional paulista había estado poblada por los tupiniquim hasta Cananéia y aún más lejos. El náufrago portugués de la expedición de Magallanes, mencionado antes, acordó entregar a Diego García 800 esclavos, sugiriendo a la vez que contaba con una temible fuerza de guerreros. Pero para los años de 1550 el único pueblo amerindio que quedaba en esa costa era Peruibe; Itanhaem e Iguape tuvieron que ser refundados más tarde con pobladores portugueses.

La costa que se extendía desde las ciudades portuguesas de São Vicente y Santos hasta el pueblo tupinambá más meridional, Ubatuba, era hacia 1550, según el testimonio de Staden, tierra de nadie. Una distancia tan larga, unos 125 kilómetros de costa, entre tribus enemigas parece rara. Había quizás unos 30 km de espacio entre los tupinambá del Cabo Frío y los waitaká instalados más allá. Los portugueses, con sus aliados tupiniquim, posiblemente ampliaron la distancia que los separaba de los tupinambá gracias a persistentes y exitosas correrías en procura de esclavos y a la transmisión de infecciones europeas por encima de las líneas de batalla. Si estas conjeturas son correctas, los tupinambá del litoral habrían sido a comienzos del siglo XVI mucho más numerosos y ocupado con mayor densidad una faja más ancha de la costa.

[15] Capistrano de Abreu, *O descobrimento*, p. 52; Almeida Prado, *Primeiros*, cap. 3.
[16] Almeida Prado, *Primeiros*, p. 108.

La provisión de proteínas de los tupinambá

Una estimación de los recursos alimentarios de la región y de los modos de subsistencia de los tupinambá permite abordar, desde otra perspectiva, la cuestión de la población existente en el momento del primer contacto con los europeos. Los relatos de los viajeros, desde la carta de Vespucio de 1502 en adelante, expresan asombro ante el vigor físico de los naturales, capaces de correr a través del bosque o de remar sus canoas de guerra desde el alba hasta el anochecer. Los tupinambá, está claro, no vivían sometidos a raciones de hambre. Para hacer un cálculo de sus recursos ha de suponerse, pues, que éstos les proporcionaban una dieta adecuada y completa. Demostraremos más adelante que con las técnicas agrícolas de que disponían, si se toman en cuenta sólo las necesidades calóricas, los tupinambá pudieron haber alcanzado densidades demográficas más altas. Algunas de las plantas que cultivaron —maíz, diversas especies de frijoles y cacahuete—, así como las nueces silvestres que recolectaban, contenían proteínas. Pero, por lo que parece, dependían en escaso grado de estas fuentes. Obtenían la mayor parte de sus proteínas de la pesca, de la recolección de mariscos y de la caza.

En el momento de la invasión europea, toda la costa desde la ensenada de Cananéia hasta el Cabo Frío tendría, cabe pensar, una copiosa producción de pescados. Los habitantes de los sambaquí habían alcanzado una moderada densidad alimentándose casi exclusivamente de mariscos. Era fácil juntar ostras, camarones, cangrejos, almejas y mejillones de los manglares que festoneaban las bahías, Guanabara incluida. Iguape es todavía uno de los sitios más importantes del mundo de desove de salmonetes de diversas especies. La llegada de estos pescados a Iguape en los meses de mayo y junio explicaría por qué los pueblos guaraníes de Paraná mantenían un camino de acceso a esa ensenada. Todos los estuarios y ensenadas fueron en su momento tan ricos como Iguape; con toda probabilidad, el propio Iguape se ha degradado considerablemente desde su estado primitivo. Grandes bancos de ballenas visitaban de junio a septiembre la bahía de Guanabara, donde tal vez parían y se alimentaban de algún pez que desconocemos y de pequeños crustáceos [17].

De los primeros cronistas, sólo Francisco Soares parece haber sido un pescador. Enumera veinticuatro especies de peces de la bahía de Guanabara, la mayor parte comestibles, y destaca su abundancia. Nombra

---

[17] P. Soares Caldeira, *O corte do mangue: breves considerações sobre o antigo e actual estado da Bahia do Rio de Janeiro...*, Río de Janeiro, 1884, pp. 5 y 7; Soares, *Coisas notáveis*, 1, pp. 183 y 185.

calamares y pulpos (aclara, empero, que eran pocos), cangrejos («ocho clases»), ostras («muchas»), mejillones («cuatro clases»), berberechos y caracoles («muchos y de muchas clases»). También menciona ocho especies de pescados y tres de camarones de agua dulce [18].

La capacidad de pesca de los tupinambá, sobre todo de animales de agua profunda, sería limitada. Tenían anzuelos y sedales; usaban también flechas armadas de púas, venenos, redes y esclusas, y con palos empujaban a la presa hasta los bajíos. Los pobladores europeizados de Río de Janeiro empleaban las mismas técnicas todavía a comienzos del siglo XVII. El concejo municipal autorizó la matanza de salmonetes en el río Magé. Dos mil personas, a la sazón casi todos los habitantes de la ciudad, participaron en el acontecimiento [19].

Los tupinambá preservaban el pescado asándolo y moliéndolo hasta convertirlo en una especie de harina. Preferían hacer la guerra en los meses de invierno cuando se producía la arribazón; era más fácil montar en esa época expediciones militares a lo largo de la costa.

Se han hecho cálculos sobre la biomasa de mamíferos de diversos habitantes de América del Sur. Las estimaciones indican que los terrenos aluviales o estuarinos son más productivos que las tierras altas, conclusión que no escapó a los observadores primitivos. Gandavo relata en 1576 que Vitória, en Espírito Santo, situada en una isla de río a pocos kilómetros del mar, tenía «una cantidad infinita de pescado» y «en consecuencia, una cantidad infinita de caza, de la cual sus habitantes estaban bien provistos» [20].

Un equipo de rescate de animales que actuó, en la década de 1960, en un río de Surinam calculó que había diecisiete especies de más de tres kilos de peso corporal, con una biomasa de 2.257 kg/km². Esta cantidad no refleja siquiera la realidad, porque muchos animales nadadores, como las capibaras, no pudieron ser rescatadas y gran número de animales pequeños fueron ignorados por completo. El río, por otra parte, habría sufrido ya el saqueo de cazadores y las consecuencias de la deforestación. La biomasa de mamíferos quizás fuera, por tanto, un 50 por 100 mayor, de alrededor de 5.000 kg/km². En la costa de los tupinambá la caza pudo haber incluido, entre los mamíferos, diversas especies de titíes,

---

[18] Soares, *Coisas notáveis*, 1, pp. 49, 193, 195, 199, 201, 203 y 205. A. Thevet, *Singualiradades da França Antarctica a que outros chamam de América*, São Paulo, 1944, pp. 169, 172 y 188.

[19] M. da Nóbrega, *Cartas do Brasil e mais escritos*, Coimbra, 1955, p. 222n.

[20] P. de Malghães de Gandavo, *Historia da provincia Santa Cruz*, Lisboa, 1858, p. 12.

monos, venados, perezosos y pecaríes, como asimismo agutíes, armadillos, osos hormigueros y felinos, más capibaras, tapires, pacas y nutrias. Las estimaciones realizadas por la operación de rescate de Surinam, aunque incompletas, constituyen las únicas disponibles hoy sobre la región que estudiamos; sin embargo, el litoral tupinambá, con sus amplios hábitats estuarinos que reúnen especies de agua dulce y salada, debió ser más productivo. Una cosecha de un 10 por 100 sobre esta mayor masa de mamíferos, habida cuenta de la totalidad de las especies existentes, es admisible. Por cuanto la proteína aprovechable representa un décimo del cuerpo, se disponía, pues, de 50 kg/km^2 en hábitats similares de Sudamérica [21].

Se puede calcular que un tupi adulto requería 52 gramos de proteína por día y un niño 38, o sea un promedio de 16,2 kg anuales por persona. Si se supone que 15 kg de esta cantidad se derivaban de fuentes animales, los tupi podrían haber alcanzado una densidad de 3,3/km^2 contando sólo con la disponibilidad de mamíferos mayores. Pero éstos constituían una parte de la provisión de caza de los tupi. Se sabe que comían ratas, de bajo rendimiento por unidad de esfuerzo, pero prolíficas y, por tanto, productivas. La caza de ratas, junto con otras actividades como la batida de nidos y la captura de pájaros pequeños y de lagartos, eran ejecutadas por los niños; resultaban así rendidoras y les proporcionaban buena parte de sus necesidades de proteína. La caza de aves más grandes, tanto nativas como migratorias, debió ser también altamente remuneradora. Los tupinambá también consumían anfibios y reptiles, incluyendo tortugas, cocodrilos y serpientes. El enjambrar de las hormigas cortadoras de hojas, del género de las *atta*, un insecto muy común, era ocasión, en octubre, de varias semanas de fiesta. Habría probablemente otras especies de in-

---

[21] Para la enumeración de animales cazados a la sazón, véase Soares, *Coisas notáveis*, 1, pp. 103, 115, 119 y 135; y Gandavo, *Historia*, pp. 25-26. Relatos modernos pueden leerse en Métraux, «The Tupinamba», p. 100; O. Valverde, *Geografia agrária do Brasil*, Río de Janeiro, 1964, p. 261; J. Walsh y R. Gannon, *Time is Short and the Water Rises*, Camden, New Jersey, 1967, citado por J. F. Eisenberg *et al.*, «Density, Productivity and Distributions of Mammals in Two Venezuelan Habitats», en J. F. Eisenberg (compil.), *Vertebrate Ecology in the Northern Neotropics*, Washington, 1979. Véanse también J. F. Eisenberg y R. W. Thorton, Jr., «A Preliminary Analysis of a Neotropical Mammal Fauna», *Biotropica*, 5 (1973), núm. 3, pp. 150-161; E. J. Fittkau y H. Klinge, «On Biomass and the Structure of the Central Amazonian Rain Forest Ecosystem», *Biotropica*, 5 (1973), núm. 1, pp. 2-14. Para las estimaciones de las tasas de proteína usables se han consultado United States, Department of Agriculture, *Agricultural Statistics, 1981*, Washington, 1981, pp. 320 y 321, y R. Gaurth Hansen *et al.*, *Nutritional Quality of Foods*, Westport, 1979, pp. 257-273.

sectos aprovechadas por los tupinambá. Tomadas en cuenta estas otras fuentes de proteína animal, cabría duplicar el rendimiento calculado para los mamíferos mayores solos. Esta nueva estimación permitiría una posible densidad humana de 6,6/km² [22].

La provisión de pescados y mariscos debe haber sido, por lo menos, tan abundante como las de caza y de pájaros, en tanto aquéllos son el eslabón último en la cadena de alimentos y explican en buena medida la presencia de animales y aves en la región. Vespucio tenía la impresión de que los tupinambá casi no cazaban; la observación implica la importancia relativa de los pescados y mariscos en su dieta, a pesar de la posibilidad de aprovechar la caza. Se podría, pues, suponer sin pecar de inmoderación que los tupinambá de la costa disponían de una provisión combinada de proteínas adecuada para sostener una población de 13,2/km² [23].

Control demográfico y canibalismo ritual

Los europeos admitían que los tupinambá eran más vigorosos que ellos; los indígenas no debieron, pues, llegar a la densidad tope de 13,2/km², aunque alguna que otra vez parece que se le acercaron. Staden menciona en una ocasión que sus captores no tenían nada que comer en el pueblo; posiblemente faltaba pescado o caza. Dado que la técnica de los tupinambá para preservar esas carnes era inadecuada y el rendimiento de la caza o pesca era azaroso, cabía que faltara alimento en determinado pueblo, por más que la provisión fuera en general suficiente [24].

El rito por el cual mataban cautivos y los comían podría responder a una supuesta escasez de proteínas, indicio de que los alimentos rondaban en el litoral tupinambá el límite de las reservas disponibles. El sacrificio y el canibalismo de cautivos constituían el drama central del orden social tupinambá. Un hombre no podía casarse hasta que no hubiera matado a un cautivo; la formación de familias y la procreación

---

[22] Thevet, *Singularidades*, p. 187. Los requerimientos de proteína se estiman sobre un promedio de 65 kg de peso por varón, de 52 kg por mujer y 25 kg por niño. Cf. S. F. Cook y W. Borah, *Essays in Population History*, Berkeley, 1979, 3, p. 149, para poblaciones mexicanas. La ración de proteínas procede de *Recommended Dietary Allowances*, 9.ª ed., Washington, DC, 1980, pp. 46-48. Para aves de caza véase también J. Carneiro Silva, *Memoria topographica e historica sobre os Campos dos Goitacases*, 2.ª ed., Río de Janeiro, 1907.
[23] Vespucci, *El nuevo mundo*, pp. 146-148; Thevet, *Singularidades*, p. 188.
[24] Stade, *Viagem*, p. 170.

University of Winnipeg, 515 Portage Ave., Winnipeg, MB. R3B 2E9 Canada

dependían pues del rito. Los varones, los jefes en especial se incitaban recíprocamente a matar más cautivos para ganar prestigio.

Este ritual ayuda, por otra parte, a entender la rápida expansión de las tribus de habla tupi que lo practicaban, por cuanto estimulaba el coraje y la destreza en la guerra. Las incursiones contra otras poblaciones proporcionaban alimentos, no necesariamente a modo de cautivos a devorar. Los tupinambá practicaron además esta forma de guerra contra otros grupos de lengua tupi, lo que sugiere que el motivo subyacente era más bien de orden demográfico. El requisito de matar a un cautivo para poder casarse habría implicado que la totalidad de los pueblos tupi debían perder un cuarto de sus habitantes para que una determinada generación de tupi pudiera contraer matrimonio. Esta costumbre, es evidente, habría postergado los casamientos y reducido las concepciones. La víctima del sacrificio no tenía por qué ser un varón. Mujeres y niños, según testimonios, también se empleaban. Con todo es de suponer que se prefería a hombres para el ritual. Si los de un pueblo no capturaban a los varones de lugares vecinos, en la guerra pronto habrían estado en desventaja.

Si se calcula en 171 el número necesario de cautivos por cada pueblo (uno por mujer, o sea, uno por ceremonia matrimonial), cada dieciocho años, duración de la vida reproductiva de una generación, y asimismo en 6 kg el rendimiento de proteína por víctima, cada poblador habría así recibido sólo 95 gr por año, tan sólo un 0,6 por 100 de lo requerido. Además, se sabe que la víctima era a menudo guardada durante meses antes de ser matada y que se invitaba a las poblaciones vecinas a participar en la celebración por una o dos semanas antes del sacrificio. Ganancia neta en proteínas no había, obviamente, ninguna [25].

Al ser varones las víctimas preferidas, había escasez de hombres. Esta se manifestaba en la poligamia que practicaban los jefes y guerreros principales y en la cesión que hacían a los visitantes europeos de las mujeres solteras sobrantes. Los naturales confiaban que el visitante se quedara y ayudara a defender el poblado; pero aunque no lo hiciera, tales mujeres seguían siendo tenidas por esposas del extranjero en la esperanza de poder contar con su colaboración, al menos ocasionalmente.

La falta de hombres no parece haber sido empero tan grande. Tal vez porque el rito no era o no podía ser llevado a rajatabla. El honor que la muerte de una víctima reportaba posiblemente se compartía. Matar un jaguar era tan honorable como matar a un hombre, aunque, dada la densidad demográfica postulada arriba, no quedarían muchos felinos por

---

[25] *Monumenta brasiliae,* 1, p. 227; sobre el contenido en proteínas, véase S. Garn y W. Block, «The Limited Nutritional Value of Cannibalism», *American Anthropologist,* 72 (1970), p. 106. Debo a Charlotte Revilla esta referencia.

University of Winnipeg, 515 Portage Ave., Winnipeg, MB. R3B 2E9 Canada

matar. El sacrificio de mujeres cautivas ayudaría por otra parte a equilibrar la razón entre sexos.

La matanza de mujeres indica que los tupinambá de la costa estaban llegando al límite de la capacidad de sustentamiento de su medio ambiente. Los pueblos donde se practicaba no necesitaban al parecer del trabajo femenino adicional, porque éste no rendía proporcionalmente. O, invertida la proposición, los hombres del pueblo eran incapaces de conseguir la provisión adicional de proteínas animales que se necesitaba[26].

Recolección de frutos y recursos agrícolas

La recolección de plantas silvestres y el cultivo de otros vegetales suministraban a los tupinambá cantidades adecuadas de sustancias nutritivas, aparte de la proteína. De algunas especies recolectadas incluso obtenían alguna pequeña proporción de proteína: nueces de acajú y piñones de la *araucaria angustifolia,* un árbol de tierra alta que crecía en la escarpa costera y que los tupinambá visitaban y cosechaban en la estación propicia. Se podrían incluir, como mínimo, 41 especies en una lista de árboles alimenticios del litoral. Algunos, quizás la mayoría, se replantaban cerca de los pueblos, una suerte de agricultura incipiente. El bosque proveía además de miel, recogida fácilmente por medio del fuego, de diversas especies de abejas sin aguijón[27].

El principal cultivo era el de mandioca, de la variedad amarga. Se cultivaban otras raíces —cará *(Dioscorea spp.),* mangara y taioba *(Xanthosoma spp.),* jacatupé *(Pachyrhysus bulbosus)* y batatas *(Ipomea batas);* también la mandioca dulce y el maíz, usados para fabricar bebidas fermentadas. A estas plantas se agregaban calabazas, diversas especies de pimiento *(Capsicum spp.),* piñas, frijoles y cacahuete.

La mandioca podía dejarse crecer bajo tierra durante dos o más años, almacenar en la superficie o conservar por largo tiempo en forma de tortas tostadas y ahumadas. Los tupinambá cultivaban variedades diferentes según la calidad de los suelos y el tiempo de maduración[28].

---

[26] Gandavo observó también que algunas mujeres tupi no sólo no se casaban, sino que se cortaban el cabello como varones, se convertían en guerreros y tomaban esposa. También señaló que las mujeres tupi no destetaban a sus hijos hasta los siete u ocho años de edad. Las consecuencias de estas prácticas sobre el control del crecimiento demográfico son claras. *Historia,* pp. 47 y 48.

[27] Véase las listas de frutas en Métraux, «The Tupinamba»; C. H. R. Liberalli, «Nossa flora, nossa história», *Estudos históricos,* núm. 10 (1971), pp. 43-63; y Valverde, *Geografía,* pp. 256-259.

[28] A las fuentes citadas en las notas precedentes, agréguese F. C. Hoehne, «Jacatupé», *Boletim de Agricultura,* 39 (1938), pp. 753-754. En G. Soares de Souza,

Los cultivos se hacían en terreno de bosque, primario o secundario, desmontado y quemado. Tierra fértil, una parcela entre 0,1 y 0,3 ha producía lo suficiente para la subsistencia de una persona, habida cuenta de las mermas ocasionadas por insectos y animales dañinos. Los terrenos eran abandonados al cabo de dos a cuatro años, ya que los tupinambá carecían de medios para combatir la maleza que los invadía. Dejaban por consiguiente que el proceso de restauración de la floresta original prosiguiera mientras cosechaban frutos silvestres que allí crecían. Al cabo de unos 30 años, cuando el bosque, suficientemente recrecido, había eliminado las hierbas, volvían a talar, quemar y cultivar la parcela [29].

Con la estimación más alta — 0,3 ha. de tierra cultivada *per capita*— se producirían excedentes para almacenar, para comerciar con otros pueblos y para los festivales anuales. Martín de Souza, al anclar en la bahía de Guanabara en 1531, pudo, sin dificultad, abastecer su expedición de 400 hombres con comida para un año. Un pueblo de tamaño regular mantenía entonces unas 182 ha. bajo cultivo, de las cuales 61, como término medio, se ponían a producir y otras 61 se abandonaban. Otras 182 ha. eran menester tenerlas en reserva. Cada pueblo necesitaba, pues, alrededor de 20 km² para sus cultivos.

La agricultura permitía, por consiguiente, una densidad demográfica más elevada, 30/km², que la posibilitaba por el régimen de caza y pesca (siempre que 13,2/km² corresponda a este régimen) [30]. Cómo hacerse de proteína fue lo que más limitó el crecimiento. La labranza, la caza y la recolección de frutos estuvieron, sin embargo, entrelazadas, ya que la mayor parte quizás de la caza se llevaba a cabo en el bosque sucesorio. Las dos estimaciones de densidad tope no están por lo demás separadas por un intervalo muy grande; esto indicaría que los tupinambá se esforzaron por mantener un equilibrio y una correlación entre ambos regímenes con el fin de obtener un rendimiento adecuado.

Tratado descriptivo do Brasil em 1587, 4.ª ed., São Paulo, 1971, pp. 172-184, puede encontrarse la descripción más amplia hecha en la época sobre los cultivos tupi.

[29] La descripción de las técnicas en F. Cardim, *Tratados da terra e gente do Brasil,* 3.ª ed., São Paulo, 1978, p. 112. Para las estimaciones modernas, véanse H. von Ihering, «Os machados de pedra dos indios do Brasil e o seu emprego nas derrubas de mato», *Revista do Instituto Histórico e Geográfico de São Paulo,* 12 (1907), 426-436; Clastres, *La société,* p. 82; R. L. Carneiro, «Slash-and-Burn Cultivation Among the Kuikuru and its Implications for Cultural Development in the Amazon Basin», en D. Gross (compil.), *Peoples and Cultures of Native South America,* Garden City, 1973; H.-J. Wedelt, «Der Brandhackbau in Brasilien und seine Auswirkungen auf die Waldvegetation», tesis doctoral, Universidad Georg-August de Göttingen, Munden, 1968.

[30] P. Lopes de Souza, *Diario de navegação... pela costa do Brasil...,* Río de Janeiro, 1867, p. 33.

Sería correcto, por consiguiente, suponer que la población tupinambá de la costa habría sido y pudo haber sido antes mayor que la estimada para 155, pero que su tamaño no habría alcanzado los 13,2/km² que representan el límite de la productividad de la caza y de la pesca. Se postula aquí una densidad de 9/km², que no llega a duplicar la estimación más baja hecha para 1555. La población total rondaría, por ende, en 1501, una cifra de 103.000; la tasa de declinación sería algo inferior al 0,85 por 100 anual [31].

Explotación de la fuerza de trabajo

La declinación demográfica de los tupinambá se observa con toda claridad a partir de mediados de la década de 1550. Las causas directas fueron la guerra, las epidemias y el derrumbe social. Por debajo de estos fenómenos subyacía la demanda de mano de obra tupinambá por parte de los europeos y, por debajo de esta demanda, la expansión del capitalismo mercantil.

La presencia de los portugueses en la costa tupinambá se debió, en un primer momento, al deseo de tener un puesto que asegurara el pasaje a China o el acceso a las legendarias minas de oro del interior. Por lo pronto, se metieron en la trata de esclavos, mercancía que al principio pareció tener un fin ornamental, al igual que los loros y los monos que también adquirían. En Cabo Frío cargaban además algunas toneladas de palo de Brasil por año. Los franceses, que muy pronto los siguieron, no capturaron, por lo que se sabe, esclavos, pero expandieron el comercio de la madera y emprendieron el de algodón y pieles [32].

Los tupinambá estaban encantados de recibir a su vez armas e instrumentos de hierro. Con las hachas de hierro acortaban el tiempo de desmonte y con los anzuelos de metal incrementaban la capacidad de pesca. Los franceses no vacilaron en incluir armas de fuego en el intercambio. Este tráfico no representaba para los tupinambá un intercambio en valor de artículos. Todo trueque en el que una parte acumula capital y la otra carece incluso de este concepto, lleva fatalmente al empobrecimiento de la última. Los tupinambá creían además que estos intercambios eran ceremoniales. Las hachas eran muestra de amistad; a cambio de ellas estaban dispuestos a alimentar a toda la tripulación de un barco o a llenarlo de

---

[31] Denevan calcula 9,5 por km² para los hábitats de la costa. *The Native Population*, p. 219.
[32] Neme, *Notas*, p. 65.

palo de Brasil. La amistad se cimentaba aún más entregando sus hijas en matrimonio o los prisioneros capturados en batalla a los europeos. Estos no podían, o no querían reconocer los compromisos que adquirían al aceptar esos regalos, pero bien que los aprovechaban [33].

Los europeos no hubieran podido sobrevivir en esta costa por su propio esfuerzo. Dependían de los tupinambá para abastecerse de alimentos; de otra manera, se hubieran muerto de hambre. «El *indio* es pez en el mar y zorro en el bosque, y sin él el *cristiano* sería incapaz de vivir con provecho y con placer o de vivir siquiera», declaró Tomas Turner, a quien Samuel Purchase describe como uno que «había vivido casi dos años en Brasil». Casi todos los europeos podían adquirir mujeres tupi, a quienes consideraban sus concubinas y empleaban para todo servicio —sembrar, cosechar, preparar y cocinar su comida [34].

La construcción del primer ingenio azucarero en São Vicente pone fin, en 1532, a esta primera etapa de precaria explotación de la mano de obra. La producción del azúcar requería tierras, de las que los indios fueron despojados de manera definitiva, más una fuerza de trabajo estable. Se necesitaba mano de obra adicional para alimentar a los trabajadores de los ingenios y para transportar la comida a las plantaciones o el azúcar a los muelles. Los europeos mandaron a los tupiniquim a hacer la guerra contra sus vecinos para obtener esclavos o los emplearon como agentes para traficar. Empezó a usarse la palabra «rescate» para designar este modo de adquirir esclavos. La convención era que así se los salvaba del canibalismo [35].

Es difícil imaginar cómo lograron los portugueses imponer un régimen de trabajo regular en la agricultura a gentes que nunca habían tenido que practicarlo. Un medio fue adaptar el sistema cooperativo de la-

---

[33] Véanse las pasmosas observaciones de Nóbrega sobre la moralidad de los tupi que vendían a parientes o a miembros del grupo como esclavos como ejemplo de una interpretación tergiversada, habitual en los portugueses. *Monumenta brasiliae*, 4, pp. 401-414. Los tupiniquim eran empleados como intermediarios para obtener esclavos provenientes de tribus remotas. A esos intermediarios se los llamaba *pombeiros*, como los palomos que servían para atraer a otros al palomar. Cortesão, *A fundação*, p. 135.

[34] «Relation of Master Thomas Turner who lived the best part of two yeeres in Brasil», en *Hakluytus Posthumus*, 4, p. 1.243. Nóbrega observó hambre en Bahía en 1558 a causa de la falta de «quien se ocupe de preparar la comida» y de un exceso de holgazanes «que se la comen». *Cartas*, p. 283.

[35] B. de Magalhães, *O açucar nos primórdios do Brasil colonial*, Río de Janeiro, 1953. Prueba de que había ya un tráfico interprovincial de esclavos desde antes de 1555 es que el padre Leonardo Nunes fuera acompañado, en su primer viaje a São Vicente en noviembre de ese año, por un grupo de tupis que había rescatado de sus dueños en Bahía y que devolvía a sus hogares.

bor intensiva de los tupi a las nuevas necesidades y entregarle como recompensa bebidas alcohólicas [36].

La captura de esclavos para mano de obra intensificó las guerras entre tribus. Los pueblos que tomaban cautivos en el campo de batalla tenían que prepararse para la represalia. Los tupiniquim se trasladaron, pues, a las proximidades de los puestos de portugueses y éstos tuvieron que organizar su defensa. Los tupiniquim ayudarían también a los europeos a reprimir a los esclavos que en las plantaciones eran capaces de rebelarse. Las olas de ataques y contraataques engendraron una población satélite bajo protección europea: los indios de las *aldeias*. El término acabó por denotar exclusivamente las reducciones aborígenes administradas por portugueses o al cuidado de misioneros [37].

En las *aldeias* la cultura tupi se fue destruyendo. Los jesuitas, llegados a São Vicente en 1550, exigieron la abolición de diversas prácticas indígenas —matanzas rituales, canibalismo, poligamia, shamanismo y desnudez. Consideraban también que la fijación en un lugar favorecía el adoctrinamiento cristiano; se empeñaron en que los tupi abandonaran sus casas grandes y construyeran viviendas unifamiliares en cada *aldeia*, más una iglesia de tamaño imponente y una casa para el misionero. El asentamiento permanente imposibilitaba la agricultura de roza; la construcción del poblado, el adoctrinamiento, a la vez que los servicios personales prestados al misionero, pesaron de manera intolerable sobre la mano de obra [38].

Los tupi reincidían continuamente. El jesuita Anchieta, frustrado tras seis años dedicados a una infructuosa evangelización, reclama la intervención militar para conquistar la costa entera y forzar a los tupi a convertirse al cristianismo por «el sometimiento y el terror», ya que no estaban dispuestos a aceptarlo de otro modo. La corona había llegado entre tanto a la misma conclusión. São Paulo y São Vicente estarían en peligro mientras los franceses siguieran abasteciendo a los tupinambá. En 1560 una expedición portuguesa conquista la colonia francesa establecida en Río de Janeiro; de inmediato construyen allí tres ingenios de azúcar [39].

Mientras tanto los tupiniquim se habían levantado contra los portugueses en São Paulo. Las *aldeias* eran una fuente de mano de obra ten-

[36] Cardim, *Tratados*, p. 109.

[37] Sobre el tema de la reducción, véase P. Petrone, «Os aldeamentos paulistas e sua função na valorização da região paulistana», Livre-Docência, Universidad de São Paulo, 1964. Sobre el régimen de trabajo, S. Leite, *História da Companhia de Jesus*, Lisboa, 1938-1950, 2, pp. 42, 92-94.

[38] Nóbrega, *Cartas*, pp. 282-283; Willeke, *Missões*, pp. 126-127.

[39] *Monumenta brasiliae*, 2, p. 196, y 3, p. 255; véase también Nóbrega, *Cartas*, pp. 278-279.

tadoramente accesible, tanto que los colonos de São Paulo y de São Vicente habían ido poco a poco convirtiendo también a sus pobladores en esclavos. La rebelión fue reprimida; pero los portugueses de São Paulo habían perdido sus principales aliados. La mayoría huyó y volvió a la vida tribal. Las plantaciones de Río de Janeiro y de São Vicente se abastecieron con nuevas remesas de esclavos, esta vez tanto tupiniquim como tupinambá.

La guerra contra los tupinambá no había concluido. Una segunda campaña destruyó, en 1574, sus tabas en Cabo Frío. Para 1582 estos indígenas habían abandonado por completo la costa y se habían refugiado en las tierras altas del interior. En 1581 y en 1585 se enviaron expediciones desde São Paulo para atacar a los pueblos tupinambá ubicados en el valle de Paraíba do Sul. Los cautivos fueron llevados a las *aldeias* próximas a Río de Janeiro y a São Paulo como reserva de mano de obra o fueron forzados a trabajar en las plantaciones azucareras.

Epidemias

Brotes epidémicos anteriores a 1554 debió haber, aunque faltan datos para identificarlos. De esa fecha en adelante, su recurrencia está bien establecida. La primera mencionada, sin especificar enfermedad, en testimonios europeos fue la de 1554, que se prolongó en esta región de julio a septiembre. Staden relata la muerte súbita en 1555 de todos los miembros de la familia de un jefe y Léry describe una enfermedad que le pareció similar a la viruela, aunque más virulenta. Atacaba únicamente a los indígenas. Una epidemia de disentería hemorrágica e infección pulmonar, que había subido por la costa desde Río de Janeiro transportada por los indios que huían de sus pueblos, acomete, en febrero de 1559, Espírito Santo. Se registraron aquí 600 muertes sobre una población de no más de 3.000 personas, *aldeias* incluidas, o sea, una pérdida del 20 por 100 [40].

Las campañas militares de 1560 a 1562 desbarataron la organización social y económica de los tupinambá. Los cautivos fueron trasladados de Guanabara a São Paulo y a Espírito Santo. La desorganización

---

[40] J. Barbosa Rodrigues menciona una epidemia de 1550, sin citar la fuente, en «A disminução das aguas no Brasil...», III Reunión del Congreso Científico Latinoamericano, *Relatorios, Livro A*, Río de Janeiro, 1905, p. 175; *Monumenta brasiliae*, 2, p. 70 (18 de julio de 1554); 3, pp. 17-45, y 4, pp. 460-461; S. Leite, *Páginas de História do Brasil*, São Paulo, 1937, pp. 200-202; y, del mismo autor, *História*, 2, pp. 569 y 571-575; y Hemming, *Red Gold*, pp. 140-141.

producida, más la escasez de alimentos que probablemente siguió, favorecieron, cabe pensar, la gran virulencia del brote epidémico posterior. Este comenzó en São Vicente en 1561 y se prolongó a lo largo del litoral hasta 1564. El terror provocado por la epidemia fue tal vez motivo de la sublevación de los tupiniquim en 1562. Las enfermedades que se propagaron de 1561 a 1564 fueron disentería hemorrágica, infecciones pulmonares y viruela [41].

Las epidemias asolaron la región sin freno. No sólo carecían los tupi de resistencia contra las enfermedades europeas; también las medidas tomadas por los jesuitas, en especial las sangrías, resultaban contraproducentes. La tendencia de los indios a huir, cuando no resultaba en la difusión de la enfermedad, los dejaba expuestos a una precaria supervivencia en el bosque, sin fuego ni techo ni comida. Aunque los tupinambá dudaban de comer cautivos que mostraban signos de enfermedad, no siempre, según observa Staden, refrenaron su habitual espíritu vengativo. A las epidemias sucedían períodos de hambre. Mermaba la caza, actividad casi diaria, ya que la que podía almacenarse era poca. También las provisiones vegetales escaseaban. La mandioca se dejaba normalmente bajo tierra para ser extraída cuando fuera necesario. Cuando las mujeres del pueblo enfermaban, esa laboriosa tarea, junto con las de raer, rallar, secar y tostar, quedaban sin hacer. Las epidemias solían, por lo que parece, brotar o encarnizarse en otoño, entre marzo y junio. Este hecho refleja, sin perjuicio del descenso de temperatura, estacionalidad en la provisión de proteínas o en la llegada de los barcos. De todos modos, en un clima que varía de subtropical a tropical podían prolongarse las epidemias de un año a otro sin impedimento [42].

Las estimaciones hechas por testigos presenciales acerca del número de muertes en la gran epidemia de 1561 a 1564 son fragmentarias y vagas. Los jesuitas no consideraban que la muerte física fuera un asunto importante; sólo contaba en relación con la salvación del alma. Impenitentes e impíos «sufrían el castigo de Dios»; los catecúmenos «eran llamados por El» con celestial diligencia para impedir precisamente su recaída en el pecado. Sus cuentas sobre el número de muertes se circunscribían a cada aldea y vagamente expresan que había «por día tres o cuatro» o «tres o cuatro o más», o «cinco por día», o que «no había casa que no hubiera perdido un familiar o a veces tres o cuatro». «Una buena parte» de los esclavos de São Vicente, se señala, murieron [43].

---

[41] *Monumenta brasiliae*, 3, pp. 379, 451 y 454-455; 4, pp. 178 y 267-269; São Paulo (Ciudad), Arquivo Municipal, *Atas da Camara Municipal*, São Paulo, 1914, 1, p. 40.

[42] Staden, *Viagem*, pp. 127-129.

[43] *Monumenta brasiliae*, 2, pp. 107 y 108.

Las epidemias dejaron a las plantaciones de São Vicente y de São Paulo, una vez más, faltas de mano de obra. Los portugueses intensificaron por ende las cacerías de esclavos. Sus correrías incrementaron la mortalidad entre los tupi que seguían siendo sus aliados, que morían en batalla o a consecuencia de las enfermedades. Alguno de los que conducían correrías lamenta, malhumorado, en un relato más tardío, de 1607, haber perdido 240 «sirvientes» en una infructuosa incursión por el interior de São Paulo en procura de esclavos. Hacia principios de los años de 1570 hubo en São Paulo una leva de esclavos tupi o goianá, que fueron trasladados a Río de Janeiro; el asalto final al Cabo Frío produjo un elevado número de cautivos tupinambá, enviados como esclavos a São Paulo [44].

Como resultado de estas correrías continuas, se aceleró el ciclo epidemico. A fines de la década de 1570 las epidemias de nuevo diezmaron la mano de obra en las plantaciones costeras. Los pobladores de São Paulo, alegando agravios cometidos contra ellos una generación antes, solicitaron al gobernador que dirijiera una expedición al interior. Así lo hizo éste y otra vez se levantaron en rebelión los tupiniquim de tierra adentro. Por más que los jesuitas se opusieron a esa expedición punitiva y que los gobernadores dejaron por un tiempo de alentar empresas similares, otras de iniciativa privada se llevaron a cabo, en los años de 1590, para volver a surtir a las *aldeias* y suplir de mano de obra a las haciendas costeras. Un nuevo brote epidémico estalló en 1597.

Antes de finalizado el siglo XVI, los tupinambá estaban próximos a la extinción en el litoral de Río de Janeiro; otro tanto ocurría con los tupiniquim de la costa paulista. Las *aldeias* alrededor de la bahía de Guanabara contenían tal vez unos mil tupinambá; las que rodeaban a São Paulo y las plantaciones azucareras de São Vicente, otros mil. Es difícil calcular cuántos tupinambá se refugiaron tierra adentro si es que lo hicieron en cantidades apreciables. El relato de Knivet acerca del hallazgo de un pueblo tupinambá en algún lugar del interior hacia los años de 1590 puede ser producto de la fantasía; los números que da, de cualquier modo, son exagerados. Si para 1600 quedaban unos 7.000 de los tupinambá que habían habitado la costa cuarenta y cinco años antes, estos supervivientes, está claro, habían perdido su identidad cultural o vivían en condiciones materiales muy empobrecidas. En la segunda mitad del siglo la tasa de declinación fue, por ende, el doble de la de los cincuenta años previos: 1,8 por 100 anual [45].

[44] A. Machado, *Vida e morte do bandeirante*, São Paulo, 1965, p. 179.
[45] Estimaciones posteriores sobre población en Serrão, *O Rio de Janeiro*, 1, pp. 180-181; Soares, *Coisas notáveis*, 1, p. 11; y Cardim, *Tratados*, pp. 209 y 210. Véase también Fernandes, *Organização*, pp. 31-32.

Transformación del medio ambiente

Si los tupinambá tuvieron por cinco siglos una densidad constante de unos 9 km² en el litoral de Río de Janeiro debieron provocar cambios en una parte considerable del bosque costero. Con una densidad de población tal, el bosque hubiera podido ser desmontado una vez cada ciento diez años. Este lapso habría bastado de sobra para restaurar luego las condiciones propicias para el régimen agrícola de los tupinambá. No habría posibilitado, en cambio, la regeneración del bosque, ya que este proceso lleva más tiempo. La recuperación completa de un bosque tropical no se ha observado nunca, ni siquiera de manera indirecta; es probable que necesite más de cien años, quizás ciento cincuenta o doscientos. Puede ser también que un bosque tropical no vuelva nunca a un estado idéntico al original [46].

Cabe pensar, sin embargo, que los tupinambá dejaron a salvo parte del bosque originario, difícil de talar con hachas de piedra. Preferirían cortar con mayor frecuencia el bosque secundario. Ello les habría permitido mayor acopio de recursos. Las especies que habitan ambos tipos de bosque no son por cierto las mismas. La quema repetida de parcelas recientemente sembradas alentaba, por otra parte, su invasión por especies vegetales altamente productivas, así como por animales de caza. La reserva forestal de cada pueblo incluiría entonces bosque tanto primario como secundario en diversas etapas de crecimiento.

La práctica de quemar plantas durante la cacería sería otro mecanismo más de alteración del bosque cuyo efecto no se puede calcular. La vegetación secundaria resultaba también más apropiada para este propósito, aparte de ser más vulnerable al fuego.

Resultado de estos fuegos podrían ser las formaciones de matorrales o hierbas que reemplazaron al bosque originario en algunas partes de la costa, en suelos más arenosos, por ejemplo. La pérdida del manto boscoso habría incrementado la degradación de las propiedades químicas y mecánicas de la tierra en esas zonas. En condiciones tales el bosque no podía completar o ni siquiera iniciar su regeneración. Algunos geógrafos consideran a dichas formaciones antropogénicas. Los europeos, en efecto, encontraron campos rasos en la meseta alrededor de São Paulo y en la costa desde Cabo Frío en dirección norte hasta el río Paraíba do Sul [47].

---

[46] *Tropical Forest Ecosystem*, París, 1978, pp. 229 y 230.

[47] H. von Ihering, «A distribução de campos e mattos no Brasil», *Revista do Museu Paulista*, 7 (1907), pp. 129-132; F. Rawitscher, «Problemas de fitoecologia com considerações especiais sobre o Brasil meridional», *Boletim da FFCL-USP*, núm. 41 (Botânica, núm. 4) (1944).

Poco es lo que se sabe del palo de Brasil (*Caesalpinia achinata*), lo cual no deja de sorprender, dados el valor económico que tenía y la curiosidad histórica que le atañe. Parece ser una especie mesofílica (prefiere suelos que no sean ni muy húmedos ni muy secos), bastante común antaño en los bosques existentes entre Río de Janeiro y Cabo Frío. También se la encontraba en las islas de la bahía de Guanabara. Dansereau indica que podría tratarse de un árbol del subclímax, ya que crecía en agrupamientos relativamente sin mezcla. Esta observación probaría que los tupinambá alteraron el bosque costero originario; de manera indirecta, demostraría que hubo elavadas densidades demográficas antes de 1500 [48].

Los tupinambá no modificaron el medio ambiente al punto de reducir su capacidad de sustentación; pero su presencia ayudó a que proliferaran un bosque y una flora subarbórea bastante distintos de los que hubiera habido allí si no hubieran habitado la región.

La llegada de los europeos fue un factor adicional en la alteración del bosque. La tala del palo de Brasil no tuvo probablemente un efecto por sí mismo considerable. La cantidad cortada cerca del Cabo Frío no fue tan grande. Según los contratos portugueses, se cortaban sesenta toneladas por año, la madera de unos 120 árboles quizás. El palo de Brasil, empero, se obtenía también de varios puertos del norte; la cantidad talada por consiguiente en el Cabo Frío era menor. Los franceses triplicaron tal vez la explotación en este último lugar. Aun así, sumada toda la actividad, no alcanzaría, hasta 1555, a los cinco mil árboles. Si el palo de Brasil formaba en efecto densas agrupaciones, no más de unas cientas o de unas docenas de hectáreas fueron afectadas.

Las hachas que en trueque fueron entregadas a los tupinambá no los incitaron a talar más árboles. Según los testigos europeos, los indios simplemente redujeron el tiempo dedicado al desmonte y aumentaron el dedicado a fiestas y a guerras. Los tupinambá incorporaron sólo algunos de los productos domesticados que los europeos les ofrecieron. Plantaron plátanos y caña de azúcar y estaban encantados con las gallinas, cuyas plumas usaban como adorno y cuya carne desechaban. Esta curiosa adaptación —que puede haber sido una reversión al motivo originario de la domesticación de la gallina— indica que para los años de 1530, época en que ocurrió, a los tupinambá no les preocupaba adquirir una

[48] B. J. de Souza, *O pau-brasil na história nacional* (introducción por A. Neiva), 2.ª ed., São Paulo, 1978; F. Freire Alemão, «Apontamentos sobre a conservação e corte das madeiras de construção civil» y Carta a von Martius, Rio 30 Novembro 1849», ambos en *Anais da Biblioteca Nacional*, 81 (1961), pp. 135 y 185; P. Dansereau, «The Distribution and Structure of Brazilian Forests», *Bulletin du Service de Biogéographie*, núm. 3 (1948), p. 13.

fuente adicional de proteínas y, por añadidura, de tan fácil acceso como
ésta [49].

El establecimiento de plantaciones azucareras repercutió gravemente
en São Vicente y Santos. El desbrozo de los manglares, cuya leña se usó
en la cristalización del azúcar, provocó la obstrucción de los canales de
los estuarios. El hecho fue observado por Anchieta, quien también la-
mentaba la creciente esterilidad del suelo en esta región. Consecuencias
más serias tuvo la introducción del ganado. Este fue traído a São Vicente apenas un año después de la puesta en operación del primer trapi-
che azucarero. Como escaseaba la pastura en el litoral, se trasladó el
ganado a los campos abiertos en torno a São Paulo y, más tarde, a la
gran llanura de la costa al norte del Cabo Frío. En estos prados, los animales se multiplicaron maravillosamente, constituyéndose en una provisión segura de carne, sebo y cuero. También andaban pastoreando en los
lindes del bosque e impedían de este modo la regeneración vegetal cuando se abandonaban las parcelas cultivadas. Año a año fue expandiéndose
el campo raso y prosiguió la erosión del suelo [50].

La drástica caída de la población indígena convirtió la llanura costera
y buena parte del interior en un baldío. Los dos siglos siguientes contemplaron la regeneración del bosque en tierras que ni hombres ni ganado visitaron. Poco a poco este espacio se fue llenando de una población mestiza, más fuerte y sometida a los europeos, que exhibía más
rasgos tupi que de la cultura de sus dominadores. Cultivaban algunos productos europeos —citrus, higos e incluso, en la meseta paulista, trigo—
y criaban cerdos; pero para la labranza de la tierra seguían pautas
autóctonas: mudaban de una parcela a otra tras talar y quemar el bosque.
El mestizo fue capaz, sin embargo, de atacar la selva primaria con acre-
cida intensidad. Sus hachas de hierro eran más eficaces que las de
piedra. Su azada de hoja de acero le permitía labrar la misma parcela
por muchos años hasta que su fertilidad había disminuido por debajo
de aquella que hacía renunciar al cultivo a los tupi. Estas técnicas impedían al bosque reiniciar su regeneración; la erosión y hierbas inextir-
pables, de escaso valor nutritivo aun para el implacable ganado semicima-
rrón, se adueñaron de la tierra [51].

---

[49] *Monumenta brasiliae*, 1, p. 445. El padre Correia expresaba en esta carta, fechada en 1553, que no debía proveerse a los tupi de herramientas de hierro hasta que se convirtieran.

[50] *Atas da Camara Municipal*, 1, p. 99, 119, 122-123, 141, 181 y 185. Leite, *História*, 1, p. 262.

[51] Alcantara Machado, *Vida e morte*, p. 60 (sobre trigo); Soares de Sousa, *Tratado*, pp. 166-168; y Cardim, *Tratados*, pp. 67-69 y 209.

[52] *Atas da Camara Municipal*, 1, p. 201.

La densidad de esta población mestiza no era quizás mucho más alta que la de sus predecesores tupi. El concejo de São Paulo prohibió, en 1583, la construcción de viviendas a menos de 660 metros de distancia entre sí [52]. Esto implicaba 43,36 ha. por casa, o calculando un número de 5 por casa, 11,4 personas por kilómetro cuadrado [53]. Puesto que la población tupiniquim de la meseta no había sido, cabe pensar, tan densa como la de la costa, la cifra da idea de una agricultura más eficiente. De todos modos, tanto en la meseta como en el litoral no podían sostenerse pueblos más grandes que las antiguas tabas de los tupi. Durante el período colonial sólo Río de Janeiro y São Paulo, abastecidos en parte por importaciones, fueron capaces de escapar a esa limitación.

2. Los indígenas de Guatemala en los siglos XVI y XVII: tamaño de la población, recursos y organización de la mano de obra

MURDO J. MACLEOD

University of Arizona

En los diez últimos años, la demografía histórica de la América Central colonial ha pasado de la negligencia casi absoluta a la abundancia. La marejada de trabajos nuevos acarrea problemas propios. Con escasas excepciones, no hay coordinación entre los materiales publicados, esparcidos por lo demás en diversidad de revistas. Los trabajos se han limitado por otra parte a trazar los grandes movimientos de la población. Rara vez han tratado temas como los de nacimientos, matrimonios, fertilidad, enfermedades y defunciones y, menos aún, la relación entre demografía y otros factores históricos fundamentales. A pesar de que hay algunos estudios importantes sobre la fuerza de trabajo en Centroamérica colonial, se ha prestado poca atención todavía a cuestiones tales como la vinculación entre el cambio demográfico y los recursos, las actividades económicas o la provisión de mano de obra, o, a la inversa, la incidencia de los distintos tipos de trabajo sobre la demografía. El presente ensayo intenta desentrañar algunas de esas conexiones entre el tamaño de la población, las actividades económicas y las modalidades de la mano de obra; por ahora, sólo puede ser general y sugerente[1].

---

[1] Para un panorama general de la demografía de América Central durante el período colonial pueden verse dos trabajos míos: «An Outline of Central American Colonial Demographics: Sources, Yields, and Possibilities», en R. Carmack *et al.* (compil.), *The Historical Demography of Highland Guatemala*, Institute for Mesoamerican Studies, State University of New York at Albany, Publication No. 6, 1982, pp. 3-18; y «Modern Research on the Demography of Colonial Central Ame-

53

No es fácil determinar cuál era el tamaño de la población indígena en
América Central a la llegaba de los europeos. Epidemias diversas, origi-
nadas en México, precedieron a los conquistadores y probablemente a las
bandas que invadían también desde Panamá. Algunas áreas, como Verapaz
y Costa Rica, no pudieron ser dominadas sino tras repetidas *entradas*.
El panorama epidemiológico se complica, pues, irremediablemente. Los
recuentos, aun en su forma más primitiva, rara vez se hicieron inmediatamente después de la conquista. Las cifras correspondientes al momento
del primar contacto son por consiguiente, si no pura conjetura, proyecciones retrospectivas a partir de evaluaciones posteriores. Las disputas
acerca del tamaño de la población a la llegada de los europeos no han
oscurecido, por fortuna, la visión global de los movimientos de población, de suma importancia para nuestro propósito.

De la Audiencia de Guatemala, haremos una estimación provincia
· por provincia. Dada la brevedad de este examen, dejaremos de lado muchas variables y particularidades culturales e históricas de los diversos
lugares. Con la información hoy disponible, no se ha podido, o resulta
imposible, determinar factores como los costos de producción y de protección e incluso los salarios, cuando los hubo. Lo que presentamos será,
por consiguiente, una visión simplificada de la relación entre los tres factores seleccionados para el estudio.

Soconusco habría tenido unos 80.000 habitantes antes de la llegada
de los españoles a México. El número bajó quizás a 60.000 en 1524, después de la primera pandemia y de la conquista del territorio. Las listas de
tributarios indican hacia 1545 un total de 26.000 personas, que se redujeron a unos pocos más de 5.000 en el decenio de 1580. La cifra fluctuó
luego con el aporte de importaciones permanentes o estacionales de muchos indígenas. Por fuerza o de buen grado, venían de Chiapas, de las tierras altas contiguas de Guatemala e incluso de la lejana Verapaz. El punto
más bajo se registra en 1684, con 800 tributarios, unas 25.000 personas
clasificadas como indios. Hubo luego unos 1.000 indios consignados en
diversos momentos del siglo XVIII, que más tarde se irían disolviendo paso
a paso en ladinos, casta y blancos. Estos grupos aumentaron tanto por
fertilidad natural como con el aporte de inmigraciones provenientes de
México, Chiapas y Guatemala en períodos durante los cuales las plantaciones de la llanura costera tropical gozaron de una moderada prosperidad [2].

rica: a Bibliographical Essay», *Latin American Population History Newsletter*, 3
(1983), pp. 23-39.
    [2] P. Gerhard, *The Southeast Frontier of New Spain*, Princeton, 1979, pp. 169-
172; W. L. Sherman, *Forced Native Labor in Sixteenth-Century Central America*,
Lincoln, 1979, pp. 353-354 y 358.

Las estadísticas sobre las poblaciones no indígenas son todavía más pobres; las investigaciones recientes indican, empero, que las cifras fueron mayores de lo que se había pensado y que mercachifles y comerciantes entraban y salían de la provincia en grandes números, en especial durante la época de cosecha. Hacia 1778 los pobladores no indígenas superaron en número a los indios [3].

Desde el punto de vista demográfico Soconusco siguió las pautas de las tierras bajas húmedas y calientes. En estas zonas, la población indígena declinó abruptamente tras la conquista, en algunos casos hasta extinguirse. Sin embargo, hubo indios en Soconusco hasta fines del siglo XVIII o incluso el XIX, por dos factores fundamentalmente. En la mayor parte de la provincia hay una estación relativamente seca. Esta situación inhibió, por lo que parece, la diseminación o, por lo menos, la perduración de algunas de las epidemias más mortíferas. La producción de las plantaciones, el cacao en particular, atrajo en el siglo XVI y, en alguna medida, también en el XVIII, a empresarios y pobladores no indígenas y creó la necesidad de una mano de obra adicional. Considerables cantidades de indígenas eran trasladados de 'las tierras altas del interior a la costa —procedimiento que dura hasta hoy— e incorporados al trabajo en las plantaciones de españoles en calidad de siervos o de asalariados. El predominio español en estos lugares de trabajo, la elevada tasa de mortalidad que obligaba a reabastecer cada año la población trabajadora y la decadencia cultural y demográfica de los escasos pueblos indios que sobrevivían, produjeron la rápida aculturación de los inmigrantes indígenas [4].

Chiapas contenía unos 275.000 indios antes de la llegada de los europeos, cantidad que cayó a 200.000 en 1527, tras la primera pandemia y la conquista militar. Los 114.400 que se calculan para 1570 disminuyeron a 78.320 en 1611 y a 74.990 en 1678. Las severas punciones demográficas del siglo XVII se produjeron en las zonas calientes o templadas. En las tierras altas quizás hubo incluso alguna recuperación temporaria de la población, para volver a declinar a comienzos del siglo XVIII. La segunda y tercera décadas de esta centuria, plagadas de revueltas, epidemias y hambres, fueron en particular perturbadoras. La población indígena habría caído hacia 1725 a unos 50.000 individuos. A partir de entonces se recobra lentamente hasta contar con unos 75.000 en el momento de la independencia.

---

[3] J. Gasco, «Demographic Trends in the Soconusco, 1520-1970», trabajo presentado en el 44.º Congreso Internacional de Americanistas, Manchester, Inglaterra, septiembre de 1982.

[4] M. J. MacLeod, *Spanish Central America. A Socioeconomic History, 1520-1720*, Berkeley, 1973, pp. 77-79, 145-148 y 229.

Las cifras de la población indígena durante el período colonial en Chiapas, como también en Verapaz, Honduras, Nicaragua y Costa Rica, se complican por la existencia de una frontera abierta hacia regiones no sometidas. Expediciones españolas incursionaban de vez en cuando dentro de esas zonas y traían consigo lacandones, payas, taguzgalpas, talamancas y otros grupos. Estas entradas y salidas producían leves aumentos temporarios de población. De mayor consecuencia fueron en Chiapas —y en Verapaz— las migraciones, tanto estacionales como permanentes, hacia provincias vecinas. Los indios huían en ocasiones de Chiapas hacia áreas no conquistadas; el trasiego hacia o desde las provincias contiguas de Tabasco y Soconusco fue también importante.

El grupo de españoles y de ladinos-mestizos era reducido y creció a paso lento. Los 50 vecinos de 1540 aumentaron hasta sumar, en 1570, 200 cabezas de familia, unas 1.000 personas quizás: En 1611 había 280 cabezas de familia, o sea, alrededor de 1.400 individuos. Un recuento, al parecer fidedigno, registra, en 1778, 7.480 personas. Al producirse la independencia habría unas 8.000 dentro de ambas categorías. La mayor parte se concentraba en la capital, Ciudad Real (hoy San Cristóbal de Las Casas); poco a poco, empero, se fueron trasladando, en números crecientes, hacia haciendas o pueblos indígenas, en especial a Comitán, Tuxtla, Ocosingo y San Bartolomé de los Llanos. Los esclavos negros o gentes de origen africano fueron en Chiapas de menor importancia demográfica que en Soconusco. No había casi plantaciones. La minería y los lavaderos de oro habían desaparecido al cabo de las dos o tres primeras décadas[5].

Chiapas, a pesar de que allí sobrevivieron bastantes indígenas en las tierras altas, no encontró ninguna actividad productiva provechosa durante la época colonial; atrajo pues a pocos inmigrantes. Su principal recurso fue entonces la población indígena. Se sacaron muchos indios a Soconusco, actividad que no rendía beneficios sostenidos y no alcanzó nunca los niveles que la exportación de población tuvo en la Nicaragua del siglo XVI. Aparte de algunas haciendas en manos de dominicos, los grupos dirigentes locales carecían, en el siglo XVIII, del poder, del capital y de los estímulos indispensables para montar empresas agrícolas; tan sólo unos pocos fueron más allá de la simple explotación tributaria de los pueblos indígenas. Este tipo de estructura económica reducía la posibilidad de una acción recíproca constante entre los grupos, a diferencia

[5] Gerhard, *The Southeast Frontier*, pp. 158-162; Sherman, *Forced Native Labor*, pp. 349 y 357-358; G. Aguirre Beltrán, *La población negra de México, 1519-1810. Estudio etnohistórico*, México, 1946, p. 213.

de lo que sucedía en las ciudades o en las plantaciones; la aculturación, en consecuencia, se demoró.

La interacción cultural estuvo entonces lejos de ser intensa; la explotación económica, en cambio, fue excepcionalmente grave, por ser la mano de obra indígena el único recurso disponible. Los grupos dirigentes, no contentos con vivir a costa de los excedentes producidos por una economía indígena que se mantenía intacta, trataron de estimular la producción fijando cuotas así como mediante las ventas forzadas (repartimientos de mercancías) y la distribución de artículos no terminados a mujeres indias para su elaboración final (derramas). Como consecuencia de todo esto, la historia política de Chiapas durante el período colonial se caracterizó por dos rasgos fundamentales. Clérigos, vecinos y funcionarios del gobierno, en especial los alcaldes mayores, lucharon entre sí constantemente por el control de los beneficios provenientes de los tributos y de la producción doméstica de los pueblos indígenas; y los indios tuvieron tal vez el grado más alto de rebelión entre todas las poblaciones sedentarias de la nueva España [6].

La provincia y arzobispado de Verapaz permaneció aparte de Guatemala por largo tiempo. Dominada por la orden de los dominicos, su conquista fue tardía y parcial. Las enfermedades europeas precedieron probablemente en muchos años a los recuentos efectuados tras la conquista, lo cual dificulta la estimación de la población inicial. Como Chiapas, Verapaz contó con una frontera abierta hacia el Petén hasta fines del siglo XVII. Las huidas hacia el Chol-Manché y la migración kekchi hacia la costa, en particular hacia la región llamada hoy Bélice —movimiento iniciado a fines del período colonial y que sigue hasta ahora— complican aún más la historia demográfica de Verapaz. También hubo flujos de signo contrario en los siglos XVI y XVII: indios capturados y sacados del Chol-Manché fueron «reducidos» en pueblos en Verapaz.

Los cálculos hechos sobre la población indígena de Verapaz durante la colonia concuerdan, empero, bastante. De un total de 12.000 a 14.000 que habría en el decenio de 1540, cuando la conquista se había más o menos completado, quedaban 3.000 hacia los años de 1570 y menos de 2.000 en 1580 y 1590. Hacia 1600 la suma habría estado por debajo de los 1.800. A principios del siglo XVII se inicia una lenta recuperación, plagada de altibajos[7].

---

6 Estas cuestiones las trata extensamente R. Wasserstrom, *Class and Society in Central Chiapas*, Berkeley, en prensa. Véase también, del mismo autor, «Population Growth and Economic Development in Chiapas, 1524-1975», *Human Ecology*, 6 (1978), pp. 127-143.

7 Los cálculos más recientes se deben a L. H. Feldman, cuyo «Disaster, Natural and Otherwise» aparecerá próximamente en un *Festschrift* para Sidney David Mark-

A pesar de la imposibilidad de contar con cifras fiables sobre la población inicial por la demora de la conquista y de la temprana recuperación demográfica, la provincia de Verapaz parece ser, en muchos aspectos, una Chiapas en miniatura. Su frontera abierta era fuente de problemas y a la vez de oportunidades para los españoles; estaba dominada, como Chiapas, incluso en mayor grado, por la orden de los dominicos, y no fue tampoco capaz de suscitar alguna actividad económica pujante. Sin capital para el desarrollo, el único recurso explotable para los dominicos y los pocos inmigrantes allí instalados fueron la economía y la población de los pueblos indios. Los frailes incitaban a los hombres indígenas a que se trasladaran a la costa del Pacífico a fin de ganar dinero para pagar sus tributos, e impusieron una cantidad de contribuciones, legales, o que les permitieron hacerse con los excedentes de la producción indígena. Una vez más, la pobreza de la región y la abundancia relativa de la población conquistada impidió que las modalidades de la fuerza de trabajo superaran un simple modo de producción basado en el tributo [8].

La provincia de Guatemala, región central del territorio perteneciente a la Audiencia, contuvo durante la época colonial una población más numerosa y diversa que Soconusco, Chiapas y Verapaz. Era también una zona más compleja tanto económica como geográficamente. Un estudio reciente sostiene que las tierras altas de Guatemala pudieron haber albergado entre 500.000 y 800.000 personas antes de la invasión española. Si se agregan ambas costas y el Petén, esas cifras podrían duplicarse para la totalidad del territorio abarcado hoy por Guatemala y El Salvador, ya que informaciones muy tempranas indican una densa población en el golfo de Honduras y en El Salvador. Otro investigador cree que entre los estudiosos norteamericanos existe una tendencia hacia el alza, incluso antiespañola, que postula cifras excesivamente elevadas. El cree que la población de la totalidad de Guatemala en el momento del primer contacto con los europeos era de unas 300.000 personas; no incluye, empero, en esta cifra ni siquiera a modo de conjetura, poblaciones extinguidas de ambas costas que nunca se enumeraron. Halla que esa población existente en el momento de la conquista se redujo a unos 148.000 en 1572, una declinación de más del 50 por 100 en medio siglo, según sus cifras.

---

man, Escuela de Estudios Hispanoamericanos, Sevilla, en prensa. Sus totales no difieren mucho de los de Sherman, *Forced Native Labor*, pp. 354-355. Véase también M. Bertrand, «Demographic Study of the Rabinal and El Chixoy Regions of Guatemala», *The Historical Demography of Highland Guatemala*, pp. 65-75.

[8] MacLeod, *Spanish Central America*, pp. 87, 93 y 315.

Los indígenas, sostiene, fueron recobrándose gradualmente después de 1590 ó 1600 y en la primera década del siglo XVII habrían sumado unos 195.000. La recuperación prosiguió hasta alcanzar la cifra de 310.000 hacia 1750. Tras algunos altibajos, se reanudó el crecimiento hasta la independencia [9].

Uno de los recuentos de tributarios más importantes para el estudio de la historia demográfica de Guatemala se halla en el Archivo de Indias bajo la signatura Guatemala 128. Buena parte de este documento data de los últimos años del decenio de 1540 y primeros de 1550; la enumeración abarca extensas zonas de Guatemala y otras de Nicaragua, Honduras y El Salvador, a la sazón incorporadas a la provincia de Guatemala, y de Yucatán. Se han publicado diversos fragmentos del documento y gran número de estudiosos han hecho uso, imperfecto, de ellos. Hasta hace poco, nadie había intentado el análisis riguroso y completo del material. Tres investigadores, empero, han tomado por fin el legajo Guatemala 128 y otros recuentos anteriores y fragmentarios y, tras diversas manipulaciones estadísticas, han concluido que a mediados del siglo XVI vivían en el sur de Guatemala (es decir, en el territorio que comprende toda la Guatemala actual menos el Petén) 427.850 indígenas. Esta es hasta ahora la base de referencia al momento de la conquista más segura y permite a los estudiosos hacer proyecciones retrospectivas y comparaciones con cifras posteriores para determinar el tamaño y la proporción de los movimientos demográficos [10].

Los estudios regionales, cada vez más numerosos, confirman el cuadro general esbozado antes. La nutrida población existente en el momento de la llegada europea se redujo de manera catastrófica hasta alcanzar el punto más bajo a principios del siglo XVII o, más raro, incluso después.

---

[9] W. T. Sanders y C. Murdy, «Population and Agricultural Adaptation in the Humid Highlands of Guatemala», *The Historical Demography of Highland Guatemala*, pp. 23-34; F. de S. Pérez-Lila, *Los mayas del siglo XVIII*, Madrid, 1974, pp. 53-183, y, del mismo autor, «Análisis de la población indígena en la audiencia de Guatemala en 1572», *Antropología e historia de Guatemala*, 2 (1979), pp. 73-87.

[10] Un buen número de autores han usado Guatemala 128. El primero fue quizás J. López de Velasco en su *Geografía y descripción universal de las Indias*, Biblioteca de Autores Españoles, vol. 248, Madrid, 1971. El trabajo a que se hace referencia puede encontrarse en W. G. Lovell y W. R. Swezey, «La población del sur de Guatemala al momento de la conquista española», *Antropología e historia de Guatemala*, 4 (1981), pp. 43-54; y, también, más reciente y abarcando el período hasta mediados de la centuria, en W. G. Lovell, Ch. H. Lutz y W. R. Swezey, «The Indian Population of Southern Guatemala, 1549-1551: An Analysis of López de Cerrato's Tasaciones de Tributo», trabajo presentado en el 44.º Congreso Internacional de Americanistas, Manchester, Inglaterra, septiembre de 1982; revisado en enero de 1983, se halla en prensa.

El siglo XVIII fue de recuperación, aunque desigual y con frecuentes interrupciones[11].

Desde el punto de vista económico, la Guatemala colonial puede dividirse en tres zonas. Gran parte del occidente montañoso se parecía a Chiapas y a Verapaz. La región no producía nada de interés para los españoles; su suelo quebrado, extendido en buena medida en tierra fría, no atrajo a los agricultores españoles. Muy pocas haciendas se establecieron. Aquí también la población indígena, relativamente numerosa, fue el recurso principal. Los indios se marcharon, de manera permanente o por temporadas, hacia regiones económicamente más activas, situadas alrededor de Santiago o, más al sur, hasta San Salvador y San Miguel. Muchos, empero, se quedaron; los pocos españoles instalados en el lugar vivían de los excedentes producidos por el trabajo de los indígenas. El clero cobraba una variedad de remuneraciones por sus servicios y extraía fondos de las cofradías y de las cajas de comunidad. Los funcionarios reales de rango inferior —y la mayoría de los blancos prominentes tarde o temprano ocuparían algún puesto en el gobierno local— sacaban lo que podían, recaudando impuestos, fueran legales o no, o cobrando sumas excesivas por cualquier permiso o pedazo de papel. El contacto entre ambas sociedades estaba, aquí también, estrictamente definido y limitado a asuntos económicos y tributarios. Españoles e indios rara vez trabajaban, rezaban o se divertían juntos. Las dos repúblicas permanecieron netamente separadas[12].

Al sur y este de Santiago, hasta el golfo de Fonseca, los pobladores españoles encontraron, en la tierra templada y en la boca costa, suelos buenos y un clima favorable. Diversos productos —cacao primero, añil luego y cochinilla después— prosperaron y enriquecieron a algunos, al menos según los criterios vigentes en la América Central colonial y esto mismo a pesar de los períodos de depresión acaecidos entre el auge de cada uno de los monocultivos. La bondad de los suelos y de su producción atrajo a pobladores españoles, que impusieron la agricultura de plantación. Los indígenas del lugar y los traídos de las tierras altas tuvieron que aprender a vivir junto a los españoles. Más que esta proximidad contó el hecho de que muchos indios cumplieran tareas donde dominaban los españoles o trabajaban en lugares donde los españoles, los ladinos o las castas poseían o controlaban los medios de producción. Los métodos para reclutar la mano de obra variaron. En zonas de beneficios altos se contrató incluso mano de obra libre. Más frecuentes fueron algu-

---

[11] Ejemplos de estos estudios regionales son los de T. T. Veblen (Totonicapán), W. G. Lovell (los cuchumatanes) y R. M. Carmack (Momostenango), que pueden encontrarse en la parte II de *The Historical Demography of Highland Guatemala*.

[12] MacLeod, *Spanish Central America*, pp. 229-231.

nas modalidades del peonaje, como la retención por pequeñas deudas o la participación en la cosecha bajo variedad de formas. En los sitios donde los pueblos indios carecían de tierras, caso frecuente durante el siglo XVIII, los trabajadores eran atraídos a las haciendas, permanente o temporalmente, con la promesa de poder cultivar en terrenos baldíos los productos alimenticios que necesitaban. Las repercusiones culturales y demográficas son obvias. Hacia 1800 la región que se extiende desde el sudoeste de Guatemala hasta El Salvador, con excepción de pocos puntos aislados, había dejado de ser «india». Sus ocupantes constituían un campesinado ladino, vinculado de buena o de mala gana con las ciudades, con los obrajes de añil o con las plantaciones de cochinilla de los europeos [13].

Santiago de Guatemala, capital de la audiencia y única ciudad de cierto tamaño en América Central durante la era colonial, desempeñó un papel especial, tanto demográfica como económicamente. A su alrededor se extendía el valle de Guatemala, con una densa población indígena; a los barrios de naturales de la propia ciudad llegó gran número de inmigrantes en procura de trabajo o seducidos por los atractivos de la vida urbana. Albergaba también la mayor concentración de habitantes no indígenas de toda América Central. Desde el punto de vista económico, ocupaba una posición intermedia entre el occidente indio y el sur ladino. Su tamaño le permitía ser un mercado de regular importancia para suministros de primera necesidad y para algunas escasas importaciones suntuarias provenientes de México, Perú, Europa y China. No llegó, empero, a ser una zona dinámica de exportación, como lo fueron Izalcos en el siglo XVI o San Salvador en el XVIII. Los sistemas de reclutamiento de mano de obra evolucionaron pues de modo diferente. La encomienda floreció por breve tiempo para acabar siendo, dadas la caída de la población indígena y las restricciones impuestas por el gobierno, apenas algo más que una manera de conceder pensiones y recompensas. La ciudad requería, sin embargo, mano de obra, no sólo para abastecer a su población de madera, paños o víveres o para su mantenimiento —ba-

---

[13] *Ibid.* Véase también la presentación general en A. White, *El Salvador,* Nueva York, 1973, caps. 1 y 2. Los trabajos pioneros sobre la demografía colonial de El Salvador se deben a R. Barón Castro, *La población de El Salvador: estudio acerca de su desenvolvimiento desde la época prehispánica hasta nuestros días,* Madrid, 1942, y a H. E. Daugherty, «Man Induced Ecological Change en El Salvador», tesis doctoral, University of California, Los Angeles, 1969. Ha de observarse que ambos trabajos no están de acuerdo en cuanto a cifras sobre población. Véanse también dos artículos de J. L. Muñoz, «Fundación de villas de ladinos en Guatemala en el último tercio del siglo XVIII», *Revista de Indias,* 36 (1976), pp. 51-81, e «Indios, ladinos y aculturación en San Miguel Petapa (Guatemala) en el siglo XVIII», *Jornadas Americanistas III,* Valladolid, 1974, I, pp. 331-346.

rrido de calles (tarea especialmente importante por las frecuentes inundaciones), edificación pública y reparación de puentes, acueductos y fuentes públicas—; la necesitaba también, en especial en las épocas de siembra y de cosecha, para las fincas trigueras y ganaderas que rodeaban a Santiago. La solución fue el reclutamiento cíclico de mano de obra o repartimiento. Debido a la numerosa población indígena del lugar y a las particulares necesidades de la ciudad, este modo de reclutar mano de obra perduró, y más bien prosperó, por más tiempo en el valle de Guatemala que en otros lugares de la provincia o en México. Los repartimientos del valle implicaban que una vez por año por lo menos los indios, y los más pobres con mayor frecuencia, debían dejar sus pueblos y trasladarse, si no a la ciudad, a otros sitios dominados por los españoles donde debían cumplir con las tareas que éstos les asignaran. La presión ejercida para su aculturación, si bien no fue tan considerable como la de las plantaciones, fue bastante más determinante que la que hubo en los pueblos aislados de las tierras altas del oeste, Verapaz y Chiapas [14].

Honduras constituyó durante el período colonial dos provincias en realidad distintas, tanto demográfica como económicamente. La costa sufrió los efectos de una triple destrucción. La conquista involucró luchas largas y penosas, no sólo entre indios y españoles, sino también entre facciones opuestas de estos últimos. Los lavaderos de oro, donde trabajaron cuadrillas de indios esclavos y más tarde, en el río Guayape, esclavos importados de Africa, acarrearon, es sabido, altas tasas de mortalidad. El menoscabo demográfico más importante se debió quizás a la proximidad de la bahía de Honduras, sus islas y las llanuras costeras a las Antillas Mayores, a la sazón económicamente activas y con necesidad de mano de obra. La captura y el envío a Cuba de gentes de la costa hondureña se iniciaron probablemente aun antes que Cortés llegara a México y se prolongaron hasta los años de 1540, con resultados desastrosos. Es imposible calcular la magnitud de esta exportación de esclavos. Fue menor tal vez que la que se llevó a cabo desde Nicaragua; su repercusión en las poblaciones costeras fue, empero, considerable. A fines del siglo XVI los indígenas habían prácticamente desaparecido [15].

---

[14] Muchos investigadores, empezando quizás con S. Zavala en su *Contribución a la historia de las instituciones coloniales en Guatemala*, Guatemala, 1953, pp. 95-109 y en especial p. 108, han observado la perduración del sistema de repartimiento en la región de Santiago. El trabajo más importante sobre la ciudad se debe a Ch. H. Lutz, *Historia sociodemográfica de Santiago de Guatemala, 1541-1773*, Guatemala, 1982.

[15] R. S. Chamberlain, *The Conquest and Colonization of Honduras, 1502-1550*.

A partir del tercer cuarto del siglo XVI Honduras fue, pues, más que nada una provincia de tierra alta. El número de habitantes que había allí en el momento de la conquista suscita alguna discusión. La cifra más baja se sitúa alrededor de las 100.000 personas, cantidad que se redujo a unas 20.000 hacia 1600. La población continuó declinando durante el siglo XVII, debido probablemente a una baja fertilidad o a una mortalidad infantil elevada, o a ambas. A pesar de algunos signos de recuperación en el siglo XVIII, la población indígena como tal se había convertido para la independencia en un campesinado hispanizado [16].

Las minas de plata de la tierra alta hondureña fueron lo bastante activas como para impedir que la región quedara librada a unos cuantos ganaderos; pero no tanto como para cumplir las auspiciosas promesas de sus comienzos. Su desarrollo, a saltos, fue obstaculizado por factores diversos; escasez de mano de obra agravada por el corto número de indígenas; prohibiciones reales, concedidas a regañadientes, contra el empleo de trabajadores indios bajo tierra o en fundiciones; falta de capital para comprar esclavos africanos; tecnología inadecuada; carencia de mercurio; insuficiente provisión de trabajadores libres [17].

Las relaciones económicas entre ambas sociedades estuvieron dominadas, en la tierra alta de Honduras, por la búsqueda, por parte de los españoles, de medios, a menudo fuera de la ley, para utilizar a la reducida población indígena como mano de obra en las minas. La incursión en territorios todavía no sometidos fue un recurso empleado, aunque limitado en sus efectos. La resistencia, tanto pasiva como activa, que los indígenas oponían a la coerción fue otro obstáculo. Huidas de sus pueblos, demoras, protestas contra los reclutamientos de trabajadores, peticiones a la Corona y levantamientos fueron los procedimientos empleados una y otra vez. El compromiso, que tampoco satisfizo a ninguna de las partes, fue el repartimiento, por el cual se adjudicaban indios a los campamentos mineros, por lo general para desempeñar tareas auxiliares. Durante períodos de mayor prosperidad, y en especial en el siglo XVIII, el trabajo libre asalariado atrajo a los indígenas; pero este modo de pro-

---

Washington, D.C., 1953, pp. 219-221, 224-225, 234, 237 y 247-249; C. O. Sauer, *The Earle Spanish Main*, Berkeley, pp. 213-214.

[16] Sherman, *Forced Native Labor*, pp. 350-352 y 363-367; M. J. MacLeod, «Indian Family Size in Seventeenth-Century Honduras: Some Implications for Colonial Demographic History», *Fetschrift* para Sidney David Markman, Sevilla, en prensa; C. S. Johannessen, *The Savannas of Interior Honduras*, Berkeley, 1963.

[17] R. C. West, «The Mining Economy of Honduras during the Colonial Period». *Actas del XXXIII Congreso Internacional de Americanistas* (San José, Costa Rica: Congreso Internacional de Americanistas, 1959), II, pp. 767-777.

64 Murdo J. MacLeod

curar trabajadores para las minas no cobró importancia sino en las postrimerías de la época colonial [18].

La exportación de indios esclavos de Nicaragua a las islas del Caribe tras la conquista sobrepasó a la de Honduras tanto en cantidad como por sus consecuencias. Nicaragua contaba con una numerosa población indígena a la llegada de los invasores, quienes, además, no encontraron incentivos para producciones agrícolas o industrias en la región. A diferencia de Chiapas, Nicaragua estaba cerca de un pujante centro económico qua padecía de una aguda escasez de mano de obra. Panamá, una región baja y tropical, había perdido rápidamente su población nativa y buscaba reemplazarla. Grandes cantidades de indios de Nicaragua fueron enviados por consiguiente a Panamá; en menor número, también a Perú. Esta operación abarcó quizás hasta medio millón de personas, aunque el total es probablemente bastante menor [19].

La trata de esclavos, una conquista destructiva y el clima tropical diezmaron en poco tiempo a los aborígenes de Nicaragua. Se ha calculado entre 600.000 y un millón la población existente en el momento de la conquista. Cuantos han trabajado estas cifras coinciden en que cayeron drásticamente en el siglo XVI y, aunque a algunas comarcas les pudo ir mejor o peor que al promedio de la provincia, la declinación general habría alcanzado la horrible proporción del 94 por 100 [20].

La explotación de la resina de los pinos en Nueva Segovia, la construcción de naves en Realejo, la producción de añil y de algodón alrededor de Granada y León, hicieron de Nicaragua una provincia algo más activa que Honduras; la población no indígena no fue nunca, empero, muy numerosa. Los aborígenes que quedaban fueron empleados como mano de obra de diversas maneras; no hay investigaciones, sin embargo, sobre las formas que predominaron tras la extinción de la exportación de esclavos [21].

[18] Estos temas se tratan en *ibid.*
[19] Sherman, *Forced Native Labor*, pp. 74-82, indica que el total de esclavos exportados desde Nicaragua serían unos 50.000 o menos. MacLeod, *Spanish Central America*, p. 52, sostiene que el número alcanzaría los 200.000 para la totalidad del período de esclavitud indígena. D. R. Radell, «The Indian Slave Trade and the Population of Nicaragua during the sixteenth century», en W. M. Denevan (compil.), *The Native Population of the Americas in 1492*, Madison, 1976, pp. 67-76, cree que entre 450.000 y 500.000 indios fueron enviados al exterior con anterioridad a 1548.
[20] D. R. Radell, «Historical Geography of Western Nicaragua: The Spheres of Influence of León, Granada and Managua, 1519-1965», tesis doctoral, University of California, Berkeley, 1969. Para el número de vecinos españoles en Nicaragua, véase Sherman, *Forced Native Labor*, pp. 367-369.
[21] W. M. Denevan, «The Upland Pine Forests of Nicaragua: A Study in Cultural Plant Geography», *University of California Publications in Geography*, 12, núm. 4, Berkeley, 1961; D. R. Radell y J. J. Parsons, «Realejo - A Forgotten Colo-

Los estudios sobre la declinación de la población de Costa Rica en el siglo XVI resultan difíciles por los diversos intentos de conquista que se sucedieron allí. La conquista final, la colonización y la enumeración de los naturales acaecieron mucho después de la introducción de las enfermedades del Viejo Mundo; es de presumir que los indios habían padecido ya, cuando se llevaron a cabo los primeros registros, la peor parte del derrumbe demográfico. Tanto los aborígenes como los españoles fueron, de cualquier modo, muy pocos durante el períodos colonial. Ninguna producción económica alcanzó importancia en las tierras altas hasta el advenimiento del café; el cultivo del cacao en las costas del Caribe próximas a Matina no prosperó debido a la escasez de la mano de obra y a la competencia exterior. Costa Rica fue apenas algo más que el abastecedor de alimentos para Nicaragua y Panamá. Ignoramos asimismo en qué medida los reducidos grupos de indígenas y africanos entraban en un cuadro más amplio. Las relaciones de trabajo parecen haber sido en su mayor parte eventuales y no fueron documentadas. Hay información sobre encomiendas, repartimientos en épocas tardías, algún ocasional resurgimiento de la esclavitud en la costa y la habitual explotación de los excedentes de la producción indígena [22].

¿Qué conclusiones generales pueden extraerse de este breve examen de la relación entre tamaño de la población, actividad económica de los españoles y formas de reclutamiento de la mano de obra empleadas?

En regiones con numerosa población aborigen pero de escasos recursos o sin industrias atractivas para los españoles, los indios por sí mismos se convertían en objeto de atención. Si había en las proximidades algún centro económico pujante, los indios eran apresados como esclavos y enviados a ese mercado. Ejemplos ilustrativos de este tráfico son el de la costa de Honduras hacia Cuba y en particular el de la vertiente del Pacífico de Nicaragua hacia Panamá y Perú. Cuando tales regiones se hallaban cerca de zonas de menor intensidad de desarrollo, como las plantaciones de añil o de cacao, esas emigraciones solían ser más bien estacionales, de menor dimensión y, en consecuencia, menos destructivas. Las migraciones de la mano de obra indígena de Chiapas, Verapaz o el

---

nial Port and Shipbuilding Center in Nicaragua», *Hispanic American Historical Review*, 51 (1971), pp. 295-312.

[22] E. Rosés Alvarado, *Contribución al estudio de la población indígena del valle central en el período colonial*, Costa Rica, 1978, es un ejemplo característico de los numerosos trabajos sobre población y mano de obra en Costa Rica en el período colonial llevados a cabo en el propio país. Véase también N. de Castro y Tosi, «La población de la ciudad de Cartago en los siglos XVII y XVIII», *Revista de los Archivos Nacionales* (Costa Rica), 28 (1964), pp. 3-28.

oeste de Guatemala hacia Soconusco, la boca costa y El Salvador son ejemplos de este tipo de relación.

Donde la población aborigen constituyó el recurso principal y no se sacaba como esclavo o migrante, la forma de explotación de la mano de obra rara vez sobrepasó la de la exacción tributaria. La economía siguió centrada esencialmente en el pueblo indio y los grupos dirigentes, fuera del proceso productivo, satisficieron sus necesidades mediante la imposición, tanto formal como informal, de tributos y de protección y también mediante la venta forzada y el incremento de las exacciones de la producción doméstica. No deben pasarse por alto semejanzas con la relación feudal.

Hay un escalón intermedio, en el cual se dieron recursos y mercados de un cierto dinamismo, pero que, por escasez de mano de obra, falta de comunicaciones o lo inadecuado de su producto, no consiguieron trascender el ámbito local ni participar en intercambios a larga distancia. Tanto la ciudad y el valle de Guatemala como las tierras altas de Honduras ilustran este estadio. En ambas zonas, la una con un gran mercado y mucha población sometida, y la otra, productora y mercado de menor envergadura y con poca población sometida, el trabajo libre asalariado tardó en desarrollarse. La forma dominante de explotación fue el repartimiento, por el que la clase dirigente se prestaba a compartir la mano de obra disponible por turnos. Aquí el tamaño de la población indígena no fue, por consiguiente, el factor prevalente. La forma de producción, activa, pero restringida al ámbito local, llevó a un reclutamiento forzoso de la mano de obra y a cambios en el modo de producción. Por otra parte, demoró la aparición de formas más modernas en las relaciones de trabajo.

En pocas áreas, en Soconusco y con mayor vigor en el sur de Guatemala y El Salvador, la riqueza y la comerciabilidad de sus productos atrajeron a bastantes españoles provenientes de otras partes. Estos, a su vez, atrajeron, con buenas o malas mañas, a trabajadores de varias zonas. Si el monocultivo del lugar rendía beneficios como para justificar la inversión de capital, éste transformaba el lugar de trabajo. Los españoles y los ladinos asumían la dirección o el control físico del lugar así como del modo de producción. Aunque llegaran en grandes cantidades, los inmigrantes aborígenes dejaban de pasar por indios bajo el impacto de la aculturación. Las formas de empleo de la mano de obra en estas actividades dominadas por los españoles comenzaron con el peonaje y sus variedades de servidumbre y terminaron, cuando la región era económicamente pujante, en la esclavitud de plantación o el trabajo libre. En estas regiones el tamaño de la población solía ser igualmente una variable dependiente, más que primaria. Si el área era próspera y producía beneficios suficientes, la mano de obra era entonces introducida, sin importar los costos, tanto como se la necesitara.

En conclusión, cabría decir que cuanto más primitiva era la estructura económica, más estrecha era la vinculación entre el tamaño de la fuerza de trabajo, la forma de explotación de la mano de obra y el modo básico de producción. Es interesante también señalar —aunque esta afirmación requeriría investigaciones antropológicas más profundas— que hubo al parecer una relación íntima entre los tipos de explotación de la mano de obra, las formas de la actividad económica y el grado de aculturación de los grupos sometidos [23].

---

[23] Véase, por ejemplo, M. J. MacLeod, «Forms and Types of Work, and the Acculturation of the Colonial Indian of Mesoamerica: Some Preliminary Observations», en E. C. Frost et al. (compil.), *El trabajo y los trabajadores en la historia de México*, México y Tucson, 1979, pp. 75-92.

3. La crisis demográfica del siglo XVI y la transición del Tawantinsuyu al sistema mercantil colonial

CARLOS SEMPAT ASSADOURIAN
El Colegio de México

La invasión española al llamado Nuevo Mundo desencadenó uno de los procesos más decisivos de la historia universal. En media centuria, el dominio colonial estructuró un sector de producción sumamente avanzado en su base técnica y en el uso intensivo de capital, la minería de la plata. Esta desempeñó una función preponderante en el desarrollo de la economía europea y en la formación del mercado mundial. Tampoco cabe duda de que el dominio y el intento de transformar las sociedades del Nuevo Mundo influyeron de manera notable en el espíritu y en el destino cultural de la Europa Occidental.

Para una parte del Nuevo Mundo, el espacio ocupado por el Tawantinsuyu, la historia del siglo XVI consiste en la transición dada entre un modo de producción que procuraba la reproducción ampliada de los hombres —el Estado aumentaba así la cantidad de energía que captaba como tributo—, y otro modo mercantil y colonial cuyo principio rector era la producción de oro y plata como «la forma general de la riqueza en cuanto riqueza». Este sistema que valoraba la producción de mercancías, se instauró además en medio de un vertiginoso derrumbe de la población indígena.

Semejante transición afectó a todas las formas y elementos de la organización indígena, o sea, que para los historiadores, constituye un proceso que abarca todos los niveles de análisis posibles. Aquí sólo expondremos algunas tendencias y ciertos problemas de esta gran transformación. Aceptamos la idea de una alta densidad de población en la sociedad agraria andina antes de la llegada de las huestes españolas, así como el hecho de una severa disminución en el número de sus efectivos entre el momento de la invasión europea y 1550, aproximadamente. La existencia de esta crucial fase de contracción nos parece relevante para comprender la transición del siglo XVI, pues la acción colonial tendiente a *subordinar realmente* las organizaciones indígenas en función del desarrollo de un sistema mercantil debe partir —y adecuarse— a un hecho objetivo: la magnitud disponible de energía campesina indígena. No obstante la intensa crisis demográfica, esta magnitud disponible de energía resultó suficiente para impulsar la formación de una nueva economía, decisiva para la dinámica de la economía-mundo de aquel tiempo. Pero si la energía indígena «resultó suficiente» fue porque el dominio colonial impuso en el espacio del Tawantinsuyu una brutal coacción, justificándola con el discurso de *civilizar la otredad.*

I) El derrumbe de la población indígena

El problema que ha concitado la mayor atención en la investigación demográfica es el probable tamaño de la población del Tawantinsuyu en el momento justo de la invasión europea. Las estimaciones varían desde los tres o cuatro millones que propone la llamada corriente conservadora (Kroeber, Rosenblat, Steward, Shea...), hasta la magnitud posible de 16 a 32 millones sugerida por Means y la de 30 a 37 millones aventurada por Dobyns.

Una discrepancia de 3 a 37 millones de habitantes refleja, por un lado, percepciones muy opuestas acerca de las variables que definían la dinámica de la población andina prehispánica, entre ellas las de su verdadera capacidad productiva y del sistema de distribución de subsistencias. Revela, asimismo, distintos criterios en la selección y uso de las fuentes coloniales. Ninguna de las cifras conservadoras propuestas hasta ahora pueden ser consideradas seriamente, ya sea por la carencia de cualquier método específico de medición o porque —cuando el método aparece explicitado—, tanto las bases documentales usadas como su interpretación adolecen de grandes defectos (el caso de Shea). Respecto a las estimaciones *alcistas,* las cifras de Dobyns deben ser rechazadas, pues están fundadas sobre intolerables errores en el uso de las fuentes. En cambio, el método de medición propuesto por Means merece ser discutido, pues aunque hay razones para negar valor a su reconstrucción demográfica, ha servido para clarificar la cuestión de la organización decimal incaica [1].

---

[1] Una revisión de los métodos de cálculos empleados, en N. D. Cook, *Demographic Collase Indian Peru, 1520-1620,* Cambridge, 1981, parte I.

¿Podemos corregir las insuficiencias que rodean al balance cuantitatibo global de *circa* 1530? Confiamos que sí, a condición de conocer mejor la información estadística indígena recogida temprano por los funcionarios españoles. En cierta ocasión, S. F. Cook se mostró escéptico sobre la información demográfica nativa, pues estas sociedades eran incapaces de «... recordar y trasmitir un conocimiento preciso en cifras...» [2]. El Estado inca contradice la idea de Cook, pues llevó estricto registro del movimiento de toda la población, dividida en varias categorías por edad. En varios momentos los funcionarios coloniales recogieron —ya sea de los quipus o de una memoria métrica en función de la organización en pachacas y guarangas— aquella parte de la información que les interesaba, o sea, el número de *atun runas* (productores casados) con que contaba cada grupo étnico antes de 1530. Muchas de nuestras dudas sobre el tamaño de la población del Tawantinsuyu antes de la invasión europea, podrán ser despejadas, en consecuencia, cuando logremos recuperar una porción importante de estos datos. El análisis demográfico de nuestra área se caracteriza por el contraste entre la masa de información estadística que se fue levantando documentalmente, desde finales de la década de 1540, y la ínfima fracción de documentos recuperada hasta ahora de los archivos. La primera estimación general de tributarios efectuada en el área andina es conocida por las publicaciones hechas por R. Loredo, quien sugiere fechar los informes que la componen hacia 1548 y principios de 1549 [3]. Estos informes son, empero, de valor muy dispar. La investigación demográfica cuenta además con una fuente más rigurosa: las visitas iniciadas en 1549 por la junta compuesta por el arzobispo Loayza, fray Domingo de Santo Tomás, fray Tomás de San Martín y los oidores Cianca y Santillán. Esta junta estuvo encargada por la Gasca de medir la magnitud de los efectivos de cada repartimiento para reajustar en conformidad el tributo que debían pagar los pueblos indígenas. De este gran despliegue del Estado colonial para ordenar la renta campesina apenas se conocen, sin embargo, algunos documentos [4].

Otro período al parecer pródigo para la investigación demográfica es el comprendido por la gestión del virrey Cañete (1556-1560). Al parecer, este virrey, ante el generalizado reclamo de retasas que pedeían tanto los

---

[2] S. F. Cook, *The Aboriginal Population of the North Coast of California*, Berkeley, 1956, pp. 81-82.

[3] En *Revista de la Universidad Católica del Perú*, t. VIII, 1, abril de 1940; *Revista Histórica del Perú*, t. XIV, 3, 1941, y R. Lozedo, *Los repartos*, Lima, 1958.

[4] Como la visita de los chupachus, publicada por M. Helmer, que incluye datos sobre la población prehispánica (número de guarangas como equivalentes, cada una, a mil *atun runas*). María Rostworowski ha ubicado y publicará pronto varias de estas visitas.

señores étnicos como los encomenderos, prodigó las visitas. De ellas sólo contamos con resúmenes del número de tributarios y de personas de todas las edades, asimismo del valor monetario de los tributos. De hecho, existen dos resúmenes con fuertes discrepancias entre sí, fechados ambos en 1561. Sus títulos confirman que han sido confeccionados con el mismo cuerpo de documentos («las visitas de Cañete»), aunque difieren notablemente en las cifras de población atribuidas a cada distrito y en el cómputo global del número de tributarios (396.866 y 535.000). Mencionemos igualmente que el único padrón que conocemos de las visitas ordenadas por Cañete contiene el número de *atun runas* extraído del último quipu prehispánico.

De fecha y cobertura geográfica mejor conocidas, tenemos luego la famosa visita general de Toledo, un resumen de la cual ha sido publicado no hace muchos años. Sánchez-Albornoz ha señalado algunas imperfecciones de esta fuente [5], a lo que agregamos que la tasa sólo resume la población, agrupada por tributarios, viejos, muchachos y mujeres «de todas las edades y estados», cuando los padrones de la visita de Toledo que hemos podido ubicar, registran una información más amplia y de enorme valor para el análisis demográfico. La población aparece, en efecto, censada por unidades domésticas y contiene la edad de todos sus miembros.

Las insuficiencias de que adolece la investigación demográfica impiden aún precisar, de un modo aceptable, la magnitud real que tuvo el proceso de despoblación durante el siglo XVI, si esta contracción fue ininterrumpida, con un ritmo más o menos regular, o si existieron etapas con inflexiones agudas y otras con tasas de decrecimiento más suavizadas. Tentativamente proponemos la existencia de dos etapas en el proceso de despoblación, situando el corte en la década de 1550.

La gran «destruición de la tierra»

En 1552, Cristóbal de Molina, «el almagrista», escribe una relación cuyo largo título denuncia el enorme costo demográfico que ocasionó la invasión española, «... la gran vejación y destruición de la tierra...». De la misma época contamos también con el testimonio de Cieza de León. Cuando Cieza escribe sobre los valles de la Costa, el tema de la crisis demográfica aparece en forma permanente, «... y estos valles fueron antiguamente muy poblados; todavía hay indios, aunque no tantos como

---

[5] *Tasa de la Visita General de Francisco de Toledo*, Lima, 1975; ver N. Sánchez Albornoz, *Indios y tributos en el Alto Perú*, Lima, 1978, pp. 24-25.

solían, ni con mucho...». En el valle de Santa, dice, lo que queda para «ver es la sepultura de los muertos y los campos que labraban siendo vivos»; cuando recorre los valles de Ica, Nazca, anota lo grande y poblado que eran antes y cómo «las guerras pasadas consumieron con su crueldad... todos estos pobres indios...». Alejándose de la costa, ya en Arequipa, consigna que los grupos indígenas «fueron muy poblados y poseían mucho ganado. La guerra de los españoles consumió la mayor parte de lo uno y de lo otro». Cieza deja una constancia métrica del desastre demográfico ocurrido en las tres parcialidades de Jauja (66 por 100), mientras que para Chincha calcula que las guerras provocaron la desaparición del 80 por 100 de los efectivos masculinos: «Y tanta fue la gente que había en este valle, que muchos españoles dicen que cuando se ganó por el marqués y ellos este reino, había más de veinte y cinco mil hombres, y agora creo yo que no hay cabales cinco mil: tanto han sido los combates y fatigas que han tenido...»

Los datos sobre despoblación fundados en vez sobre cifras del último quipu incaico confrontados con los cómputos coloniales de alrededor de 1550, son todavía muy escasos. En el valle de Yucay, los dos o tres mil *atun runas* que había antes de 1530 quedaron reducidos a 800 en 1552; los cuatro mil *atun runas* del grupo chupachu a 1.202 en 1549, mientras que la baja del grupo huanca fue de 27.000 a 5.000 en 1549. Estos ejemplos sugieren una despoblación muy pronunciada, del 80 por 100 entre el último quipu incaico y *circa* 1550. Ahora bien, estos ejemplos corresponden a un área específica, gravemente devastada, y en el espacio del Tawantinsuyu donde pudieron existir marcadas diferencias regionales en las tasas de despoblación. Estas diferencias se han resumido siempre en el contraste de las tendencias costa-sierra. Esta simplificación contiene un elemento real, pues todo indica que la curva de la despoblación fue más pronunciada en la costa que en la sierra, pero en la sierra también pudo haber fuertes contrastes regionales en las tasas de despoblación. Polo de Ondegardo señaló la existencia de dichas tasas diferenciales y señaló la causa probable: «... las provincias que estavan cerca del camino Real padescieron todo el daño, porque las que estavan la tierra adentro, como los españoles eran pocos, no se osaron desmandar, y no fue tanto el daño que se les hizo...» [6]. También debemos considerar que, durante los primeros años, los españoles no pasaron más allá del Cuzco y el altiplano parecía un confín; como dice un documento de 1539, a los españoles les parecía que en la región de Charcas «...estarían des-

---

[6] En 1536 ya se advertía: «... a causa de los malos tratamientos que los naturales que están poblados cerca de los caminos han recibido, han desamparado sus casas e pueblos...». E. Lisson, *La Iglesia de España en el Perú*, Sevilla, 1943, p. 67.

terrados e que nunca ternían cosa ninguna de provecho...». Es cierto que
al comenzar a explotarse las minas de Porco y Potosí, Charcas dejó de
ser el confín para convertirse en el núcleo hegemónico de la nueva economía mercantil, el lugar adonde los españoles acudían en tropel. Pero
cuando la plata de Porco y Potosí comienza a derramarse, los años más
feroces de vejación y destrucción de la tierra ya han pasado. La invasión más tardía de Charcas, ¿no redundará acaso en menores tasas de
despoblación?

A pesar de las incertidumbres, concluiremos que el proceso que fina-
liza hacia 1550 puede ser caracterizado como la fase del verdadero derrumbe de la población indígena. En relación con las cifras registradas en
el último quipu inca, es probable que, la despoblación fuera del orden
del 50 al 66 por 100, como sugieren Molina «el almagrista» y fray Domingo de Santo Tomás. En segundo lugar, y ya con respecto a las causas de la despoblación, el examen de las fuentes andinas *conocidas* no
avala la tesis que predomina últimamente entre los historiadores, o sea
que las epidemias importadas por los europeos serían la causa fundamental del derrumbe demográfico. Para los observadores directos e inmediatos de esta fase, la destrucción demográfica obedeció a la codicia
y a las guerras desatadas por los españoles entre 1530 y 1550. Todas las
referencias de estos observadores pueden ser agrupadas bajo un sólo ró-
tulo: *un estado de guerra permanente,* que abarca no sólo las pérdidas
ocasionadas por los grandes combates sino también las producidas por
infinidad de ataques punitivos, las propias luchas entre los grupos étnicos, la destrucción de los sistemas agrícolas hidráulicos, la plaga del hambre, el aumento en la tasa de mortalidad por enfermedades endémicas,
etcétera.

Conviene llamar la atención sobre algunos puntos de este estado de
guerra permanente. Existe, por ejemplo, una documentación de procedencia indígena, cuyos datos permiten reconstruir tanto la cronología como
las formas y el número de efectivos que fueron perdiendo los grupos étnicos durante estas dos décadas. Si bien el padre las Casas no parece haber
cometido exageración alguna en sus denuncias sobre las atrocidades de
los españoles, tampoco hay que descartar la ferocidad desplegada por los
grupos étnicos al luchar entre sí, ni subestimar en consecuencia la influencia de estos enfrentamientos sobre la curva de la despoblación. La crisis
demográfica no resulta, pues, por entero de los procesos desencadenados
por la invasión europea. La guerra provocada entre los sucesores de Wayna Qhapaq, por ejemplo, es una variable importante a considerar. Los
lupaqa de Chucuito plantean en este punto un sugerente problema en
relación con la suavidad de su curva de despoblación. El último quipu
incaico registró 20.280 *atun runas* contra 14.176 de la visita de 1549,

o sea un descenso del 30 por 100 en los efectivos de los varones casados.
En la visita realizada por Garci Diez luego en 1567, un jefe lupaqa declara
que el quipu con los 20.280 *atun runas* fue anudado durante el reinado
de Wayna Qhapaq «...y que después que el dicho ynga visitó la dicha
provincia de Chucuito... en el cerco del Cuzco en tiempo de la guerra
entre dos hermanos yngas murieron tres mil indios de esta provincia
porque fueron diez mil indios y volvieron siete mil...»[7]. El dato ilustra
sobre qué consecuencias demográficas tuvieron las luchas entre indígenas;
una campaña pudo significar para los lupaqa la desaparición de un tercio
de su destacamento, o sea el 15 por 100 de los efectivos registrados en
su último quipu. Como el cerco del Cuzco fue, por otra parte, un acontecimiento muy cercano a la entrada de los españoles, sin que mediara
tiempo para que el grupo étnico pudiera recuperarse de las pérdidas,
la despoblación de la etnia lupaqa no debería medirse a partir de los
20.280 *atun runas* del último quipu incaico, sino a partir de antes de la
invasión europea. Esta observación valdría para todos los grupos étnicos
afectados por la guerra entre Atahualpa y Huáscar. Por ello resulta particularmente valiosa la estimación recogida por Cieza: en esta guerra
«...hubo grandes contiendas, y murieron en las guerras y batallas (a lo
que se afirma por cierto entre los mismos indios) más de cien mil hombres, porque luego hubo entre todos parcialidades y división...».

Inscripción y desafiliación: tributarios, yanaconas y forasteros

A pesar de las dudas, parece indiscutible que antes de 1550 sobrevino
una aguda caída en la población indígena. Para la segunda mitad del siglo XVI, no tenemos todavía, en cambio, supuestos razonables sobre el
comportamiento de la curva de población, a pesar de que existen tres
momentos pródigos en información demográfica. Una sola de las fuentes
mencionadas, los padrones de Toledo, permitiría incluso un avance considerable en nuestro conocimiento sobre la dinámica demográfica de esta
media centuria, en tanto registra las edades de toda la población censada.

Tenemos, pues, que conformarnos con algunas apreciaciones generales. En primer lugar N. D. Cook ha trazado el movimiento de los efectivos inscritos como tributarios en el área comprendida dentro del actual
territorio del Perú. Según las estimaciones de Cook, entre 1570 y 1620
la población tributaria habría sufrido una disminución del 48 por 100

---

[7] *Visita hecha a la provincia de Chucuito por Garci Diez de San Miguel en el
año 1567*, Lima, 1964, p. 170.

(de 260.544 a 136.235), con fuertes variantes regionales: en la costa la reducción habría operado a una tasa anual de —2,09 por 100 mientras en la sierra la tasa sería de —1,12 por 100 [8].

Definida así la tendencia descendente en el segmento de los tributarios, debemos advertir del serio error que suele cometerse cuando se toman los tributarios como la expresión métrica de lo ocurrido en toda la población indígena. Existen en efecto otras categorías de indígenas cuyas dimensiones numéricas son muy relevantes. Mientras la población registrada como tributaria decrece, el movimiento de desinscripción étnica se intensifica y se amplía progresivamente el grupo de los yanaconas y la masa de indios forasteros, quienes en forma legal o subrepticia dejan de figurar en las matrículas tributarias. Respecto a los *yanaconas de chácaras*, recordemos que ya en las décadas de 1560 y 1570 se calculaba que en esta categoría habían entrado entre 30.000 y 50.000 productores adultos sólo en el territorio de la audiencia de Charcas. La importancia del grupo de los forasteros ha sido, por otra parte, replanteada por N. Sánchez-Albornoz. Utilizando las matrículas levantadas por orden del virrey de la Palata en 1683, Sánchez Albornoz mostró la notable fuerza de las migraciones internas, del cambio de categorías de la población indígena: en 10 provincias del centro y sur del Alto Perú, el 45 por 100 de la población masculina adulta estaba compuesto por forasteros. Poco después, S. Zavala dio a conocer la importantísima encuesta levantada por Felipe de Bolívar en la década de 1640. Esta encuesta vuelve a demostrar la intensidad que alcanzó el movimiento de desafiliación ocurrido en los pueblos indígenas a finales del siglo XVI y la primera mitad del XVII: en los obispados de Chuquisaca, La Paz y el Cuzco, el 61, 44 y 39 por 100 respectivamente (en conjunto el 49,8 por 100), de los efectivos masculinos entre 18 y 50 años serían migrantes recientes o descendientes de ellos en primero o segunda generación [9]. Los forasteros deben constituir, en consecuencia, un segmento fundamental del análisis demográfico y de todo estudio sobre las interrelaciones entre las dinámicas demográfica y económica en el sistema colonial andino.

Pasemos a una última observación sobre el comportamiento de tres grupos étnicos: huancas, chupachus y lupaqas. Los datos disponibles, desde 1549 hasta las visitas de Toledo, sugieren una tendencia a la recu-

---

[8] N. D. Cook, «Population Data for Indian Peru: Sixteenth and Seventeenth Centuries», *Hispanic American Historical Review*, 62, 1, 1982.

[9] N. Sánchez-Albornoz, «¿Contratación demográfica o disminución de la masa tributaria?», en *Indios y tributos...*, ya citado; S. Zavala, *El servicio personal de los indios en el Perú (extractos del siglo XVII)*, tomo II, México, 1979, p. 109, y C. S. Assadourian, *El sistema de la economía colonial*, Lima, 1982, pp. 307-308.

peración de sus efectivos. Mencionamos este hecho, pues sirve como precaución para cualquier intento de tomar como referencia los cómputos fechados en 1661 («las visitas de Cañete»), y los registrados en la visita general de Toledo para afirmar la continuidad de tasas muy fuertes de despoblación. Nuestra impresión es que durante el período semisecular de 1550-1600 hubo una continuidad en el proceso de despoblación, pero con tasas bajas comparadas con las que rigieron durante la fase que concluye hacia 1550.

II) Los usos de la fuerza de trabajo indígena en la formación de la nueva economía mercantil

La primera fase de la transición (1530-1570)

Las fuentes tempranas señalan que el Tawantinsuyu extraía de los grupos étnicos un excedente bajo la forma de energía, captada dentro de la categoría de los productos casados. Pero estas fuentes registran datos confusos, difíciles de medir, sobre la magnitud de la energía que usaba el Estado inca y el tiempo que restaba para la satisfacción de las unidades domésticas. El único cálculo claro que conocemos es el formulado por Sarmiento de Gamboa cuarenta años después de la invasión europea, cuando dice que Topa Inga «repartió los meses del año para los trabajos y labores del campo de esta manera, que sólo tres meses al año daba a los indios para que en ellos hiciesen sus sementeras, y lo demás para que se ocupasen en las obras del Sol, guacas y del inga. Y los tres meses que dejaba fueron un mes para sembrar y arar, y un mes para coger, y otro en el verano para sus fiestas y para que hilasen y tejiesen para sí, porque lo demás mandaba que lo gastasen que para su servicio y del Sol y guacas». Estas medidas tan exactas de los tiempos de trabajo necesario y excedente pueden estar viciadas, pues Sarmiento de Gamboa era un autor encargado de justificar «teóricamente» las drásticas disposiciones que iba tomando el virrey Toledo en la década de 1570. Por el momento estamos obligados a concebir estos dos tiempos de una manera genérica, al estilo por ejemplo de Polo de Ondegardo: «en el repartimiento de las personas», o sea en la sustracción de energía que efectuaba el Estado indígena, «siempre se tenía consideración y respeto a la conservación de los indios», con la probable tendencia a reducir al mínimo el *fondo* del trabajo necesario: ningún productor indígena, continúa Polo, «tenía tiempo para entender en su hazienda más de aquello que era menester para cumplir con la necesidad humana...».

No contamos aún con investigaciones sistemáticas sobre el sistema temprano de la encomienda, sobre las primeras formas que utilizaron los invasores europeos en las decadas de 1530 y 1540 para apoderarse del excedente que producían los grupos étnicos. Cabe suponer, sin embargo, que en la producción del excedente agrario hubo continuidad de las formas indígenas, mientras que en la minería se introdujeron algunas modificaciones que motivaron en 1539 la protesta del obispo Valverde («Vuestra Magestad debe servir y mandar que se sirvan de estos indios según su manera dellos y que el oro y la plata que se les pidiere que lo saquen ellos como solían sacarlo...»). Nada puede aventurarse aún acerca del «coeficiente de explotación» que pudieron imponer los invasores. Es cierto que en esos años el Estado español manifiesta una política definida respecto a la magnitud del tributo indígena; desde 1536, por ejemplo, las cédulas reales comienzan a insistir en la tasación de los tributos, con una medida inferior a la que los indígenas «...solían pagar en tiempo de Atabaliba y de otros sus señores, porque conozcan la voluntad que tenemos de les hazer merced...» [10]. Pero cuesta imaginar que estas órdenes hayan podido provocar efectos tangibles.

La tasación del tributo de las encomiendas fue iniciada recién en 1549. Uno de los responsables de ella, el oidor Santillán, dejó una historia detallada de los criterios que la guiaron. El factor condicionante fue el temor a una nueva rebelión de los encomenderos; ante ese peligro potencial, la junta consideró «que si quisieran poner de la primera vez y con aquella coyuntura las tasas en el fiel de lo que era justo y razonable, fuera tan grande la desproporción dello a los que les llevaban a los indios, que paresciera a los encomenderos cosa insufrible; y con el descontento dello, junto con la libertad en que estaban habituados, se presumía mayor daño... y por evitar paresció no apretarlo de una vez y bajar en las dichas tasas una buena parte de lo que llevaban, aunque no fuese todo lo que era justo bajar...». Por la misma razón también se dejaron los servicios personales «...moderándolos algo, siendo cosa tan reprobada por todo derecho y justicia» [11].

Santillán, al descubrir la situación y las presiones que habían condicionado el nivel de las tasas impuestas en 1549, revela que en el espacio colonial actuaba un grupo influyente de españoles dispuestos a disminuir la magnitud del tributo, a imponer «la tasa justa... cuando paresciese que lo sufría el tiempo y la coyuntura y que no resultaría inconveniente...». La posición de reducir los tributos fue fortalecida con reales

---

[10] Lisson, op. cit., p. 55.

[11] H. de Santillán, «Relación y origen de los incas», en Crónicas peruanas de interés indígena, Madrid, 1967, p. 123.

cédulas; según las instrucciones reales, se debía proceder a realizar retasas para que los indígenas, «después de pagado el tributo», tuvieran «con que poder sustentarse y alimentar y dotar a sus hijos, y suplir otras necesidades, porque en las primeras tasas no se tuvo la dicha atención, antes... se les mando dar más de lo que podían...». Con las retasas, pues, el Estado colonial aparece como pretendiendo restaurar el antiguo equilibrio del *modo* indígena entre la magnitud del tiempo excedente y la del tiempo de trabajo necesario.

En la década de 1550 hubo dos momentos donde se efectuaron numerosas retasas. Las primeras, como se sabe, fueron una de las causas que motivaron la rebelión de Hernández Girón. Ahora nos interesa llamar la atención sobre otro tipo de oposición, la que expresa en 1562 el virrey conde de Nieva al sostener que las retasas ocasionaron un «daño general en la tierra... porque no se sacó el fruto que antes se solía sacar y se quedó debajo en la tierra por no aver trabajado lo que trabajar solían los dichos yndios... y así fue que ellos se quedaron tan necesitados como antes y de ello redundó gran daño en la tierra porque vaxaron las rentas y tributos la mitad... y no se consiguió de la retasa otra utilidad sino ociosidad para los yndios...» [12].

Las observaciones del virrey merecen ser analizadas con cuidado:

• *No se consiguió de la retasa otra utilidad sino ociosidad para los yndios...* La reducción del tiempo de trabajo para la producción del excedente de la encomienda puede no redundar, en efecto, en una aplicación de todo el tiempo restante a la producción de subsistencias. Alcanzado el equilibrio básico que regía su reproducción como unidad de producción y consumo, las unidades domésticas puede «desperdiciar» el tiempo sobrante en diversas actividades no productivas, que los españoles conciben como ocio.

• *Redundó gran daño en la tierra porque vaxaron las rentas y tributos la mitad y más de lo que solían valer y rentar...* La observación nos parece veraz, pues sabemos que el tributo-masa de valores de uso se transforma en una masa de mercancías al realizarse en el mercado interno en formación, sobre todo en el mercado minero. A la postre, la reducción del tributo significó, pues, una reducción equivalente en la renta monetaria del encomendero, siempre que no variara el nivel de precios de esos productos.

• *No se sacó el fruto que antes se solía sacar y se quedó debajo en la tierra...* Cabe la posibilidad, en efecto, de que la reducción

---

[12] R. Levillier, *Gobernantes del Perú*, tomo I, Madrid, 1921, p. 436.

de una producción excedente como renta de la encomienda no fuera
compensada por un excedente producido y lanzado por las organizaciones campesinas a la circulación como propiedad suya; ciertas situaciones nos indican que los pueblos indígenas, a falta de una coacción
exterior, no respondieran a los estímulos del mercado colonial en formación. La posición *antiexcedente* de las organizaciones indígenas es acep-
tada por Polo, cuando dice que a consecuencia de las retasas el tributo
descendió a la mitad o en dos tercios, pero que el tiempo sobrante no
tuvo aplicación productiva, «... de manera que si los indios trabajaran
para sí después de la tasa, como antes, aunque no fuera más cumplieran
con sus tributos y quedaran ricos; pero no fue así sino que con dar menos
estuvieron más pobres...». La oposición del virrey Nieva a la política
de retasas es pues entendible. Sin haber variado ni las formas de orga-
nización-dirección, ni las condiciones técnicas de la producción del excedente que se captaba como renta de la encomienda, haciendo depender
el volumen de dicho excedente de lo que los indígenas «buenamente puedan dar» y de la dinámica demográfica, o sea, del número de productores
adultos conforme lo estipulaba la norma de la retasa, el Estado colonial
estaba admitiendo la proyección de una tendencia descendente en la producción del tributo-excedente mercantil. De manera que, como decía
Nieva, «así se ha adelgazado tanto la tierra».

También resulta sugerente la oposición a otro de los elementos que
fueron definiendo la forma colonial de la renta campesina. En uno de
sus escritos Polo de Ondegardo objetó la transformación del excedente
incaico (punción regulada de energía), en una magnitud determinada de
productos. Polo observa que la renta en productos de la encomienda
involucraba en la sierra a dos sistemas agrícolas, el cultivo «en tierras
de regadío y en valles donde corre poco riesgo», y el cultivo en tierras
altas y de temporal, con un ciclo demasiado irregular: «...ay muchas
tierras en este Reyno que en lo que toca a comida corren el mismo riesgo
que en España, o mucho mayor, o por falta de agua o por sobra de
hielo, o por demasiada agua, o por no acertar con el tiempo, de manera que ordinariamente en cinco años faltan los tres; y algunos son tan
estériles que en los pueblos no se coge la quinta parte de lo que es menester...»

Según Polo, los pueblos situados en las tierras de regadío y en los
valles menos expuestos al azar del clima, «tienen la comyda segura» y
pagan el tributo «sin pesadumbre». Pero la situación era distinta para la
población de las tierras frías y de temporal, para quien la frecuencia de
los años malos, junto a la obligación de entregar un tributo fijo en productos, provocaba «un mundo de yncombenyentes». Las unidades domésticas eran presionadas a entregar el tributo con lo que producían en

sus propias parcelas y así, «por razón del tributo, quedan puestos en necesidad todo el año ellos y sus hijos». Para mitigar el hambre, los pueblos debían malvender su ganado, entregarlo por comida a los encomenderos que por razón del mismo tributo se han apropiado de «toda la comyda que se coge del repartimyento...», o a despoblar estacionalmente los pueblos: «la más parte de la gente sale a sus aventuras y se están en los valles quatro y cinco meses a solo comer por su travajo, y se contentan con bolber mantenydos y con su par de cargas de maiz...»

En suma, en ciertas áreas, entre una fracción de los pueblos indígenas, esta forma del tributo colonial estaba destruyendo aquel elemento del sistema indígena que eximía a las unidades domésticas de contribuir con «la cosa propia...» de lo que cogía, «de lo que cada uno criava». Sosteniendo que «no siendo el fuero malo es justo que se les guarde», Polo reclamaba que los pueblos castigados frecuentemente por los años de malas cosechas fueran vueltos a la antigua forma del excedente medido y transferido en energía, que el dominio colonial se allegara «a su costumbre, que es la más acomodada para que se pueda hacer, que considerados los yndios e las tierras, no se tase la comyda sino las hanegas que fuere justo que siembren para el encomendero...» [13].

Tratemos ahora de fijar una imagen acerca de la dinámica económica de este período. El derrumbe de la población indígena determinó una brutal reducción del volumen global de las subsistencias producidas en el interior de cada grupo étnico, de ciertas materias primas (lana, algodón) y de la producción de tejidos; también ocurrió una drástica disminución del ganado indígena. La crisis demográfica determinó, igualmente, otra sensible baja en la magnitud global del trabajo excedente apropiado por las estructuras de dominación.

Ahora bien, frente a la tendencia descendente del conjunto compuesto por las producciones indígenas tradicionales, el dominio europeo desarrolló un nuevo sector productivo con cultivos importados como el trigo, la caña de azúcar y las viñas más adelante, así como con ganado mayor y otros tipos de ganado menor. También se expandió la producción de coca; desde 1539 los documentos comienzan a advertir de la crucial significación que poseía este cultivo indígena para el sector minero y la gestación del mercado interior. Se comenta a continuación el movimiento por quinquenios a lo largo del siglo XVI de la producción de metales preciosos, sector económico nuevo.

El oro y la plata del primer quinquenio, 1531-1535, corresponden a los grandes botines de Cajamarca y Cuzco, junto con otros despojos me-

---

[13] Informe del licenciado Juan Polo de Ondegardo, 1561, en *Revista Histórica*, tomo 13, Lima, 1940, pp. 168-169.

nores en diferentes poblados y huacas; es el quinquenio del rápido desate-
soramiento de lo acumulado por la sociedad indígena durante largo tiempo. En el segundo y el tercer quinquenio, 1536-1540 y 1541-1545, el oro
representa el 47 y 70 por 100 del valor de la producción de metales preciosos (el 59 por 100 promediando ambos quinquenios). La extracción de
este oro tuvo un elevado coste demográfico. Algunos documentos señalan
que la explotación de las minas de Carabaya provocó, en un brevísimo
lapso, la muerte de más de 50.000 indígenas, mientras que sobre las minas
de Zamora se decía «que mueren los que de otras partes allí vienen, y
así lo hacen los indios que allí suben, que pocos salen vivos», con lo cual
era posible que de toda aquella comarca «en poco tiempo no quede
indio».

El quinquenio 1546-1550 muestra, por otra parte, una fuerte alza en
la producción de metales preciosos. Este gran salto está fundado en la
producción de plata de los años 1549 y 1550 (81 por 100 del total de los
metales preciosos producidos durante el quinquenio), o sea, por el torrente de plata que sale de Potosí. El predominio de la plata de Potosí
se acentuará en los quinquenios siguientes; entre 1551 y 1575 el oro apenas representará el 5 por 100.

Adviértase que a diferencia de la explotación del oro, la producción
de plata no parece provocar sobremortalidad en la población indígena.

Las cifras que manejamos sugieren otro movimiento importante: la
producción minera declina a partir de 1560, situándose el punto más bajo
en el quinquenio 1571-1575. En un trabajo anterior hemos aludido a
esta declinación como *la primera crisis general de la nueva economía* [14].
Esta caracterización nos sigue pareciendo correcta, pues la caída de la
producción minera determina una serie de efectos negativos eslabonados,
en particular una declinación en:

— el intercambio marítimo de larga distancia, que en el Perú estaba
   sostenido exclusivamente por la producción de la mercancía dinero;
— el nivel de los metales preciosos captados por el Estado colonial,
   ya que la rentabilidad del espacio andino dependía de los gravá-
   menes fiscales aplicados a la producción minera (quintos) y a la
   circulación internacional (almojarifazgos);
— la circulación de mercancías producidas en el interior del espacio
   andino, en tanto que dicho volumen estaba determinado en lo
   esencial por la demanda del mercado potosino;

---

[14] «La producción de la mercancía dinero en la formación del mercado interno
colonial», 1976, en E. Florescano (comp.), *Ensayos sobre el desarrollo económico
de México y América Latina (1500-1975)*, México, 1979.

— la tasa de beneficios monetarios de los empresarios agrarios y
en la renta de la encomienda, que la realización M-D y los niveles de precios estaban influidos por la producción de metales
preciosos.

Podemos preguntarnos ahora qué grado de determinación existe entre la dinámica demográfica indígena y esta primera crisis general de la
nueva economía. En nuestra opinión no existe relación de dependencia
entre ambos movimientos: la despoblación indígena no incide sobre los
niveles de la producción de metales preciosos, en particular, sobre la
producción de plata de Potosí. La crisis de Potosí obedeció más bien a
la escasez de minerales de alta ley fundibles en las *guayras,* con lo que la
extracción y la fundición de los minerales de Potosí *dejó de ser una ocupación atrayente para los mineros indígenas.*

Dijimos antes que por vía del movimiento de la población indígena
incidió la retasa sobre el excedente que producían los pueblos como
renta en productos de la encomienda. Veamos, sin embargo, cómo anali-
zaron los hombres de aquella época la manera en que se articulaban los
dos elementos principales de la nueva economía, la producción minera
y el excedente agrario de la renta de la encomienda. En 1571, por ejemplo, Polo de Ondegardo observó que aquéllos no eran los momentos más
propicios para forzar a los pueblos indígenas a elevar el tributo de la
encomienda, «...no es coyuntura por la baja grande que va dando la
tierra con la falta de plata...»; debido a la caída en la producción de
Potosí, un excedente agrario superior «...no valdrá nada ny abrá para
que sea...». El análisis histórico debe *recuperar* esta lección fundamental
dada por Polo de Ondegardo sobre el funcionamiento temprano de la
nueva economía: las posibles tendencias en la magnitud del excedente
agrario mercantil son movimientos influidos, subordinados a la producción dominante de la mercancía dinero.

El crecimiento de la economía mercantil

Hemos mencionado que entre 1550-1600 prosiguió la despoblación
indígena, aunque con tasas negativas bajas. Esta posible tendencia demográfica contrasta con el movimiento de la economía mercantil, que a
partir de 1575 supera la crisis en que estaba sumergida y entra en una
fase de acelerada expansión. La espiral ascendente de la producción mercantil está determinada por un conjunto de cambios estructurales que
ejecuta el virrey Toledo, en la década de 1570; el «soporte y nervio» de

todo el proceso corresponde a las transformaciones que ocurren en la dominante producción minera.

Para analizar debidamente esta gran transformación, convendría conocer bien el contenido de las reuniones que Toledo mantuvo en 1568 con el rey Felipe II y el presidente del Consejo de Indias. En ellas debieron quedar definidas las líneas y los objetivos prioritarios del futuro gobierno de Toledo.

La índole de las medidas tomadas por Toledo, así como las referencias que él mismo brinda sobre las reuniones de 1568, permiten con todo afirmar que se le encomendó lograr la recuperación de la entonces decaída producción peruana de plata y apoyar a la monarquía en su crítica situación financiera *elevando al grado máximo posible los envíos de plata a la metrópoli.*

Para cumplir esta misión, Toledo procuró vencer la contradicción principal que dificultaba el proceso de transición, es decir, las oposiciones que existían entre el sistema indígena *primitivo* y el desarrollo pleno de la nueva economía mercantil. Como la mayoría de los españoles de aquellos tiempos, descalificó la sociedad indígena tildándola de ociosa, indolente, «...gastaban el tiempo en comer y beber y dormir, sin que voluntariamente ninguno se ofreciese al trabajo, aunque fuese la labor de sus mismas heredades, sino lo que tasadamente habían menester para la paga de su tasa...». Lo que Toledo registra como el «ocio» de los órganos productivos indígenas puede ser por cierto definido como «la estructura de la subproducción» (Sahlins), o como una *forma* cuyo «...objetivo económico es la producción de valores de uso, la reproducción del individuo en aquellas relaciones determinadas con su comunidad en las que él constituye la base de ésta...» (Marx).

Toledo percibe —como otros antes que él— la imposibilidad de desarrollar una nueva economía, fundada sobre niveles máximos de producción de plata, sin resolver antes la contradicción entre sistemas, sin resquebrajar la reproducción de las formas indígenas. El Estado debía asumir en consecuencia esta función, ajustando y extendiendo un orden basado en relaciones necesariamente coercitivas. Cuantos mecanismos usó Toledo para conseguir la subordinación real de la población indígena al desarrollo de la economía mercantil habían sido sugeridos ya, o incluso se habían intentado aplicar antes de su gestión; lo que distingue a Toledo, como él mismo reconoce, era su *voluntad ejecutiva* para «mudarles a los pueblos indígenas el modo de vivir y todo lo demás que hacían...».

Durante las primeras cuatro décadas del dominio europeo no hubo acciones realmente efectivas contra las formas de acceso de las unidades domésticas al medio de producción tierra, tampoco parece haber ocurrido una alteración sustantiva en los patrones andinos de ocupación del suelo.

Toledo interrumpe esta continuidad, ejecutando una gigantesca redistribución compulsiva de la población indígena. Realiza así una de las políticas más largamente reclamadas para acelerar la transición hacia estructuras realmente coloniales, tanto en el plano del desarrollo de la economía mercantil como en los niveles políticos e ideológicos. Como advierte el propio Toledo, «la principal causa de la visita general es para dar orden y forma cómo los indios tengan competente doctrina y mejor puedan ser industriados en las cosas de nuestra sancta fee cathólica, y con más facilidad y comodidad se les pueda administrar los sacramentos, y sean mantenidos en justicia y vivan pulíticamente como personas de razón y como los demás vasallos de su Majestad, y para que esto haya efecto, conviene que los indios que viven diversos y derramados se reduzgan a pueblos con traza y orden...». Los nuevos asentamientos indígenas se hicieron dejando intacto uno de los elementos esenciales del modo de producción indígena, esto es el acceso de todas las unidades domésticas a parcelas de tierra. El poder colonial pretendió, incluso, reproducir la relación indígena entre el tamaño de la parcela y composición y tamaño de la unidad familiar, como lo muestra la norma que mandaba al corregidor presenciar la división anual de tierra para que así los indígenas «... la hagan con toda rectitud y a cada uno le quepa la parte que pudiere beneficiar conforme a la gente y familia que tuviere...».

A partir de 1570, aunque no disolviera el vínculo de la unidades domésticas con el medio de producción tierra dentro de un *territorio indígena,* el poder colonial desarticuló los patrones andinos de ocupación del suelo. Esta desarticulación, ¿tuvo acaso alguna repercusión en la producción de subsistencias, en la dinámica demográfica de los grupos étnicos? Al dejar el virreinato, Toledo resumía sus experiencias subrayando cual sería el principal mecanismo del proceso de despoblación: «...en efecto, adonde quiera que a estos naturales les han tomado la tierra y pagádoles su trabajo, se ha visto y experimentado ser lo principal que lo ha acabado...». Como en los trasplantes masivos de población se continuó resgarduando el acceso de las unidades domésticas a la tierra, Toledo parece haber cancelado la posible acción de ese mecanismo. También, según las normas que promulgó Toledo, los indígenas debían ser reducidos a sitios «de buen temple e dispusición, y que sean abundantes de tierras, aguas, pastos, montes y de las demás cosas necesarias para la vida humana, de manera que los indios puedan vivir sanos y tengan en su comarca todo lo necesario...». Y ahora bien, el caso de la provincia de los Yauyos sugiere que la historia real pudo ser distinta a la proyectada en la norma. En dicha provincia el corregidor Dávila Briceño, quien se atribuye el mérito de haber logrado reducir las 300 aldeas de su jurisdicción en sólo tres pueblos, es acusado de que «...por su negligencia y poco castigo...»

los indígenas volvieron a cultivar las antiguas parcelas. Al justificar su conducta, el corregidor expone la crítica situación que provocó la reducción: «...por ser la tierra muy doblada como lo es toda esta provincia de Yauyos y la más de todo este Reino... no se les pudo dar a los yndios que así se traya a los dichos nuevos pueblos tierras para sus sementeras, por la aspereza de la tierra, y así forçoso an de acudir a labrar sus tierras antiguas por que de otra manera no podían vivir y por mí se les dejé en los tiempos de las sementeras hagan unas chosuelas do se anparen de las aguas y nieves... y así dos veces en el año acuden los yndios a los tales labores...» [15]. El ejemplo de una reducción a parajes donde resulta difícil cultivar, y por extensión reproducirse ¿trasluce la tendencia, los efectos que pudo desencadenar la política de las reducciones? [16]. La redistribución forzada de la población y la resistencia indígena a dejarse encerrar en los nuevos pueblos configuró, por lo menos, una coyuntura agraria tan tensa, de tantos trastornos en la producción de subsistencias de los grupos étnicos, que un importante funcionario de Charcas hubo de reclamar al rey sobre el grave daño que estaban causando las reducciones, «...a sido éste en tanto grado que los indios según se dize por cosa cierta no fueron tan atormentados ni aflijidos con todas las guerras y alteraciones pasadas, porque ha durado más de quatro años la persecución destos visitadores y reduzidores...».

Manteniendo la economía doméstica indígena, Toledo ajustó y generalizó el uso de ciertos mecanismos específicos para subordinar realmente la energía campesina al desarrollo de la economía mercantil. Analicemos primero cómo impuso esta subordinación en el sector minero. La desarticulación de los patrones andinos de ocupación del suelo ya era un elemento de su estrategia, como él mismo reconoce al escribir que para el servicio del rey y del Reyno es conveniente «... plantallos cerca de las lavores de las minas...», «en la traza y aumento que se podría tener destos mineros... a este respecto se hiziesen las reducciones y poblaciones en comarcas de los dichos mineros...». Pero para Toledo el trasplante de la población indígena era sólo una fase especial del complejo proceso que debía impulsar a la minería.

---

[15] M. Rosworowski, *Señoríos indígenas de Lima y Canta,* Lima, 1978, p. 111.
[16] Guamán Poma consideraba que sus efectos demográficos habían sido generales: «a cido gran daño de los yndios la venida de don Francisco a este rreyno...», «mandó despoblar y rreducir de los pueblos deste rreyno. Desde entonces se a muerto y se va acavando los yndios deste rreyno por las causas siguientes. El primero, porque se apartaron los yndios de unos pueblos que tenían escogidos, citios, rincones por sus principales savios y dotores, lesenciados, filósofos y aprovado de los primeros Yngas los temples y tierras y agua para multiplicar la gente...», *Nueva coronica y buen gobierno,* México, 1980, p. 890.

Las instrucciones que recibió Toledo en las juntas de Madrid para que intentara superar la crisis de la minería andina mediante la adopción de la nueva técnica de amalgama por medio del azogue tuvieron un signo inicial favorable. Los ensayos realizados en su presencia tuvieron pleno éxito. De este modo Huancavélica se convirtió en una pieza estratégica de la recuperación minera y Toledo, en enero de 1751, reforzó la mina de azogue otorgándole una gran provisión de energía campesina bajo la forma de la mita: «saved que Su Magestad por las cédulas y provisiones e ynformaciones que me tiene dadas tiene proveydo y mandado que suma diligencia procure y de orden que se labren y beneficien las minas de oro plata asogue y otros metales que ay en estos reynos como cosa tan ynportante a su Real Servicio y beneficio de su Real Hazienda bien y conservación de los naturales y españoles... y en cumplimiento desto llegado que fui a la ziudad de Guamanga y aviéndome ynformado de la grosedad de minas de plata y asogue y otros metales que ay en los dichos términos mandé a los caciques principales e indios de los repartimientos encomendados en los vezinos de la dicha ciudad que repartiesen entre sí hasta en cantidad de tres myl yndios para los repartir para la labor y beneficio de las dichas minas e que les tubiesen puestos en los asientos dellas dentro de quinze días...» [17].

Este documento revela cómo Toledo utilizó falazmente las instrucciones de elevar la producción minera y los envíos de plata a la metrópoli, pues enarbola la misión encomendada para justificar la mita con lo que reniega, justamente, de aquellas otras órdenes reales que le vedaban emplear ese método compulsivo para transferir energía indígena a las minas. Toledo quiso recibir la aprobación real a su medida mostrando el primer efecto de su acción en las rentas reales: forzando al 13 por 100 de los efectivos tributarios de Guamanga a trabajar en las minas de ese distrito, aseguraba la provisión de azogue a toda la minería andina y generaba, además, un apreciable excedente para ser exportado a la Nueva España.

Ahora bien, elevar la rentabilidad del espacio colonial andino al grado máximo presuponía dar una solución global a la crisis de Potosí. Toledo se dirige, pues, al famoso asiento con la seguridad de contar con una perfecta provisión interna de azogue y habiendo comprobado que los desmontes, esa enorme cantidad de minerales que se habían tirado como desperdicio en Potosí, eran beneficiables mediante la nueva técnica de la amalgamación. Y con estas garantías, procede a efectuar un cambio total en las formas de producción de Potosí. Desde el punto de vista de las condiciones técnicas, su acción estuvo encauzada

---

17 Archivo Nacional del Perú, Minería, legajo 2, cuaderno 21.

a reemplazar el procedimiento indígena de fundición en *guayras* por el método de refinamiento mediante azogue, desplazamiento que implicaba una importante inversión de capital en el complejo de los ingenios, con otra inversión agregada en el sistema hidráulico de las represas. Este proceso fue muy veloz; ya en 1575 Toledo dejó constancia de que estaban funcionando 70 mazos de ingenios de agua y 632 de ingenios secos, «...e que hay sesenta y dos maços de ingenios secos que asimismo están a punto de moler e veneficiar... e quarenta que algunas personas pretenden asentar...», lo que sumaba un total de 804 mazos [18]; en 1581 Capoche registra otro sustantivo aumento en la capacidad productiva de Potosí, al numerar 1.058 mazos en su mayoría movidos por agua [19]. El cambio técnico de la *guayra* al azogue fue posible, claro está, por una inversión privada tras el señuelo de la ganancia, pero el factor fundamental que motivó esta súbita expansión de la masa de capital invertido fue el ofrecimiento —y el reparto concreto inmediato— que efectuó Toledo de una masa de energía indígena para los españoles que deseaban convertirse en «señores de ingenios».

Las referencias que hemos dado sobre el cambio técnico y la envergadura demográfica-espacial que alcanzó la mita son, quizás, todavía insuficientes para dar cuenta de la profundidad de la transformación ocurrida en Potosí. En la fase anterior dominada por la fundición en *guayras*, Potosí presentaba una estructura de producción sumamente singular, que Capoche refleja de manera muy expresiva: los indígenas «...habían poseído toda la riqueza y grosedad pasada, con que habían conservado y pendido de ellos el interés y el aprovechamiento general de todo el reino...». La extracción corría a cargo de equipos de trabajadores indígenas, quienes asumían los costos operativos y recibían como retribución los metales pobres, además de participar de variadas formas en los metales considerados ricos; también la fundición, el mercado de metales, los transportes, el comercio de combustibles, eran otras tantas *zonas* dominadas por los indígenas. Las medidas impuestas por Toledo, al concentrar todos los medios sociales de producción en el grupo español desplazaron los *varas, punkus, guairadores,* es decir, eliminaron las formas de participa-

---

[18] Archivo General de Indias, Charcas 266.
[19] En 1583 un minero de Potosí explicaba los motivos que inducían a reemplazar los molinos secos por los de agua: en su ingenio de caballos «... yo molia metales a mucha costa y travaxo por aver de sustentar veinte mulas y ser el sustento de ellas muy caro en esta villa...», y por «ser más la costa que el probecho lo mexoré haziendole de agua e añadiendole de siete a diez mazos, porque con él no se molía mas que quatro mil quintales e con avello mejorado e hecho de agua se muelen agora de diez y ocho a beinte mil quintales...», Archivo Nacional de Bolivia, Minas, tomo I, expediente 6.

CUADRO 3.1

MITA DE POTOSI ESTABLECIDA POR TOLEDO

Corregimientos	Tributarios	Mita gruesa	% de mitayos sobre el número de tributarios	Distancia a Potosí (en leguas)
Porco	3.758	631	16,8	10-20
Chayanta	5.719	969	16,9	20-30
Cochabamba	3.180	539	16,9	20-30
Tarija	440	66	15,0	30-40
Paria	7.707	1.253	16,3	40-60
La Paz	856	130	15,2	
Carangas	6.254	1.003	16,0	60-80
Sica Sica	1.427	227	15,9	70-90
Pacajes	9.933	1.461	14,7	80-100
Omasuyo	7.663	903	11,8	100-120
Chucuito	17.779	2.202	12,4	120-140
Paucarcolla	4.435	565	12,7	140-150
Cavana	7.615	1.053	13,8	
Asángaro	6.669	847	12,7	150-160
Canas y Canches	6.138	832	13,6	160-180
Quispicanchis	1.248	161	12,9	180-200
	90.821	12.842	14,1	

FUENTES: «Libro y relación sumaria que ha formado don Pedro Antonio del Castillo, contador de retasas y tributos...»; «Alegaciones...» de Mathias Lagunez, fiscal de la Audiencia de Lima. AGI, Charcas 270 y 272. Esta relación tributarios/mitayos es incompleta; no se incluyen los mitayos asignados a otros asientos mineros.

ción —e incluso de control tecnológico— a las que habían ido accediendo los indígenas dentro de la estructura de producción de Potosí. Con el azogue y la mita, como dice Capoche, las nuevas relaciones de producción que se imponen son «por vía de jornal» y con tipos diferenciales: un salario con precio *justo* o *natural* para los trabajadores voluntarios y otro salario —cuyo precio fijado por el Estado es inferior al costo de reproducción de la fuerza de trabajo— a la masa de los mitayos.

Los cambios ejecutados por Toledo impulsaron en la minería del espacio andino una fase fuertemente ascendente. En el quinquenio 1571-1575 la producción de metales preciosos alcanzaba un promedio anual de 352 millones de maravedíes, mientras que en 1576-1580 el promedio anual asciende abruptamente cuatro veces y media más, a cerca de 1.622 millones. El aumento continuó entre 1581 y 1600; el promedio anual es entonces del orden de los 2.760 millones de maravedíes. La producción de plata de Potosí comanda el movimiento general: en el cuarto de siglo que va de 1551 a 1575 se obtuvieron de sus minas 5.804.811 marcos —232.192

marcos de promedio anual—, mientras en el siguiente cuarto de siglo, de 1576 a 1600, la producción de plata de Potosí subió a 18 millones de marcos y el promedio anual a 721.879 marcos.

Para cierto juicio de la época, Toledo había gravado la *Real conciencia* haciendo funcionar la mita de Potosí. Mucho tiempo después el fiscal Mathias Lagunez, un conocedor admirable del sistema colonial, resumía incisivamente la génesis y perdurabilidad del aborrecido sistema: Toledo y las demás personas «...que an fomentado la mita todos an procedido con muy ardiente celo del servicio de su Magestad y mayor cresimiento de su Reales quintos...». Pero al regresar a España, Toledo fue rechazado por el rey. Maltratado, el que fuera omnipotente virrey le eleva un memorial donde le reitera sus méritos en «el mayor aumento de vuestra Real Hacienda». Toledo le recuerda al rey las juntas de 1568: en esos años la Real Hacienda estaba tan apurada «...como V.M. entendió, y la verdad de la poca plata que se traía a V.M. nos dijo, porque cuando más una flota traía a V.M. de todo aquel reyno eran unos doscientos y doscientos cincuenta mill pesos...». El orden compulsivo que impuso para echar indios a las minas debía, en consecuencia, apreciarse midiendo los beneficios producidos en las rentas reales. A su llegada al Perú, dice Toledo, Huancavélica no llegaba a valer 10 mil pesos mientras que con sus disposiciones rindió a la Real Hacienda, en los últimos nueve años, un promedio anual de 300 mil pesos; antes de él, Potosí «no valía ni rentaba» 200 mil pesos y «el día de hoy... le renta y vale a V.M. de sólo los quintos Reales setecientos o ochocientos mill pesos...» al año [20].

Desde una perspectiva hacendística, el virrey había cumplido con la misión encomendada. Según el erudito Francisco López de Caravantes, contador mayor del Tribunal de Cuentas de Lima, desde 1550 a 1569 se remitieron al rey desde el Perú 2.276.857 ducados, o sea un promedio anual de 227.685 ducados. Anotemos que los envíos tenían una tendencia francamente descendente a fines de la década de 1560. Durante sus once años de gobierno, Toledo envió en total 5.523.354 ducados, lo que da un promedio anual de 502.123 ducados. Hacia 1576, fue cuando el nuevo orden impuesto en Potosí empezó a funcionar en plenitud, momento en que las remesas de metales preciosos que procedían de la Real Hacienda tuvieron un excepcional ascenso. La mita minera impuesta por Toledo siguió luego brindando crecidos beneficios a las rentas reales: en la década de 1580 se envió al rey un promedio anual de 824.573 ducados y durante los quince años que abarcan los gobiernos de García de Mendoza

---

[20] «Memorial dado al Rey por D. Francisco de Toledo sobre el estado en que dejó las cosas del Perú...», en *Colección de documentos inéditos... de América y Oceanía*, tomo VI, Madrid, 1866.

y Luis de Velasco (1590-1604), las remesas continuaron en alza, alcan-
zando un promedio anual de 1.365.439 ducados [21]. Con la continuidad
de la mita de Potosí y Huancavélica la conciencia Real podía ser gravada,
pero la rentabilidad del espacio colonial se había elevado a su grado
máximo.

En las juntas de 1568, Toledo había sido también instruido para que
convirtiera la renta en productos de la encomienda en una renta monetaria, pues se suponía que este cambio obligaría a los pueblos indígenas
a engrosar el flujo de trabajadores que se concertarían por un jornal con
los españoles. Según Matienzo, en la década de 1560 un tercio del valor
de las rentas de las encomiendas peruanas era recibida directamente en
plata y oro, mientras los dos tercios restantes era pagado por los grupos
étnicos «en ropa de la tierra, maíz, coca, y en carneros y ovexas de la
tierra...» [22]. El cuadro siguiente muestra cómo Toledo impulsó fuertemente la monetización de la renta campesina.

CUADRO 3.2

VALOR Y COMPOSICION DE LOS TRIBUTOS FIJADOS POR TOLEDO

Distrito	Valor de los tributos (en pesos ensayados)	% en plata y oro	% en productos
La Plata	191.063	94	6
La Paz	258.799	78	22
Cuzco	392.891	80	20
Arequipa	116.889	71	29
Guamanga	107.080	69	31
TOTALES	1.066.722	80	20

FUENTE: *Tasa de la visita general de Francisco de Toledo*, Lima, 1975.

Los historiadores no hemos analizado todavía con detenimiento qué
efectos desencadenó, a qué procesos estuvo articulada la monetización
de la renta campesina. Los pueblos indígenas podrían haber pagado esta
renta monetaria elevando su producción excedente y comercializándola directamente o, como preveía el Estado, desprendiendo un mayor número de
trabajadores para que ganaran un jornal en plata. Los datos disponibles
indican que esta última fue la forma que predominó. Surgiría así una

---

[21] Este fragmento o Discurso Segundo de la obra de López de Caravantes ha
sido publicado por E. Sluiter en *Hispanic American Historical Review*, 25 (2), 1945.
[22] J. de Matienzo, *Gobierno del Perú (1567)*, París-Lima, 1967, p. 99.

aparente contradicción. La conversión de la renta en productos de la encomienda a renta en dinero significaba un repentino descenso del excedente agrario que se producía dentro de los territorios indígenas; este descenso ocurría en los momentos precisos en que el mercado interior iniciaba una fase de acelerada ampliación, sustentada sobre todo en el fuerte desarrollo que iniciaba el sector minero. Pero la contradicción es sólo aparente.

La ampliación del mercado interior, el crecimiento de la demanda minera, tuvo efecto consecutivo sobre las empresas agrarias de los españoles formadas durante las décadas precedentes, las cuales funcionaban mediante dotaciones de trabajadores permanentes (yanaconas de chácaras) y flujos estacionales de mitayos. Pero el efecto más importante estuvo dado por la expansión del territorio de producción mercantil controlado directamente por los españoles, por la multiplicación de sus empresas agrícolas, ganaderas y manufactureras. Consideremos ahora este proceso a través de la dotación de los factores tierra y trabajo.

El paisaje agrario andino sufrió drásticas modificaciones después de 1530. En primer lugar, el derrumbe de la población indígena ocasionó un marcado retroceso del espacio ocupado productivamente. Los españoles introdujeron una segunda variación, al ocupar con nuevos cultivos y animales las tierras del Inca, del Sol y algunas fracciones de tierra de los grupos étnicos. Toledo ejecutó luego otra mudanza, al concentrar la población indígena según patrones de tipo colonial. Si bien Toledo dictó normas que reservaban como propiedad indígena las tierras que les obligaba a abandonar, éstas fueron justamente las que ocuparon los españoles para formar sus nuevas empresas agrarias. Esta onda de apropiación encontró al principio la resistencia de algunas cédulas reales, pero en 1591 el Estado —para acrecentar el envío de metales preciosos por cuenta de la Hacienda— ordenó legitimar las usurpaciones y vender el resto de las tierras indígenas que aún quedaban vacantes.

El funcionamiento de este territorio español en expansión, donde predominaba la producción mercantil, quedó relativamente asegurado mediante mecanismos que ampliaron la *oferta* de trabajo indígena. El dispositivo de la monetización de la renta campesina fue reforzado por la acción de los corregidores, cuyas «granjerías y traxines» fueron un factor activo de movilización de energía hacia el sector mercantil. El Estado planificó igualmente la distribución de la fuerza de trabajo, regulando mediante las *mitas* qué proporción correspondía repartir a los diferentes sectores productivos y a cada empresa en particular. Pero, además, la presión española que se desencadenó sobre los pueblos indígenas para extraer más tiempo de trabajo para el sector mercantil, intensificó el flujo de indígenas que abandonaban sus parcelas para convertirse en *yanaconas* de las haciendas y estancias españolas. Los datos también indican que las reducciones de Toledo, al disminuir el acceso a muchos recursos naturales que permitían a los grupos étnicos mantener una relativa autosuficiencia, impulsó más energía indígena hacia los sectores de producción controlados por los españoles. De estas maneras, aunque la mayoría de la población indígena siguió reproduciéndose bajo ciertos principios de su economía campesina tradicional en sus propios territorios étnicos, la fuerza de trabajo indígena fue forzada cada vez más a inscribirse bajo las condiciones técnicas de la producción europea, bajo nuevos principios de dirección autoritaria.

Todos estos cambios explican una especificidad de la transición al sistema mercantil y colonial en el espacio andino. Aunque la curva de la población indígena mantuviera su tendencia descendente entre 1575 y 1600, el uso a gran escala de mecanismos compulsivos para movilizar la energía campesina indígena originó una dinámica económica de distinto signo: el crecimiento de la producción mercantil, la ampliación del mercado interior, la elevación a su grado máximo de la rentabilidad del espacio colonial.

4. Mano de obra y migración en un centro minero de los Andes: Oruro, 1683

Ann Zulawski *

Cuando Felipe de Godoy visita, en 1607, Oruro, señala que acudían al flamante centro minero del Alto Perú trabajadores de todas las provincias vecinas e incluso de otras más distantes. Jornales altos y trabajo moderado, indica, atraían a gran número de indios al lugar, asimismo accesible por estar situado en el camino a Potosí, el más antiguo y célebre centro minero[1].

Los comentarios de Godoy destacan la conexión que con frecuencia había en el siglo XVII boliviano entre mano de obra asalariada y migración. La necesidad de pagar tributos obligaba a menudo a buscar trabajos remunerados fuera del pueblo de origen, donde las oportunidades para hacer dinero eran escasas. Por otra parte, los hombres que habían servido su tercer año de mita en Potosí, solían no regresar a sus hogares; permanecían allí con sus familias, trabajando a cambio de jornales, o migraban a conchabarse en otros sitios. Otros, a su vez, huían de sus comunidades para evitar precisamente ser enviados por el cacique a la mita y se iban a trabajar en ciudades o en haciendas. Las comunidades indígenas, además, fueron perdiendo a lo largo del siglo XVII las tierras que necesitaban para su subsistencia, a medida que los hacendados espa-

* La autora agradece a los profesores Nicolás Sánchez-Albornoz y Enrique Tandeter los comentarios hechos sobre versiones anteriores de este artículo.

[1] F. de Godoy, «Relación del asiento, minas y población de Austria, llamados de Oruro», *Boletín de la Oficina Nacional de Estadística* (La Paz), VII (1912), p. 437.

ñoles pagaron composiciones con el fin de precisar los límites de su propiedad o compraron tierras de la Corona, que pertenecieron a las comunidades. Privadas de parte de sus tierras las familias migraron en busca
de medios para complementar los recursos que producían en las que les
quedaban [2].

Necesidades diversas empujaron, pues, a los hombres a incorporarse
a la fuerza de trabajo y alimentaron, a lo largo del siglo XVII, importantes movimientos emigratorios a partir de las reducciones en las que el
gobierno colonial había congregado a la población indígena a fines de
la centuria anterior.

En 1683, setenta y seis años después de la visita de Godoy a Oruro,
el virrey del Perú, duque de la Palata, ordenó el levantamiento de un
censo en todo el territorio del virreinato. Su finalidad era identificar a los
indígenas que habían abandonado sus comunidades de origen y obligar-
los luego a servir la mita de Potosí y a pagar los tributos a las autoridades correspondientes [3].

Los resultados de esta numeración general proporcionan para la ciudad de Oruro un perfil de su fuerza de trabajo. Todos los indios eran
forasteros o migrantes. Allí la minería nunca había contado con el sistema
de trabajo obligatorio, y no porque los empresarios de Oruro no lo hubieran pedido. Recién descubiertas las minas, empezaron a solicitar del
gobierno repartimientos de indios, ya que el jornal pagado a los mitayos
era de cuatro reales diarios (en Potosí) y el que pagaban en Oruro por
lo menos el doble [4]. En cartas a la Audiencia de Charcas y al Consejo
de Indias se señalaba la resistencia de los mineros a explotar nuevas vetas

[2] Audiencia de Charcas al Rey, La Plata, 1605-1610, Archivo General de Indias (AGI), Charcas, leg. 18; don Raphael Ortiz de Sotomayor sobre la mita de
Cerro de Potosí y reducción de los indios, La Plata, 1620, AGI, leg. 54; expedien-
tes sobre la mita de Potosí, 1693-1699, AGI, Charcas, leg. 173.
[3] Los censos para la mayor parte de las provincias del Alto Perú se encuentran
en el Archivo General de la Nación (AGN) de Buenos Aires. La referencia para
el de Oruro es Sala XIII, 17-1-4.
[4] Según Godoy, los jornales que por lo general se pagaban en los primeros
tiempos de Oruro eran cinco pesos (de a ocho) por cinco días de trabajo para los
apiris que cargaban el mineral hacia afuera de la mina, y ocho para los barreteros
que trabajaban en el frente de la mina. Godoy, p. 438. En 1628, uno de los principales mineros y refinadores, Antonio de Uriona, declaró haber pagado once y doce
pesos por día a los barreteros y ocho a los apiris. Antonio Salinas Ruberto al Rey,
26 de octubre de 1628, AGI, Charcas, leg. 54. Por otra parte, los indios acostum-
braban llevarse trozos de mineral cuando dejaban las minas. Godoy indica que el
valor de este mineral era mayor que el de los salarios pagados a los trabajadores.
Godoy, p. 438; Tesorero Real al Rey, Oruro, 2 de marzo de 1639, AGI, Charcas,
leg. 37.

o a explotar minas profundas a causa del alto costo de la mano de obra
en Oruro⁵.

El censo de 1683 proporciona importante información demográfica
sobre la población indígena de Oruro; también indica de dónde procedían los indios y, aproximadamente, cuando se produjo la mayor ola inmigratoria hacia el centro minero. Permite determinar quiénes pagaban
tributo y quiénes servían su turno de mita en Potosí. De él se pueden
asimismo deducir algunas conclusiones provisionales acerca de la permanencia de la fuerza de trabajo y de la relación, en Oruro, entre trabajo
asalariado, acceso a la tierra e incorporación de los indios al mercado,
tanto en calidad de consumidores como de trabajadores.

Antes de analizar el censo, convendrá hacer algunas consideraciones
sobre la calidad de la información empleada para este estudio. Ha de
tenerse en cuenta que en un censo del siglo XVII no se encontrarán la
coherencia ni la exactitud que pueden esperarse de materiales similares
del siglo XIX o XX. Para Oruro, la numeración de 1683 contiene información sobre 1.275 hombres entre catorce y cien años de edad. No se trata,
pues, del segmento habitual de la población tributaria (de 18 a 50 años).
Por otra parte, la falta de información precisa acerca del número y las
edades de las mujeres forman hipotéticas las dos pirámides de población
aquí presentadas⁶. El solapamiento de las categorías de adultos y adoles-
centes dificultan asimismo el estudio demográfico de la ciudad. Estos
problemas se resolvieron mediante el escrutinio cuidadoso de los datos
censales para eliminar duplicaciones y verificar la fiabilidad de los resultados comparándolos con las tendencias que manifiestan otras enumeraciones del mismo año.

Para cada hombre indígena residente en Oruro se recogieron datos
concernientes a nueve cuestiones. Para casi todos los hombres hay noticias sobre el servicio de la mita y el pago del tributo, ya que a los empadronadores —el corregidor y sus tenientes— esta información interesaba
primordialmente. Por la misma razón, raramente faltan datos sobre edad,
estado marital y provincia de origen. Las noticias sobre lugar de nacimiento, número de años de residencia en Oruro y ocupación son, en cambio, menos completas. No se olviden las dificultades ya mencionadas para

⁵ Testimonio del estado en que están las minas de la Villa de San Felipe de
Austria, 8 de abril de 1607, AGI, Charcas, leg. 18; Tesorero Real al Rey, Oruro,
1631, AGI, Charcas, leg. 37.
⁶ Al construir pirámides por cohortes de diez años, he supuesto que los hombres
estuvieran casados con mujeres del mismo grupo de edad. Nada en el censo sugiere
en efecto una fuerte disparidad en la distribución por sexos. Hay, por lo demás, en
el censo una tendencia a redondear edades. Esto quedaría patente de agrupar las
edades por cohortes de cinco años.

determinar el total de población indígena en la ciudad. Antes de abordar el tema de mano de obra y migración, será útil intentar resolver este problema y reconstruir la demografía de Oruro, base del análisis de la información socioeconómica contenida en el censo.

La pirámide de edades de Oruro de 1683, escalonada en cohortes de diez años (véanse figura 4.1 A y cuadro 4.1 A), revela a primera vista dos rasgos sorprendentes: el corto número de personas entre diez y veinte años de edad y el subregistro de mujeres menores de veinte años. Esta merma de varones y mujeres de entre diez y veinte años de edad no parece ser característico de Oruro sólo. El geógrafo Brian Evans ha encontrado lo mismo en una muestra de 23.000 personas de 15 pueblos altoperuanos incluidos en la numeración de 1683 [7]. Puesto que los varones de esa edad no eran como para pasar desapercibidos por los recaudadores coloniales y no hay pruebas de una deliberada ocultación de indígenas [8], este rasgo parecería corresponder a una situación demográfica real. Hay, por otra parte, noticias sobre epidemias que asolaron parte al menos de Perú en 1673 [9]. Si estas alcanzaron a Oruro, es posible que el segmento de población entre diez y veinte años de edad hubiera sido el más afectado. Los relatos contemporáneos sobre la enfermedad hacen, empero, difícil su diagnóstico; tampoco existen referencias específicas sobre su llegada al altiplano.

La otra peculiaridad de la pirámide de población de Oruro, el escaso número de mujeres menores de veinte años, no aparece en la muestra más amplia de Evans, aunque éste anota la posibilidad de que las niñas menores de diez años estuvieran subregistradas en algunos pueblos. La numeración registra en Oruro 1.068 varones entre cero y diecinueve años y sólo 603 mujeres de la misma edad. Estas 465 mujeres de menos dan cuenta por sí solas de la mayor parte del desequilibrio entre sexos en la población total. Entre los mayores de veinte años el predominio de los hombres no es tan marcado. Los resultados del censo para la totalidad

---

[7] B. M. Evans, «Census Enumeration in Late Seventeenth-Century Alto Perú», en D. J. Robinson (compil.), *Studies in Spanish American Population History*, Dellplain Latin American Studies, núm. 8, Boulder, Colorado, 1981, p. 40.

[8] Después de la ejecución de la enumeración de 1684, llegaron al gobierno colonial una cantidad de quejas tal que llenaría varios volúmenes. Provenían de las partes interesadas (hacendados, caciques, corregidores, propietarios de ingenios, etc.) que creían que el censo y las nuevas regulaciones sobre mita y tributo les perjudicaba. Esta documentación se halla, en parte al menos, en el AGN (Sala XIII, 17-7-4, y Sala IX, 10-3-7). No obstante la variedad de quejas sobre cualquier aspecto del censo, no hay ninguna que indique que hubo subregistro intencional de los indígenas entre diez y veinte años de edad.

[9] J. T. Polo, «Apuntes sobre las epidemias del Perú», *Revista histórica*, 5 (1913), página 72.

del corregimiento de Oruro revelan, además, proporciones entre varones y mujeres (59/41 por 100) comparables a las de la ciudad (58/42 por 100) [10].

¿A qué se debe esa discrepancia? En primer lugar, son las hijas de las parejas residentes en Oruro las que escasean. Sólo una pequeña porción del exceso en el grupo de hombres menores de veinte años puede explicarse por la presencia de jóvenes solteros en el centro minero. Si se supone que el número de niños y de niñas nacidos en la ciudad era equivalente y que la tasa de supervivencia era, aproximadamente, la misma para ambos sexos, la falla es de los empadronadores. A éstos les interesaban sobre todo los varones, futuros tributarios.

Si la desproporción entre los sexos se debe a defectos del empadronamiento, en una aproximación a la realidad demográfica hemos de presuponer la existencia de números relativamente iguales de niños y niñas. Hecho esto, cuidando de no duplicar ninguna persona (como niño y como adulto) y agregada además una cantidad pertinente de viudas a la población femenina [11], llegamos a un total verosímil de 4.325 personas.

CUADRO 4.1

ORURO, 1683: DISTRIBUCION DE LA POBLACION POR EDAD Y SEXO

Edades	A. Según el padrón				B. Estimada			
	Hombres	%	Mujeres	%	Hombres	%	Mujeres	%
90-99	2	0,05	2	0,05	2	0,05	3	0,05
80-89	14	0,36	13	0,33	14	0,3	14	0,3
70-79	32	0,8	31	0,8	32	0,7	32	0,7
60-69	76	1,9	70	1,8	76	1,7	74	1,7
50-59	125	3,2	114	2,9	125	2,9	121	2,8
40-49	187	4,8	165	4,2	187	4,3	181	4,2
30-39	327	8,4	296	7,6	327	7,5	306	7,1
20-29	404	10,4	344	8,9	404	9,3	351	8,1
10-19	312	8,0	127	3,2	312	7,2	250	5,8
0-9	756	19,5	476	12,2	756	17,5	756	17,5

FUENTE: XIII-17-1-4.

[10] El análisis aquí presentado se centra en los forasteros de Oruro, que constituían la mayoría de la población indígena del corregimiento. No se toman en cuenta los yanaconas, ni los forasteros que vivían fuera de la ciudad, con frecuencia en los ingenios. El grupo de forasteros no sólo es el más numeroso, sino también el mejor censado.

[11] La numeración no indica cuántas viudas había en la ciudad. Se ha estimado que para grupo de edad había cuando menos tantas como viudos.

Un poco más del 52 por 100 son varones. Este porcentaje refleja mayor número de solteros que de solteras en la ciudad minera [12].

La figura 4.1 B y el cuadro 4.1 B (con una distribución estimada por edad y sexo), sin dejar de recoger la escasez de personas entre diez y veinte años de edad, indican que el 48 por 100 de la población se hallaba por debajo de la veintena de años. Había 1.047 matrimonios que tenían 2.168 hijos, o sea, aproximadamente 2,07 por pareja. Esta cifra, que escasamente sobrepasa la del crecimiento cero, puede interpretarse, sin embargo, como señal del comienzo de la recuperación demográfica tras la conquista y más de una centuria de epidemias.

La información que más se echa de menos en esta numeración es la de ocupación; casi el 60 por 100 de los hombres registrados no declara ninguna. En la introducción a la numeración, el corregidor indica que la gran mayoría de los indios trabajan en las minas e ingenios de la ciudad. Pero, como se aprecia en el cuadro 4.2, sólo 50 hombres, o sea el 4 por 100 de los 1.275 contados, declaran ser mineros y barreteros, y otros 42 (3,3 por 100) que trabajan en los ingenios (como refinadores y leñeros). Si agregamos los apires o cargadores de metal, aumenta el porcentaje de hombres ocupados en la minería. Aun así, el total asciende a sólo 133, cifra a todas vistas insuficiente para cubrir la necesidad de mano de obra en las minas y trapiches de la ciudad y alrededores. Registrados aparte en el censo, como residentes en diversos lugares de trabajo —trapiches, minas, haciendas, obrajes— figuran otros 418 hombres, sobre quienes la información es todavía más escasa.

Buena parte de los 768 hombres de los que no consta ninguna ocupación quizás trabajara en las minas y trapiches locales. Por alguna razón el empadronador omitió este dato. Una explicación sería que su trabajo era de alguna manera ocasional. Algunos podían trabajar para diferentes amos; otros, desempeñar sólo tareas eventuales en las minas. Por ejemplo, en momentos en que la producción era alta y había gran demanda de mano de obra, posiblemente se emplearan en la minería en tareas no especializadas como apires. Cuando caía la demanda de mano de obra, por estiaje o por escasez de mercurio, si había empleo, trabajaban en las minas o trapiches; y, si no, suplementaban sus ingresos desempeñando tareas menores en Oruro. Finalmente, muchos quizás no dependieran sólo del trabajo remunerado para su subsistencia, ya que la obtenían, al me-

---

[12] El mayor número de hombres que de mujeres en Oruro representa un fenómeno urbano. Esto refleja la migración a sitios donde había mejores oportunidades de trabajo. En general, las comunidades indígenas (en contraposición con las ciudades) del altiplano contuvieron, durante el período colonial, más mujeres que hombres. Véase N. D. Cook, *Demographic Collapse: Indian Peru, 1520-1620*, Cambridge, 1981, pp. 251-253.

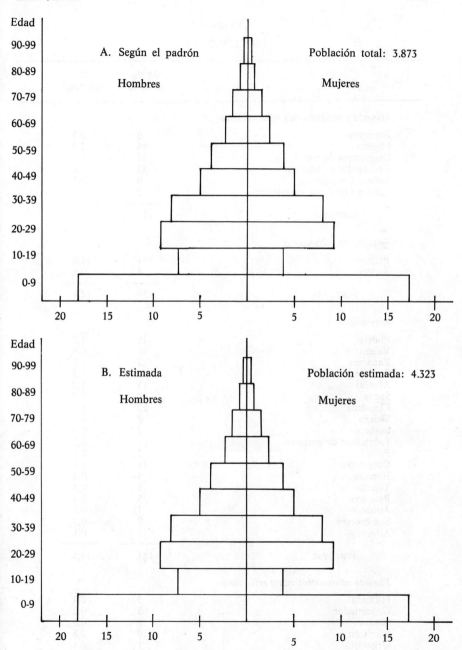

FIGURA 4.1.—*Oruro, 1683. Pirámides de edad (porcentajes).*

Cuadro 4.2

OCUPACION

	N.º de hombres	% del total
Minería y ocupaciones relacionadas		
Barretero	6	0,5
Minero	44	3,5
Cargadores de metal	39	3,1
Trabajador de ingenio	33	2,6
Leñero (en ingenio)	9	0,7
Cañare (ayudante de minero)	2	0,2
Subtotal	133	10,6
Transporte y comercio		
Viajero	151	11,8
Arriero	8	0,6
Subtotal	159	12,4
Artesanos		
Platero	15	1,2
Velero	10	0,8
Zapatero	22	1,7
Carnicero	19	1,5
Albañil	13	1,0
Sastre	28	2,2
Panadero	22	1,7
Sedero	8	0,6
Barbero	2	0,2
Fabricante de guitarra	7	0,5
Pintor	3	0,2
Carpintero	14	1,1
Herrero	4	0,3
Tejedor	5	0,4
Pastelero	5	0,4
Adobero	1	0,1
Sombrerero	2	0,2
Alfarero	1	0,1
Subtotal	181	14,5
Puestos administrativos y religiosos		
Hilacata	5	0,4
Gobernador	3	0,2
Cantor	6	0,5
Sacristán	10	0,8
Organista	1	0,1
Subtotal	25	2,0

CUADRO 4.2 (Continuación)

	N.º de hombres	% del total
Otras ocupaciones		
Labrador	4	0,3
Pastor	3	0,2
Pescador	1	0,1
Tejedor (en obraje)	1	0,1
SUBTOTAL	9	0,7
Sin datos	768	60,2
TOTAL	1.275	100,1

FUENTE: AGN, XIII, 17-1-4.

nos en parte, de la agricultura. Más adelante examinaremos esta posibilidad con más detalle.

Una ojeada a las demás ocupaciones asentadas en el censo indica que la participación de los indios de Oruro en el mercado, tanto en calidad de trabajadores como de consumidores, tenía rasgos bastante complejos. Que no todos tenían tierra o recursos para suplir las necesidades propias y las de su familia, queda patente de lo declarado por carniceros o viajeros. La mayoría proveía alimentos para los «indios de las minas», no para los españoles o criollos. La importancia del mercado urbano se deduce del hecho de que entre los que manifiestan su ocupación, la mayor proporción, más del 12 por 100, eran viajeros que acarreaban alimentos y otros bastimentos al centro minero del altiplano. En esta región, a 3.500 metros de altitud o más, se crían ovejas y camélidos y se cultivan papas y quinua; otros alimentos han de traerse de zonas más bajas. Los viajeros que figuran en la numeración dijeron que transportaban a los mercados de Oruro maíz, harina de maíz, trigo, coca y vino desde el valle de Cochabamba, Inquisive y de valles fluviales más cercanos. La agricultura andina estuvo basada de antiguo en el acceso a tierras ubicadas a alturas distintas, que producían variedad de vegetales o animales. Gentes que incluso poseían tierras cerca de Oruro, es probable que necesitaran adquirir productos de otros pisos ecológicos, si no tenían acceso a ellos.

Los arrieros transportarían la plata desde Oruro hasta Potosí o Arica y regresarían luego a Oruro cargados de artículos importados. De los que declaran ser artesanos (carpinteros, herreros, sastres, zapateros, som-

brereros, plateros), algunos serían ayudantes de españoles. El informe de
Godoy enumeraba a residentes españoles que desempeñaban esos oficios
con la ayuda de trabajadores indígenas. Los panaderos componían, al
parecer, un grupo numeroso en los centros mineros (Potosí también los
tenía); la presencia de 22 indicaría que muchas familias compraban el
pan en vez de hacerlo en su casa. Hay, pues, una notable diversidad entre
las ocupaciones declaradas por los indios residentes en Oruro. Sorprende
además la cantidad de hombres duchos en oficios introducidos por los
españoles. En el decenio de 1630, algún observador se queja amargamen-
te de esta situación al gobierno colonial y señala cuán difícil es conseguir
indios que acudan a las minas desde que éstos se han convertido en
ladinos y han aprendido oficios, para evitar precisamente trabajar como
mineros [13].

Antes de examinar la procedencia de los inmigrantes a Oruro, es
necesario distinguir dos clases de información contenidas en la numeración: lugar de nacimiento y lugar de origen. Este último significa el
pueblo o repartimiento en el cual la familia había sido «reducida» hacia
1570 durante el gobierno del virrey Toledo. Alarmados por la precipitada
declinación de la población indígena, el gobierno colonial creyó, equivo-
cadamente, que las enfermedades y la mortalidad serían mejor contro-
ladas si los sobrevivientes eran agrupados en pueblos. La medida facilitaba asimismo el acceso a la mano de obra indígena, cuando la reducción se establecía cerca de las ciudades de españoles. La Iglesia la favoreció también, porque convenía a sus planes de evangelización.

En el lugar de origen, las familias tenían derecho a poseer tierras y
debían pagar sus tributos y servir, por turno, un año en la mita de Potosí.
Esos «orígenes» habían sido establecidos, pues, por el gobierno colonial
más de cien años antes de la confección de la numeración que estamos
estudiando. Durante ese tiempo, muchas familias se habían trasladado
a otros sitios. La mayoría de los indios residentes en Oruro eran, por
consiguiente, *originarios* de un lugar, pero nacidos en otro. Por otra
parte, como además ningún indio (salvo los yanaconas) podía ser *originario* de ciudad española, todos los de Oruro eran a la fuerza *forasteros*,
es decir, procedían de otras partes. Ya que los indios debían pagar el
tributo en su lugar de origen, esta noticia era la que realmente interesaba a los empadronadores coloniales. Se explica así que no figure el
lugar de nacimiento de casi el 25 por 100 de los hombres registrados en
la numeración, mientras que sólo falta en el 0,5 por 100 el lugar de
origen.

[13] Tesorero Real al Rey, Oruro, 1631, AGI, Charcas, leg. 37.

De Oruro procede el 54 por 100 de los hombres que declaran su lugar de nacimiento (cuadro 4.3). Si se toma en cuenta lo que podemos llamar el «Gran Oruro», que abarca cinco poblaciones próximas, la proporción de los nacidos en el centro minero o cerca de él asciende al 67 por 100. A más de esto, muchos de los nacidos en la ciudad especifican que han vivido allí toda su vida. Buena parte de la inmigración no era, pues, reciente; fueron los padres, o incluso los abuelos, de los enumerados quienes se trasladaron a Oruro. Cabe pensar, aunque no podemos confirmarlo, que muchas de las familias de inmigrantes llegaron a la ciudad recién descubiertas las minas de plata a comienzos del siglo XVII, con las primeras oleadas. La elevada proporción de nacidos en el lugar indicaría también la existencia de una fuerza de trabajo estable.

Después del «Gran Oruro», son la provincia vecina de Carangas y la villa de Potosí los lugares donde ha nacido el mayor número de los hombres matriculados. Es probable que trabajadores de Potosí, centro minero, se fueran a Oruro atraídos por los salarios más altos. Tras Carangas y Potosí, siguen la provincia circundante de Paria (excluido el «Gran Oruro») y la de Pacajes. Entre los que migraron a Oruro, la mayoría había nacido por consiguiente en provincias del altiplano relativamente cercanas, de altitud y condiciones geográficas más o menos parecidas. En la numeración figuran además hombres nacidos en zonas distantes y, dada la áspera geografía andina, inaccesible; su número es, empero, reducido.

En muchos casos se puede determinar cuántos años llevaban viviendo en Oruro. De los 276 no nacidos allí o en sus alrededores para los cuales se expresa esta información, sólo siete, o sea, el 2,5 por 100, llevaban viviendo allí menos de un año; casi el 38 por 100, de uno a cinco años; y cerca del 61 por 100, de uno a diez años (cuadro 4.4 A). Si se incluyen en esta cuenta los nacidos en Oruro o alrededores (cuadro 4.4 B), el porcentaje de los que llevaban residiendo allí menos de once años cae por debajo del 25; y, menos de seis años, por debajo del 16 por 100. La población de Oruro, con sólo 119 hombres en la categoría de residentes de uno a cinco años en el lugar y siete en la de menos de un año, no podría clasificarse como transeúnte. No podemos saber, naturalmente, de los 432 hombres para quienes no se especifica el tiempo que llevaban residiendo en Oruro, si eran migrantes temporarios, que llegaban a trabajar por algunas semanas o meses, o si estaban quizás sólo de paso. Este caso, que quizás fuera el de algunos, no quita que la ciudad tenía una población indígena en general relativamente estable.

Para una visión de las pautas de migración de mayor alcance, consideremos las provincias de origen de los hombres, salvo las de seis

CUADRO 4.3

LUGAR DE NACIMIENTO

Provincia		Número de hombres	% del total	% ajustado
Paria	Oruro	515	40,4	54,3
	Toledo	62	4,9	6,5
	Challacollo	5	0,4	0,5
Gran Oruro	Sepulturas	23	1,8	2,4
	Sorasora	19	1,5	2,0
	Parroquia de Paria	18	1,4	1,9
	Otros pueblos	29	2,3	3,1
Pacajes		32	2,5	3,4
Carangas		69	5,4	7,3
Porco	Villa de Potosí	49	3,8	5,2
	Otros pueblos	1	0,1	0,1
Sicasica		23	1,8	2,4
Chayanta		11	0,9	1,2
Cochabamba		18	1,4	1,9
Chucuito		21	1,6	2,2
Omasuyos		17	1,3	1,8
Quispicanche (Cuzco)		4	0,3	0,4
Paucarcolla		1	0,1	0,1
Yamparáes		2	0,2	0,2
Azángaro		5	0,4	0,5
Lampa		6	0,5	0,6
Canas y Canches		13	1,0	1,4
Larecaja		2	0,2	0,2
Condesuyos		2	0,2	0,2
Chumbivilcas		1	0,1	0,1
Arica		1	0,1	0,1
Lípez		1	0,1	0,1
Sin datos		326	25,6	—
		1.275	100,2	100,0

FUENTE: AGN, XIII-17-1-4.

(cuadro 4.5 A) [14]. Las tres anotadas con mayor frecuencia como lugares de origen son también los de nacimiento más comunes: las provincias

[14] Es difícil a menudo decidir a qué provincia pertenecía algún pueblo durante el período colonial. Los límites de hoy son diferentes y los mapas antiguos, poco fiables. Para determinar la provincia de origen, hemos empleado las cifras totales de la numeración de La Palata resumidas por su sucesor, el virrey Monclova (AGI, Charcas, leg. 270). En este resumen de 1683 las cifras para los distintos sitios aparecen agrupadas por provincia. Usar esta división política de la misma época nos pareció el método más seguro para ubicar los pueblos. Parte de la confusión se explica porque en el siglo XVII la gente solía identificarse según su grupo étnico; decían, por ejemplo, que eran «pacajes» o «carangas», cuando provenían de pueblos que no estaban en las provincias de esos mismos nombres.

CUADRO 4.4

AÑOS DE RESIDENCIA EN ORURO

A. Todos los hombres				B. Hombres no nacidos en Oruro, ni en el Gran Oruro			
Años	Número	% del total	% ajustado	Años	Número	% del total	% ajustado
	7	0,5	0,9		7	1,1	2,5
1-5	119	9,3	14,5	1-5	104	16,4	37,7
6-10	74	5,8	9,0	6-10	63	10,0	22,8
11-15	38	3,0	4,6	11-15	21	3,3	7,6
16-20	177	13,9	21,5	16-20	27	4,3	9,8
21-25	84	6,6	10,2	21-25	18	2,8	6,5
26-30	120	9,4	14,6	26-30	11	1,7	4,0
31-40	60	4,7	7,3	31-35	13	2,1	4,7
41-45	14	1,1	1,7	36-40	4	0,6	1,4
46-50	30	2,4	3,6	41-45	5	0,8	1,8
51-55	7	0,5	0,9	46-50	0	—	—
56-60	29	2,3	3,5	51-55	3	0,5	1,1
66-70	7	0,5	0,9	Sin datos	357	56,4	—
71-75	1	0,1	0,1				
76-80	5	0,4	0,6				
81-85	0	—	—				
86-90	1	0,1	0,1				
Más de 90	1	0,1	0,1				
Sin datos	452	35,5	—				
TOTAL	1.275	100,0	100,1	TOTAL	633	100,0	99,9

FUENTE: AGN, XIII-17-1-4.

de Paria (incluidas las poblaciones del «Gran Oruro», pero no la propia ciudad), Carangas y Pacajes. Potosí, lugar corriente de nacimiento, no figura como de *origen,* ya que, ciudad de españoles, no podía serlo según las ordenanzas coloniales. En cuarto término como origen más común figura Chucuito, situado en la que es hoy margen peruana del lago Titicaca. El 47 por 100 de los hombres eran así originarios de Paria o de dos de las provincias vecinas. Sin embargo, en los tres casos, la mayor parte de los matriculados declaran no haber nacido en su pueblo de origen (cuadro 4.5 B) e indican que su familia se había trasladado al menos una vez (los nacidos en Oruro) o dos veces (los nacidos en otras partes) después de ser reducidos en sus pueblos. De los 128 originarios de Chucuito, sólo 20, o sea, un 16 por 100, son nacidos en su pueblo de origen. En realidad, únicamente en las cinco últimas provincias asentadas en-el padrón (que representan un total de ocho personas), el 50 por 100 o más declaran haber nacido en su pueblo de origen; las

CUADRO 4.5

Provincia	A. Provincia de origen		B. Originarios nacidos en su comunidad			C. Tributo por provincia de origen	
	Número de hombres	% del total	Nacidos en lugar de origen	Lugar de nacimiento	Total origen	Paga	No paga
Paucarcolla	44	3,5	1	38	44	37	3
Paria	241	18,9	71	192	241	197	37
Canas y Canches	93	7,3	13	57	93	76	14
Pacajes	156	12,2	27	101	156	126	27
Carangas	203	15,9	63	146	203	172	28
Lampa	73	5,7	7	63	73	61	8
Omasuyos	109	8,5	17 ·	81	109	97	8
Sicasica	60	4,7	15	46	60	48	11
Azángaro	25	2,0	5	15	25	23	1
Chucuito	162	12,7	20	128	162	133	26
Porco	2	0,2	1	2	2	2	0
Chayanta	36	2,8	8	27	36	31	5
Cochabamba	50	3,9	8	40	50	34	10
Larecaja	2	0,2	1	1	2	1	1
Yamparáes	1	0,1	—	—	—	0	1
Condesuyos	4	0,3	2	3	4	3	1
Chumbivilcas	1	0,1	1	1	1	0	1
Arica	2	0,2	1	2	2	1	1
Quispicanche	5	0,4	2	2	5	1	0
Sin datos	6	0,5	—	—	—	1	0
TOTAL	1.275	100,1	263	945	1.268	1.047	184

cantidades son en estos casos tan cortas que carecen de significación. De los 943 hombres que indican su lugar tanto de origen como de nacimiento, sólo un 28 por 100 menciona el mismo para ambas instancias. Estas cifras dan idea de la envergadura de los desplazamientos físicos ocurridos en algo menos de cuatro generaciones. De la información disponible es imposible determinar cuántas personas se habían mudado a sitios aún más distantes del pueblo de origen para regresar luego a otros más cercanos; no puede descartarse que ello haya ocurrido. Es evidente que los indígenas en general se habían desplazado; lo habían hecho, empero, dentro de la misma región ecológica y, más comúnmente, dentro de su provincia de origen o de las adyacentes.

Vale la pena señalar que los testimonios de principios del siglo XVII describían a Paria, Carangas y Pacajes como provincias prósperas. En las tres abundaba el ganado, tanto aborigen como el de origen europeo. Los quesos de oveja de Paria se vendían hasta en Lima. La provincia contaba

también con extensas salinas y otras minas de plata aparte de la de
Oruro, aunque menos importantes que ésta. Carangas y Pacajes tenían
también depósitos minerales [15]. Hacia el último cuarto del siglo se había
producido, sin embargo, un cambio en la economía del Alto Perú. Las
regiones de pastura del altiplano habían sido desplazadas por otras situadas en valles o en la frontera, de desarrollo más reciente. La población
de las provincias del atiplano había declinado a causa de la mita y de la
huida de tributarios en procura de un modo de eludir el servicio. Los
indios de Carangas, Paria y Pacajes que se fueron a Oruro lo hicieron
por razones similares a las de quienes emigraron a las provincias agrícolas templadas. El altiplano se empobrecía y el centro minero, como las
haciendas, ofrecía la posibilidad de ganar un salario y de escapar de la
mita [16].

El corregidor de Oruro, Luis de Miranda, en las instrucciones que
acompañan a la numeración, menciona indios originarios de poblaciones
vecinas que residen en Oruro. Felipe de Godoy, en su informe anterior,
consignaba que había indios que trabajaban en Oruro cuyo lugar de
origen estaba tan próximo que podían volver a él en un día si así lo
deseaban; agrega que allí tenían tierras y casa. Quienes tenían tierras
en 1607, bien podían haberlas perdido, todas o en parte, para 1687.
Es probable, empero, que algunos trabajadores de Oruro conservaran derechos en sus pueblos de origen y que cubrieran parte al menos de su subsistencia mediante la agricultura. Esto habría estabilizado la fuerza de
trabajo en el centro minero. En vez de acudir a Oruro de sitios distantes, trabajar períodos breves para pagar los tributos y regresar luego
a su casa, los hombres se empleaban regularmente a la vez que conservaban sus tierras. Toledo, pueblo mencionado por el corregidor, está a
unos 40 kilómetros de Oruro en el altiplano. De los 241 originarios de
la provincia de Paria asentados en la numeración, 180 son de Toledo.
Aunque no consta en qué medida éstos seguían teniendo tierras u otros
recursos en la comunidad, no estaba tan lejos como para que esa participación no fuera posible.

Que seguían en contacto con sus comunidades se comprueba porque
pagaban el tributo a sus curacas o hilacatas. Estos perceptores iban a

[15] Fray R. de Lizárraga, *Descripción breve de toda la tierra del Perú... para el Exmo. Sr. Conde de Lemos y Andrade, presidente del Consejo Real de Indias*, Madrid, 1909, pp. 73 y 81; A. Vázquez de Espinosa, *Compendio y descripción general de las Indias Occidentales*, Madrid, 1969, pp. 408 y 410-411; M. Jiménez de la Espada, *Relaciones geográficas de Indias: Perú*, 4 vols., Madrid, 1881-1897, II, página 341.
[16] N. Sánchez-Albornoz, «Mita, migraciones y pueblos. Variaciones en el espacio y en el tiempo», *Revista boliviana*, III/1 (1983), pp. 31-59.

Oruro regularmente con el propósito expreso de cobrar los impuestos que los residentes allí debían en Toledo. De los 180 originarios de Toledo que había en la villa minera, cinco no declaran si pagaban o no el tributo; otro, un hombre de treinta años de edad, afirma no haber pagado nunca; y 22, de menos de veinte años, que todavía no han comenzado a hacerlo. Los 152 restantes dicen que pagan el impuesto «a su curaca» con regularidad. No sabemos si gozaban o no de derecho y privilegios en su comunidad, pero seguían cumpliendo con uno de los deberes principales del originario: pagar el tributo.

Aquellos cuya vinculación con el pueblo de origen se había debilitado, pudieron disponer, al parecer, de tierras cerca de Oruro. Algunos hombres declaran que trabajan en la mina pero que viven en haciendas españolas o en estancias ubicadas en los alrededores. En consecuencia, había familias que usufructuaban de alguna tierra y cuyos hombres trabajaban también en las minas.

Volvamos a la cuestión del tributo. Se ha dicho muchas veces que los indios huían de sus comunidades para no pagarlo. No parece, sin embargo, ser éste el caso de Oruro o, al menos, los residentes allí no lograron evadir la obligación. De los 1.275 censados que responden sobre la cuestión, 1.050 (82 por 100) dicen pagar el tributo, 10 declaran estar exentos por edad o enfermedad y sólo 186 indican que no pagan (véase cuadro 4.6). Entre estos últimos se encuentran bastantes que no habían llegado a la edad de tributar, lo cual eleva la proporción de quienes, en la obligación, cumplían.

Si analizamos por provincia de origen quiénes satisfacían el tributo en Oruro (cuadro 4.5 C), se verá que, con muy pocas excepciones, alrededor del 80 por 100 de los hombres oriundos de cada provincia estaban pagándolo. La observación vale incluso para el caso de provincias

CUADRO 4.6

TRIBUTO

	Número de hombres	% del total
Pagan	1.050	82,4
No pagan	186	14,6
Reservados	10	0,8
No contestan	29	2,3
TOTAL	1.275	100,1

FUENTE: AGN, XII-17-1-4.

relativamente distantes como Chucuito, Canas y Canches, Azángaro, Lampa y Paucarcolla. Las siete provincias que figuran últimas en el cuadro tienen tan pocos representantes en Oruro que los datos no son significativos. Entre los originarios de Cochabamba —no muchos, por cierto, en Oruro—, la proporción de los que pagaban es algo menor. Tal vez se debiera a la mezcla étnica que privaba en el valle; a que los cochabambinos alegaran condición de mestizos y por eso quedaran exentos del tributo; o a que las escarpadas montañas que separan Cochabamba de Oruro dificultaran la persecución de los evasores. Los hilacatas de otras provincias tenían, por otra parte, la tarea fácil por estar Oruro en el camino a Potosí.

¿Cuán gravoso era el pago anual del tributo? La cantidad variaba de un lugar a otro y por grupo étnico, reflejando diferentes capacidades o recursos de los indios. Las tasas fijadas por el virrey Francisco de Toledo en 1573 requerían que cada comunidad abonara parte del tributo en moneda y parte en especies (ropa, por lo general) y, a veces, en animales [17]. La cantidad debida en efectivo se prorrateaba por individuo; la debida en especies, convertida también en dinero, se asignaba a toda la comunidad [18]. Comparadas las tasas de tributo de Toledo con las de la Palata, las cantidades a pagar en efectivo eran en muchos casos más o menos las mismas; las debidas en especie, en muchos lugares se habían prorrateado y agregado en efectivo a la que cada individuo había de pagar. Así, por ejemplo, en Jesús de Machaca, pueblo de la provincia de Pacajes, a cada tributario aymará le correspondía pagar siete pesos (de a ocho) y tres reales en efectivo, más dos pesos y tres reales por la cuota del tributo fijado en ropas y animales. Estos nueve pesos y seis reales eran bastante comunes en las áreas de donde provenía buena parte de los migrantes a Oruro. Aunque el indio pudiera proveer a su subsistencia mediante la agricultura, necesitaba trabajar y ganar dinero para el pago del tributo [19].

No sólo para el tributo necesitaba dinero. Aun en circunstancias —poco probables— de no necesitar jamás comprar comida, ropas u otros artículos, ni pagar vivienda, el indio tenía a menudo otro gran

[17] Parte del tributo se fijó en dinero, según lo explica un observador cincuenta años más tarde, «para que con su uso (del dinero), los indios se vieran forzados a arrancarse de su brutalidad y a participar en el comercio con los españoles y a tener mayor comunicación con ellos». En otras palabras, los obligó a incorporarse al mercado. Don Raphael Ortiz de Sotomayor sobre la mita de Potosí, 1620, AGI, Charcas, leg. 54.
[18] N. D. Cook (compil.), *Tasa de la visita general de Francisco de Toledo*, Lima, 1975.
[19] AGN, Sala XIII, 18-7-4.

CUADRO 4.7

MITA

Número de hombres	% del total

	Número de hombres	% del total
En persona	28	2,2
En plata	669	52,5
Ni pagan ni acuden	536	42,0
Reservado	10	0,8
No contestan	32	2,5
TOTAL	1.275	100,0

FUENTE: AGN, XII-17-1-4.

gasto: pagar para no ir a la mita de Potosí. Según el cuadro 4.7, sólo 28 tributarios sirvieron la mita en persona. El 42 por 100 dijo no haber ido ni pagado; 669 (casi el 53 por 100) declararon haber hecho la mita «en plata». La cantidad corriente pagada por los mitayos en la segunda mitad del siglo XVII para no ir a Potosí parece haber sido siete pesos para cada una de las diecisiete semanas que debían trabajar o unos 119 pesos por cada año de servicio[20]. De la numeración no se desprende cuántos hombres pagaron de hecho para eludir la mita o con cuánta frecuencia pagaban, ni tampoco la suma[21].

Conclusión

La numeración de 1683 de Oruro proporciona información sobre el desarrollo de la fuerza de trabajo en un centro urbano del Alto Perú colonial y su relación con la migración. La población indígena estaba aquí constituida en su totalidad por inmigrantes, provenientes en su mayor parte de áreas circundantes, de geografía y clima semejantes a los de Oruro. Parece también que esta población era relativamente estable,

[20] AGN, Sala XIII, 23-10-2.

[21] Enrique Tandeter ha establecido que a finales del período colonial había hombres en Potosí con lo que podría llamarse una exención de «segunda clase» de la mita. Pagaban por ella mucho menos que los 119 pesos indicados en el texto. Tandeter piensa que pudo pasar algo parecido en Oruro, donde los trabajadores no tenían que pagar la elevada suma pagada por los mitayos que vivían en sus comunidades de origen (comunicación personal).

sin gran número de individuos que acudieran al centro minero por períodos breves de tiempo.

La estabilidad podría indicar un proceso de formación de mano de obra profesional, dependiente por completo del salario para su subsistencia y reproducción. La numeración, sin embargo, denota que buen número de trabajadores de Oruro tenían acceso a tierras de las cuales extraían parte al menos de sus alimentos. Sus salarios, por consiguiente, aunque elevados en comparación con el pagado al mitayo, serían más bien un complemento de la agricultura de subsistencia. Que esto era así lo demuestra la cantidad de hombres que no declaran ocupación alguna, el hecho de que casi todos pagaran tributo, la elevada proporción de oriundos de lugares próximos, así como también el testimonio del corregidor.

Se ha afirmado y, a mi juicio, con razón, que el subsidio provisto a la minería de Potosí en forma de mita retrasó allí la formación de una fuerza de trabajo permanente y disciplinada [22]. Entre los trabajadores de las minas de Oruro existía, en cambio, cierta continuidad, respaldada en una agricultura local. Los hombres necesitaban, hemos visto, una considerable cantidad de dinero para pagar el tributo y su rescate de la mita; también, quizás, para adquirir algunos artículos (velas, por ejemplo, que los dueños de las minas no proveían en número adecuado) o alimentos provenientes de regiones donde habían perdido, o nunca habían tenido, tierras. De alguna manera el trabajo en las minas y la adquisición de algunos productos mediante dinero funcionarían como sustitutos del acceso a diferentes zonas ecológicas y de las relaciones de reciprocidad que se habían ido perdiendo.

Esa estabilidad en Oruro representaría, desde esta perspectiva, la prolongada etapa de transición de la fuerza de trabajo desde las formas tradicionales de la agricultura andina hasta la mano de obra asalariada en la industria. El hecho de que muchos tuvieran tierras y animales en la vecindad de Oruro, los convertía en trabajadores seguros, mucho más que si hubieran acudido de lugares lejanos en procura del dinero que necesitaban. Ello también implicaba que en períodos de decadencia de la producción de plata, los mineros indios volvían a la agricultura de subsistencia, sin transformarse en una amenaza para los vecinos no indígenas de Oruro.

[22] E. Tandeter, *La rente comme rapport de production et comme rapport de distribution. Le cas de l'industrie minière de Potosí, 1750-1816*, tesis presentada en la École des Hautes Études en Sciences Sociales, París, 1980; D. Brading y H. Cross, «Colonial Silver Mining: Mexico and Peru», *Hispanic American Historical Review*, 52 (1972), pp. 545-579.

Quedan cuestiones por investigar relativas a la mano de obra y al proceso productivo en Oruro: cómo se pagaba a los trabajadores; si su derecho a pallar entre los minerales desechados seguía vigente y si ello rendía más que el jornal estipulado; si parte del salario se pagaba en comidas y ropas; si trabajaban a destajo; y si se endeudaban con el empleador. De cualquier modo, la numeración de La Palata proporciona un marco oportuno de referencia para investigaciones ulteriores, no sólo acerca de Oruro sino para estudiar en general el desarrollo de la fuerza de trabajo en los Andes.

5. Población y fuerza de trabajo en una economía agraria en proceso de transformación. La provincia de São Paulo a fines de la época colonial *

MARIA LUIZA MARCÍLIO
Universidade de São Paulo

Introducción

En 1765 se restauró la capitanía de São Paulo; su territorio reunía los de los actuales estados de São Paulo y de Paraná. La medida se inscribía dentro de la nueva orientación mercantilista y fisiócrata de la Corona portuguesa, cuyo propósito era activar, por todos los medios y en toda la Colonia, la producción destinada a la exportación. La caída, cada vez más acelerada, de la producción de oro y de diamantes de Minas Gerais, así como la coyuntura internacional poco favorable, persuadieron a Lisboa de la necesidad de aumentar la producción agrícola de Brasil. Los colonizadores entendieron que, para lograr este fin, era menester tener una administración colonial más racional y sistemática y mejor coordinada. Una generación de excelentes administradores iluministas desempeñará los gobiernos de las diversas capitanías. Estos agentes coloniales procuran racionalizar la producción, el comercio y la navegación, introducir en la agricultura técnicas más avanzadas y nuevos cultivos que respondan a una demanda segura dentro del circuito internacional (añil, tabaco, algodón, café, a más de la tradicional caña de azúcar) y promover el aumento de la población, todo dentro del marco de la más pura política mercantilista.

* Esta investigación ha sido en parte realizada gracias al apoyo financiero recibido de la FAPESP para los años 1969 y 1970.

La capitanía paulista era, en el siglo XVIII, uno de las más pobres de toda la Colonia. Su economía seguía basada en una primitiva agricultura de subsistencia (roza), fundada en el trabajo de campesinos libres y familiar. A lo largo del siglo tan sólo había llegado a constituirse un sector, más bien endeble, dedicado a surtir a Minas Gerais de alimentos (judías, maíz y harinas) y, sobre todo, de animales tanto de tiro (mulas y bueyes) como para carne. Minas Gerais se hallaba a la sazón, de 1710 a 1760, en su apogeo. Se abrieron entonces nuevas rutas de aprovisionamiento que unían diversos puntos del territorio paulista, en primer lugar, con la región minera y también con Goiás y Mato Grosso. Importante para este comercio fue la «estrada da boiada» (camino de boyada) que, partiendo de Viamão y de Vicaría, en los confines meridionales de la Colonia, llegaba, tras atravesar el territorio del sur, hasta Sorocaba, en cuya feria se vendía el ganado para su distribución, por rutas diversas, por la región minera.

Las consecuencias de la caída de la producción del oro empezaron a sentirse a partir de 1760 en la capitanía de São Paulo, que procuró reordenar su economía en respuesta a la nueva coyuntura. Con el traslado de la capital colonial de Salvador a Río de Janeiro en 1763, se inició la urbanización de esta ciudad. Los paulistas encaminaron excedentes de producción y ganado hacia Río, contribuyendo a su aprovisionamiento. El volumen de este comercio no alcanzaba, empero, para sustituir el que tenía con la zona minera. La capitanía paulista atravesaría entonces por una larga etapa durante la cual su única actividad fue prácticamente la agricultura de subsistencia; los escasos excedentes permitieron satisfacer las necesidades de un comercio escaso dentro de su propio territorio o con los vecinos.

Precisamente dentro de este contexto surge la nueva política de la metrópoli con respecto al territorio paulista; ella intentará por todos los medios estimular y dotar de nuevas dimensiones a su economía, integrándola a los intereses comerciales de Lisboa. A partir de Morgado de Mateu (1765), los nuevos gobernadores y capitanes-generales actuarán, uno tras otro, en planos diversos; todos, conscientemente, seguirán las mismas normas y la misma filosofía de gobierno. En el ámbito demográfico, alientan el crecimiento, fomentan los matrimonios y la natalidad, procuran disminuir la mortalidad mediante prácticas tales como la inoculación y, más tarde, la vacuna antivariólica; crean pueblos, promueven la inmigración portuguesa y los desplazamientos de la población hacia zonas estratégicas y necesitadas de defensa. En el campo económico, estimulan la producción agrícola destinada a la exportación; importan técnicas nuevas y manuales de agricultura; intentan por todos los medios, aunque en vano, introducir instrumentos más avanzados, como el arado, por ejemplo, apropiados para una agricultura más intensiva... En lo militar, desarrollan una política activa, organizan por vez primera cuerpos de milicias y de tropas remuneradas, recuperan y construyen fortalezas y puestos de frontera destinados a contener el avance de la Corona española, embarcada en una política idéntica sobre los territorios del sur; crean empleos militares para los «vecinos» de cada municipalidad, con la intención de convertirlos en agentes eficaces de la política colonial... Los resultados de este conjunto de medidas no tardaron en sentirse. Hacia 1780, el territorio paulista destinaba ya al comercio atlántico varios productos, azúcar principalmente y, en menor escala, algodón, añil y tabaco... En los primeros decenios del siglo siguiente, agregó a estos renglones de exportación el café, en cantidades pequeñas al comienzo pero en constante aumento.

El surgimiento y el crecimiento de este sector agrícola de exportación ocasionaron los primeros cambios estructurales profundos de la región. Apareció una categoría de grandes propietarios, impulsora de una agricultura diferente y más dinámica: el monocultivo colonial capitalista. El desarrollo de este sector productivo implicó cambios en las relaciones de producción. La mano de obra esclava, introducida en cantidades cada vez mayores, se concentró sobre todo en las áreas de monocultivo colonial. La tierra comenzó a tener un valor comercial y se transformó poco a poco en mercancía. La sociedad se estratificó en capas de contornos netos. La clase de grandes propietarios de tierras y de esclavos, a veces ligados incluso al gran comercio de exportación, consiguió, paso a paso, consolidar su posición dentro del ámbito económico y social de São Paulo, acumular fortunas y adueñarse del poder político local. En el otro extremo de la escala social, creció en volumen la fuerza de trabajo servil importada de Africa. Entre ambos extremos, se encontraba una variedad de hombres libres: los propietarios pequeños y medianos, los *posseiros* (campesinos que ocupan y trabajan tierras sin poseer títulos de propiedad) y, más numerosos, los «sin tierra» y los jornaleros. Estos se vincularon con el sector que producía alimentos destinados al autoconsumo y algunos excedentes más o menos importantes destinados a nutrir el comercio interior y también, algunas veces, en cantidades insignificantes, el comercio de exportación. Un mundo diverso de artesanos, pequeños comerciantes, boyeros, etc., procuraba sobrevivir alrededor de las ciudades, pueblos o villas de la región. La capitanía de São Paulo, de periférica en relación con el sistema colonial hasta los años de 1760, llegó a ser, integrándose poco a poco, periférica también, pero esta vez al sistema de la economía mundial (según el concepto de F. Braudel e I. Wallerstein).

De esta etapa de cambios, escalonados en el tiempo, estructurales en sus consecuencias (determinarían el destino paulista en los siglos XIX y XX), descubrimos en la capitanía todo un *corpus* de documentos seriados. Es un conjunto impresionante, riquísimo y completamente único, que configura un instrumento extraordinario para seguir y comprender de manera sólida y fundada las transformaciones materiales y humanas por las cuales atraviesa la región. Se trata de una colección considerable de *listas nominales* de todos los habitantes. Confeccionadas año por año por cada municipalidad de la región a partir de 1765 hasta 1830, en su elaboración, que respondía a la orientación mercantilista de la Corona portuguesa, participaron los capitanes generales de cada pueblo y de cada ciudad ayudados por los vicarios de las parroquias. Una vez censados los pobladores en estas listas, se confeccionaban cuadros generales sistemáticos con la información, no sólo acerca de la población, sino también de la producción, el comercio, las exportaciones e importaciones de cada municipalidad.

Esta colección de documentos ha servido de base para nuestra investigación. Mediante una selección de muestras efectuada con criterios equiprobabilísticos y por etapas recogimos toda la información concerniente a los grupos domésticos (sexo, edad, color, estado civil, condición social, grado de parentesco con el jefe de la casa, origen, ocupación, producción...) de cada municipalidad en determinadas fechas [1].

En este trabajo queremos, pues, analizar algunos aspectos estructurales y los cambios sobrevenidos en la población y en la fuerza de trabajo de São Paulo durante una fase de transición económica.

Estructura global de la población paulista: 1798-1828

En 1798 hay en la capitanía de São Paulo 33 pueblos o municipalidades; en 1828, 38. Su población crece a lo largo de este período de manera considerable, tenidas en cuenta las condiciones de la época: suma, en 1798, 162.345 almas; 196.206 en 1808 y 287.645 en 1828. En treinta años la cifra se había incrementado en un 77 por 100.

Cada segmento básico que la integra presenta diferencias respecto de la estructura demográfica, de los comportamientos y de los cambios que afectaron la población. La composición por sexos del segmento libre y del esclavo de São Paulo no es sólo distinta sino que también evoluciona

---

[1] Sobre las técnicas y los criterios adoptados, cf. M. L. Marcílio, *Crescimento demográfico e evolução agrária paulista, 1700-1836*, São Paulo, 1974.

en cada uno de manera independiente y según características propias (véase cuadro 5.1).

La población libre mantiene una estructura demográfica por sexo constante. El desequilibrio en favor de las mujeres denuncia que, a pesar de las transformaciones económicas que estaban ocurriendo, éstas no habían afectado todavía a ese segmento de la población. São Paulo no había llegado a ser todavía una región dinámica tal que atrajera o fijara a los hombres a su territorio. La migración masculina hacia regiones más prósperas proseguía provocando un desequilibrio entre los sexos.

CUADRO 5.1

RAZON DE MASCULINIDAD

Año	Población libre	Población esclava	Población total
1798	93,2	117,3	98,3
1808	90,4	122,3	96,6
1818	88,9	144,6	100,0
1828	91,5	154,1	106,3

Un desequilibrio de signo contrario, pronunciado y en aumento, incidía en el segmento esclavo, consecuencia del desarrollo del sector agroexportador que daba lugar a una demanda creciente de mano de obra servil, particularmente masculina. Esta inmigración forzosa y diferencial trajo aparejados profundos cambios estructurales en el sector. En 1798, la balanza entre los sexos dentro de la población esclava estaba levemente inclinada en favor de los hombres. La economía se basaba a la sazón en el trabajo familiar y de campesinos libres. En 1828, la inclinación se acentúa: había entre los esclavos 154 hombres por cada 100 mujeres.

La diferenciación se manifiesta también en la estructura de edades de ambas poblaciones, y de una manera patente (véase cuadro 5.2). La población libre, esencialmente joven a consecuencia de sus elevadas tasas de natalidad, mantiene una estructura de edades estable, con un 53 por 100 de sus componentes en edad activa (entre 15 y 64 años) a lo largo de todo el período analizado [2]. En esta población siem-

---

[2] Sobre la dinámica demográfica de la región y las tasas y los comportamientos de natalidad, de mortalidad y de matrimonios, cf. M. L. Marcílio, «Croissance de la population paulista de 1798 à 1828», *Annales de Démographie Historique, 1977*, París, 1978, pp. 249-269.

CUADRO 5.2

ESTRUCTURA POR EDAD DE LA POBLACION PAULISTA

(Proporciones sobre 1.000)

Edad	1798	1808	1818	1828
Población libre				
0-14	435	437	433	448
15-64	533	533	540	531
65 o más	32	30	27	21
TOTAL	1.000	1.000	1.000	1.000
Población esclava				
0-14	350	317	293	292
15-64	627	663	693	699
65 o más	23	20	14	9
TOTAL	1.000	1.000	1.000	1.000

pre había incidido el factor migratorio (hacia el interior o hacia el exterior), pero nunca hasta el punto de afectar la estabilidad interna de la demografía de los hombres libres. La población esclava, por el contrario, sufrió transformaciones estructurales significativas en su composición por edad, en función, una vez más, del avance del sector capitalista de la agricultura colonial de exportación. La entrada continua de esclavos en la región era igualmente diferencial en lo que concernía a las edades. Se compraban con preferencia hombres, adultos y africanos, que eran los más caros. El enriquecimiento progresivo de la capitanía permitió la importación de una mano de obra servil de costo elevado. De este modo, en 1798, el 62 por 100 de los esclavos de São Paulo se concentraba en los grupos de edad más productivos (entre 15 y 64 años); la proporción fue aumentando en forma constante hasta alcanzar, en 1828, el 70 por 100. Estos cambios tuvieron, a su vez, consecuencias abrumadoras para la masa servil en todos los planos, comenzando por los problemas creados para la formación de familias o de parejas monogáminas y las dificultades para tener una reproducción social equilibrada dentro del grupo. El número de esclavos aumentaba de continuo; el aumento no se debía, empero, a un crecimiento natural de su población, que fue prácticamente nulo e incluso negativo, sino al flujo constante y creciente de entradas. Esta pirámide de edades anormal creaba, por otra parte, una gran inseguridad entre estos oprimidos, ya que ni siquiera podían establecer una «familia» conyugal equilibrada dentro de las plantaciones, dado el desequilibrio pronunciado entre los sexos. Esta demografía singular favorecía en gran medida el poder de represión y de control de los amos sobre los esclavos.

El enriquecimiento gradual de la provincia paulista y la importación de esclavos promovieron a su vez cambios estructurales en la composición de los grupos domésticos. Mientras la región se mantuvo organizada esencialmente en torno de una agricultura primitiva practicada en pequeñas explotaciones que producían alimentos para el autoconsumo y algunos escasos excedentes destinados al mercado local, la fuerza de trabajo fue en primer lugar familiar. El esclavo intervenía sólo como un complemento ocasional de la mano de obra provista por la familia del campesino. Con la introducción y el desarrollo del sector agrícola de exportación, el trabajo esclavo reemplazó aquí al familiar; el campesino cedió el lugar al esclavo. Aumentó por consiguiente el promedio de personas en relación con cada unidad doméstica y con cada unidad de producción. En 1765, durante la fase de policultivo había, como término medio, 5,9 personas por unidad doméstica; la cifra valía para la totalidad del territorio paulista. En 1836, el sector esclavista del monocultivo cubría ya extensas áreas en la región; el promedio es entonces bastante más alto: 7,2 personas. El paisaje agrario y humano estaba cambiando.

Sólo una minoría de jefes de familia consiguieron, empero, acumular rentas, tierras y esclavos. En 1798 y hasta 1828, un 75 por 100 de las unidades domésticas paulistas no tenían esclavo alguno. Casi todos los del cuarto restante poseían menos de cinco esclavos. Las grandes cantidades se concentraban en muy pocas manos. Los jefes de familia que tenían 40 esclavos o más no alcanzaron nunca a ser siquiera el 1 por 100. En este período de gestación de la economía del café se estaba esbozando una desigualdad social profunda, que iría acentuándose cada vez más a lo largo del siglo XIX.

En el transcurso de este período, la fuerza de trabajo servil creció. El 23 por 100 del total de la población era esclava en 1798; en 1828, esta proporción alcanzó al 30 por 100. Estos cambios alteraron el coeficiente de dependencia potencial de la fuerza de trabajo regional (véase cuadro 5.3) [3].

---

[3] El coeficiente de dependencia proporcional se define como la cifra de personas potencialmente productivas (población activa) entre quince y sesenta y cuatro años de edad por cada cien personas dependientes (quienes tienen entre cero y catorce años o más de sesenta y cuatro). Véase ONU, *Métodos de análisis de datos censales relativos a las actividades económicas de la población*, Nueva York, 1962; y C. Vimont, *La population active*, París, 1960, p. 12.

CUADRO 5.3

COEFICIENTE DE DEPENDENCIA POTENCIAL

Año	Población libre	Población esclava	Población total
1798	114	167	124
1808	114	197	128
1818	117	225	136
1828	113	232	138

En el caso del segmento libre, la proporción de la población activa con respecto de la total se mantiene estable. En tanto la mayoría de los componentes de este sector eran campesinos y desposeídos, fue menester hallar mecanismos de ajuste que les permitieran sobrevivir materialmente. Modos de trabajo comunitario (ayuda mutua), utilización intensiva del trabajo de mujeres y de niños, y el suplementar la mano de obra familiar con los denominados «agregados» y eventualmente con jornaleros o con uno o más esclavos, caracterizaron las relaciones de producción de los hombres libres más pobres, de los «excluidos», según la acertada expresión de José de Souza Martins [4].

El estudio de la posesión y de la concentración de los esclavos muestra que el trabajo campesino-familiar y el esclavo de las grandes propiedades coexistían dentro de la región. El análisis de los grupos domésticos ocupados en el sector primario (agricultura y ganadería) revela una distribución de esclavos marcadamente desigual (véase cuadro 5.4).

El número de unidades domésticas que poseían una cantidad elevada de esclavos (40 o más), ocupados en el sector primario, aunque insignificante en términos relativos, aumentó considerablemente en cifras absolutas durante este período. En 1798 eran sólo 29; en 1828, 197. La mayor parte de los esclavos se hallaban, por ende, en manos de un corto número de grandes propietarios: plantadores de café, ganaderos importantes y dueños de ingenios. Conventos y órdenes religiosas, conviene recordar, poseían también nutridos contingentes de esclavos.

En el transcurso de los treinta años estudiados hubo un crecimiento notable (véase cuadro 5.5) tanto de la superficie plantada de caña de azúcar como del número de ingenios. Otro tanto ocurrió con la cantidad de alambiques usados para destilar el aguardiente de caña (*engenhocas*). El monocultivo de caña se concentraba en el oeste paulista, particularmente en las municipalidades de Itú, Porto Feliz y Campinas (con un 67 por 100 de ingenios en 1828); seguía después la zona del

[4] J. S. Martins, *Os camponeses e a política no Brasil*, Petrópolis, 1960.

CUADRO 5.4

POSESION Y CONCENTRACION DE ESCLAVOS
CON AMOS VINCULADOS CON EL SECTOR PRIMARIO
(En porcentajes en relación con el total de unidades domésticas)

Unidades domésticas	1798	1808	1818	1828
Sin esclavos	54,0	54,0	55,0	53,0
Con menos de 40	16,0	16,0	16,0	16,0
Con 40 o más	0,1	0,3	0,2	0,5
TOTAL	70,1	70,3	71,2	69,5

Vale do Paraiba (con un 15 por 100 de los ingenios en el mismo año). Los alambiques se concentraban, en su mayoría, en las mismas regiones; los había también, empero, a lo largo del litoral, en especial en las municipalidades de Ubatuba, São Sebastião y Vila Bela (norte). La pesca y la recolección de frutas silvestres eran actividades ejecutadas sobre todo por los pueblos costeros. Los agricultores pequeños y medianos se diseminaban por toda la provincia. En cierto modo había una determinada especialización del territorio paulista en cuanto a la localización de las tierras cultivadas. Las actividades vinculadas con la ganadería se concentraban, asimismo, preferentemente a lo largo de la Rota do Muar o Estrada de Boiada, el camino, descrito antes, que desde São Paulo, por el rumbo sur, a través de Itapetininga, Castro, Lapa, Curitiba y Lajes, penetraba en los territorios meridionales hasta Viamão y Vacaria.

A lo largo de los tres decenios, los trabajadores libres —agricultores menores, propietarios pequeños y medianos, «posseiros» y por último «caboclos» y «caiçaras», como se llamaba a los campesinos— aumentaron en un 77 por 100 (véase cuadro 5.5). Este crecimiento se produjo sobre tierras baldías y zonas de frontera. El espacio disponible comenzaba, empero, a disminuir a medida que también se expandían las grandes plantaciones.

Durante esta etapa, el sector secundario de artesanos y de pequeños fabricantes se mantiene estable (alrededor de un 19 por 100). El incremento en el sector terciario era señal de una amplia diversificación de las actividades, debida al desarrollo de la provincia y a la incipiente urbanización de la ciudad de São Paulo y de su puerto de exportación, Santos, así como, en menor medida, de Ubatuba. Se observa un aumento notable en las actividades vinculadas con el comercio, tanto de exportación como interior. En 1798 había 938 jefes de familia relacionados con este sector; en 1828, llegaron a ser 1.854, o sea, un crecimiento del 191 por 100 en tres decenios.

CUADRO 5.5

CLASIFICACION SOCIO-PROFESIONAL DE LOS CABEZAS DE UNIDADES DOMESTICAS SEGUN LOS DIFERENTES SECTORES DE ACTIVIDADES PRODUCTIVAS

Sector primario	1798	1808	1818	1828
Señor de ingenio	405	431	561	577
Propietario de alambique	153	160	184	234
Ganadero	89	100	214	126
Labrador	12.466	15.543	18.214	21.992
Ganadero-agricultor	1.700	1.534	1.559	2.156
Explotación forestal	88	8	16	32
Pescador	232	288	272	296
Pescador-agricultor	264	160	128	160
Jornaleros	744	1.144	1.600	2.712
TOTAL	16.141	19.368	23.748	28.285
Porcentaje sobre total	71 %	70 %	71 %	69 %
Sector secundario				
Minas	114	41	—	—
Metales	96	168	209	289
Cerámica	72	16	48	64
Madera, muebles	568	464	584	824
Cuero	200	280	296	336
Vestido, alimentación	992	1.744	2.224	2.192
Construcción civil	96	96	96	176
Construcción/medios de transporte	48	72	32	160
Otros	24	32	48	96
TOTAL	2.210	2.913	3.537	4.137
Porcentaje sobre total	10 %	10 %	11 %	10 %
Sector terciario				
Profesiones liberales	48	88	104	160
Funcionarios	185	153	112	320
Enseñanza	8	8	24	16
Iglesia	155	162	219	204
Grandes comerciantes	410	244	270	355
Comercio interior	528	696	912	1.499
Transporte	696	520	537	1.319
Alquiler de esclavos	113	16	25	40
Otros	727	497	995	1.652
TOTAL	2.870	2.384	3.198	5.565
Porcentaje sobre total	12 %	9 %	10 %	13 %
Otros				
Vagabundos-mendicantes	1.160	1.368	1.448	1.480
Dependientes	112	128	32	80
Nuevos residentes	16	1.040	912	1.152
Indeterminados	242	452	321	440
TOTAL	1.530	2.968	2.713	3.152
Porcentaje sobre total	7 %	11 %	8 %	8 %

Los cambios estructurales —demográficos, económicos y sociales— así como las continuidades observadas en la provincia de São Paulo durante su etapa de transición, de expansión agrícola y de estratificación social, permiten describir claramente el mundo paulista de entonces: una sociedad campesina de origen que comenzaba a vivir codo a codo con una sociedad esclavista; una agricultura de subsistencia que sobrevivía al lado de otra capitalista, colonial, dinámica y en expansión —la «agricultura del pobre» y la «agricultura del rico», según dicen nuestros campesinos hoy.

La expansión de la gran propiedad y del capitalismo en el campo paulista, iniciada durante el período que hemos estudiado, progresó de manera lenta, pero decidida. Los grandes propietarios empezaron por ocupar las tierras baldías; desalojaron luego a los campesinos tradicionales, los «posseiros» que trabajaban la tierra sin poseer los títulos de propiedad. Fueron, por último, los propietarios pequeños y medianos quienes tuvieron que ceder ante el avance de los cultivos de exportación y de los latifundistas. Estos coronarían su victoria en el siglo xx.

6. Respuesta campesina ante las demandas del mercado y el problema de la tierra en Bolivia. Siglos XVIII y XIX

HERBERT S. KLEIN
Columbia University

Los estudios más recientes sobre las comunidades campesinas indígenas de los Andes en el siglo XIX destacan la gran capacidad de adaptación y la habilidad que tuvieron para conservar sus tierras y su independencia económica hasta bien entrada la centuria [1]. Se había pensado que esta sobrevivencia se debía más a la ineficacia y al atraso de los sucesivos gobiernos republicanos, dependientes mucho y seguido de los ingresos del tributo indígena, que a iniciativas emprendidas por las propias comunidades. Los indios eran percibidos, según este modo de ver las cosas, como pasivos, incapaces de defender sus intereses, en particular frente a la penetración sistemática de la economía de mercado. Así como la noción de una sociedad rural inmutable dominada por la hacienda ha sido sustituida por otra que subraya el papel activo desempeñado, hasta tiempos recientes, por las comunidades libres andinas, igualmente ha dejado de tener vigencia la del campesinado indefenso. El estudio de los documentos muestra con claridad que las comunidades sobrevivieron, y

---

[1] Reinterpretaciones recientes sobre los temas de la tierra y de la mano de obra en Bolivia son los trabajos de N. Sánchez-Albornoz, *Indios y tributos en el Alto Perú*, Lima, 1978; E. Grieshaber, «Survival of Indian Communities in Nineteenth Century Bolivia: A Regional Comparison», *Journal of Latin American Studies*, 12 (1980); S. Rivera, «La expansión del latifundio en el altiplano boliviano: elementos para la caracterización de una oligarquía regional», *Avances* (La Paz), 2 (1978); y H. S. Klein, «The Impact of the Crisis in 19th Century Mining on Regional Economies: The Example of the Bolivian Yungas, 1786-1838», en D. J. Robinson (compil.), *Social Fabric and Spatial Structure in Colonial Latin America*, Syracuse, 1979.

aun prosperaron, contra la creciente penetración del mercado hasta el momento en que los gobiernos republicanos decidieron emplear la fuerza.

La finalidad de este estudio es determinar los mecanismos que las comunidades indígenas adoptaron frente a la penetración del mercado a partir de la segunda mitad del siglo XIX y evaluar en qué medida lograron satisfacer las demandas impuestas sobre su mano de obra y su producción agrícola. El análisis se centra en Bolivia, donde la lucha de los campesinos frente al mercado se definió con claridad y donde fue más intenso el conflicto entre hacienda y comunidad.

Dentro del territorio boliviano, había una mayor concentración de comunidades libres en el departamento de La Paz, que se extiende por el altiplano y por los valles orientales del norte de Bolivia, al este y sur del lago Titicaca. Esta región era de antiguo el centro de la cultura aymará; contenía también buen número de comunidades de lengua quechua. Vivía allí una de las poblaciones amerindias de mayor densidad dentro de los Andes y contaba ésta con algunas de las comunidades libres más ricas de Sudamérica[2]. Con una superficie de unos 138.000 kilómetros cuadrados de terrenos ecológicamente muy diversos, por cuanto sus altitudes van de 4.000 metros a unos pocos cientos sobre el nivel del mar, el departamento estuvo dividido, desde fines de la era colonial hasta bien entrado el siglo XIX, en seis provincias[3]. Dentro de su territorio se encontraba el mayor núcleo urbano de Bolivia, La Paz, el centro comercial y administrativo más importante de la nueva república, de la cual la ciudad sería capital efectiva a fines de la centuria. La ciudad de La Paz y sus zonas circundantes fueron el área de crecimiento más rápido y el principal centro de producción agrícola durante el período que estudiamos. El departamento de La Paz resulta, pues, ser un campo apropiado para analizar la respuesta de los campesinos a las condiciones del mercado en la región andina.

Por desgracia no hay información directa sobre la producción de ar-

---

[2] En los padrones de 1803 a 1807, por ejemplo, la población indígena del departamento (llamado intendencia durante el período colonial) de La Paz sumaba unas 220.000 personas. Esta cifra indica que La Paz era el distrito con mayor población india, tanto en el Bajo como en el Alto Perú. Véase D. J. Santamaría, «La propiedad de la tierra y la condición social del indio en el Alto Perú, 1780-1810», *Desarrollo Económico* (Buenos Aires), 17 (1977), p. 254, y G. Vollmer, *Bevölkerungspolitik und Bevölkerungsstruktur im Vizekönigreich Peru zu ende der kolonialzeit*, Bad Homburg von der Hohe, 1967, p. 165.

[3] De estos cálculos y los que siguen he excluido Caupolicán. Esta provincia de frontera, en tierras bajas, contenía indios de estas regiones, recién sometidos a las misiones allí establecidas, que nada en común tenían con los grupos de campesinos aymaraes y quechuas. Los 138.000 km² comprenden sólo las seis provincias andinas: Larecaja, Sicasica, Omasuyos, Pacajes, Chulumani y el Cercado alrededor de La Paz, más las subdivisiones llevadas a cabo en el siglo XIX (véase nota 14).

tículos alimenticios y de otros cultivos en haciendas y comunidades. Para estudiar el mercado y la respuesta campesina ante éste, es menester, pues, recurrir a indicaciones indirectas. Los censos de indígenas, abundantes para los siglos XVIII y XIX, brindan por tanto una información alternativa sobre el tamaño y la distribución de la mano de obra rural.

Antes de analizar las enumeraciones de indígenas, conviene describir qué eran y cómo se originaron. En el siglo XVI, la Corona española impuso a todo hombre adulto integrante de una comunidad indígena la obligación de pagar un tributo, para cuya percepción dispuso que se levantaran padrones de indios o revisitas.

Al obligar a los indios de las comunidades a pagar su tributo en moneda, la Corona los forzaba a entrar en el mercado para conseguir dinero. Del siglo XVI en adelante, las comunidades tuvieron que vender sus productos en los mercados urbanos, así como su fuerza de trabajo en los mercados laborales dominados por los españoles. Curacas e hilacatas eran responsables ante la Corona de la recaudación del tributo o del reclutamiento de las tandas de repartimiento a las que estaban sujetos sus pueblos. El régimen tributario reforzó de esta manera el autogobierno de las comunidades.

La persistente declinación demográfica de los indígenas durante los siglos XVI y XVII redujo el número de tributarios. La Corona, que había calculado el gravamen sobre bases fijas, se vio obligada, ante la presión de las comunidades, ajustar las tasas conforme al número real de cabezas de familia. Desde muy temprano se levantaron, pues, censos sistemáticamente. A fines del siglo XVIII, sobre todo después de la reforma del modo de empadronar de 1786, las matrículas adquirieron características similares a las modernas: incluyeron a cuantas personas residían en la comunidad.

La demora en ajustar el tributo cuando la población declinaba gravó de manera intolerable la carga que pesaba sobre los indios. A comienzos del siglo XVII, muchos, para eludir tanto esta obligación como los trabajos compulsivos, huyeron lejos, hacia tierras bajas de frontera o hacia las ciudades donde, en calidad de cholos o mestizos, constituyeron una clase social intermedia nueva. La mayoría, sin embargo, permaneció en las regiones que les eran familiares y continuaron desempeñando sus tareas habituales. Aquí, si dejaban sus comunidades de origen, se instalaban en otras en tanto que simples trabajadores, sin derecho a acceder a las tierras comunales. Otros iban, en cambio, a trabajar para los españoles que estaban levantando sus haciendas en terrenos abandonados por los indios. Quienes migraron a otras comunidades fueron designados «forasteros» o «agregados»; los que residían en hacienda de español se conocieron con el apelativo precolombino de «yanacona», indio sin vínculo de parentesco o ayllu ni tierras. Tanto en un caso como en el otro, la comunidad o la hacienda pagaba el trabajo prestado por el forastero o el yanacona facilitándole tierra.

Al principio, la Corona no gravó a los campesinos migrantes, ya que el tributo era esencialmente una carga contra la tenencia de tierras. Hacia el siglo XVIII, sin embargo, el número de estos migrantes había crecido y, al mismo tiempo, se había reducido el de miembros originarios de la comunidad con derecho a tierra. La Corona resolvió, por lo tanto, extender el tributo a todos los campesinos indígenas, sin consideración a la posesión o no de tierras. En 1734 decretó que todos los indios debían pagar un tributo anual, pero fijó una tasa de sólo 5 peses (de 8 reales) para forasteros y yanaconas. Reconocía de esta manera la diferente capacidad de quienes poseían o no tierras [4].

Aunque no hay información sobre lo ocurrido en las comunidades tras la disposición de 1734, de documentos posteriores se desprende que el papel de los forasteros cambió. Aparecen vinculados de manera cada vez más estable con la comunidad a la que ellos o sus antepasados habían emigrado. En fuentes coloniales y republicanas empiezan a distinguirse forasteros con o sin tierra. En cuanto a los yanaconas, los hacendados españoles pagaban, al parecer, el tributo por ellos, un modo de atraer trabajadores a las haciendas.

De 1786 en adelante se levantan censos cada cinco años, aproximadamente; en ellos los indígenas son discriminados según tasas y según tengan o no tierras y residan en haciendas o en comunidades. La provincia de La Paz tuvo, por cierto, la tasa tributaria más alta en toda América del Sur, debido sobre todo a la extraordinaria riqueza de los valles orientales de la cordillera, los yungas, donde se cultivaba la coca [5].

Los padrones proporcionan, pues, no sólo la información normal sobre edad y sexo, sino también datos sobre la riqueza y tierras de la comunidad y lugar de residencia de los campesinos. Además, el gobierno boliviano restauró en 1827 el tributo indígena, antes abolido por Bolívar. Por la crisis económica, el tributo se había convertido en una fuente de ingresos imprescindible para el gobierno. Aunque importante, durante el período colonial había sido secundario en relación con la minería y el comercio. Para la República constituyó, hasta fines del decenio de 1850, el ingreso singular mayor para el erario público [6]. Las razones de esta importancia no son difíciles de imaginar. Las guerras de independencia habían sido largas y destructivas; el comercio internacional había de-

---

[4] Gran parte de la exposición hecha aquí se basa en las ideas presentadas por Sánchez-Albornoz en *Indios y tributos*, caps. 1-2.

[5] J. Golte, *Repartos y rebeliones. Túpac Amaru y las contradicciones de la economía colonial*, Lima, 1980, p. 71.

caído aun antes de la contienda; la mayor parte de las minas, por último, estaban anegadas y su reapertura requería grandes inversiones. Escasa de capital nacional y falta de capital extranjero, la producción de
plata boliviana prosiguió su declinación, hasta alcanzar cotas muy bajas
en los decenios de 1820 y 1830.

La restauración del tributo, y de las revisitas consiguientes, ratificó
la discriminación que pesaba sobre los indígenas, pero a la vez confirmó
el derecho que las comunidades tenían a poseer tierras, en contra de lo
preconizado por Bolívar y la doctrina liberal que permeaba el movimiento independentista. Para ambos, la abolición del tributo conllevaba
la disolución de las comunidades [7].

La vigencia de la doble pauta de propiedad de la tierra —propiedad
comunal y particular— se prolongó, pues, en las áreas rurales de Bolivia
mientras duró la importancia fiscal del tributo indígena. Causas de la
declinación relativa del ingreso producido por el tributo a partir de los
años de 1850 fueron el crecimiento de la economía y de las finanzas
nacionales gracias a nuevas inversiones en la industria argentífera del
altiplano y al inicio de las actividades mineras en la costa del Pacífico. En
la época de Melgarejo, en el decenio de 1860, el fisco percibió mayores
ingresos de la minería y del comercio que del tributo. Al mismo tiempo,
la nueva élite minera vinculada con la plata acometió contra los remanentes de la política mercantilista dominante en Bolivia. Reclamó comercio libre para la plata y acabar con todos los monopolios oficiales [8]. Ante
esta marejada de liberalismo económico, fue inevitable que se objetaran
los patrones comunales indígenas de tenencia de la tierra y que se per-
cibieran como «antimodernos» y poco productivos. El gobierno resolvió
en 1866 abrogar, en consecuencia, la propiedad comunal de los indios,
reconocida hasta entonces, y transformar el tributo en un censo a pagar
por el disfrute de tierras declaradas como vacantes y de propiedad del
Estado. En decretos sucesivos, dictados en ese mismo año, el gobierno
dificultó que los indios adquirieran sus antiguas tierras comunales, mientras favorecía su compra por especuladores vinculados con el gobierno,
a quienes autorizó el pago en títulos de la deuda pública.

De 1866 a fines de 1869, el gobierno vendió unas 356 comunidades
en todo el territorio de la república por un total de 856.550 bolivianos

---

[6] Sánchez-Albornoz, *Indios y tributos*, p. 198.

[7] Los supuestos ideológicos de los diversos decretos sobre tierras sancionados
a fines del decenio de 1820, en 1831, 1866 y 1874 los analiza A. Maldonado, *Derecho agrario, historia-doctrina-legislación*, La Paz, 1956.

[8] El movimiento de liberalización económica ha sido estudiado por A. Mitre,
*Los patriarcas de la plata. Estructura socioeconómica de la minería boliviana en el
siglo XIX*, Lima, 1981.

(1.070.681 pesos de ocho), del cual sólo un 30 por 100 fue pagado en efectivo. Historias como las de ciertos especuladores adueñándose de 80 comunidades en una sola operación fraudulenta eran corrientes. Los documentos muestran, por otra parte, que no se permitía a los indios siquiera anotarse en las listas de compradores.

La reacción de los campesinos tardó, pero en 1869 y 1870 se produjeron grandes levantamientos en Tiquina, Guaycho y Ancoraymes. Más de un millar de indígenas fueron muertos por las tropas de Melgarejo. Estas matanzas, y también la desaforada especulación, terminaron por provocar la oposición de la élite. Algunos legisladores de raza blanca llegaron incluso a escribir panfletos contra las leyes sobre tierras y a favor de los indios. Con el derrocamiento de Melgarejo en enero de 1870, se derogó la confiscación de tierras [9].

Muy pronto, sin embargo, se hizo evidente que los grupos dirigentes triunfantes no disentían con las ideas y las medidas de Melgarejo con respecto a la tierra, sino sólo con el modo y la oportunidad de ejecución. Los decretos de Melgarejo en realidad habían restringido el acceso a la tierra a personas con influencia política. El auge del sector minero, por otra parte, estaba absorbiendo todavía la mayor parte del capital disponible en la república. Sólo consolidada la industria de la plata a fines del decenio de 1870, se dispuso de capital para otras inversiones. El crecimiento de los centros urbanos creó también por entonces un mercado nacional y capital suficiente como para que la élite comenzara a invertir en la adquisición de dominios rurales. Los grupos dominantes intensificaron entonces la presión hasta lograr que el gobierno dictara, en 1874, una nueva ley, esta vez definitiva, aboliendo la propiedad comunal de la tierra y forzando a todos los indios a comprar sus pertenencias.

Los gobernantes de 1874 habían aprendido, empero, la lección. La nueva legislación establecía que sólo las tierras supuestamente «sobrantes» del ayllu pertenecían al Estado y garantizaba a los indios la «propiedad absoluta» de las parcelas particulares. Esto, obviamente, importaba el derecho a enajenar esas tierras [10]. Las mañosas medidas no fueron publicadas hasta 1880, procurándose así tiempo para el ajuste.

Como resultado de la cautela con que el gobierno abordó la reforma, la respuesta inicial de los indígenas fue más bien confusa y legalista. No

---

[9] Todos estos hechos se discutían minuciosamente en los panfletos de la época. De los más importantes e informativos, algunos se han reproducido en un número especial de la revista de La Paz, *Illimani*, 8-9 (1976). Véase, asimismo, la excelente colección de documentos realizada por H. Pinto H., *Contribución indígena en Bolivia, 1829-1911 (Documentos)*, Colección «Fuentes de Historia Social Americana», editada por P. Macera, Lima, 1979.

[10] El artículo 7 expresa con toda claridad que una vez que se concedieran títu-

hubo al comienzo movimientos de masa entre los indios; fue a partir de la década siguiente cuando se intensificó la guerra de castas, al darse cuenta los indígenas de la naturaleza fraudulenta de la ley. Las rebeliones se extendieron por el altiplano en 1895 y 1896 y produjeron alteraciones en la mayor parte de las provincias altas de La Paz. En 1899, un ejército campesino considerable, organizado por curacas ayamará aliados con los liberales, participó en la Revolución Federal. Los indios pedían acabar con la venta de sus tierras, que, en efecto, fue temporalmente interrumpida entre 1900 y 1901. Los liberales pronto ignoraron el compromiso y no sólo intensificaron la venta, sino que el gobierno ejecutó a los jefes indígenas [11].

A pesar de la resistencia violenta y de la mesura de la ley, la embestida contra las tierras de comunidad fue, después de 1880, fatal. Si en 1860 hubo pocos interesados, especuladores en su mayoría, a partir de 1880 hubo empresarios dispuestos a desempeñar un papel activo en la producción agrícola. En los centros urbanos, en particular en La Paz, una nueva clase de ricos quería invertir en el suelo. Sin posibilidad de acceder al sector minero, cada vez más industrializado, monopolizado y fundado sobre todo en capital extranjero, esos nuevos grupos encontraban en las haciendas del altiplano una colocación ideal para su riqueza [12]. Agustín Aspiazu, quien dirigió el estudio catastral de 1880 que reemplazó los diezmos por una imposición rústica para blancos y cholos, señaló, en 1881, que el valor y la producción de las haciendas de la puna habían duplicado entre 1860 y 1880. Aspiazu explicaba este crecimiento por aumento de la población del país y la increíble «seguridad para el capital empleado en este tipo de inversión». Comprar una hacienda en el altiplano no importaba gasto adicional alguno en animales, edificios o maquinarias, pues lo convenido usualmente era que los peones, los pongos-colonos, ponían todo lo necesario, incluidos aperos y semillas. Entre tanto, seguía Aspiazu, la demanda urbana de alimentos era inelástica para los productos del altiplano y sus precios continuaban subiendo. Los bancos no tenían por ende inconveniente alguno en prestar dinero sobre títulos de haciendas de la puna y en hipotecarlas a un elevado tanto por ciento

los de propiedad individual de tierras a los indígenas «la ley no reconocerá ya a las comunidades. Ningún individuo ni grupo de individuos podrá en lo sucesivo tomar el nombre de *comunidad* o *aillo*, ni representar a entidades tales ante ninguna autoridad». República de Bolivia, *Anuario de leyes y disposiciones supremas, 1874*, La Paz, 1875, pp. 187-191 (ley del 5 de octubre de 1874).

[11] R. Condarco Morales, *Zárate, el «Temible» Wilka. Historia de la rebelión indígena de 1899*, La Paz, 1966.

[12] Esta nueva clase dirigente y la adquisición de tierras que hizo en Pacajes las ha estudiado Rivera, «La expansión del latifundio».

sobre su valor [13]. La tentación de reducir aún más el costo inicial apropiándose de tierras de indios «rebeldes» con ayuda de fuerzas gubernamentales, resultó irresistible. Asaltos en gran escala sobre las propiedades indígenas se produjeron entonces.

Incursiones contra las comunidades se llevaron a cabo en todas partes y resultaron en la expoliación de los escasos originarios que quedaban y en la expulsión de comunidades enteras. El proceso, crudo, fraudulento y sangriento, tardó unos treinta años en completarse. Afrontó gran número de rebeliones indígenas y contó con la ayuda del ejército para imponer por la fuerza el cambio en la propiedad de la tierra. Las consecuencias de la campaña pueden percibirse en la dramática declinación del número de comunidades y en el crecimiento del número de haciendas en todas las regiones, en el altiplano en especial (véase cuadro 6.1).

CUADRO 6.1

COMUNIDADES Y HACIENDAS EN EL DEPARTAMENTO
DE LA PAZ, 1846-1941

Región	1846		1941	
	Comunidades	Haciendas	Comunidades	Haciendas
Puna	716	500	161	3.193
Medio Valle	106	795	63	4.538
Valle	14	28	22	101
Yungas	43	302	36	675
TOTAL	879	1.625	282	8.507

FUENTE: D. Demelas, *Nationalisme sans nation? La Bolivie aux XIX-XX siècles,* París, 1980, p. 163. Esta autora fundamenta sus estadísticas y divisiones geográficas en Dalence y en la información contenida en *La Paz en su IV Centenario,* I.

Esta es, esquemática, la historia del dominio de la tierra en Bolivia a lo largo de los siglos XVIII, XIX y comienzos del XX. Traza el proceso desde el punto de vista de la clase dominante. Pero, está claro, el papel del campesino no fue pasivo y la violencia signó su curso.

¿Qué ocurría, pues, entre tanto con el campesinado? Como se ha dicho antes, las reformas de los siglos XVI y XVII habían generado un siste-

---

[13] [A. Aspiazu], *Informe que presenta al Señor Ministro de Hacienda el Director General de Contribuciones Directas del Departamento de La Paz,* La Paz, 1881, pp. 16-18.

ma de clases en las zonas rurales. De los documentos existentes, se deduce con claridad que las comunidades se incorporaron al mercado y obtuvieron dinero en efectivo tanto por sus productos como por la venta de su fuerza de trabajo. Cada comunidad tenía su *caja*, donde acumulaba sus ingresos. Cubrían éstos el pago del tributo, pero solía haber también remanentes que colocaron a menudo en hipotecas o censos tomados por los españoles que invertían en tierras o mejoraban sus haciendas. Esos fondos devengaban intereses; por más que los préstamos de las comunidades indígenas a veces dejaron de pagarse, documentos judiciales muestran que sus ganancias contaban con bastantes garantías.

Los funcionarios coloniales también extrajeron considerables cantidades de dinero en efectivo de los indígenas. En lugar de pagarles emolumentos adecuados, la Corona hizo la vista gorda ante la venta por parte de corregidores de efectos importados y mulas, que los indios se veían obligados a adquirir a altos precios. Se ha calculado que, en el virreinato del Río de la Plata, cerca de 563.000 pesos provenían de estos repartimientos; de esa cantidad, un 36 por 100 —la proporción mayor— procedía de La Paz [14].

Para hacer frente a tantas exacciones, es evidente que las comunidades fueron capaces de conseguir estas riquezas en el mercado. Prueba suplementaria, aunque menos directa, de esa excepcional capacidad la proporciona la edificación de iglesias rurales. Muchas de las mayores y más bellas se construyeron entre 1650 y 1750, cuando las haciendas se estancaban, la minería argentífera estaba en crisis y los mercados urbanos se contraían, en suma, cuando la extracción del excedente cedía.

Pasando al crecimiento económico del siglo XIX, ¿qué permitió a los campesinos responder al mercado? ¿Cómo cambió la organización interna del ayllu para lograr la supervivencia de la comunidad? Para responder a estas preguntas, aunque sea de una manera hoy por hoy preliminar, conviene analizar, en las revisitas del departamento de La Paz realizadas entre 1786 y 1877, la transformación que los grupos campesinos experimentaron entonces [15].

El examen de estos censos muestra que la población indígena sometida a tributo fue en aumento de fines del siglo XVII en adelante. A pesar

---

[14] H. S. Klein, «Structure and Profitability of Royal Finance in the Viceroyalty of the Río de la Plata in 1790», *Hispanic American Historical Review*, 53 (1973); y Golte, *Repartos y rebeliones, loc. cit.*

[15] La totalidad de la revisitas coloniales provienen de la colección de padrones existente en la sala XIII del Archivo General de la Nación de Buenos Aires. Las del siglo XIX se encuentran en la colección especial de revisitas del Archivo Nacional de Bolivia en Sucre, con excepción de los hallados en el Archivo Histórico de La Paz de la Universidad Mayor de San Andrés y que son los de Omasuyos (1863),

de pestes, y hambres que asolaron La Paz durante los primeros años del
siglo XIX, amén de la virulenta epidemia de mediados de la centuria, el
número de indios varones de toda categoría en edad de tributar se incrementó. Entre la población masculina tributaria (es decir, varones entre
18 y 50 años de edad, cabezas de familia, con o sin acceso a tierras),
el segmento que más rápido creció durante esos noventa años fue el de
los forasteros residentes en los ayllus (véase cuadro 6.2). La población
forastera, con limitado acceso a la tierra, experimentó en el altiplano y
valles un crecimiento superior al de cualquier otro grupo.

CUADRO 6.2

POBLACION TRIBUTARIA DEL DEPARTAMENTO DE LA PAZ
POR CATEGORIAS SEGUN SU ACCESO A LA TIERRA, 1786-1877

Categoría	1780	(%)	1830	(%)	1850	(%)	1870	(%)
Originarios	10.259	(26)	11.599	(20)	12.941	(19)	13.123	(19)
Forasteros	13.105	(33)	25.805	(44)	31.108	(46)	33.441	(48)
Yanaconas	16.300	(41)	21.277	(36)	23.305	(35)	22.899	(33)
TOTAL	39.664	(100)	58.681	(100)	67.354	(100)	69.463	(100)

FUENTE: Véase nota 15. Las provincias comprendidas son las de Chulumani, Larecaja, Pacajes, Omasuyos, Sicasica y la región urbana de La Paz llamada el Cercado.
Estas provincias fueron reordenadas en el siglo XIX. Las tuve que reagrupar a la
manera de 1786. Así las nuevas provincas de Inquisivi y Muñecas erigidas en el
siglo XIX fueron agrupadas con sus provincias originarias, Pacajes y Larecaja respectivamente. Eliminé también varios pueblos de las Yungas que eran o reincor-
porados o excluidos del departamento de La Paz. De éstos, muchos terminaron
por ser incluidos en el distrito del Cercado, ampliado hacia la década de 1840. Por
esta razón, las cifras pertenecientes al Cercado en los cuadros siguientes no sirven
para comparaciones. Por último, estos cambios para operar con unidades geográficas
coherentes implican que mis totales resultan más bajos que los publicados por el
gobierno en 1901 (véase el cuadro 6.7). Asimismo, al excluir los indios de «pueblo»
y al usar diferentes revisitas, mis cifras sobre tributarios no coinciden con las de
Grieshaber (véase cuadro 6.9).

Inquisivi (1855) y Cercado (1852). Los cálculos se hicieron a partir de las revisitas
de los años indicados a continuación:

Provincia	para los decenios de 1780	1830	1850	1870
Pacajes	1786	1838	1852	1871
Omasuyos	1792	1832	1858	1863
Sicasica	1786	1838	1858	1877
Inquisivi	—	—	1858	1877
Larecaja	1786	1838	1858	1877
Muñecas	—	1848	1858	no disponib
Chulumani	1786	1838	1858	no disponib.
Cercado	no disponib.	1838	1852	1877

A fines del período colonial, los forasteros, segundos en rango, representaban sólo un tercio de la totalidad de mano de obra campesina. Hacia los años de 1870 eran el grupo predominante, casi la mitad del total de campesinos. Por más que los originarios y los yanaconas aumentaron también, su tasa de crecimiento no fue tan rápida. De estos dos últimos grupos, el primero creció a la sazón más que los yanaconas. La población comunera se incrementaba, pues, a una tasa más rápida que la de las haciendas. El número de ayllus permaneció estable o incluso disminuyó en la mayor parte de las regiones; la población promedio, aumentó en la mayoría de las comunidades durante el período (véase cuadro 6.3).

CUADRO 6.3

PROMEDIOS POR AYLLU DE TRIBUTARIOS VARONES
DE 18 A 50 AÑOS DE EDAD (ORIGINARIOS MAS FORASTEROS).
DEPARTAMENTO DE LA PAZ, 1786-1877

Provincia	1780	1830	1850	1870
Pacajes	64	91	116	118
Omasuyos	56	83	106	114
Sicasica	52	99	105	n.a.
Larecaja	38	52	51	n.a.
Chulumani	52	56	61	44
Cercado	—	—	65	45
Departamento	52 (451)	—	97 (456)	—

FUENTE: Véase nota 15. El total de Larecaja para 1838 se combinó con la revisita de 1848 de Muñecas, la más temprana de las existentes. Entre paréntesis número de ayllus. Puesto que no disponemos del número total de ayllus para los decenios de 1830 y 1870, no se calcularon los totales para el departamento. Tampoco es posible obtener estas cifras de los estudios realizados por Grieshaber.

La única excepción a esta norma general fue la de los valles de la cordillera oriental, región de cultivo de coca, conocida como Yungas o Chulumani. Desde antiguo había habido allí haciendas pujantes, y algunos pocos, aunque ricos, ayllus indígenas. Buena parte de ese territorio había permanecido virgen hasta fines de la era colonial [16]. En el siglo XIX, la decadencia de los centros mineros, consumidores de coca, afectó con especial intensidad a Chulumani. El terreno disponible en esos estrechos

[16] Véase H. S. Klein, «Hacienda and Free Community in Eighteenth Century Alto Peru: a Demographic Study of the Aymara Population of the Districts of Chulumani and Pacajes in 1786», *Journal of Latin American Studies*, 7, 2 (1973); y «The Structure of the Hacendado Class in late Eighteenth Century Alto Peru: The Intendencia of La Paz», *Hispanic American Historical Review*, 60, 2 (1980).

valles era, además, limitado. Las comunidades indígenas crecieron allí siguiendo pautas diferentes a las del resto del departamento. De hecho no hubo entre los indígenas de la provincia de Chulumani ningún cambio demográfico importante.

La población de las comunidades y su tamaño promedio estaban, pues, creciendo en el departamento de La Paz. ¿Qué pasaba en las haciendas? El número de indios fue también aquí en aumento, aunque menos que el de los comuneros. Más yanaconas había en 1870 que a fines del período colonial, pero no en promedio por hacienda. Este permaneció estable en todas las zonas, excepto Omasuyos (véase cuadro 6.4)[17].

Cuadro 6.4

PROMEDIOS POR HACIENDA DE TRIBUTARIOS VARONES (YANACONAS). DEPARTAMENTO DE LA PAZ, 1786-1877

Provincia	1780	1830	1850	1870
Pacajes	17	33	37	33
Omasuyos	29	32	41	41
Sicasica	16	19	19	n.a.
Larecaja	10	14	10	n.a.
Chulumani	15	15	16	17
Cercado	—	—	24	21
Departamento	17 (976)	—	22 (1.073)	—

FUENTE: Véase nota 15.

En una etapa de creciente penetración del mercado, los forasteros se convirtieron pues, progresivamente, en el sector dominante dentro de la mano de obra campesina. A comienzo del período representaban un 56 por 100 de la población de los ayllus; al final, el 72. También crecieron en relación con la población campesina: de un tercio en 1780 a alrededor del 48 por 100 en 1870. Su incorporación al mercado fue a más, en detrimento, al parecer de los yanaconas, que perdieron terreno. Estos últimos que al comienzo representaba el 41 por 100 de la población rural, descendieron a un tercio en 1870. Por esa fecha había 2,5 forasteros por cada originario, el doble de la proporción en censos anteriores,

[17] Las mejores tierras del altiplano se encuentra en Omasuyos. Esta es la región alta más densamente poblada, de clima más templado y con mejor provisión de agua. El desarrollo económico produjo aquí, al parecer, tanto un aumento en el número de haciendas (de 173 en el decenio de 1780 a 196 en los años de 1870) como en el de yanaconas; el promedio de éstos por unidad subió, por consiguiente, también.

y 1,5 forasteros por cada yanacona, razón que también duplica casi la observada en 1780 (véase cuadro 6.5).

CUADRO 6.5

PROPORCION DE FORASTEROS POR CADA ORIGINARIO
EN EL DEPARTAMENTO DE LA PAZ, 1786-1877

Provincia	1780	1830	1850	1870
Pacajos	0,8	2,2	2,2	2,2
Omasuyos	2,3	4,6	6,2	6,1
Sicasica	0,5	2,0	2,1	2,3
Larecaja	2,2	1,2	1,2	1,2
Chulumani	1,7	1,5	1,2	1,7
Cercado	2,2	3,8	2,7	3,6
Departamento	1,2	2,2	2,4	2,5
Forastero/ Yanacona	0,8	1,2	1,3	1,5

FUENTE: Véase nota 15.

Las tendencias a largo plazo son, pues, bastante claras. No ocurre igual con las de corto plazo, de censo a censo. De la comparación detallada entre ellos, se deduce que el crecimiento no fue uniforme por categoría durante los noventa años estudiados. El análisis muestra que la tasa acumulativa anual de crecimiento para el total de la población indígena fue más alta en la etapa primera, de depresión, que en la ulterior de expansión del mercado interno e internacional (véase cuadro 6.6). Si se acepta la noción de que la explotación disminuía cuando el mercado se contraía, esas alzas primeras probarían que existía, igual que en el siglo XVII, según aludimos antes, una relación inversa entre la prosperidad de las comunidades y el desarrollo del mercado comercial dominado por blancos y mestizos. La creciente penetración de ese mercado explicaría asimismo la caída de las tasas de crecimiento de todos los grupos de 1830 a 1870.

Mientras la población rural se retrasaba en su aumento a medida que se expandía el mercado exterior, la tasa de crecimiento de los forasteros fue la que decayó menos, comparada con la de los demás grupos. El tamaño relativo de aquel segmento siguió, pues, creciendo entonces de censo a censo en la mayor parte de las regiones. Los forasteros fueron quienes, por tanto, ayudaron a las comunidades a hacer frente a la penetra-

Cuadro 6.6

TASAS DE CRECIMIENTO ANUAL DE LA POBLACION TRIBUTARIA EN EL DEPARTAMENTO DE LA PAZ, 1786-1877

Categoría	1780-1830 (%)	1830-1850 (%)	1850-1870 (%)	1780-1870 (%)
Originarios	0,25	0,55	0,07	0,27
Forasteros	1,36	1,04	0,36	0,65
Yanaconas	0,53	0,46	−0,09	0,18
Total	0,78	0,69	0,15	0,42

Fuente: Véase nota 14.

ción del mercado. No se explica, sin embargo, por qué su crecimiento de 1780 a 1830 pudo ser tan rápido —1,4 por 100 anual, tasa notable en comparación con las europeas de entonces— cuando la clase de los originarios se incrementaba, durante el mismo período, a menos de 0,25 por 100 anual. Tampoco está claro por qué los originarios fueron capaces de duplicar luego su tasa de crecimiento cuando subía la presión del mercado. La sorprendente declinación de los peones sin tierra en la etapa última de gran expansión del mercado (1850-1870) quizás se deba, por otro lado, a la baja productividad de las haciendas del altiplano, a diferencia de la de las yungas o de los ayllus.

Los cambios en la distribución relativa de los grupos no se explican por factores demográficos. Estos campesinos constituían un grupo bastante cerrado. No hubo en la región, durante el período estudiado, desarrollo urbano ni tampoco emigración hacia otras áreas. La ciudad de La Paz tenía, se calcula, unos 40.000 habitantes en 1825, 43.000 en 1846 y, según el censo de 1900, sólo 57.000. Su tasa de crecimiento es comparable con la del resto del territorio durante esos setenta y cinco años. Es más; si la demanda de mano de obra de la minería en los departamentos de La Paz, Oruro y Potosí atraía un número considerable y permanente de trabajadores rurales paceños, esto habría, en todo caso, distorsionado únicamente el crecimiento de la clase de los forasteros, sin afectar a los demás grupos. Si, según muestran los estudios recientes, esa demanda era estacional y si se conservaba residencia permanente en la comunidad de origen, cabe pensar que la declinación de la tasa de crecimiento entre los forasteros podría corregirse contando con mejor información. Pero, quedaría aún por dar cuenta de la caída en las dos clases restantes [18].

[18] H. S. Klein, Bolivia, the Evolution of a Multi-Ethnic Society, Nueva York, 1982, pp. 105 y 197. La opinión más generalizada es que los mineros provenían

La migración de los campesinos fuera del altiplano podría haber afectado a todas las clases; no hay, empero, pruebas de que haya ocurrido en el siglo xix. No hubo entonces desarrollo de nuevas fronteras en el oriente, ni país vecino alguno apelaba a trabajadores en cantidades significativas. Por último, si las graves epidemias de mediados del decenio de 1850 pudieron ser causa de la caída posterior, no explican la declinación de las tasas a partir de 1830. La falta de censos regulares o de reconstrucciones históricas de la estructura familiar para cualquier zona de Bolivia, no permite determinar con precisión el peso de los diversos factores en las caídas de las tasas después de 1830 ni dan razón del sorprendente crecimiento de la etapa anterior.

El incremento de los comuneros no era un fenómeno exclusivo del departamento de La Paz. Informaciones dispersas sobre otras regiones de Bolivia y cálculos y estimaciones publicados por el gobierno, recogidos en los cuadros 6.7, 6.8 y 6.9, muestran, en el análisis por clases, que la población del ayllus creció, a lo largo del siglo xix, a un ritmo más rápido que la de yanaconas de hacienda no sólo en el departamento de La Paz sino en toda la República. La única excepción dentro de esta tendencia fue la del valle de Cochabamba, cuya población indígena, a la sazón en proceso de transformaciones profundas, se convertía en chola (véase en especial el cuadro 6.9) [19].

¿De qué modo el excepcional crecimiento de la población tributaria forastera explica la capacidad de las comunidades indígenas para enfrentar las creciente presiones del mercado nacional durante el siglo xix, en particular después de 1850? La analogía con la experiencia de los ayllus en los siglos xvi y xvii enseñaría que las presiones cada vez mayores sobre los originarios y sus comunidades generaron una estratificación interna más compleja. En el período colonial los factores más influyentes fueron el régimen de tributos y la política de ventas y trabajo compulsivo. En el siglo xix, la presión provino más bien de la demanda de mano de obra o de alimentos por parte de los mercados urbanos, las minas y

---

sobre todo de las comunidades libres que exportaban mano de obra temporaria o estacional para obtener ingresos para pagar el tributo. Mitre, *Los patriarcas*, pp. 140-141.

[19] De las cifras de Grieshaber se desprende el mismo cuadro general tanto para la mayor parte de Bolivia como para el departamento de La Paz. La población total de ayllu creció en este departamento a una tasa anual de 0,52 por 100 (el promedio nacional era de 0,53 por 100) durante el mismo período. Para la población de hacienda el ritmo de crecimiento fue de un 0,05 por 100 anual (de un — 0,10 por 100 para el territorio nacional en conjunto), y para la población tributaria del departamento, de un 0,36 por 100 (y la misma tasa para la nación). Las cifras de Grieshaber manifiestan también la tendencia a la declinación en las tasas de crecimiento percibida entre los decenios de 1830 y 1850 y los de 1850 y 1870.

CUADRO 6.7

POBLACION TRIBUTARIA MASCULINA EN LAS PROVINCIAS
DEL DEPARTAMENTO DE LA PAZ, 1852-1877

(todas las categorías incluidas)

Provincias	1852	1856	1858	1862	1863	1867	1869	1870	1871	1877
Cercado	5.750	—	5.058	—	5.263	4.583	—	—	—	4.986
Pacajes	14.750	—	13.943	—	14.395	14.616	11.920	—	15.348	15.613
Larecaja	4.168	3.952	3.616	—	3.731	3.081	3.450	—	3.718	3.816
Omasuyos	19.066	—	19.358	—	19.843	20.222	—	—	20.307	21.001
Inquisivi	3.317	—	2.553	—	2.955	3.905	—	3.488	3.252	3.467
Yungas	5.714	—	5.731	—	5.444	—	4.226	—	4.794	4.800
Sicasica	9.566	—	9.560	—	10.001	7.546	7.182	—	10.846	11.335
Muñecas	5.579	—	7.788	5.897	—	•5.949	—	—	5.736	5.736
TOTAL	67.910		67.607							70.754

FUENTE: República de Bolivia, Oficina Nacional de Inmigración, Estadística y Propaganda Geográfica, *Boletín* (La Paz), 1 (1901), pp. 515-516. Caupolicán, provincia de tierra baja y antigua frontera misioneras, se ha excluido de éste y de los demás cuadros.

CUADRO 6.8

TRIBUTARIOS INDIGENAS EN EL DEPARTAMENTO DE LA PAZ
EN 1856, POR CATEGORIAS

Provincia	Originarios	Forasteros y agregados	Yanaconas y uros
Cercado	578	2.377	2.637
Ingavi	2.264	8.466	2.828
Omasuyos	869	9.318	8.862
Larecaja	997	1.151	2.020
Yungas	862	712	4.251
Sicasica	2.380	—	7.309
Inquisivi	471	1.878	968
Muñecas	1.900	2.596	1.742
TOTAL	10.321	26.498	30.617
TOTAL DE LA RE- PUBLICA	27.110	76.847	30.738

FUENTE: Sánchez-Albornoz, *Indios y tribus*, p. 40, quien cita una información oficial de 1856 conservada en el Archivo Nacional en Sucre. Dada la falta de revisitas completas para muchos de estos distritos (véase cuadro 6.7) y la ausencia de yanaconas en el resto de la República, la fiabilidad de esta información es cuestionable.

la infraestructura de comunicaciones. Para satisfacer estos incesantes requerimientos y el pago del tributo (incrementado en un 20 por 100 con la reforma monetaria impuesta por Melgarejo), las comunidades generaron una clase más marginal de campesinos, con escaso acceso a tierras y con mayor movilidad que los originarios, destinada a trabajar tanto en las comunidades como fuera de ellas. Los viejos y los originarios aliviaron de este modo la creciente demanda de tierras por parte de una población en aumento, a la vez que crearon nuevas fuentes de ingreso para la comunidad.

En relación con esto, importa señalar que la producción agrícola comercial de las comunidades había sido elevada desde los primeros tiempos de la colonia. Las crecientes presiones del mercado así como las ejercidas por el Estado impulsaron a las comunidades, cabe pensar, a incrementar los cultivos comerciales en detrimento de los bienes tradicionales o de trueque. Para satisfacer las necesidades de ambos mercados, el comercial y el de trueque, contaron con el esfuerzo de los forasteros. Su presencia mitigó las presiones sobre las comunidades. Estas pudieron seguir consumiendo y comerciando sin una declinación notable de su nivel de vida. Había abundante cantidad de tierra todavía dispo-

CUADRO 6.9

POBLACION TRIBUTARIA MASCULINA EN 1838, 1858 Y 1877, SEGUN CALCULOS DE GRIESHABER

Departamentos y provincias	1838			1858			1877		
	Totales	Originarios y forasteros	Yanaconas	Totales	Originarios y forasteros	Yanaconas	Totales	Originarios y forasteros	Yanaconas
Depto. de La Paz	61.289	38.329	22.308	67.825	44.512	22.704	70.821	47.358	22.774
Cercado	5.801	2.847	2.778	5.486	2.991	2.401	4.832	2.784	1.939
Omasuyos	15.667	8.790	6.877	19.356	11.447	7.909	21.129	12.628	8.504
Pacajes	13.791	11.162	2.417	15.423	12.606	2.498	17.326	14.160	2.785
Yungas	5.968	2.151	3.662	5.825	2.246	3.464	4.800	2.019	2.737
Sicasica (1842)	10.864	7.648	3.216	12.215	8.772	3.443	13.182	9.290	3.892
Larecaja	3.879	1.724	2.046	3.731	2.089	1.561	3.816	2.087	1.574
Muñecas (1826)	5.319	4.007	1.312	5.789	4.361	1.428	5.736	4.390	1.346
Depto. de Potosí	30.802	26.441	3.675	31.183	27.573	3.204	36.857	32.391	4.096
Depto. de Oruro	14.217	10.448	3.656	17.700	13.345	4.206	20.015	15.410	4.457
Depto. de Cochabamba	11.163	6.783	4.284	8.245	5.380	2.821	6.900	4.985	1.841
Depto. de Chuquisaca	5.083	3.379	1.517	5.636	4.129	1.284	5.387	4.238	940
TOTAL DE LA REPÚBLICA	124.312	87.103	35.475	133.905	98.189	34.285	143.357	107.759	36.110

FUENTE: E. P. Grieshaber, «Survival of Indian Communities in Nineteenth-Century Bolivia: A Regional Comparison», *Journal of Latin American Studies*, 12 (1980), pp. 226-231. No se ha incluido en estas cifras la categoría de tributarios de pueblo, quienes sí figuran en los totales.

nible —en comparación, al menos, con lo que ocurriría después de 1880. Los originarios podían, con la ayuda de los forasteros, extender las áreas cultivadas y dedicarse a actividades especializadas según los requerimientos del mercado[20]. Ayllus y haciendas competían, pues, por una mano de obra sin o con escaso acceso a tierras. Esta situación, a su vez, daría cuenta del desarrollo relativamente más lento de la hacienda.

En el análisis de los forasteros, una última cuestión atañe a los mecanismos de su expansión. La escasa información disponible hasta ahora indica que, en la mayor parte de los distritos, dentro de la población masculina económicamente activa, los forasteros se hallaban en proporciones más altas que los originarios. Ello implica que el aumento de la población forastera se debía más a la migración que al crecimiento natural y que este grupo era más productivo que el originario puesto que contaba con un mayor número de hombres económicamente activos y menos miembros dependientes improductivos.

No es fácil determinar los orígenes del grupo forastero y las causas de su migración. Procedían en parte, al parecer, tal como los yanaconas, de las antiguas poblaciones de forasteros; podían, sin embargo, provenir también de la clase de los originarios. De las tres categorías, esta última exhibe siempre la tasa más alta en la relación niño/adulto; debe, pues, haber perdido miembros a favor de las demás, vista su baja tasa de crecimiento natural. Por qué y cómo estos originarios abandonaban su *status* para trasladarse a otros sitios en calidad de forasteros o yanaconas es otra cuestión. Evidentemente, influían factores ya de atracción, ya de compulsión. Podría pensarse que, en momentos de grandes presiones por parte del mercado, los originarios cerraban el acceso a su condición con la intención de mantenerse competitivos e incrementar su provisión de mano de obra barata. Hombres nacidos con ese *status* o sus hijos menores se veían entonces forzados a buscar trabajo y tierras fuera de su comunidad. En el punto de llegada constituían una fuente de mano de obra barata para otros originarios. O, por el contrario, la demanda de productos y de mano de obra por parte del mercado incitaba a los originarios de determinado lugar a aumentar su oferta de tierras baldía o de compensaciones para los forasteros que llegaban, con lo cual elevaban de hecho los beneficios de esos trabajadores. Los incentivos ofrecidos atraían también a los hijos de originarios de zonas más pobres que voluntariamente migraban a aquellas regiones donde había más tierra y riqueza disponibles. Esta segunda explicación sería, en mi opinión, la más verosímil. De todos modos, es difícil escoger entre ambos modelos sin estudios

---

[20] Esto ocurre aún hoy en las comunidades del norte de Potosí; véase R. Godoy, «From Indian to Miner and Back Again: Small Scale Mining in the Jukumani Ayllu, Northern Potosí, Bolivia», tesis doctoral, Columbia University, 1981, cap. 5.

más detallados sobre las pautas de herencia entre originarios, las prácticas en relación con el uso de la tierra en los diversos lugares y los distintos niveles de salario.

En cualquier caso, estas explicaciones sobre el sorprendente aumento de los forasteros en el siglo XIX, fundadas ante todo en la reacción frente al mercado, podrían ser objetadas por quienes sostienen que el factor determinante fue la escasez de tierras provocada por el aumento de población. En su estudio sobre la provincia de Chayanta, en la parte septentrional del departamento de Potosí, Tristan Platt afirma que el rápido aumento de los forasteros en este período resulta, simplemente, de las presiones demográficas sobre la limitada disponibilidad de tierras. Dando por sentado que no se había incrementado la cantidad de *tierras de origen* disponible, Platt cree que muchos de los descendientes de originarios se vieron constreñidos a aceptar tierras marginales y la condición inferior de forasteros [21]. Vista, sin embargo, la baja densidad de la población campesina amerindia en la mayoría de las regiones hace un siglo, no pudo haber sido tan intensa la presión por el acceso a la tierra. La región que comprendía el departamento de La Paz contiene hoy alrededor de 770.000 campesinos; hacia 1870, éstos eran sólo unos 350.000 [22]. Más aún; la escasez de tierras debió afectar también, e incluso en mayor grado, a los yanaconas. De los censos se deduce, empero, que este grupo no aumentaba siquiera con la misma rapidez que los originarios y aún menos que los forasteros, cuando la falta de tierras en los ayllus hubiera favorecido un incremento notable de la población de las haciendas.

Otro argumento decisivo. Los trabajos de los etnógrafos contemporáneos coinciden en señalar la presión hoy existente en las comunidades del altiplano por la escasez de tierras. Las consecuencias de la reforma agraria sumadas a las de una tasa de crecimiento demográfico del 2,7 por 100 anual, han forzado, en los treinta años últimos, a los campesinos

---

[21] T. Platt, «El estado boliviano y el ayllu andino: tierra y tributo en el norte de Potosí», Sucre, 1980, copia mimeográfica, p. 28.

[22] El primer censo nacional enumera entre la población rural del departamento de La Paz sólo 212.000 indígenas. El análisis por provincia muestra, empero, que la población rural alcanzaba los 312.000, cifra más plausible. El total de la población indígena para el departamento suma 315.000. República de Bolivia, Oficina Nacional de Inmigración, Estadística y Propaganda Geográfica, *Censo nacional de la población de la República de Bolivia, 1.º de septiembre de 1900*, 2 vols., La Paz, 1902-1904, II, pp. 41, 129, 132 y 138. El tercer censo nacional de 1976 registra 768.000 personas como población rural del departamento. Dentro del total de su territorio, del 1,3 millones de personas enumeradas, sólo el 24 por 100 era monolingüe en español. Alrededor del 63 por 100 era o monolingüe en aymará (21 por 100) o hablaba esta lengua y una o dos más. República de Bolivia, Instituto Nacional de Estadística, *Resultados del censo nacional de población y vivienda, 1976*, La Paz, 1978, II «Departamento de La Paz», pp. 25 y 58.

a parcelar las tierras comunes y a abandonar el cultivo de barbecho. Los informantes expresan que antes había una mayor disponibilidad de tierras para las comunidades.

El deseo de los originarios por conservar su dominio sobre la tierra frente a la presión ejercida por el aumento demográfico habrá influido, sin duda, en el aumento de los forasteros; pero, obviamente, no ha sido ése el único factor ni el principal. Dados la estratificación interna de las comunidades y el control ejercido por los originarios sobre el gobierno local, era natural que sus intereses prevalecieran. El hecho de que los campesinos más marginales y con menos acceso a la tierra permanecieran en la comunidad antes que ir a las haciendas, pone sin embargo en duda el modelo fundado exclusivamente en una escasez de tierras debida a presión demográfica. Del mismo modo contraría la validez de esta explicación la oportunidad en que se desenvuelve ese proceso, en momentos de un intenso desarrollo nacional paralelo a un crecimiento del tamaño del ayllu. El surgimiento de la clase de los forasteros en el siglo XVI puede atribuirse a las presiones ejercidas por el mercado externo y por la explotación; del mismo modo, un nuevo período de acrecidas presiones externas se relaciona con un crecimiento dinámico del grupo.

Tampoco parece que el gobierno de la República haya estado demasiado dispuesto a apoyar tal desenvolvimiento —por lo menos hasta 1866—; los padrones de tributarios eran formalmente una legitimación y un reconocimiento, por parte del gobierno, de la organización interna de la comunidad indígena. Las revisitas eran listas nominales; el registro de los nombres del individuo y de la familia de censo a censo era la manera del Estado de garantizar y reforzar su *status*. Aún hoy los campesinos usan las revisitas del siglo XIX como documentos legales en casos de litigio por títulos de propiedad.

Nuestro análisis de las revisitas de los siglos XVIII y XIX muestra el éxito alcanzado por lo que quizás fuera una política consciente de los originarios de fomentar el crecimiento de los forasteros. A pesar del notable desarrollo del mercado nacional en la segunda mitad del siglo XIX, las comunidades continuaron con su firme crecimiento demográfico hasta 1880. Gracias a los forasteros, las comunidades fueron capaces de resistir a las amenazas de destrucción planteadas por el crecimiento de un mercado comercial del alimentos, por las demandas de mano de obra estacional e incluso por el resurgimiento de un régimen de hacienda más dinámico.

Esta capacidad de adaptarse a una economía más moderna fue desbaratada sólo cuando el gobierno decidió acabar con la legalidad de las comunidades, invalidar sus reclamos sobre tierras y, por último, fomentar el despojo a favor de grupos no indígenas. Aún después de 1880 las comunidades conservaban riqueza suficiente como para intentar comprar sus propias tierras. El gobierno, mediante el uso del fraude y de la fuerza, les impidió en última instancia conservarlas. Iniciadas la venta y la enajenación de la tierra, considerada ahora propiedad individual, las comunidades enfrentaron la violenta embestida de las haciendas en una lucha que, causa perdida, sería prolongada y a menudo sangrienta. Con la intervención directa del gobierno se inauguró así una segunda era de la expansión de la hacienda.

7. Trabajar para vivir o vivir para trabajar: Empleo ocasional y escasez de mano de obra en Buenos Aires, ciudad y campaña, 1850-1880 *

HILDA SÁBATO **
CISEA, Buenos Aires

La formación de un mercado de trabajo libre y unificado es uno de los procesos distintivos de la constitución del capitalismo. En el caso de Argentina, este proceso se desarrolló a lo largo de todo el siglo XIX, siguiendo un camino sinuoso, a veces contradictorio, siempre complejo. No es mucho cuanto conocemos acerca de este desarrollo. Pocos son los trabajos dedicados al tema si bien es posible hallar referencias e interpretaciones sobre distintas facetas del problema en la mayor parte de las obras que estudia la sociedad argentina del siglo XIX [1].

* Este trabajo ha sido elaborado en el marco de una investigación sobre «Trabajadores y mercado de trabajo en Buenos Aires, ciudad y campaña, 1850-1880», que estamos llevando a cabo en el PEHESA-CISEA con la participación de Ricardo González, Luis Alberto Romero y Juan C. Korol, y debe ser considerado como un resultado parcial de la misma. Para su realización hemos contado con fondos de CLACSO (Programas para Grupos Académicos y de Becas Cono Sur), de la Fundación Ford y del CISEA. Agradecemos en particular las sugerencias y comentarios de Elizabeth Jelin, Alfredo Lattes, Claudio Lozano, Zulma Recchini de Lattes y Jorge F. Sábato, efectuados en distintos momentos de la investigación. Cabe destacar, por otra parte, que este trabajo es también un producto de la labor colectiva en el seno del PEHESA, y en ese sentido quiero señalar la deuda intelectual que tengo con mis compañeros de grupo.
** Investigadora del Programa de Estudios de Historia Económica y Social Americana (PEHESA), asociado al Centro de Investigaciones Sociales sobre el Estado y la Administración (CISEA).
[1] Si bien no existen trabajos que interpreten el proceso de formación del mercado de trabajo de manera global, encontramos una visión de ese proceso para la segunda mitad del siglo XIX en Ricardo M. Ortiz, *Historia económica de la Argen-*

1. Escasez de mano de obra y trabajo ocasional

La mayor parte de estos trabajos coincide en señalar que este proceso tuvo lugar en un contexto de aguda escasez de mano de obra. Por otro lado, destacan un aspecto ya apuntado por los observadores de la época, el de la existencia de un vasto sector de trabajadores ocasionales, de baja calificación y muy poca estabilidad en el empleo. Peones y jornaleros, definidos en varios censos como «personal de fatiga que no tiene trabajo fijo» [2], constituían más del 20 por 100 de la población activa del país, proporción que crecía significativamente en la región que protagonizó la expansión económica argentina a partir de mediados del siglo pasado. Así, en la campaña de Buenos Aires, representaban entre el 37 y el 40 por 100 de la población, pero además de quienes figuraban bajo esa denominación en las estadísticas, muchos otros trabajadores de oficios poco calificados estaban afectados por la misma inestabilidad del peón y, como él, vivían de «changas» (cuadro 7.1).

Escasez de mano de obra y abundancia de trabajadores ocasionales pueden aparecer como fenómenos contradictorios. En efecto, G. Stedman Jones, en su ya clásico estudio sobre el trabajo ocasional en el Londres victoriano, señala que la condición estructural necesaria para que exista un mercado de fuerza de trabajo ocasional es que la oferta de mano de obra no calificada exceda a la demanda de manera permanente y crónica [3]. ¿Era esto así en la provincia de Buenos Aires? Aparentemente no y, sin embargo, es fácil detectar la presencia nada insignificante de trabajadores ocasionales tanto en la ciudad como en la campaña. ¿Por qué? Es que el carácter del empleo ocasional en Buenos Aires era diferente de aquel que describe Jone para el Londres victoriano. A pesar de ciertos paralelismos, y la comparación puede resultar útil, debemos

tina, Plus Ultra, Buenos Aires, 1964, especialmente tomo I, capítulos II y V; y una descripción de las características del mercado de trabajo en Argentina para el período de 1880-1914 en Roberto Cortés Conde, *El progreso argentino, 1880-1914*, Sudamericana, Buenos Aires, 1979, capítulo IV. Más abundantes y detallados son los estudios referidos a aspectos parciales del tema en cuestión, en particular los trabajos sobre población económicamente activa, mano de obra, trabajadores y migraciones. Para una bibliografía sobre estos temas, ver: Marta Accinelli, María Muller y Edith Pantelides, *Bibliografía para el estudio de la población de la Argentina*, CENEP, Buenos Aires, 1978; Sergio Bagú, *Argentina, 1875-1975. Población, economía, sociedad. Estudio temático y bibliográfico*, Universidad Nacional Autónoma de México, México, 1978; Tulio Halperín Donghi, «Argentina», en Roberto Cortés Conde y Stanley Stein (eds.), *Latin America. A Guide to Economic History, 1830-1930*, University of California Press, Berkeley, 1977.

[2] Ver, por ejemplo, *Segundo Censo de la República Argentina*, de 1895, y *Censo General de la Provincia de Buenos Aires*, de 1881.

[3] Gareth Stedman Jones, *Outcast London*, Oxford, 1971, p. 67.

CUADRO 7.1

ESTRUCTURA OCUPACIONAL DE LA POBLACION ECONOMICAMENTE ACTIVA EN LA PROVINCIA DE BUENOS AIRES, CIUDAD Y CAMPAÑA, FECHAS CENSALES DISPONIBLES, 1854-1887

Ciudad	1855 (1)	%	1869 (2)	%	1887 (3)	%
I. *Rama primaria*						
Estancieros y ganaderos cuenta propia			565	0,6	1.102	0,6
Tamberos, quinteros y agricultores cta. propia			818	0,8	1.826	0,9
Trabajadores rurales			553	0,6		
TOTAL I		2,8	1.936	2,0	2.928	1,5
II. *Rama secundaria*						
Fabricantes			125	0,1	5	0,0
Trabajadores alimentación y tabaco		5,1	3.092	3,3	5.355	2,7
Trabajadores confecciones y textiles		16,6	8.912	9,4	20.125	9,9
— Especializados			1.751	1,8	7.855	3,9
— Semiespecializados			7.161	7,6	12.270	6,0
Trabajadores madera y carpintería		3,7	3.464	3,7	10.156	5,1
Trabajadores cuero y calzado		4,6	3.928	4,1	8.819	4,3
Trabajadores construcción		5,0	4.482	4,7	15.075	7,4
Trabajadores en metales		2,3	2.130	2,2	5.737	2,8
Trabajadores industrias varias y peones		1,4	1.419	1,5	3.354	1,6
TOTAL II		38,7	27.552	29,0	68.626	33,8
III.1. *Rama terciaria-comercio*						
Comerciantes y banqueros			1.004	1,1	228	0,1
Comerciantes por menor, alojamiento, etc.			11.038	11,6	32.847	16,2
Dependientes, empleados			6.286	6,6		
Total comercio		15,4	18.328	19,3	33.075	16,3

CUADRO 7.1 (Continuación)

Ciudad	1855 (1)	%	1869 (2)	%	1887 (3)	%
III.2. *Rama terciaria-servicios*						
Profesionales universitarios		0,8	784	0,8	2.117	1,0
Profesionales menores y maestros		0,5	1.583	1,7	3.554	1,8
Artes y oficios		0,5	549	0,6	1.473	0,7
Empleados del Gobierno		2,9	1.393	1,5	11.632	5,7
Trabajadores del transporte y comunicaciones		8,1	12.727	13,4	12.733	6,3
Servicio doméstico		22,5	19.953	21,0	39.535	19,5
Total servicios		35,3	30.517	32,2	71.044	35,0
TOTAL III		50,7	55.317	58,3	104.119	51,3
IV. *Sin rama*						
Peones, jornaleros		7,8	10.200	10,7	27.284	13,4
Varios			25	0,0	—	—
TOTAL		100,0	95.030	100,0	202.957	100,0

FUENTES: Elaboración propia en base a

(1) Alfredo Lattes y Raúl Poczter, *Muestra del censo de población de la ciudad de Buenos Aires de 1855.* Buenos Aires, 1968.
(2) República Argentina, *Primer Censo de la República Argentina, 1869.* Buenos Aires, 1872.
(3) Ciudad de Buenos Aires, *Censo General de Población, Edificación, Comercio e Industrias de la Ciudad de Buenos Aires, 1887.* Buenos Aires, 1889.

CUADRO 7.1 bis

ESTRUCTURA OCUPACIONAL DE LA POBLACION ECONOMICAMENTE
ACTIVA EN LA PROVINCIA DE BUENOS AIRES, CIUDAD Y CAMPAÑA,
FECHAS CENSALES DISPONIBLES, 1854-1887

Campaña	1854 (1)	%	1869 (2)	%	1881 (3)	%
I. Rama primaria						
Estancieros y ganaderos	9.856	19,1	12.581	9,4	31.208	17,2
Agricultores cuenta propia	5.764	11,1	1.889	1,4	15.828	8,7
Tamberos y quinteros			1.295	1,0	5.588	3,1
Cazadores			189	0,1	327	0,2
Trabajadores especializados en ganadería			7.776	5,8	429	0,2
Trabajadores especializados en agricultura			9.030	6,7		
Peones rurales	20.313	39,2	175	0,1		
TOTAL I	35.933	69,4	32.935	24,5	53.380	29,4
II. Rama secundaria						
Trabajadores alimentación			2.093	1,5	3.363	1,9
Trabajadores confecciones			9.102	6,7	5.719	3,1
Trabajadores madera y carpintería			1.724	1,3	2.516	1,4
Trabajadores cuero y calzado			1.733	1,3	2.517	1,4
Trabajadores construcción			2.065	1,5	4.048	2,2
Trabajadores industrias varias y peones			1.280	0,9	1.900	1,0
TOTAL II	2.257	4,4	17.997	13,4	20.063	11,0

CUADRO 7.1 bis (Continuación)

Campaña	1854 (1)	%	1869 (2)	%	1881 (3)	%
III. *Rama terciaria*						
Comerciantes y banqueros			967	0,7	1.295	0,7
Comerciantes por menor, alojamiento, etc.	2.130	4,1	6.266	4,6	11.209	6,2
Dependientes, empleados	1.923	3,7	2.710	2,0	2.985	1,6
Profesionales universitarios			174	0,1	461	0,3
Profesionales menores, artes y oficios			1.246	1,0	2.045	1,1
Empleados Gobierno	761	1,5	2.367	1,8	3.483	1,9
Trabajadores transporte y comunicaciones			4.163	3,1	3.914	2,2
Servicio doméstico			16.656	12,4	15.230	8,4
TOTAL III	4.814	9,3	34.549	25,7	40.622	22,4
IV. *Sin rama*						
Peones, jornaleros	8.771	16,9	48.825	36,3	67.429	37,1
Varios			83	0,1	86	0,1
TOTAL	51.775	100,0	134.389	100,0	181.580	100,0

FUENTES: Elaboración propia en base a

(1) Provincia de Buenos Aires, *Registro Estadístico del Estado de Buenos Aires, Segundo Semestre de 1854*. Buenos Aires, 1855.
(2) República Argentina, *Primer Censo...*
(3) Provincia de Buenos Aires, *Censo General de la Provincia de Buenos Aires, demográfico, agrícola, industrial, comercial, verificado el 9/10/1881*. Buenos Aires, 1883.

tratar de entender qué significaba escasez de brazos y abundancia de empleo ocasional en el contexto del proceso de formación del mercado de trabajo en Buenos Aires.

El propósito de esta nota es contribuir a la discusión de este aspecto del proceso en cuestión, refiriéndonos a la provincia de Buenos Aires (ciudad y campaña) entre 1850 y 1880, época decisiva en la conformación de dicho mercado en el corazón exportador del país[4]. Nuestra hipótesis es que entre esas fechas coexistieron, se entrelazaron y confundieron dos formas diferentes de empleo ocasional, que reconocen distintos orígenes y características. Por una parte, encontramos el empleo ocasional como forma de vida, resultado de la pervivencia de un sistema social aún no totalmente enmarcado en las reglas del mercado. Por otro, cada vez más, iba apareciendo el empleo ocasional como una consecuencia de la generalización de las relaciones capitalistas y del funcionamiento del mercado de trabajo. Esta hipótesis, que pasaremos a considerar a continuación, ha sido elaborada en el marco de una investigación que estamos llevando a cabo en el PEHESA acerca de las características de la oferta global de mano de obra en ciudad y campaña de Buenos Aires en el mismo período. En ese sentido, muchos de los aspectos del tema en cuestión que aquí sólo mencionamos brevemente constituyen puntos centrales de la investigación citada, cuyos resultados serán publicados próximamente.

2. Hacia un mercado de trabajo

La conformación de un mercado de fuerza de trabajo libre supone la definición y reproducción de condiciones sociales que hagan necesaria la concurrencia a él tanto de quienes quieran comprar fuerza de trabajo como de quienes deben vender la suya para procurar su subsistencia. Durante el período que estamos considerando se alcanzó la vigencia de tales condiciones en Buenos Aires, luego de un largo proceso no exento de contradicciones. El capitalismo se construyó aquí sobre una estructura productiva muy primitiva, con una población relativamente pequeña

---

[4] Consideramos que en el período comprendido entre 1850 y 1880 se puede hablar de la formación de un mercado de trabajo circunscripto y único para la ciudad y campaña de Buenos Aires. Por una parte, la integración económica del país se plasmó sólo a fines de esta etapa, de manera que la economía de la provincia funcionó durante algunas décadas con relativa autonomía, lo que permite abordar el estudio de su mercado de manera local. Por otra parte, teniendo en cuenta la estrecha interdependencia económica existente entre ciudad y campaña precisamente en esa etapa, el mercado de trabajo debe ser tratado como una unidad, aunque sin descuidar las características particulares de las actividades urbanas y rurales.

en un territorio limitado. A partir de la década de 1850, al calor de la
expansión de la demanda mundial de lana, se aceleró en la provincia
de Buenos Aires el proceso de acumulación, centrado en la producción
pecuaria, en estrecha vinculación con el mercado internacional. Por su
parte la ciudad, puerta de salida de los productos de su propio *hinterland*
y sede del aparato comercial financiero que posibilitaba el intercambio,
creció y diversificó sus actividades, aunque todavía debió esperar décadas antes de industrializarse.

La creación de una oferta estable y disciplinada de mano de obra
que atendiera a la demanda de esa economía en extraordinaria expansión
constituyó aquí un aspecto central del proceso de formación del mercado
de trabajo. Durante todo el siglo xix políticas de largo y corto plazo contribuyeron a crear y consolidar las condiciones de existencia de una fuerza de trabajo libre. Son bien conocidas las primeras, destacándose entre
ellas la apropiación privada de tierras y ganados, la imposición de la ley
y el orden en todo el territorio, la incorporación de inmigrantes con el
propósito de aumentar la población trabajadora. Estas políticas fueron
reforzadas en el corto plazo por medidas que contribuyeron a canalizar
y controlar la fuerza de trabajo disponible, algunas formales, como las
leyes de vagos y malentretenidos, la reglamentación sobre aprendices y
el Código Rural; otras menos formales, como las restricciones al derecho
de caza y el endeudamiento.

Hacia las últimas décadas del siglo, el mercado de trabajo se encontraba ampliado y consolidado en Buenos Aires. Sin embargo, sería un
error deducir la universalización de las relaciones asalariadas en el empleo de la mano de obra. En efecto, las contradicciones y particularidades
del desarrollo capitalista en nuestro país —como ocurrió también en otras
regiones de América Latina— fueron definiendo lo que Singer ha llamado
distintos sectores económicos, cada uno regido por leyes de empleo específicas [5]. Si bien se fueron expandiendo y precisando las relaciones asala-

---

[5] De acuerdo con Singer: «Una teoría del empleo debe desarrollar las leyes
que rigen el "empleo", o sea, el grado de inserción de la fuerza de trabajo en el
proceso de producción social. Estas leyes son específicas para cada sistema económico. De esta manera, una teoría del empleo simple es aplicable solamente a
economías relativamente homogéneas que constituyen la expresión concreta de un
único tipo de sistema. Este ciertamente no es el caso de los países no desarrollados
que contienen dentro de sí más de un sistema. Por lo tanto, una teoría del empleo
adecuada para este tipo de país, debe necesariamente componerse de tantas teorías
parciales como sistemas coexisten en él.» Desde el punto de vista del empleo, Singer
distingue entonces cuatro sectores en la economía de los países no desarrollados:
sectores de mercado, de actividades gubernamentales, autónomo y de subsistencia
(Paul Singer, «Elementos para una teoría del empleo aplicable a países subdesarro-
llados», en V. Tokman y P. Souza, *El empleo en América Latina*, Siglo XXI, Mé-

riadas entre capital y trabajo hasta resultar predominantes, perduraron viejas formas autónomas de trabajo, a la vez que surgían y se multiplicaban otras nuevas, mientras crecía también el empleo en actividades gubernamentales y en el servicio doméstico. La mano de obra empleada en estos dos últimos sectores era reclutada en el mercado pero para la producción no mercantil de bienes y servicios, de manera que no integraba el sector capitalista de la economía.

Esta coexistencia se traducía a su vez en estrechas y cambiantes relaciones entre los distintos sectores, pero no implicaba que el capitalista fuera desplazando o anulando a los demás de manera sistemática ni subordinándolo inflexiblemente a su lógica de acumulación. En un período de gran crecimiento económico y en una sociedad en pleno proceso de construcción del capitalismo, en la que el sector dinámico fue el agropecuario ligado al aparato exportador y la urbanización precedió en varias décadas a la industrialización, los distintos sectores se fueron entrelazando de manera peculiar y muy compleja.

3. Trabajo ocasional: una forma de vida

3.1. Los «vagos» de Buenos Aires

En este contexto de cambio y transformación en las formas de empleo, un factor se presenta, sin embargo, como constante: la aparente escasez de mano de obra. Claro que esto no era una novedad en la provincia, pero en la etapa de expansión inaugurada con la exitosa incorporación de la provincia como productora de lanas en el mercado mundial, parece agravarse el problema y las ya tradicionales quejas resurgen con renovados bríos. No solamente continuaban faltando trabajadores con oficio y especialización, sino que a medida que la economía de exportación se expandía y la ciudad crecía, escaseaban también más los brazos para tareas menos calificadas pero decisivas para la economía.

No era únicamente que la población fuera escasa sino que una parte no desdeñable de asalariados potenciales continuaba gozando de formas alternativas de subsistencia que no hacían necesaria su participación en el mercado de trabajo, su conchavo permanente[6]. Una población escasa,

xico, 1976, p. 17). Para un análisis interesante de la relación entre estructura productiva y estructura ocupacional, ver E. Jelin, «Formas de organización de la actividad económica y estructura ocupacional: el caso de Salvador, Brasil», en *Desarrollo Económico*, 53, 1974, pp. 181-204.

[6] Sobre este tema se encuentran abundantes referencias en los testimonios y en la literatura de la época. Al respecto, ver Ricardo Rodríguez Molas, *Historia social del gaucho*, Buenos Aires, 1968.

enormes extensiones de tierra y rebaños de animales semisalvajes sin dueño efectivo, y la presencia de una frontera abierta, imprimían a la fuerza de trabajo potencial un carácter muy anárquico.

«Los vagos, plaga innata de los países ricos y fértiles como el nuestro... pueblan la campaña... pero (el mal)... no se extinguirá de raíz hasta tanto que la civilización degrade al chiripá y el flujo de la emigración coarte los medios de vivir sin trabajar»[7]. Es que para el poblador rural no era necesario «trabajar» en forma permanente y entonces recurría sólo ocasionalmente a ofrecer su fuerza de trabajo a cambio de un salario; «...es hombre de pocas necesidades», nos dice Marmier «y se contenta con los escasos recursos que posee, con los pesos que gana como peón y zanjeador...»[8]. «Los vagos, palabra de difícil clasificación entre nosotros. ¿Cómo clasificar de vago a un hombre que tiene diez o quince caballos, que trabajó cuatro o cinco días al mes, que gana 150 ó 200 pesos y los restantes los pasa sin hacer nada? De clasificarlo como tal resultarían vagos más de la mitad de nuestros hombres de campo...», opina Mariano Gaínza[9].

Este hombre no es, sin embargo, un campesino. Era la posibilidad de establecer contactos directos con los circuitos comerciales existentes vendiendo a ellos los productos de su propia «cosecha», lo que daba a esa población el acceso al dinero necesario para participar de la economía de mercado. Pues, como dice Halperin:

... más que la existencia de una economía natural en la campaña, el punto de partida está caracterizado por la existencia de un grupo comercial no subordinado a los hacendados; lo que éstos temen no es la reaparición de ciclos económicos cerrados en cada rancho ocupado por un *squatter;* es que éste —como carneador de ganado robado, como ladrón vinculado con indios o con otros hacendados, como cazador de «bichos» (desde nutrias hasta avestruces y zorros) que no desdeña cazar y robar caballos cuando la ocasión se presenta— halle el camino para incorporar sus actividades a circuitos comerciales no controlados por los mismos hacendados y a la vez la posibilidad de contar con protecciones que en la sociedad rural porteña no carecen de peso. Por otra parte, por modesto que se crea el nivel de exigencias de los campesinos porteños en cuanto a ajuar y habitación, siempre sus necesidades en estos rubros los vincularon con una economía de mercado: desde las jergas y ponchos que antes de venir de Europa llegan de Córdoba, de Santiago, de Catamarca, de la Tierra de Indios, hasta los cuchillos y aperos que

---

[7] Provincia de Buenos Aires, *Registro Estadístico del Estado de Buenos Aires,* primer semestre de 1855, núms. 5 y 6.

[8] Xavier Marmier, *Buenos Aires y Montevideo en 1850,* Montevideo, 1967, p. 59.

[9] *Antecedentes y fundamentos del Código Rural,* Buenos Aires, 1864, p. 201.

se fabrican en Buenos Aires, cuando no vienen de la Península, como luego vendrán de Sheffield [10].

Esta combinación de medios de vida, que hacía que el peón sólo ocasionalmente se empleara por un salario, no era exclusiva de la campaña. De economía primitiva y muy ruralizada, la ciudad de Buenos Aires contaba con una gran proporción de trabajadores no calificados que alternaban el empleo remunerado con otras formas de subsistencia, tales como la producción doméstica, la mendicidad, la caza o la pesca, el robo de alimentos para consumo propio o de cueros y lanas para vender al comerciante siempre dispuesto a adquirir esa mercadería. Encontramos así hacia fines de la década de 1840 que las familias de mendigos, que habitualmente vivían de la caridad, buscaban trabajo cuando al hombre de la casa se lo llevaban las levas. «Entonces la mujer, abandonada a sus recursos propios, se hacía lavandera, cuando no se incorporaba a la tropa. En fin buscaba en el trabajo el medio de dar de comer a su prole harapienta» [11].

En la década de 1850 los legajos de la policía abundan con las referencias a quienes complementan sus vidas de «vagos y malentretenidos» conchavándose como achuradores, recogedores de huesos en los mataderos y saladeros, changadores y otros oficios de baja calificación. También se habla de robos de lana o de cueros efectuados por peones troperos o por niños —recoger los restos que caían de los carros en los mercados era una tarea legal y habitual para éstos—; de raterías practicadas por gentes sin oficio fijo «que viven de changas»; de la recolección y venta de frutos de estación, productos de la pesca, leña recogida en el Tigre, por parte de jóvenes, adultos y muchas veces niños que complementaban así el ingreso familiar [12].

3.2. *El control de la mano de obra*

Esta forma de trabajo ocasional afectaba la oferta efectiva de mano de obra de manera imprevisible, o al menos de un modo relativamente independiente de las variaciones de la demanda. Pero además, como veremos, tenía otros inconvenientes. Por ello, como ya hemos señalado, el

---

[10] Tulio Halperín Donghi, «La expansión ganadera en la campaña de Buenos Aires», en T. di Tella y T. Halperín Donghi (eds.), *Los fragmentos del poder*, Buenos Aires, 1969, pp. 48-49.

[11] Víctor Gálvez, *Memorias de un viejo*, Buenos Aires, 1942, p. 230.

[12] Ver legajos de policía en Archivo General de la Nación (AGN), Sala X, Policía, Partes de sección.

disciplinamiento laboral y social de esta fuerza de trabajo potencial fue una de las principales preocupaciones de las clases propietarias y del estado de Buenos Aires ya desde las primeras décadas del siglo XIX.

Para los estancieros el problema era múltiple. En primer lugar, en una región con una población local relativamente pequeña y con una economía en expansión, se agudizaba la escasez de mano de obra en la medida en que los trabajadores potenciales podían encontrar formas de subsistencia alternativas al empleo asalariado. No era solamente una cuestión de conseguir peones para un trabajo, sino sobre todo de mantenerlos, es decir, de evitar que abandonaran la tarea antes de terminarla o dejaran la estancia en cualquier momento. Los estancieros se quejaban de «...las deserciones que hacen los peones por uno, dos o más días del trabajo que les está encomendado...» [13] y del «...frecuente abandono que los peones hacen de los patronos» [14]. Para atraerlos, muchas veces los estancieros adelantaban dinero a los trabajadores y cuando el gobierno intentó prohibir esa práctica las quejas de los patronos fueron elocuentes: «Es inútil restringir o prohibir los adelantos que quieran hacer los patronos a los peones; la escasez de brazos obliga a ello, aun con el riesgo bien común de perderlas», argumentaba Patricio Linch [15], mientras Agustín Sousa insistía: «Hay hoy principalmente tanta necesidad de brazos que no solamente nos obliga a hacer anticipos, sino irlos a buscar a las otras provincias con grandes sacrificios» [16], y Julián Linch era claro: «Mientras haya la escasez de brazos que hoy tenemos en nuestra campaña no han de faltar patronos que adelanten a sus peones aun con todas las posibilidades de perder el dinero anticipado y el que no lo haga no tendrá peones» [17]. El adelanto era un incentivo que se ofrecía para atraer a la mano de obra, más que una forma de obligarla por endeudamiento [18].

En segundo lugar, las prácticas habituales de ocupar tierras sin dueño aparente o de robar y matar ganado para el uso personal o la venta, constituían una violación de la propiedad privada, celosamente custodiada en tanto su dificultosa imposición se había convertido en uno de los pilares de la construcción del capitalismo rural argentino. Más

---

[13] *Antecedentes...*, p. 155.

[14] *Ibid.*, p. 187.

[15] *Ibid.*, p. 166.

[16] *Ibid.*, p. 192.

[17] *Ibid.*, p. 197.

[18] El tema del endeudamiento ha sido abundantemente tratado en estudios referidos a los trabajadores rurales de varios países latinoamericanos. Un artículo de Arnold Bauer resume los argumentos que distintos autores han adelantado en relación a este controvertido tema (A. G. Bauer, «Rural Workers in Spanish America. Problems of Peonage and Oppression», en *Hispanic American Historical Review,* 59, 1979, pp. 34-64).

aún, a medida que esa propiedad se valorizaba con la expansión, la pérdida de una tropilla de caballos, del cuero de alguna vaca o potrillo, o de la lana de un hato de ovejas, se convertía en una pérdida monetaria no insignificante que había que tratar de evitar.

Frente a estos problemas, las propuestas de los estancieros fueron claras y en general coincidentes. En las consultas realizadas en 1856 y 1863 entre propietarios de la provincia de Buenos Aires con el fin de recabar opiniones para la redacción del *Código rural,* éstos reclamaban que se tomaran medidas para disciplinar y controlar a la población rural. Las sugerencias al respecto son básicamente de dos tipos, las que se refieren a formas de coartar los medios de subsistencia alternativa al trabajo asalariado para la población rural, y las que proponen medidas concretas de control y represión sobre esa población. Entre las primeras, se insiste en la necesidad de limitar la instalación en el campo de personas que:

... sin tener medios de subsistencia, es decir, ni hacienda ni propiedad raíz que le produzco renta alguna; pero que, debido a la indolencia de un dueño de tierras..., les permiten éstos que en sus lindes formen un pequeño rancho, donde se acomodan con más o menos familia, permanecer sin quizá trabajar tres meses al año, cuyo producto no les es suficiente para sus primeros gastos, permanecen años y años, aunque la opinión fundada de sus convecinos es que se mantienen regularmente de hurtos... [19].

Para ellos se propone el traslado a la frontera o a los pueblos. Es general la condena a las tiendas volantes que «no deben ser permitidas, pues son generalmente compradoras de artículos robados...» y a las pulperías que «...son la peste más grande que tiene el país» [20]. También se sugiere la prohibición de la caza de avestruces y la explotación de juncales, pajonales, montes de leña y aun la recolección de osamentas en tierras ajenas, pues estos recursos «...pertenecen como los pastos, al dueño del campo...» [21] quien «como tal puede explotarlos como le convenga...» [22].

Se denuncia fuertemente el abigeato y se proponen diversas medidas para reprimirlo, incluyendo desde el control de troperos para evitar que compren caballos robados hasta la prohibición del uso de la bota de potro, calzado habitual de la campaña.

En cuanto a las medidas de control y represión que los estancieros sugieren en sus comentarios, se destacan la imposición de la papeleta de

[19] *Antecedentes...,* p. 184. El testimonio es de Manuel López.
[20] *Ibid.,* p. 195. El testimonio es de José Thwaites.
[21] *Ibid.,* p. 166. El testimonio es de Antonio Bermejo.
[22] *Ibid.,* p. 251.

conchavo y del pasaporte y la introducción de reformas para hacer más efectivo el poder de las fuerzas del orden en la campaña. No hay acuerdo en cambio con respecto al sistema de levas y, como veremos, si bien algunos son partidarios de enviar a los vagos y malentretenidos a las filas del ejército, otros en cambio sostienen que las levas son perjudiciales y que los contraventores de la ley debían ser asignados a trabajos forzados. En este punto, las demandas de los estancieros se entroncaban directamente con las necesidades del Estado.

Para el estado, aunque comprometido con el proyecto de expansión ganadera, no se trataba solamente de apoyar esas demandas sino también de ejercer el control social sobre la población de su territorio. La imposición de la ley y el orden se convirtió así en un objetivo central de las administraciones provinciales posrosistas, que fueron perfeccionando la legislación que ya Rosas había ensayado en conjunción con otros métodos más directos para domesticar la campaña. Por su parte, para los elencos gobernantes o para quienes aspiraban a serlo, esa legislación y sus mecanismos de aplicación fueron también de control político bastante directos y desembozados. Pero el orden que se quería imponer resultaba decisivo cuando se trataba de organizar el ejército de Buenos Aires. Desde los días de la Revolución, la amenaza indígena, los conflictos interprovinciales y las guerras internacionales habían obligado a mantener un ejército casi permanente, cuyos miembros se reclutaban en gran parte entre la población rural. Miles de hombres adultos eran reclutados año a año obligatoriamente e incorporados a las filas militares. Estas levas afectaban entonces a quienes por otra parte eran trabajadores potenciales en la campaña: en las estancias, en las carretas, en los mercados.

Hemos coincidido en otro trabajo con Astesano y Halperín cuando señalan la contradicción existente en un área de escasa población relativa entre las necesidades de mano de obra que plantea la economía rural en expansión y los requerimientos de hombres para el ejército[23]. Esta contradicción encontró, sin embargo, una solución parcial en la legislación sobre *vagos y malentretenidos* que buscó a la vez disciplinar a la mano de obra y proveer de hombres al ejército. Amedrentando al trabajador y castigando al marginal se conseguía el doble propósito buscado. Así, se definía como vago pasible de ser arrestado y enviado por varios años a servir al ejército, a quien carecía de propiedades o de un trabajo estable. Combinada con las disposiciones que exigían papeletas de conchavo (certificados de empleo) y pasaportes para trasladarse aun dentro de la pro-

---

[23] Eduardo Astesano, *Rosas. Bases del nacionalismo popular*, Buenos Aires, 1960; Tulio Halperín Donghi, *op. cit.*; Hilda Sábato, *Wool production and Agrarian Structure in the Province of Buenos Aires, North of the Salado, 1840's-1880's*, tesis de doctorado, Universidad de Londres, 1980.

vincia, esta legislación fue la base sobre la que se erigieron los mecanismos de control social y laboral de la población bonaerense. Estas medidas generales se completaban con otras más específicas, como el control de comerciantes y saladeristas para evitar la compra de ganado, lana o cueros robados; la restricción al derecho de caza; la persecución efectiva de peones «huidos» de casa de sus patrones con sueldo adelantado.

Son conocidos los hitos principales en esta legislación. Los mencionaremos brevemente. El Bando Oliden de 1815 definía a las personas que no tenían «propiedad legítima» como pertenecientes a la clase de sirvientes, con la obligación de tener un empleo y llevar siempre consigo la papeleta firmada por su empleador y por el juez de paz, renovada trimestralmente. Si se carecía de ese certificado se clasificaba como *vago* y se enviaba al ejército por cinco años.

En las décadas del veinte y del treinta se continúa legislando en esa dirección y la administración de Rosas se caracteriza por una efectiva aplicación de esas medidas. La opción era el trabajo asalariado o el frente, y en la mayor parte de los casos la decisión ni siquiera estaba en manos del trabajador potencial sino en la de estancieros y jueces de paz, que podían acusarlo en cualquier momento de vagancia y mandarlo a servir en el ejército por varios años. Estas medidas arbitrarias se agravaban cuando el gobierno daba órdenes de reclutar a un determinado número de soldados para una campaña específica. En ese caso, el comandante tenía atribuciones para elegir a los candidatos y para determinar qué estancieros serían los perjudicados reclutándose sus peones.

Por otra parte, durante estas décadas, el pasaporte era un documento indispensable para moverse de un partido a otro, o trasladarse a la ciudad. Con la caída de Rosas en 1852 se produce un corto intervalo con la abolición temporaria de ese requisito, que Urquiza vuelve a implantar pocos meses más tarde. Las autoridades también insisten en el reclutamiento de vagos y malentretenidos. Se aprueban nuevas disposiciones en 1853, 1855 y 1858, hasta que se dicta finalmente el *Código rural*, regulando los derechos de propiedad, la relación entre terratenientes, la organización de la policía rural y la vinculación entre empleador y trabajador, definiendo los derechos y obligaciones del patrón y peón. Para el *Código* «es patrón rural quien contrata los servicios de una persona en beneficio de sus bienes rurales y es peón rural quien los presta, mediante cierto precio o salario» (art. 222). Entre otras disposiciones atinentes a las relaciones de trabajo se establece que el peón debe conchavarse por medio de un contrato, que será extendido por el juez de paz. Exige que todo peón enviado fuera del partido donde reside debe llevar un certificado del patrón. Establece además una serie de requisitos atinentes al control del comercio y acarreo de ganados, para evitar los robos y las ventas clandestinas. Restringe también el derecho de caza y prohíbe juegos de azar y la portación de armas blancas. Define como vago a «todo aquel que careciendo de domicilio fijo y de medios conocidos de subsistencia perjudique a la moral por su mala conducta y vicios habituales». Como castigo, un *iuri* de vecinos podía destinarlo al servicio de las armas por tres años o a trabajos públicos por uno.

Si bien toda esta legislación respondía tanto a los intereses del aparato productivo como a las necesidades del Estado, su aplicación no se llevó a cabo sin tensiones. Más aún, a medida que la estructura productiva de la campaña se hacía más compleja y se abría una brecha cada vez mayor entre aquellas regiones más organizadas de la provincia y aquellas que todavía estaban en la zona fronteriza, los conflictos en torno al tema se agudizaron.

Ya hacia fines de la década de 1850 encontramos discusiones interesantes acerca de la mejor manera de atraer a la mano de obra al trabajo en las estancias, incluyendo la opinión de quienes afirmaban que las leyes sobre vagancia no hacían sino agravar el problema, incitando a los potenciales trabajadores a huir de la provincia por temor a la leva[24]. Más adelante, las voces de protesta se hacen sentir con más fuerza condenando la arbitrariedad de las levas, sugiriendo métodos más justos de reclutamiento, denunciando las miserias de la vida en el frente y las injusticias que sufrían gauchos y trabajadores rurales[25]. Las quejas también surgían de los mismos estancieros, cuando las levas los afectaban directamente llevándose sus peones y ya no solamente para extender o defender la frontera inmediata, sino para engrosar las filas del ejército en áreas lejanas como el Paraguay o Entre Ríos.

Ese sistema, que había funcionado con relativa efectividad hacia mediados de siglo, comenzaba a traer demasiados inconvenientes, y los mismos que lo defendían y exigían su efectivización muchas veces marcaban también sus contradicciones y los problemas que de él se derivaban a medida que cambiaba la estructura socioeconómica de la campaña. Así, por ejemplo, si por un lado era importante evitar que el peón abandonara su trabajo, en cualquier momento, para lo cual las disposiciones sobre papeleta de conchavo y pasaporte resultaban medidas apropiadas, por otro lado la misma dinámica de la economía lanera —como vere-

---

[24] *Antecedentes...*, pp. 246-247. El testimonio es de Juan Dillon.

[25] Este desacuerdo con el sistema de la leva se expresó de diversas formas, y lo encontramos tanto en referencias ocasionales incluidas en obras más generales sobre la vida rural, como en trabajos dedicados enteramente a condenar ese sistema. Tal es el caso del *Martín Fierro* y de varios artículos de denuncia publicados en la *Revista Argentina*. Parte de esta literatura aparece mencionada y resumida en Rodríguez Molas, *op. cit.*

mos— requería de mano de obra estacional y ocasional, y por tanto se beneficiaba contando con trabajadores que pudieran trasladarse adonde eran necesarios en cada momento, y en ese sentido el pasaporte se convertía en una limitación a la libre movilidad de la mano de obra. Pero no sólo la letra de la legislación resultaba conflictiva, sino que los mecanismos a través de los cuales se hacía efectiva traían a su vez problemas de jurisdicción y de poder a nivel local. La relación entre comisarios, jueces de paz, comandantes y propietarios no siempre era armónica, las disputas se multiplicaban y los intereses personales provocaban choques y desavenencias. Hacia la década de 1870 la crítica al personaje del juez de paz fue casi una moda, aunque su eficacia hasta entonces había sido beneficiosa para muchos.

Poco a poco y a medida que se hacían casi innecesarias o aun engorosas algunas disposiciones fueron desapareciendo. En 1870 se reformó el *Código rural* para suprimir los artículos referidos a «vagos», y en 1873 se abolió el requisito del pasaporte para trasladarse por la provincia. Pero habría que esperar hasta fines de la década de 1880 para que el reclutamiento anterior de soldados fuese reemplazado por un sistema de sorteos, en un ejército que empezaba a cumplir otras funciones.

4. Empleo ocasional y mercado de trabajo

En las últimas décadas del siglo se habían consolidado ya las condiciones de existencia de un mercado de trabajo libre, que aseguraban la oferta regular de una mano de obra disciplinada y dispuesta al empleo asalariado. Esa mano de obra resultaba cada vez más necesaria para la economía de Buenos Aires en rápida expansión. En ese sentido, fue decisiva la incorporación de inmigrantes que vinieron a engrosar las filas de los trabajadores y que ya en la década de 1860 superaban en número a los argentinos (cuadro 7.2). Decenas de miles de italianos, españoles, franceses, irlandeses y otros europeos se instalaron en Buenos Aires y pronto fueron mayoría, tanto en las ocupaciones no calificadas como en las más especializadas de la ciudad y aun en muchas de la campaña. Mientras tanto, las medidas de control mencionadas y otros procesos y anexos —apropiación privada de tierras y ganados, imposición de la ley y el orden, etc.— contribuían a asegurar la canalización de la mano de obra disponible al mercado y la reproducción de la fuerza de trabajo.

A fines del período en estudio es difícil ya encontrar huellas de aquellos que sólo ocasionalmente trabajaban por un salario mientras para sobrevivir elegían combinar actividades diversas, muchas de ellas ya de-

CUADRO 7.2

COMPOSICION POR SEXO Y ORIGEN DE LA POBLACION
ECONOMICAMENTE ACTIVA EN LA PROVINCIA DE BUENOS AIRES,
CIUDAD, CAMPAÑA Y TOTAL, 1869

	Ciudad	Campaña	Total
Nativos			
Varones	13.382	55.393	68.775
Mujeres	14.196	27.044	41.240
Ambos sexos	27.578	82.437	110.015
Extranjeros			
Varones	52.445	44.158	96.603
Mujeres	10.399	4.050	14.449
Ambos sexos	62.844	48.208	111.052
Nativos y extranjeros			
Varones	65.827	99.551	165.378
Mujeres	24.595	31.094	55.689
Ambos sexos	90.422	130.645	221.067

FUENTE: Hilda Sábato (coord.), J. C. Korol y Ricardo González, *Los trabajadores y el mercado de trabajo en Buenos Aires, ciudad y campaña, 1850-1880*. Buenos Aires, PEHESA/CISEA, 1981, pp. 102-104.

cididamente consideradas como ilegales. Fue surgiendo en cambio el empleo ocasional como un mecanismo de respuesta y regulación de la oferta de mano de obra no especializada, en un mercado de trabajo en el que la demanda de ese tipo de trabajadores reconocía variaciones y fluctuaciones tanto estacionales y previsibles como momentáneas e imprevistas.

La organización de ese mercado tenía por uno de sus objetivos crear una oferta de fuerza de trabajo disciplinada y acostumbrada al empleo regular, pero no aseguró que la demanda también fuera estable. Paradójicamente, mientras se disciplinaba a la mano de obra potencial restringiendo sus posibilidades de vivir sin «trabajar», se desarrollaba una estructura económica que no aseguraba empleo regular y que, por el contrario, daba lugar a desequilibrios permanentes entre oferta y demanda de mano de obra. Si bien en el largo plazo ésta parece haber permanecido superior a la oferta, en el corto plazo estaba sujeta a fluctuaciones bruscas y acentuadas, producto de variaciones tanto regulares como imprevisibles en el ritmo de la actividad económica.

4.1.   *Actividad estacional y cíclica y demanda de mano de obra*

Tanto en la ciudad como en la campaña, los requerimientos de mano de obra estaban fuertemente pautados por ritmos estacionales. En primer lugar, la naturaleza misma de la economía bonaerense basada en la exportación de bienes primarios, imponía una secuencia estacional a la actividad económica. Así, durante las décadas de predominio del ovino y la exportación de lana, la temporada alta comenzaba en el campo con la esquila, en octubre, y continuaba hasta principios del año siguiente, mientras que en la ciudad seguía un ritmo paralelo, cuando llegaba la lana del campo en carretas y luego por ferrocarril y debía ser almacenada, y prensada y transportada generando una intensa actividad en barracas, mercados, casas comerciales y en el propio puerto hasta el momento de su embarque.

Esa actividad se extendía a áreas no directamente ligadas a la producción y comercialización de la lana. En el campo, en los meses de compras y pagos, se intensificaban todas las actividades como consecuencia del movimiento de hombres, carros y productos. En la ciudad ocurría otro tanto. Bancos y casas comerciales activaban sus transacciones mientras que hoteles, cafés, casas de comida y entretenimientos multiplicaban su clientela con compradores llegados de Europa y vendedores del interior de la provincia, marineros y carreteros y más de un especulador venido al Plata a buscar fortuna en la época de abundancia.

Además de las actividades relacionadas con el sector exportador, otras se veían afectadas por ritmos estacionales ya fuera porque el proceso de producción mismo lo imponía o porque dependieran de insumos solamente disponibles en cierta época del año. La producción agraria en general y la construcción pueden citarse en el primer caso, y en el segundo actividades tales como la elaboración de dulces con ciertas frutas, la fabricación de bolsas, la preparación de licores y refrescos.

Finalmente, las actividades relacionadas con el consumo de la población también estaban sujetas a ritmos estacionales marcados. Así, por ejemplo, mientras planchadoras y lavanderas multiplicaban sus tareas durante el verano, los carboneros y leñadores lo hacían en invierno y sastres y modistas en general se veían solicitados a principios de cada temporada. Estos variados ritmos no necesariamente se compensaban y mientras la primavera y el verano eran épocas de gran actividad, el invierno marcaba el pico más bajo en ese sentido.

Además de sufrir las bajas estacionales, la economía del Río de la Plata era muy vulnerable a las crisis cíclicas, y su estrecha relación con el mercado mundial la convertía en una caja de resonancia de la situación internacional tanto en los momentos de alza como en los de baja.

La actividad local respondía inmediatamente a estos estímulos, expandiéndose desmesuradamente unos años para caer bruscamente en los siguientes.

Estas variaciones estacionales y cíclicas en la producción de distintos bienes y servicios afectaban sin duda la demanda de mano de obra, sobre todo, por el tipo de organización económica que primaba en Buenos Aires. Así, aunque disminución de actividad no significaba en todas las ocupaciones disminución del empleo, en buena parte un número mucho menor de trabajadores era ocupado durante las temporadas de baja que durante las épocas de mayor actividad. Más aún, a lo largo de este período los sectores que requerían mayor cantidad de brazos eran aquellos que más experimentaban tales variaciones en el empleo. A continuación veremos cuáles eran esas actividades y de qué manera, en cada caso, la demanda de mano de obra estaba sujeta a fluctuaciones.

El sector exportador:

En la construcción del capitalismo en Buenos Aires el sector dinámico de la economía que lideró el proceso de acumulación fue el agropecuario, ligado al aparato exportador. Durante estas décadas la provincia multiplicó varias veces su capacidad productiva y se insertó de manera agresiva en el mercado mundial, convirtiéndose en uno de los principales proveedores de lana para la industria europea en rápida expansión. La estructura productiva del agro se transformó profundamente mientras se modificaba y sobre todo se expandía el aparato comercial-financiero que posibilitaba el intercambio. Pero este crecimiento no cambió la naturaleza estacional y los problemas cíclicos de la economía de la provincia. Por el contrario, los agudizó, en particular en lo que se refiere a la demanda de mano de obra. Veremos así cómo en todas las actividades vinculadas a la economía de exportación el empleo ocasional se convirtió en una solución estructural a los problemas de las variaciones estacionales y cíclicas de la demanda de brazos.

Centrémonos en primer término en la producción. Hacia 1850, unos tres millones de vacunos constituían la principal riqueza de la provincia. Animales no refinados, casi salvajes, se utilizaban exclusivamente como proveedores de cuero y tasajo, principales productos de exportación. Estos animales se criaban a campo abierto, en estancias de límites relativamente difusos y donde puesteros y peones tenían a su cargo la diaria rutina de cuidar el ganado y «para rodeo» —dos hombres bastaban para cuidar 1.500 animales— bajo la supervisión de capataces y eventualmente un mayordomo, encargado de manejar la empresa en reemplazo de su dueño. Estos trabajadores, generalmente de tipo permanente, vivían en la estancia y se les pagaba un salario, parte en dinero y parte en especies, comida, «vicios» y vivienda.

Además de este personal permanente, la estancia contrataba en distintas épocas del año a trabajadores ocasionales para la realización de tareas específicas, como la marcación o la doma. En general éstas exigían alguna calificación y se pagaban mejor que las tareas rutinarias, dado cierto poder de negociación de que gozaban los trabajadores de oficio en la estación en que se hacía sentir la escasez de mano de obra[26]. A pesar de la simplicidad de este esquema organizativo, conviene destacar que no se impuso sin dificultades. En efecto, como señala Halperín, las transformaciones en la organización de la estancia vacuna posrevolucionaria constituyeron uno de los pilares sobre los que se asentó el nuevo orden en la campaña, orden en que se basaría el creciente poder de los hacendados.

En lo que respecta a la población rural, este nuevo orden —como ya hemos dicho— se dirigió precisamente a lograr su disciplinamiento social y laboral. Aunque la aplicación de la legislación represiva sobre vagos y malentretenidos y los esfuerzos tendentes a asegurar el orden interno más severo en las estancias reconocían ventajas diversas para los estancieros, desde nuestro punto de vista interesa destacar que contribuían efectivamente a limitar y controlar el empleo ocasional que se practicaba como forma de vida, «elegido» por los mismos trabajadores. Fue a través de esa organización sencilla, pero de una nueva racionalidad, como comenzó a ordenarse el empleo de mano de obra. En efecto, se trataba de emplear de manera permanente a los peones y puesteros que se requirieran para cuidar el ganado y realizar las operaciones rutinarias de la estancia, pero en cambio se preveía la contratación temporaria de mano de obra para actividades específicas. Así organizada, la actividad ganadera requería y fomentaba el trabajo ocasional en ciertos rubros, mientras trataba de controlarlo en otros[27]. Este rasgo se acentuaría a partir de mediados de siglo con la expansión del ganado lanar, que en las décadas siguientes despertó una fiebre de inversiones y aceleró el proceso de acumulación de capital, transformando de manera decisiva la estructura socioeconómica de la campaña bonaerense.

Así, mientras hacia mediados de siglo pastaban unos cuatro millones de ovejas criollas semisalvajes en suelo de la provincia, treinta años más tarde su número se había multiplicado *catorce veces* y su calidad había mejorado notablemente, constituyendo un rebaño mayoritariamente mes-

---

[26] Tulio Halperín Donghi, *op. cit.*
[27] Ver, por ejemplo, *Antecedentes...*, p. 249.

tizo y de buena lana. El vacuno no desapareció de Buenos Aires, pero su número se mantuvo estancado y fue siendo desplazado geográficamente hacia las zonas fronterizas de la provincia, dejando los mejores pastos y los campos más cercanos al puerto para el ovino.

En otro trabajo hemos analizado la estructura productiva de la región en que se produjo la gran expansión del lanar durante la segunda mitad del siglo XIX [28]. Nos hemos referido a la organización de la estancia ovina y al empleo de mano de obra, así que aquí nos detendremos exclusivamente en aquellos aspectos que se refieren al tema central de este trabajo. En ese sentido, cabe señalar lo siguiente:

a) Gran expansión de la demanda de mano de obra: tal como se organizó la cría de ovejas en la provincia de Buenos Aires, requirió mucho mayor número de brazos que la explotación del vacuno, pero, además, claro está, lo que realmente afectó esa dimensión fue el vertiginoso crecimiento del rebaño en pocos años. Aunque la productividad de la mano de obra experimentó un aumento, en especial luego de la adopción generalizada del alambrado en la década de 1870, estimamos que la demanda de brazos para el sector se habría por lo menos decuplicado en esos treinta años.

b) Cambios en la calificación: la producción de lana exigía el conocimiento y la práctica en ciertas técnicas casi desconocidas hasta entonces por el trabajador rural de la provincia. Aunque conservando sus viejas denominaciones, muchos de los personajes de la estancia ovina tendrían nuevas funciones. Así, del mayordomo al peón, se asignaron tareas diferentes que debían ser aprendidas, mientras la organización de los establecimientos se adaptaba rápidamente a los cambios en la producción.

c) Cambios en el orden interno de la estancia: la organización interna de las estancias se hizo aún más estricta que en el período anterior. El calendario de actividades era necesario llevarlo adelante con precisión y los administradores debían tener absoluto control sobre la tarea que se realizaba en los distintos puestos así como en la unidad central de la estancia. Pero además era imprescindible que los puesteros se quedaran en sus lugares de trabajo de manera permanente, con grave perjuicio para la estancia si abandonaban su labor sin reemplazante. Los puestos, además, eran fijos, ocupaban una determinada porción de terreno de la estancia y allí es donde cada trabajador concentraba su atención. Como hemos analizado en otro estudio, para estimular el interés del trabajador por el rebaño a su cargo y atraer mano de obra considerada con mayores aptitudes o privilegios —como la provista por

---

[28] Hilda Sábato, *op. cit.*, especialmente capítulo IV.

vascos e irlandeses de reciente inmigración— se contrataba a los puesteros ofreciéndoles participación en los resultados de su labor, bajo diferentes formas de aparcería. Además, como forma de asegurar una mayor estabilidad para la mano de obra contratada en los puestos y de atraer a los inmigrantes que arrastraban una vieja tradición campesina, fue aceptándose y aun prefiriéndose al puestero con familia, para descubrir muy pronto que mujer e hijos del trabajador contratado podían a su vez realizar numerosas tareas relacionadas con el cuidado del puesto.

d) Estacionalidad en la producción y en la demanda de mano de obra: mientras por un lado la cría de ovejas requería un número siempre creciente de trabajadores estables para ejecutar las tareas de rutina, por el otro exigía en la temporada de la esquila —octubre a diciembre— un número mucho mayor de brazos que el habitual. En esta ocasión, los estancieros movilizaban a todos sus peones y puesteros, pero además contrataban a trabajadores temporarios que realizaban principalmente esta tarea. Bandas de esquiladores recorrían la campaña durante los meses de zafra, ofreciendo sus servicios de estancia en estancia, cubriendo largas distancias, hasta que concluía la temporada. No contamos con información acerca del número de personas empleadas de manera estable en las estancias, y menos aún de aquella que se contrataba para la esquila. En función de la producción de lana y de la información disponible sobre productividad de la mano de obra a lo largo del período en estudio, hemos realizado estimaciones del número de trabajadores permanentes y de esquiladores requeridos para distintos años. Dada la precariedad de los datos, conviene tomar estas cifras sólo como órdenes de magnitud y no como indicadores precisos (cuadro 7.3). La producción de lana exigía entonces, por una parte, una provisión regular de brazos que debían adaptarse a los nuevos requerimientos de disciplina y control de la estancia ovina, y por otra una dotación de miles de trabajadores adicionales que se ocupaban sólo en la temporada de la esquila, pero cuya presencia en el momento y en el lugar adecuado era imprescindible para asegurar el éxito de todo el año de trabajo.

e) Empleo ocasional: pero además de emplear puesteros permanentes y esquiladores estacionales, las estancias contrataban también a trabajadores ocasionales para la realización de tareas específicas como reparar un cerco, exterminar hormigas, arreglar un techo y otras obras de mantenimiento, así como también para la castración de los corderos y la doma de potros.

La organización de las estancias en este período sugiere que se acentúa la tendencia iniciada en la etapa del vacuno, pues el empresario

CUADRO 7.3

TRABAJADORES PERMANENTES Y TRABAJADORES PARA LA ESQUILA
REQUERIDOS POR LAS ESTANCIAS DE BUENOS AIRES, 1850-1885
(ESTIMACION)

Año	Trabajadores permanentes	Trabajadores para la esquila
1850	4.500	2.000
1855	7.000	3.100
1860	10.000	4.600
1865	27.500	15.000
1870	34.000	18.000
1875	38.000	22.000
1880	41.000	24.000
1885	47.000	31.000

NOTA: Esta estimación ha sido hecha en base a los datos sobre número de cabezas de ovinos, mano de obra requerida para su cuidado permanente en las estancias de la provincia (estimada en 1850, 1855 y 1860 en un hombre cada 1.000 cabezas, en 1865 y 1870 en uno cada 1.200 cabezas, en 1875 y 1880 en uno cada 1.300 cabezas y en 1885 en uno cada 1.500 cabezas), y personal extraordinario necesario en los meses de la esquila (estimando el tiempo de la esquila en 70 días y el número de ovejas esquiladas por hombre por día en 40, y calculando que por cada 20 esquiladores deben sumarse cinco personas más que acompañaban a las cuadrillas en calidad de agarradores, atadores, etc.).

Este cuadro no se refiere al número de trabajadores empleados sino al de los requeridos en los distintos años por la producción lanar. Dado que las cifras están calculadas en base a datos muy globales, deben considerarse sólo como órdenes de magnitud.

La información de base para estos cálculos ha sido extraída de Hilda Sábato, *Wool Production and Agrarian Structure in the Province of Buenos Aires, North of the Salado, 1840's-1880's,* Tesis de doctorado, Universidad de Londres, 1980.

trataba de mantener la dotación permanente de trabajadores en su estancia al mínimo, recurriendo con frecuencia al trabajo ocasional. Esta modalidad, unida a la de la preferencia por la aparcería más que por el trabajo asalariado, permitía al estanciero una gran flexibilidd en la organización de su empresa. Dadas las dificultades financieras habituales en el contexto bonaerense y los riesgos que implicaban las súbitas variaciones de la demanda mundial y por ende del precio local de la lana, y teniendo en cuenta que el peso del costo de la mano de obra en el de producción estaba lejos de ser insignificante, esta flexibilidad era la que daba al estanciero la oportunidad de obtener ganancias significativas, cubriéndose aún en las épocas difíciles.

Vemos entonces que la organización misma de la producción en el sector lanar se basaba en la disponibilidad de mano de obra dispuesta a emplearse de manera temporaria. La esquila ocupaba apenas de dos a tres meses de la primavera y las estancias seguían requiriendo trabajadores adicionales en el verano, pero el invierno marcaba la temporada más baja en la campaña y en casi todas las estancias se prescindía de la mano de obra contratada. Por lo tanto, mientras en primavera y verano miles de trabajadores buscaban conchavo por día, por tarea o por temporada en las estancias de la provincia, viajando y recorriendo la campaña en busca del empleo más adecuado y mejor pagado, en los meses de invierno esa población resultaba mano de obra redundante en el esquema organizativo vigente, y debía seguramente buscar otros horizontes para asegurarse la subsistencia.

La naturaleza fuertemente estacional de la producción primaria —en particular de la lanera, pero también de la de los saladeros [29]— imprimía su sello a todas las actividades relacionadas con ella. En efecto, la lana —una vez cosechada— debía transportarse, almacenarse y finalmente cargarse en los buques para la exportación, y todo se hacía en los meses inmediatamente posteriores a la esquila. La actividad era febril en barracas y mercados, mientras que miles de carretas y posteriormente otros tantos vagones de ferrocarril llevaban lana y cueros desde sus lugares de producción a la ciudad de Buenos Aires, donde finalmente se embarcaba hacia Europa.

La entrada mensual de carros y carretas a los mercados muestra claramente cuáles eran los meses de mayor actividad [30]. Las barracas donde se almacenaba la lana también veían colmada su capacidad durante los húmedos veranos porteños. En cambio, pasada la temporada de exportación, el movimiento decaía casi bruscamente, para alcanzar sus momentos de máxima quietud en los meses de junio y julio.

Dada la forma de organización de todo el aparato de comercialización y transporte (con excepción de los ferrocarriles), estas variaciones en el ritmo de actividad repercutían directamente en la demanda de mano de obra y en el empleo de brazos en esos sectores. En los escenarios donde se realizaba el almacenamiento, carga y descarga, pesaje, clasificación y otras tareas previas al embarque, miles de peones y jornaleros busca-

---

[29] Sobre la contratación de mano de obra estacional en los saladeros, ver William MacCann, *Viaje a caballo por las provincias argentinas,* Buenos Aires, 1969, p. 154; y Horacio Giberti, *Historia económica de la ganadería argentina,* Buenos Aires, 1970, capítulo IV.

[30] En el año 1862, por ejemplo, mientras en los meses de enero, febrero, marzo, abril y diciembre el número de carretas ingresadas al mercado Once de Septiembre osciló entre mil y dos mil, en agosto fue sólo de diez. En el Mercado de Constitución en el mismo año encontramos que los meses de mayor afluencia de carretas (entre 1.500 y 1.800) fueron los de enero y diciembre, mientras que nuevamente agosto fue el mes de baja, con sólo 94 carretas ingresadas (AGN, Sala X, Policía, Tablada, Corrales y Mercado, 1861 a 1863).

ban ocuparse en la temporada alta: algunos eran contratados por barraqueros y acopiadores por día, por semana o a destajo; otros se ofrecían directamente al dueño de una tropa de carretas o al consignatario en el mercado para descargar y acomodar los fardos. En el puerto y la aduana, además de los changadores por cuenta propia, jornaleros contratados por un «empresario de peones» llevaban a cabo el trabajo de carga y descarga en carros y buques. En los huecos de carretas, peones tronqueros, picadores o troperos se conchavaban por viaje para el transporte de lana, cueros y astas.

Pero en el invierno o en coyunturas de baja, la actividad disminuía drásticamente, el trabajo mermaba y los hombres debían buscar otros destinos [31]. Nos encontramos entonces con casos como los de Juan Verón, capturado por la policía a principios de noviembre de 1870, quien «...declaró que hace como quince días que no trabaja en nada a consecuencia de haber parado los carros de su patrón don Francisco Casares, con quien trabajó anteriormente», o «Manuel Villareal, que es de Buenos Aires, dieciocho años, soltero, carrero y que hace seis días que no trabaja ... y que la causa de no ocuparse en su oficio de carrero es porque su patrón don Pedro "el ruso" ha parado los carros por falta de trabajos» [32].

Construcción y obras públicas

Además de las actividades ligadas directamente a la economía de exportación, otros sectores mostraban una utilización sistemática de trabajadores ocasionales y estacionales. Tal vez el más importante haya sido el de la construcción. En el ámbito privado, a principios de nuestro período, la construcción contaba con un núcleo de trabajadores relativamente especializados que funcionaban como trabajadores autónomos y aun como contratistas intermediarios entre el interesado en realizar una obra y los albañiles, pintores, carpinteros y peones que la llevarían a cabo. Como la actividad disminuía notablemente en los meses de invierno, además de ser muy sensible a las crisis generales de la economía, y como aceptaba mano de obra de escasa calificación, se convertía en un bolsón de empleo ocasional. Con la gran expansión de la edificación en Buenos Aires, se hizo más compleja la organización del sector y fueron surgiendo verdaderas empresas constructoras que compartían el mercado con la cre-

---

[31] Este aspecto del problema será tratado con mayor detalle en el trabajo actualmente en vías de conclusión.
[32] AGN, Sala X, 34-10-6.

ciente legión de maestros italianos, quienes continuaban organizando la profesión en pequeña escala [33].

Pero donde la ocupación de mano de obra poco calificada no estable alcanzó proporciones más significativas fue en las obras públicas, sobre todo a partir de la década de 1860. Dos proyectos fueron particularmente importantes en este período: la construcción de los ferrocarriles y las obras de salubridad. También fue adquiriendo relevancia cada vez mayor la erección o remodelación de edificios públicos. Este tipo de trabajos en general —aunque no siempre— se realizaba por medio de contratistas especializados que se presentaban a licitación, convocada ésta por las empresas o por el organismo público —municipal, provincial o nacional— involucrado. Así se construyeron casi todas las obras públicas y parte de los ferrocarriles.

En el caso de estos últimos, en la provincia de Buenos Aires funcionaron varias líneas diferentes, que se fueron construyendo por etapas. Para cada una de ellas se empleaba un número variable de trabajadores, la mayor parte peones o jornaleros, que al terminar el tramo respectivo quedaban nuevamente sin empleo. No contamos con información precisa acerca de la forma en que se fueron construyendo los ferrocarriles, y muy poco es lo que sabemos acerca de esas empresas que se presentaban a las licitaciones públicas o privadas —su estudio está aún por hacerse—, de manera que aquí nos limitaremos a señalar algunos aspectos de esa cuestión que nos permiten inferir de qué forma se realizaba la contratación de la mano de obra para esas tareas.

Como dijimos, los ferrocarriles se construyeron por tramos y en etapas. Veremos que esas etapas, aun en el caso de líneas diferentes, coinciden con los años de mayor prosperidad en la economía local que preceden a las grandes crisis, durante las cuales, naturalmente, este tipo de obras parece paralizarse. Así, los períodos en que se concentra la construcción de mayor número de kilómetros de vía en todos los trazados son los que van de 1862 a 1867, de 1872 a 1875/6 y de 1878 hasta entrada la década de 1880, mientras que los períodos de estancamiento coinciden con los años subsiguientes a los más graves de las crisis comenzadas en 1866 y 1873, o sea, de 1868 a 1870 y de 1876 a 1878 [34].

---

[33] También este aspecto se desarrolla en el trabajo actualmente en vías de conclusión.

[34] Entre 1862 y 1867 se construyen 30 kilómetros del Ferrocarril del Norte (Buenos Aires-Tigre), más de 150 kilómetros del Ferrocarril Oeste, unos 120 kilómetros del Ferrocarril Sud y cerca de 60 kilómetros del Ferrocarril a Ensenada. Entre 1872 y 1875-76 se continúa con la construcción de unos 270 kilómetros del Ferrocarril Sur, más de 40 kilómetros del Ferrocarril Oeste y 80 kilómetros del Ferrocarril a Campana (Memorias del Ferrocarril Oeste, 1872 a 1880; Memoria del Ministerio del

La mano de obra requerida para esa construcción era en su mayoría no calificada[35], que se contrataba mientras durara la obra respectiva. De esta manera, los años de mayor demanda de brazos fueron entonces aquellos en que se trazaron las principales vías, es decir, 1865 y 1866, cuando se completaron casi 300 km, y 1874 a 1876 cuando se superó esa cantidad. Estimamos en dos y en tres mil el número de trabajadores involucrados, respectivamente, en cada una de estas etapas, número que creció bastante a partir de 1878, cuando las obras se retomaron y se expandieron. En todo este período la prensa señala la importancia de la demanda de mano de obra por parte del ferrocarril, y en 1865, por ejemplo, no deja de notar que la escasez de brazos y el alza de los salarios en parte se debe a ese auge de la construcción vial. Por el contrario, en los momentos en que los trabajos se suspendían, surgía la preocupación por el destino de esos trabajadores que quedarían sin empleo[36].

En cuanto a las obras de salubridad de la ciudad de Buenos Aires, que incluían la construcción de un sistema de cloacas y aguas corrientes, se iniciaron hacia 1873 a cargo de una empresa que a su vez subcontrataba partes de la obra a terceros. Para 1875 el personal empleado ascendía a cerca de siete mil trabajadores, en muy alta proporción no calificados[37].

Por razones políticas y como consecuencia de las medidas de austeridad implantadas por el gobierno para enfrentar la crisis que afectó al país a partir de 1873, en 1876 se suspendieron las obras y casi todo el personal quedó sin trabajo. Hacia 1879, la Comisión de Aguas Corrientes insistía aún en la necesidad de reanudarlas y entre otros argumentos esgrimió el siguiente: «... las obras contratadas podrían hacerse a precios mucho más bajos (que en 1873/76) ... teniendo en cuenta ... la baja notable que han sufrido de aquel entonces acá la mano de obra, los salarios de los jornaleros y los materiales de construcción»[38]. Las obras no se reanudaron hasta 1883/84 a cargo de la empresa de Antonio Devoto, y se emplearon en principio unos 4.300 trabajadores[39].

Interior de la República Argentina, 1865; Memoria de la Dirección de Ferrocarriles de la Provincia, 1885; William Rögind, *Historia del Ferrocarril del Sud, 1861-1936*, Buenos Aires, 1937).

[35] Ferrocarriles de la Provincia, *Memoria de la Dirección. Año 1885*, Buenos Aires, 1886.

[36] *The Brazil and River Plate Mail*, 21-1-1865; *La Tribuna*, 24-4-1876; *El Industrial*, 15-10-1882.

[37] *Memoria de la Comisión de Aguas Corrientes*, año 1875, p. 237.

[38] *Ibid.*, año 1879, p. IV.

[39] *Memoria de la Comisión Directiva de las Obras de Salubridad de la Capital, 1884*, Buenos Aires, 1886, p. 11.

Las empresas contratadas para la realización de estas obras públicas tomaban al personal que necesitaban para cumplir con la tarea asignada. Pero cuando ésta concluía o era interrumpida por motivos presupuestadios, políticos u otros, los trabajadores quedaban sin empleo y debían buscar actividades alternativas para asegurar su subsistencia. En épocas de auge, de gran actividad, sin duda era factible que cuando se acababa un conchavo podía surgir otro, ya sea en trabajos similares, en la construcción privada o aun en otras actividades. Sin embargo, en las coyunturas críticas todas esas posibilidades se restringían mientras eran miles los trabajadores que quedaban sin empleo. Así, por ejemplo, ocurrió en 1876, como señalan con alarma El Industrial y La Tribuna[40]: «Una vez paralizados (los trabajos de las obras de salubridad) tendremos una erupción de 8.000 trabajadores sin trabajo, que unidos a los 2.000 que deja la terminación del ferrocarril a Campana y a los miles que encierra la ciudad, formarán una masa de necesitados ante cuyo empuje será importante todo esfuerzo ... ¿Quién contendrá el torrente? ¿quién dará de comer a los ocho mil trabajadores que quedan sin trabajo?».

Otras actividades:

En mayor o menor medida, esta inestabilidad en el empleo de la mano de obra teñía a toda la economía de la provincia. En la ciudad, burocrática, comercial y residencial, la preeminencia de unidades de producción de bienes y servicios generalmente organizados como pequeñas empresas y talleres hacía muy vulnerable su actividad a los efectos de los ciclos económicos. La relación entre la disminución de la demanda de los productos ofrecidos por esas empresas y la decisión de prescindir de parte del personal empleado dependía de diversos factores. Aspectos tales como el tamaño de la empresa, la cantidad de capital fijo empleado, el tipo de producción emprendida y la calidad de la mano de obra contratada condicionaban la manera en que se manejaba esa relación. En muchos casos no convenía mantener a la mano de obra poco calificada en épocas de baja demanda, en otros no se podía. Pero en todos los casos la suerte de esa mano de obra estaba en consecuencia muy sujeta a los vaivenes de la economía.

Pero no solamente el sector capitalista era el afectado. El empleo en la administración pública también estaba sujeto a oscilaciones estacionales y a variaciones bruscas que respondían a factores muy diversos, dentro de una tendencia general a la expansión de largo plazo. Así, encon-

[40] El Industrial, 1-5-1876.

tramos que trabajar para el gobierno —nacional, provincial o municipal— no necesariamente implicaba estabilidad, sobre todo en los puestos
menos calificados. Por un lado, una proporción importante de los peones
se contrataba por día, según las necesidades del momento, y estaba por
lo tanto sujeta a las variaciones estacionales y coyunturales de su actividad específica. Las cuadrillas para arreglar rutas y caminos engrosaban
sus filas en primavera; los peones de la aduana en verano ...

Por otro lado, el empleo dependía también de los vaivenes presu-
puestarios y cuando por motivo de falta de fondos se suspendían obras
o se disminuía el personal de alguna dependencia, los trabajadores se
encontraban de un día para otro sin empleo. Estos problemas muchas
veces —aunque no siempre— surgían en épocas de crisis económica global, mientras que en años de bonanza general no era raro que se expan-
diera el presupuesto y el empleo gubernamental.

Pero no siempre éste se asociaba a las condiciones financieras del
Estado. En efecto, estaba también expuesto a los avatares de la política
local y no solamente en el caso de los cargos importantes, sino aun en
los más bajos [41]. Los puestos se manejaban también como favores políticos, y por lo tanto se multiplicaban o reducían no sólo por cuestiones
de presupuesto.

Tanto los trabajadores del sector capitalista como los de la administración y las obras públicas eran contratados en el mercado por sus
respectivos empleadores y, por lo tanto, de éllos dependía la incorporación o no del trabajador al empleo. En el caso del sector autónomo, en
cambio, se trataba de iniciativas individuales de los mismos trabajadores, el producto de cuya labor se destinaba al mercado [42]. Como veremos,
este sector esconde una variedad de formas diferentes, por lo que no
podemos generalizar respecto de las causas en las oscilaciones en el
nivel del empleo. Sin embargo, es claro que las expansiones y retrac-
ciones de la demanda por los bienes y servicios producidos en ese sector
no tienen por qué afectar de manera inmediata ni directa ese nivel, pues
los trabajadores pueden sub o sobreremunerar su capital y su trabajo
—y lo hacen— según las coyunturas.

Más aún, las condiciones de inestabilidad del mercado de trabajo
sugieren que el sector autónomo puede haber funcionado como un reservorio de mano de obra expulsada de otros sectores en épocas de baja

---

[41] Ver, por ejemplo, las denuncias al respecto en las Actas del Concejo Delibe-
rante, 11-3-1864.

[42] Para una interesante reflexión sobre la relación de los distintos tipos de trabajadores con el mercado, ver Adriana Marshall, *La oferta de fuerza de trabajo:
algunas consideraciones conceptuales y metodológicas*, FLACSO, junio 1975, y
Paul Singer, *op. cit.*

demanda. Por lo tanto, su misma existencia y expansión habrían sido una consecuencia del crecimiento del sector capitalista. En efecto, para muchos trabajadores aquél fue un destino temporario para las épocas en que el trabajo escaseaba y había que convertirse en vendedor ambulante o lustrabotas para ganarse la vida.

Sin embargo, no siempre la existencia del sector autónomo resultó tan funcional al mercado de trabajo. Así, veremos que absorbía también otro tipo de mano de obra, alejándola de él: aquélla que encontraba en la actividad por cuenta propia una meta más permanente, aunque no necesariamente definitiva. «Independizar» en algún oficio o llegar a tener un negocio o explotación propio era una empresa posible en esa sociedad en profunda transformación y crecimiento, aunque los altibajos de su economía muchas veces convirtieron a esa situación en precaria.

Por tanto, en las condiciones de expansión sostenida pero irregular del empleo, el sector autónomo creció a lo largo de todo el período, ocupando una elástica zona que el sector capitalista no podía o no se interesaba en llenar.

4.2. La oferta global de mano de obra

Mientras los requerimientos de mano de obra por parte del sector capitalista, la administración y las obras públicas crecían sostenidamente, pero de manera tan fluctuante, la oferta global seguía otras pautas [43].

Ya mencionamos que el tema de la escasez de brazos fue una constante en la economía de la provincia. Así, si durante la colonia se ensayó la importación de esclavos negros del Africa para solucionar ese problema y luego se apeló a la aplicación de mecanismos coercitivos para asegurar la concurrencia de la fuerza de trabajo potencial al mercado, hacia fines del período estas formas habían ido desapareciendo. Mencionamos cómo se fue canalizando la mano de obra disponible hacia el mercado y cómo a su vez se fue produciendo un acelerado crecimiento de esa mano de obra como consecuencia de la inmigración.

Miles de europeos llegaban año tras año a la Argentina con el propósito inmediato de trabajar, y muchos eran los que se quedaban en la ciudad de Buenos Aires y su campaña, empleándose en los distintos sectores de la economía. Ellos contribuían de manera decisiva a la expansión de la oferta global de mano de obra y constituían un componente

---

[43] Para el análisis del tamaño y la composición de la población económicamente activa en el período en cuestión, ver Hilda Sábato, J. C. Korol y Ricardo González, *Los trabajadores y el mercado de trabajo en Buenos Aires, .ciudad y campaña, 1850-1880,* Buenos Aires, PEHESA-CISEA, 1981.

más elástico que el que resultaba del crecimiento vegetativo de la población. Sin embargo, el número de extranjeros aumentaba de manera sostenida, pero dispareja, y su afluencia no respondía necesariamente de manera inmediata a las fluctuaciones de la demanda de mano de obra.

En efecto, la elasticidad de la oferta global de mano de obra fue relativa en el período que analizamos y con más razón si consideramos el corto plazo. Si tomamos las cíclicas etapas de auge y crisis, tanto los datos sobre saldos migratorios —que sólo son un indicador parcial en tanto se refieren a todo el país— como los comentarios de la época, nos muestran que las variaciones en la entrada y salida de migrantes no eran una respuesta automática a la situación del empleo. Factores tan diversos como la coyuntura en el país de origen, las perspectivas mediatas que el trabajador vislumbraba en su lugar de destino, la situación familiar del protagonista, las posibilidades que ofrecía el sector autónomo, y otras variables que hacen tanto al contexto social como a la historia individual de cada inmigrante, influyeron sin duda en las decisiones. Cuando la situación de auge persistía o la crisis se tornaba muy aguda, la respuesta finalmente llegaba, y aparecía entonces en el mediano y largo plazo esa correspondencia entre inmigración y demanda de mano de obra que se ha señalado tantas veces [44].

Menos elástica era la respuesta de la inmigración europea a los requerimientos estacionales de mano de obra. En efecto, el mecanismo de la inmigración golondrina no se había impuesto aún y, por lo tanto, mientras en los meses de gran demanda de brazos todos los años se renovaban las quejas por la escasez de trabajadores, y los salarios aumentaban, en la temporada baja —el invierno— la caída de salarios, la desocupación y subocupación, y aun la migración interna, eran los corolarios de una disminución de la demanda de mano de obra en casi todas las actividades.

4.3. Trabajadores y mercado de trabajo

Gran expansión de los requerimientos de mano de obra y de la disponibilidad de brazos, y falta de elasticidad relativa de la oferta global frente a la gran variabilidad de la demanda, fueron entonces los rasgos más salientes de este mercado de trabajo en formación, en un contexto de crecimiento económico sostenido, pero marcado por agudas fluctuaciones. Estas condiciones tuvieron a su vez una influencia decisiva en la

---

[44] Ver, por ejemplo, Roberto Cortés Conde, *El progreso argentino, 1880-1914*, Buenos Aires, 1979, capítulo IV.

configuración que fue adoptando la oferta global y en las características de la población trabajadora.

En ese sentido las consecuencias principales de esta situación fueron: [45]

a) Movilidad geográfica y ocupacional de la mano de obra: como consecuencia de la estacionalidad y ocasionalidad en el empleo de la mano de obra, encontramos en Buenos Aires un amplio sector de trabajadores que se ocupaba temporaria o intermitentemente, muchas veces cambiando de ocupación y recorriendo la provincia —aun la región— en busca de empleo y mejor paga. Este mecanismo contribuyó a la flexibilización efectiva de la oferta de mano de obra, pero desde el punto de vista de los trabajadores se tradujo en una inestabilidad permanente que afectó de manera decisiva sus formas de vida y organización.

b) Escasa especialización: estrechamente ligado al tema anterior se presenta el de la calificación de la mano de obra. Las condiciones del mercado de trabajo en Buenos Aires favorecían una escasa especialización de la mano de obra, sobre todo en aquellas ocupaciones más vinculadas a la economía de exportación. Tanto en el campo —estancias ovinas— como en la ciudad —puerto, mercados, barracas, obras públicas— ésta se organizó de manera tal que requería de muy pocos trabajadores calificados y podía absorber o expulsar la mano de obra necesaria o excedente.

Pero aun en las ocupaciones relacionadas con el consumo urbano, las condiciones del mercado y de la producción muchas veces influían para estimular la baja calificación, aunque ello afectara en forma negativa a alguna actividad específica. Sólo en ciertos rubros muy particulares se favoreció la especialización, dando lugar a una mano de obra que cobraba salarios relativamente altos y gozaba de mayor estabilidad en el empleo.

Como consecuencia misma del proceso de formación del mercado de trabajo que acompañó la expansión capitalista, se dieron entonces las condiciones para el surgimiento y desarrollo de un vasto sector de tra-

---

[45] Para un período posterior, Ofelia Pianetto señala características semejantes a las que aquí se puntualizan en «Mercado de trabajo y acción sindical en Argentina, 1880-1922», presentado al Seminario sobre Modernización y Sistema Político en el Río de la Plata (1875-1933), realizado en Montevideo en noviembre de 1982, y lo mismo hace Roberto Cortés Conde, op. cit., aunque desde una perspectiva de análisis diferente.

bajadores estacionales y ocasionales en Buenos Aires. Se fue logrando
así que la mano de obra estuviera disponible cuando era requerida, aun
en un contexto en que la escasez de brazos signaba los momentos de
mayor actividad en las coyunturas de auge de la economía. Y aunque
esa escasez siguió preocupando —los estancieros se quejaban por los
altos costos de la mano de obra, los artesanos pleiteaban por mantener
a sus aprendices y las amas de casa se lamentaban por el carácter levan-
tisco de sus cocineras— hacia 1880 un inmigrante italiano escribía a sus
parientes: «... Se qualcuno volesse venire si ricordi che il lavoro non lo
aspetta, ma a lui tocchera a spettare il lavoro ...» [46].

5. Algunas reflexiones finales

El empleo ocasional que resultaba de la pervivencia de un sistema
social aún no totalmente enmarcado en las reglas del mercado y aquel que
por el contrario surgía como consecuencia de las leyes de funcionamiento
del mercado, coexisten y se confunden a lo largo de todo el período estudiado, en una sucesión en que la última de estas formas se fue consoli-
dando gradualmente mientras la primera, en cambio, iba desapareciendo.

Sería artificioso, sin embargo, establecer los límites de cada una de
estas formas, y en ese sentido la división que aquí hemos presentado es
tan sólo analítica. En efecto, veremos cómo en varios planos ambas se
entrelazan, se superponen y hasta adquieren la apariencia de una sola:

1. Las actividades que mostraban una demanda de mano de obra
irregular y fluctuante y se convertían en fuente de empleo ocasional eran
a su vez las que atraían a quienes hacían del trabajo ocasional una forma de vida, aunque no sólo a ellos. Así ocurría, por ejemplo, en las
estancias, los saladeros, las tropas de carretas y los mercados. Tal era la
imbricación ante ambas formas que podríamos preguntarnos hasta qué
punto la generación de un patrón de demanda de mano de obra que
privilegió el empleo ocasional y estacional en sectores tales como el
exportador o el de la construcción, no estuvo influido por el contexto de
oferta anárquica y poco estable del Buenos Aires criollo. Así lo sugiere
el texto de un estanciero de 1863 cuando dice:

... es materialmente imposible que todos los peones estén contratados, en
primer lugar porque no todos los pobres pueden conchavarse por mes, pues
tienen familia muchos de ellos y viven en los suburbios de los pueblos (es

---

[46] Carta de Placereano Leonardo a su padre, fechada en Buenos Aires el 9 de
julio de 1880, citada en Emilio Franzina, *Merica! Merica!*, Milán, 1979, p. 119.

decir, hacen del empleo ocasional una forma de vida. NA) [...]. En segundo lugar, tenemos que, tanto los labradores como los estancieros sólo en determinadas épocas ocupan un número mayor de brazos, y es en esas épocas que viene a ser necesario esta clase de jornaleros que se conchavan por día y, concluidas las faenas, buscan la vida como pueden... Yo no veo que esto tenga nada de malo... [47].

Aquí el estanciero aprovecha un factor que está presente, el de esa mano de obra que sólo busca «trabajo» ocasionalmente, y organiza su empresa contando con ese recurso. Oferta anárquica entonces fue también un dato a partir del cual se estructuró un patrón de demanda, a su vez irregular.

Pero podemos ir más lejos aún y preguntarnos en qué medida esa tradición de inestabilidad laboral no allanó el camino para la aceptación social de una demanda tan fluctuante como la que fue predominando hacia las décadas de 1870 y 1880. Para los trabajadores, sin duda, esa tradición formaba parte de su experiencia colectiva.

2. Es precisamente al referirnos a los trabajadores cuando la dificultad para separar ambas formas de empleo ocasional se convierte casi en imposibilidad. En este texto hemos hecho hincapié en la relación entre oferta y demanda de mano de obra, y por lo tanto han quedado ocultos los problemas que se refieren a quiénes iban a conformar esa oferta y a satisfacer esa demanda, constituyéndose en trabajadores ocasionales. No abordaremos aquí su estudio, pero señalemos que cuando nos enfrentamos con ellos no podemos hacer una diferenciación plena entre estas formas, que aquí hemos identificado.

En efecto, si tomamos como unidad de análisis la ocupación —los protagonistas de esta historia en su calidad de trabajadores sólo son detectables en fuentes y testimonios a través de su ocupación respectiva— encontraremos que en ocupaciones tales como peón o jornalero, carrero o tropero, albañil o pintor, predominaban los trabajadores sujetos al empleo ocasional. Pero, ¿cómo distinguir cuándo aquel peón de campo o de saladero, que sólo hacía de su empleo asalariado una actividad más en la lucha por la subsistencia, se convierte en el jornalero que no tiene más remedio que continuar con una vida inestable y azarosa, aun cuando se hubieran cortado muchas de sus alternativas del pasado? ¿Cómo saber en qué momento el carrero o el tropero, que habían buscado esas ocupaciones ocasionalmente porque implicaban compromisos cortos, traslado físico, cierta independencia, quedaban atrapados en las redes del

---

[47] *Antecedentes...*, p. 249.

mercado, dejaban de «elegir» sus opciones y debían quedarse tan sólo con lo posible?

Es que para los trabajadores de Buenos Aires la diferencia no estaba dada entre el empleo ocasional determinado por las exigencias de la demanda y aquel que surgía como consecuencia de la anarquía de la oferta. En esta etapa, ambas formas aparecían confundidas en una sola realidad laboral y como tal fue visto y vivido el empleo ocasional por los trabajadores. Pero por otra parte, esa realidad no se tradujo en experiencias idénticas para todos ellos. Las diferencias, sin embargo, no surgirían en este caso a partir de las causas del empleo ocasional, sino más bien de las consecuencias que éste comenzó a tener para los distintos trabajadores.

Así, para algunos, el empleo ocasional era considerado como el escalón más bajo de una carrera que tenía muchos peldaños, como un medio para iniciar el ascenso que los llevaría de su condición de asalariados transhumantes a una posición más cómoda y segura. En estos casos, aunque la estabilidad fuera eventualmente la meta, el primer objetivo del trabajador era aprovechar las oportunidades que podía ofrecerle el mercado de trabajo realizando las tareas más remuneradoras y que muchas veces eran precisamente las temporarias. En el horizonte siempre estaba el ahorrar los pesos suficientes como para alcanzar la independencia, el sueño del a cuenta propia. Mientras tanto, cambiaban de oficio, viajaban del campo a la ciudad, de un pueblo a otro, en la larga búsqueda.

Esta perspectiva era radicalmente distinta de la que tenían aquellos para quienes el empleo ocasional —cualquiera fuera su origen— se convertía en una constante en sus vidas: alternando ocupaciones, realizando changas, «estirando» la paga de un empleo para pasar las temporadas sin conchavo, recurriendo a actividades ilegales —hurto de alimentos, raterías— o aun a la caridad para sobrevivir en las malas épocas. Para éstos, el empleo ocasional *necesariamente* fue una forma de vida. Tal vez aquí coincidieron quienes habían elegido ese camino y aquellos que no tuvieron más remedio que seguirlo...

Aunque la tentación sea muy grande, debemos evitar trazar una diferenciación neta entre ambos tipos, y aun encasillar a inmigrantes en uno y a argentinos en otro. Digamos más bien que éstos fueron los extremos de un espectro que conoció muchos matices y que a su vez fue transformándose lentamente a lo largo del período en estudio.

8. Población y mano de obra en espacios vacíos. El caso de un pequeño país: Uruguay, 1870-1930 *

JUAN RIAL
Centro de Informaciones y Estudios
de Uruguay, Montevideo

Alambramiento y marginación de la fuerza de trabajo rural

Desde 1830 Uruguay se constituyó como Estado formalmente independiente, pero las condiciones económicas y sociales heredadas de la Colonia no variaron sustancialmente hasta, aproximadamente, la década de 1870, cuando la expansión del sistema capitalista promovió un cambio en la situación de los países nuevos, periféricos.

Si bien la merinización inició la modernización del medio rural, fue durante el gobierno de Latorre cuando se dio a instancias de un grupo de promoción, la Asociación Rural del Uruguay, un paso importante para el mercado del trabajo: el alambramiento de los campos. La estancia cimarrona cedió su lugar, paulatinamente, durante casi medio siglo, hasta la aparición de una organización empresarial moderna. Si bien las estancias nunca requirieron un número alto de personal, por la vía de los «agregados» siempre albergaron pobladores [1]. El alambramiento terminó

* El autor agradece a Nicolás Sánchez-Albornoz por el impulso y los comentarios que permitieron estructurar y mejorar este trabajo, así como las apreciaciones de Juan C. Fortuna. También al Joint Committee on Latin American Studies of Learned Societies and the Social Science Research Council y el PISPAL (Programa de Investigaciones Sociales sobre Población en América Latina) por el apoyo financiero para proyectos a partir de los cuales se basa la realización de este artículo.

[1] Mac Coll y Murray refieren que un pastor podía cuidar entre 800 y 1.500 ovejas, antes del alambramiento. Barrán y Nahum estiman para sus cálculos del rendimiento de una estancia que se necesitaría un peón por cada 1.000 vacunos y uno por cada 1.200 ovejas [*Historia rural del Uruguay moderno* (en adelante, *HRUM*),

con esta situación. El cercado «clarificó» la situación de la propiedad, terminó con los pleitos y con los ocupantes de hecho, con los propietarios de ganado sin tierras, expulsando, además, progresivamente, a los agregados y cuantos excedían a las necesidades de mano de obra en la empresa, especialmente familiares no activos (mujeres, niños, ancianos no aptos para el trabajo). Según Modesto Cluzeau Mortet, quien escribía en el propio órgano de los estancieros que promovieron el cambio, la revista de la Asociación Rural, en 1880 ya habría unas 8.000 familias sin trabajo, precisando que eran orientales. Estimando conservadoramente en seis los miembros de cada una, llegaríamos a cerca de cincuenta mil expulsados, quizás un 14 por 100 de la población de todo el interior del país. Para muchos integrantes de esta población se abrió el camino de la marginación. Fueron los habitantes de los llamados rancheríos o «pueblos de ratas», poblaciones precarias nacidas en las cercanías de los caminos, o en los límites entre estancias, que pervivieron largamente durante el siglo XX.

El cambio de las estructuras ganaderas registrado en el último cuarto del siglo XIX ha sido uno de los datos determinantes para el funcionamiento del mercado de trabajo, y no sólo en el medio rural, sino con alcance nacional. La fuerza de trabajo requerida por la principal actividad económica exportadora, la cría de ganados, necesitaba, en efecto, un número muy limitado de personal. Su «contrato» de trabajo instauró remuneraciones plenamente monetarias. Por lo general, una parte del salario se pagó en especie: la alimentación y la vivienda y, si se tiene en cuenta, que, salvo pocos (capataces o puesteros con largos años de permanencia en el establecimiento), la mayoría no tenía su familia dentro del establecimiento, sino en los rancheríos, el salario debía atender muchas veces las necesidades de estos miembros marginados de la familia del trabajador, que residían fuera de la unidad de producción.

La reproducción biológica de la fuerza de trabajo rural pasó a efectuarse fuera de la estancia, primordialmente en los rancheríos margi-

---

Montevideo, 1967, I, p. 592]. Si aplicamos este criterio a los *stocks* ganaderos conocidos, por ejemplo el de 1862, sólo demandarían unos 11.000 peones. La población rural podría estimarse para esa época, de acuerdo con el posible crecimiento posterior al censo de 1860, en unos 130.000 habitantes. Calculando un equilibrio de sexos (que en realidad debiera favorecer al masculino, pero de este modo debiéramos estimar una cifra más o menos arbitraria), nos quedan 26.000 hombres disponibles. Esto indicaría que habría ya un número demasiado elevado de hombres excedentes en la fuerza de trabajo. Los mismos Barrán y Nahum describen un establecimiento avanzado hacia 1883, que ocupaba un asalariado cada 200 hectáreas, mientras que los hacendados tradicionales daban trabajo a 1 ó 2 por cada 2.000 hectáreas (*HRUM*, I, p. 609). Esto significa que con dos asalariados por cada 2.000 hectáreas se podría necesitar unos 15.000 asalariados en todo el medio rural.

nales, dejando estrictamente dentro de la unidad de producción la reproducción cotidiana de la fuerza de trabajo rural.

A su vez, los hombres que también pasaron a esa condición marginal, realizando tareas zafrales o complementarias, constituyeron una «reserva» con muy pocas posibilidades de utilización permanente, presionando hacia abajo los salarios en el campo y provocando movimientos emigratorios de carácter regional o interno [2].

La agricultura fue una actividad marginal. Excluida del mercado internacional, trabajó sólo para el mercado interno y para la subsistencia de sus practicantes. Con el ingreso de inmigrantes colonos con conocimientos previos de agricultura pudieron realizarse ensayos exitosos de creación de una agricultura capitalista por la vía *farmer;* pero se expandió sólo recientemente y, sustancialmente, por la vía *junker* [3]. Predominó, mientras tanto, el minifundio donde se practicaba una agricultura primitiva, con escaso conocimiento agrológico, rutinaria.

Al tratar el problema de la fuerza de trabajo rural, hay que señalar el muy distinto impacto que han tenido la ganadería y la agricultura, hecho que prácticamente ha pasado desapercibido [4]. Después de la mo-

---

[2] El alambramiento y sedentarización de la población rural facilitaron el reclutamiento de la mano de obra y los salarios bajaron. Los viejos salarios de 10 pesos para peones comenzaron a descender o, más precisamente, a diferenciarse por regiones. Una encuesta realizada en Treinta y Tres por el Instituto de Agronomía hacia 1909, entre 200 estancias de la zona más atrasada, sobre la frontera con el Brasil, indicaba salarios mensuales de 3 pesos. Sólo algunos puesteros mantenían los 10 pesos mensuales y los capataces los 15 pesos. Cuando en 1923 el batllismo logra, trabajosamente, imponer una ley de salario mínimo para trabajadores rurales, ésta preveía que los establecimientos con aforos superiores a 20.000 pesos debían pagar 18 pesos mensuales. Eduardo Acevedo, en *Historia del Uruguay,* Montevideo, 1936, VI, p. 208, indica que no eran extraños salarios de 6 pesos mensuales.

[3] Al referir una vía *farmer* y una vía *junker* hablamos de tipos ideales a los que podrían acercarse las muy diferentes situaciones reales. Muchos de los estancieros de comienzos de siglo aún no habían entrado en un modelo de actuación capitalista, eran «hacendados» que sólo buscaban la reproducción simple y no la acumulación. Entre los agricultores, podemos encontrar desde campesinos autosubsistentes que combinan esta actividad con la producción para el mercado y eventualmente con la venta de su fuerza de trabajo, en períodos ocasionales, con la existencia de empresarios granjeros que adoptaron la vía *farmer.* Los viticultores de las cercanías de Montevideo y muchos de los que crearon granjas mixtas (lechería y agricultura) en Colonia entran en este último caso. De ahí que también, normalmente, se los cite como excepción. Esta actividad se liga, también, a la acción de grupos inmigratorios que llevaron adelante estas nuevas actividades. Pero estuvo limitado tanto en la especialidad como espacialmente. En general, la agricultura comercial se expandió avanzado ya el siglo xx, en forma extensiva, siguiendo una vía que denominamos *junker,* a partir de la acción de empresarios latifundistas.

[4] El cuadro siguiente indica para 1930 la participación relativa de los factores tierra, capital y fuerza de trabajo en la ganadería y en la agricultura.

dernización, la agricultura que ocupaba apenas un 5 por 100 de la superficie productiva empleaba cerca del 50 por 100 de la población económica activa en el medio rural. Esto implicaba, además de la cohesión familiar, necesaria para llevar adelante el trabajo, el afincamiento efectivo de la población[5]. El carácter primitivo de la agricultura hacía que el mercado de trabajo fuese, empero, limitado. Los peones asalariados siempre fueron minoría. Predominó el trabajo no remunerado, de carácter familiar[6], como consecuencia de que muy pocos establecimientos podían ser considerados empresas plenamente capitalistas, sino que por lo general eran mixtas. Tenían por fin producir para el mercado y la autosubsistencia al mismo tiempo, y aún muchos, los más alejados de los centros urbanos, tendían a hacerlo sólo para la reproducción cotidiana y biológica del núcleo familiar.

Inmigración europea y demanda de mano de obra en Montevideo

En el medio urbano, más exactamente en Montevideo, el crecimiento de la ciudad motivó una demanda constante de mano de obra, especialmente de artesanos y dependientes de comercio. La escasa población resi-

Factor	Participación relativa de cada factor en:			Porcentaje de cada factor empleado por la:		
	Gana-dería	Agri-cultura	Total	Gana-dería	Agri-cultura	Total
Tierra	71,0	67,6	70,8	93,1	6,9	100
Capital	27,2	11,9	26,0	96,5	3,5	100
Fuerza de Trabajo	1,8	20,5	3,2	51,9	48,1	100
TOTAL	100,0	100,0	100,0	92,4	7,6	100

Por capital se entiende ganado, animales de labor, instalaciones, herramientas, etcétera. Cuadro elaborado sobre la base de datos del Censo Agropecuario de 1930 y por Senén Rodríguez, *El Uruguay como país agropecuario*, Montevideo, 1927. El papel de la fuerza de trabajo, diferente respecto a los otros factores, aparece claro, especialmente en la segunda parte del cuadro.

---

[5] Para 1908 hemos calculado el coeficiente de correlación de rangos de Spearman para las 19 unidades administrativas en que se divide el Uruguay desde 1885 (departamentos), entre la superficie dedicada a tareas agrícolas y ganaderas y el respectivo personal de trabajo que ocupaban. Para la agricultura el coeficiente de 0,8206 es significativo al 0,001, para la ganadería el de 0,3210 lo es al 0,1.

[6] Según R. Christophersen, en *Recopilación de la estadística agropecuaria del Uruguay*, Montevideo, MGA, 1950, el personal que se dedicaba a tareas agrícolas podría fijarse en unas 79.000 personas, de las cuales sólo un 147 por 100 eran peones asalariados, capataces, etc. El resto eran propietarios y trabajadores familiares no remunerados monetariamente.

dente a veces no estaba capacitada para desempeñar esos oficios; en otras era imposible constreñirla a ingresar en el mercado de trabajo. Fueron inmigrantes ultramarinos los que, poco a poco, proporcionaron el grueso de la fuerza de trabajo en la ciudad primada.

Si bien el número de inmigrantes incorporados siempre fue elevado, la demanda mayor llegó con la expansión europea, cuando las inversiones pusieron en movimiento procesos con un efecto multiplicador inmediato en la fuerza de trabajo. La construcción de ferrovías, telégrafos, servicios de infraestructura urbana en Montevideo (agua potable, gas, más adelante tranvías) los servicios financieros (bancos) tuvieron en el capital inglés a su principal protagonista. Esto permitió también aumentar la vinculación al mercado mundial y exportar mayores saldos provenientes de la actividad primaria y un ensanchamiento de la capacidad consumidora del pequeño mercado que conformaba la población acrecentada, multiplicando las posibilidades de comercialización y del artesanado hasta permitir también comenzar un tímido, pero importante, proceso de «sustitución de importaciones» bajo protección estatal. La demanda de mano de obra que provocó este proceso fue cubierta en gran medida por inmigrantes.

Estos hechos producidos a fines del siglo XIX se dieron dentro de un marco regional en rápido proceso de cambio. Las fronteras abiertas, la indefinición territorial de los límites entre Estados, la existencia de políticas económicas liberales «abiertas», el vacío imperante en vastas regiones de los países limítrofes, comenzaron a variar con el impacto provocado por la modernización tecnológica que acompañó a la expansión del capitalismo europeo, bajo liderazgo británico. La construcción nacional de todos los países se vio impulsada con el tendido de las redes ferroviarias que obraron como «cerradores» de fronteras, «nacionalizando» los espacios interiores que, además, junto al tendido de hilos telegráficos pudieron ser controlados más eficazmente por los gobiernos. Esta situación fue desfavorable para el Uruguay, más precisamente para Montevideo y su sector económico comercial. Hasta entonces el sur de Río Grande se abastecía desde este puerto, por las dificultades para hacerlo desde São Paulo o Porto Alegre. Asimismo, la construcción de un puerto artificial en Buenos Aires, inclinó al comercio paraguayo a utilizar este puerto como lugar de reembarco, complementado, luego, por una vía férrea hasta Asunción, que remonta el litoral argentino. En estas provincias, además, el reforzamiento de la autoridad central unido a los medios técnicos, hizo que cesara la utilización alternativa de Montevideo como puerto comercial. Este quedó, poco a poco, reducido a servir sólo a los intereses de Uruguay, obligando a redimensionar sus actividades. El crecimiento de la industria compensaba la pérdida de ese mercado am-

pliado que permitía el comercio de trasbordo, responsable del acentuado
crecimiento urbano de Montevideo que hacia 1890 había llegado a su
ápice. En ese tiempo, Montevideo aún resistía una comparación favorable respecto a Buenos Aires, situación que después de esa fecha cambió
radicalmente.

El mercado de trabajo en Montevideo en 1889

En 1889 comenzamos a disponer de datos cuantitativos respecto a la
fuerza de trabajo, con la realización de censos. El primero se limita sólo
a Montevideo, departamento de 538 kilómetros cuadrados, en 23 de los
cuales se asentaba la ciudad de la época. De acuerdo con el censo comercial e industrial, ésta era la situación del mercado de trabajo en Montevideo en la industria, el comercio y el sector primario, donde se practicaba sustancialmente una agricultura que abastecía el mercado ca-
pitalino:

CUADRO 8.1

MERCADO DE TRABAJO «FORMALIZADO» EN MONTEVIDEO
HACIA 1889

Sector	Personal de trabajo	Salarios pagados al año	Promedios salariales por trabajador	
			Anuales $ oro	Mensuales $ oro
Agropecuario	2.744	172	62,6	5,22
Industria	22.392	5.147	229,8	19,50
Comercio	32.794	2.127	64,8	5,40
TOTAL	57.930	7.446	128,5	10,70

FUENTE: Junta Económica Administrativa: *Censo Municipal del Departamento y
la Ciudad de Montevideo* (en adelante *Censo, 1889*), Montevideo, 1892, pp. 468 y ss;
511 y ss; 575 y ss.

Este cuadro nos cuenta que la industria, aunque incipiente y de nivel
artesanal era, de acuerdo con lo teóricamente previsible, el sector que se
ajustaba más a las condiciones de una estructura capitalista. Los promedios salariales pagados por ella eran muy superiores frente a las otras
actividades. Tanto que el sector comercial parece comportarse al igual
que el pequeño grupo de trabajadores de las chacras circundantes a la

ciudad. La pequeña empresa dedicada a la reproducción simple, en la mayoría de los casos, predomina. El pago de salarios tan bajos estaría señalándonos que presumiblemente una parte se efectuaba en comida y/o vivienda, abatiendo el monto de metálico realmente desembolsado.

Ese total de 57.930 personas que recoge el censo económico coincide con las declaraciones realizadas por los habitantes en el censo de población efectuado poco antes [7]. Nos queda por saber qué posibles actividades desempeñaba el resto de la fuerza de trabajo no registrada por el censo económico. Desagregando la información proporcionada por las profesiones declaradas por la población se obtienen los resultados aproximados, indicados en el cuadro 8.2.

CUADRO 8.2

OCUPACIONES DE LA POBLACION DE MONTEVIDEO, 1889

Actividad	Personas	%
Propietarios: agricultores, comerciantes, industriales, etc. (sin especificar su estratificación)	9.000	9,4
Profesionales liberales (médicos, abogados, etc.)	1.000	1,0
Funcionarios públicos (militares, civiles, etc.; dato aproximado, pues el censo impide especificarlos adecuadamente)	4.000	4,3
Personal de trabajo del comercio y la industria en situación de dependencia	61.000	64,2
Sector «informalizado» (jornaleros, cocineros, lavanderos, planchadores, etc.)	20.000	21,1

FUENTE: Elaborado sobre la base del Censo de 1889, pp. 377-428 [8].

[7] El censo de población se efectuó el 18 de noviembre de 1889 y el de carácter económico el 25 de enero de 1890. En el censo de población se indica como población dependiente a 61.408 personas (p. 376).

[8] En los propietarios se consideró a 890 agricultores (del total de 3.634 que declararon tal profesión se restó 2.744 que pertenecían a la fuerza de trabajo asalariada). Se sumaron todos los que declararon ser comerciantes e industriales, cambistas y banqueros. Puede que esta cifra subestime el número real de los mismos, dejando afuera a muchos de los que trabajan por cuenta propia en su oficio (ejemplo: carpinteros, pintores, etc.), que en rigor tampoco actúan como mano de obra asalariada, pero por no tenemos forma de corregir este posible error. El número de funcionarios públicos es difícil de precisar, tanto por la imposibilidad de desglosar en el censo ciertas actividades indicadas, como por hacerlo en presupuestos nacionales no desagregados. En el personal de trabajo deben incluirse la mayoría de los sirvientes, unos 7.039 según el censo de profesiones. El resto del personal «informalizado» está compuesto por jornaleros (14.288), personas que realizaban trabajos no

Lo sustancial a notar aquí es la existencia de una fuerza de trabajo, que denominamos «informalizada», de cerca del 20 por 100 de aquellos que declararon una ocupación. Su situación nace de una integración deficiente al mercado de trabajo, al que se vinculan sin asegurarse continuidad en la ocupación y en las tareas que requerían menores habilidades o se remuneraban en forma más baja. No sabemos si ello encubría desocupación, pero presumimos que no, pues precisamente en 1889 Montevideo pasaba por una de las coyunturas de auge económico más importantes de toda su historia. Además, la desocupación en un país nuevo, insertado ya en la economía-mundo, era más el resultado de la dificultad en reasignar los excedentes de mano de obra entre regiones o sectores de actividad, o sea, de carácter friccional, que del movimiento cíclico propio de una economía capitalista. Si bien las crisis conllevaban desocupación, el importante número de inmigrantes que integraban la mano de obra, cuya posibilidad de retorno estaba abierta, facilitaba el reajuste de la oferta y de la demanda. La mayoría de lo que podríamos denominar población económicamente activa (P.E.A.) de la época, estaba compuesta por extranjeros, el 68,5 por 100, y entre la fuerza de trabajo dependiente el porcentaje era similar: el 67,6 por 100.

En el campo ya había comenzado un proceso de «desocupación», dejando sin «trabajo», más preciso sería decir sin posibilidades de mantener esa «estrategia de supervivencia», a toda una población agregada, que el alambrado expulsó, y que la ciudad, principal polo de la oferta de trabajo, no absorbió, pese a las altas tasas de actividad que allí se daban [9]. Aquí aparece un tipo de desempleo «ricardiano». Un elevado nú-

---

especializados de diverso orden por una paga diaria, sin que implicase continuidad en el mismo, sin una relación más o menos permanente, más cocineros; quizás algunos o la mayoría debían tener un *status* similar al de sirvientes, pero puede compensar a quienes teniendo esta función no están totalmente formalizados. Los cocineros son 2.909. Se agregan lavanderas y planchadoras.

[9] Si se asimila la declaración de profesiones a lo que hoy llamamos PEA y lo comparamos con la población de diez años y más (en la época era muy temprana la edad de ingreso a la vida económica activa, especialmente en el sexo masculino) las tasas serían las siguientes:

Origen	Hombres	Mujeres	Total
Uruguayos	68,5	23,3	43,5
Extranjeros	88,7	32,9	68,5
TOTAL	82,2	27,9	58,0

De acuerdo con el *Censo de 1889*, pp. 373-374, y Rial, *Estadísticas históricas*, cit., p. 10. El mayor porcentaje en la tasa de actividad de los extranjeros es el lógicamente esperable.

mero de habitantes, factibles de integrarse a la fuerza de trabajo no pueden hacerlo, vista la escasa disponibilidad de tierras y capitales, dentro del orden social que el país recorría. Constituía ésta sí, una forma de desempleo estructural que tendría difíciles consecuencias para el futuro.

El mercado de trabajo en los departamentos del interior en la última década del siglo XIX

Existen censos parciales realizados en departamentos del interior del país en la década de 1890, pero con datos más limitados. El cuadro 8.3 presenta la situación de lo que podríamos asimilar a la PEA a partir de censos de profesionales por departamento.

El cuadro señala la marcada segmentación entre los mercados de trabajo de Montevideo y del interior cuya estructura es muy diferente. Mientras en el de la capital predominan actividades comerciales y un sector industrial incipiente, en el interior dominan las ramas primarias o el terciario tradicional (servicio doméstico), existiendo sólo un «mercado» de trabajo primitivo. Las actividades primarias tienden a ocupar más del 40 por 100 de la fuerza de trabajo, pero es clara la diferencia entre los departamentos más modernizados, como Soriano, Flores y Colonia, los dos primeros ganaderos, el último, donde también apareció un importante pero excepcional movimiento de colonizadores *farmers,* y los más atrasados y tradicionales, como el ganadero Rocha o el único departamento predominantemente agrícola, Canelones, donde ya comenzaba a notarse un avanzado proceso de subdivisión de tierras que llevó al minifundio. Adicionando a este sector los sirvientes (sin considerar su totalidad) y los jornaleros se llega a un perfil marcadamente primitivo de la estructura de la fuerza de trabajo, producto del escaso funcionamiento de un mercado capitalista, movido en gran medida por la autosubsistencia y la carencia. Un dato anexo, el número de «agregados» en las estancias es revelador. En los departamentos donde la modernización tardó más su número es relativamente elevado como en Cerro Largo.

La existencia de un importante número de jornaleros, tanto en el interior como en Montevideo, plantea el problema de interpretar cuál fue su papel. Se trataba de una masa de trabajadores excedentaria, una reserva, pero de muy distintas posibilidades de empleo según su localización. Parece claro que en Montevideo sus ocupaciones estarían relacionadas con la economía urbana. Pero en el interior es difícil precisarlo. Las oportunidades de trabajo zafral estaban limitadas a los meses del año en que se realizaba la esquila [10]. Es posible que, para muchos de los

---

[10] Un estudio de 1963 (CLAEH-CINAM-MGA, *Situación económica y social del Uruguay rural,* p. 320) indica que en el período zafral la esquila de ovinos demanda

194 Juan Rial

CUADRO 8.3

PROFESIONES DECLARADAS POR LA POBLACION DEL INTERIOR.
PORCENTAJE SOBRE EL TOTAL DE QUIENES SEÑALARON REALIZAR UNA ACTIVIDAD

Departamento	Año	(1)	(2)	(3)	(4)	(5)	(6)	(7)	(8)
Canelones	1891	47,3	2,3	7,3	57,2	2,50	7,7	67,5	36,6
Maldonado	1892	29,5	14,8	8,7	53,1	5,70	15,1	74,0	54,6
Minas	1891	17,2	18,2	11,5	47,0	3,80	20,3	78,4	60,2
Rocha	1891	—	—	—	51,0	12,90	14,3	78,4	42,1
Colonia	1895	—	—	—	37,1	3,40	36,8	77,4	—
San José	1892	42,1	8,0	7,3	57,5	2,60	18,5	78,7	33,1
Flores	1891	9,8	8,4	15,0	33,3	7,90	21,0	62,4	64,3
Florida	1891	19,8	16,9	8,9	45,6	4,60	21,5	71,9	50,8
Soriano	1892	12,6	10,0	11,6	34,3	4,80	19,7	59,0	49,2
T. Tres	1894	3,5	8,8	a	—	10,85	30,5a	53,8b	55,1c
C. Largo	1890	11,9	22,3	13,0	47,2	13,00	17,6	78,0	82,5
Durazno	1892	16,6	17,2	8,8	42,7	4,20	27,9	74,9	78,6
Salto	1888	12,6	5,6	d	—	2,20	32,1d	52,6	—
Tacuarembó	1895	—	—	—	33,6b	18,30	24,4	76,4	—
Montevideo	1889	3,8	—	0,1	3,9	7,30	14,9	26,3	—
Villa de Rivera	1895	4,2	—	0,1	4,4	10,70	34,4	49,6	—

Porcentaje de quienes declararon:

(1) Agricultores o labradores.
(2) Estancieros, hacendados, criadores.
(3) Capataces, alambradores, troperos, puesteros y peones de campo.
(4) Suma de 1+2+3.
(5) Sirvientes en general (no incluimos cocineros/as, planchadoras, lavanderas, etc.).
(6) Jornaleros.
(7) Suma de columnas: 4+5+6.
(8) Porcentaje de «agregados» sobre el total de propietarios de tierras.

a. Se indica: peones y sirvientes en general.
b. Porcentaje bajo por falta de datos.
c. De acuerdo con el número de estancias el promedio de agregados es prácticamente un agregado por establecimiento.
d. No se indica peones. Podría aducirse que se incluyeron entre los jornaleros.

FUENTE: Elaborado sobre la base de los datos de Censos Parciales Departamentales y de la Villa de Rivera que figuran en *Anuario Estadístico del Uruguay*, años 1888, 1889, 1891, 1892, 1894, 1895 y Censo de Montevideo 1889.

que residían en el medio rural disperso, ésta fuese la única ocupación importante del año[11].

También señalamos el escaso grado de «formalización» del mercado de trabajo en los centros urbanos del interior, pequeños en su mayoría, como esta villa de Rivera, capital de uno de los diecinueve departamentos de más de 5.000 habitantes, donde el 50 por 100 de su fuerza de trabajo eran sirvientes o jornaleros.

El mercado de trabajo en el Uruguay de 1908

En 1908 se realizó un censo a nivel nacional, demográfico y económico, que nos permite señalar en qué medida continuaron las tendencias entrevistas para Montevideo en 1889 y el interior en la década siguiente y los cambios registrados desde entonces. El cuadro 8.4 indica, a partir de las declaraciones de la población acerca de las profesiones que ejercía, lo que podríamos considerar la PEA de la época, dividida por sus tres ramas clásicas (primario, secundario y terciario) más un sector específico, los jornaleros (mano de obra de acuerdo con la terminología de Bertillón). Resulta difícil atribuir su actividad a alguna de las ramas específicas citadas dada su movilidad intersectorial. Con fines compara-

---

una fuerza de trabajo adicional de 10.000 personas. Esto cuando las incorporaciones tecnológicas a lo largo de medio siglo habían reducido considerablemente la demanda de mano de obra, pero el *stock* lanar era bastante similar al de principios del siglo xx. Barrán y Nahum (*HRUM*, III, 1973, p. 221) estiman que antes de introducirse las máquinas de esquilar un peón rendía la mitad (35 ovejas al día en jornadas de diez a once horas). Por consiguiente, estimar en unos 20.000 los hombres necesarios para la zafra no sería equivocado. El Censo de 1908 señala la existencia de 58.295 jornaleros en los departamentos del interior; sólo el 35 por 100 podría ser ocupado a partir de septiembre de cada año en esta tarea. Pero, de acuerdo con fuentes argentinas (Censo Agropecuario de 1908), el personal zafral podría alcanzar al 42,8 por 100 del personal permanente; en nuestro caso, cerca de 29.000 personas.

[11] Según el informe de Daniel García Acevedo de 1910, *El pauperismo rural en el Uruguay de 1910* (Montevideo, 1967, p. 33), los medios de vida lícitos más generales eran de carácter temporal, precisamente los trabajos de esquila y los de la cosecha. «Fuera de los mencionados trabajos, los pobres aptos para él siembran en pequeña, en muy pequeña escala, se ocupan como jornaleros para tropear, alambrar, vendimiar, acarreos, corte de leña o realizar pequeños servicios, conocidos con el nombre de changas, en las orillas de los pueblos.» «Las mujeres lavan, planchan la ropa de los vecinos, se colocan de sirvientas o cocineras...» «Los que viven de medios ilícitos, recurren al juego, al abigeato, al robo, mendicidad o al contrabando, los hombres; entregándose el otro sexo a la prostitución.» Véase también sobre la evolución de la fuerza de trabajo en el medio rural el trabajo de C. Real de Azúa, «Varias hipótesis sobre el peonaje», en *Epoca*, Montevideo, 10 de septiembre de 1965, suplemento.

CUADRO 8.4

FUERZA DE TRABAJO EN URUGUAY HACIA 1908 A PARTIR
DE LA DECLARACION DE PROFESIONES EN EL CENSO DEMOGRAFICO
Y DEL PERSONAL DE TRABAJO EN EL CENSO ECONOMICO

Sector	Uruguay				Montevideo			
	(1)	(2)	(3)	(4)	(1)	(2)	(3)	(4)
Agricultura	60.827	16,37			5.940	4,87		
Ganadería	41.637	11,21			570	0,47		
Otros	2.980	0,80			587	0,47		
Primario	105.444	28,38	112.817	106,99	7.097	5,81	3.003	42,31
Industria, artesanía, manufactura, construcción, energía								
Secundario	73.208	19,70	29.984	40,96e	39.829	36,63	20.994	52,71
Comercio, servicios financieros	46.702a 51.827b	13,95	37.410	32,02f	22.727a 28.963b	23,72	20.239	34,20
Serv. person. profesionales liberales	11.209 14.759c	3,02			6.623 6.810c	5,43		
Empleados públicos								
Terciario tradicional. Serv. personales domésticos. Sirvientes	19.037d	5,13			8.783d	7,19		
Terciario	34.737	9,35			13.124	10,76		
Jornaleros	116.810	31,44			57.493	47,10		
«Mano de obra»	76.070	20,48			17.657	14,46		
TOTAL	371.532	100,00			122.076	100,00		

REFERENCIAS:

(1) Datos provenientes del Censo Demográfico (p. xxxiv, del Censo de 1908 en *Anuario Estadístico del Uruguay 1907-1908*, tomo 2, parte 3, Montevideo, 1913).

(2) Porcentaje sobre el total.

(3) Datos provenientes de los Censos económicos (ganadero, p. 1.015 y comercial e industrial, pp. 1.174 y ss).

e. El número de establecimientos industriales serían 1.230 en el Censo económico respecto a las profesiones del mismo tipo indicadas en el Censo demográfico.

a. Esta es la cifra indicada en el Censo.

b. Cifra que resulta del ajuste por resto con el total de las profesiones ajustadas (se eliminó estudiantes, etc.).

c. Cifra del Censo.

d. Cifra del Presupuesto Nacional. Para Montevideo se tomó el mismo porcentaje que en el Censo demográfico.

e. El número de establecimientos industriales serían 1230 e Montevideo y 2.408 a nivel nacional. Esto indica un elevado número de personas con oficio que trabajaban por cuenta propia. (Censo de 1908, p. 1.199.)

f. El número de establecimientos comerciales y mixtos (a la vez comercian e industrializan) alcanza a 13.609 a nivel nacional y 5.807 en Montevideo. Suponiendo un propietario por cada establecimiento queda sólo un pequeño margen a cubrir para el total señalado en el censo demográfico.

tivos se indica también el personal de trabajo que informa el censo económico de comercios, servicios e industrias.

El principal sector económico agroexportador, la ganadería, ocupaba un número limitado de la fuerza de trabajo, sólo un 11 por 100 de la misma, que podría incrementarse a un 17 por 100 en los períodos de zafra [12]. Dejando de lado una posible evaluación del impacto económico de la actividad ganadera, es evidente que, socialmente, seguía siendo, luego de la modernización, un sector escasamente dinámico y poco relevante para el mercado de trabajo, pues absorbía escaso personal y, es más, expulsaba continuamente mano de obra excedente.

Es de destacar, al revés, la trascendencia social de la agricultura, aunque económicamente su impacto fuese mínimo para el crecimiento de la economía capitalista. Esta ocupó permanentemente un porcentaje mayor de fuerza de trabajo que la ganadería en el medio rural.

El sector más dinámico, el industrial, aunque incipiente, muestra una importancia mayor, pero sólo en Montevideo, y, aun allí, sólo el 50 por 100 de quienes ejercían un oficio vinculado con la industria o el artesanado estaba sujeto a un salario pagado por una empresa. El resto eran patrones de las mismas y, la mayoría, artesanos que trabajaban por cuenta propia.

En el sector comercial, la sujeción de la fuerza de trabajo a la empresa organizada era más escasa aún, tanto en Montevideo como en el interior. En conjunto, el papel de la terciarización se hacía sentir tanto en Montevideo, donde alcanzaría casi al 50 por 100 de las profesiones declaradas, como en el interior, donde era poco menos del tercio. La herencia colonial, con la entronización de la agricultura autosubsistente, la ganadería exportadora y su contrapartida, una «sobreurbanización», tenía como correlato esta «sobreterciarización» que, en Montevideo, la protección estatal estaba tratando de atenuar en beneficio de la industria [13]. El avance social se manifiesta también en el creciente número de profesionales liberales, que, lógicamente, también es mayor en Montevideo, mientras que el número de funcionarios públicos no parece aún demasiado elevado (un funcionario cada 54 personas a nivel nacional, uno cada 35 en el departamento de Montevideo).

---

[12] El censo fue realizado en plena zafra (12 de octubre), pero todo parece indicar que el personal relevado fue el que permanentemente trabajaba en los establecimientos.

[13] Se trata de una «sobreurbanización indigente», que sustancialmente supone la aglomeración de población, pero una economía urbana escasamente dinámica, de ahí también una «sobreterciarización» que supone baja productividad y esconde subempleo estructural.

Población y mano de obra en espacios vacíos 199

El cuadro núm. 8.5 es bastante similar al núm. 8.2, pero ahora podemos presentarlo con un alcance nacional, no abarcando sólo a Montevideo.

CUADRO 8.5

OCUPACIONES DE LA POBLACION DENTRO DE LA FUERZA DE TRABAJO. URUGUAY/MONTEVIDEO, 1908

Actividad	Uruguay		Montevideo	
	Miles	Porcentaje	Miles	Porcentaje
Propietarios (sin especificar su poder económico ni estratificación social: agropecuarios, industriales y de comercios y servicios)	50,2	13,5	29,7	25,9
Profesionales liberales	11,2	3,0	6,6	5,5
Funcionarios públicos	19,0	5,1	8,7	1,2
Personal dependiente permanente de sectores agropecuarios, comercial e industrial; incluye personal no remunerado monetariamente en sector agropecuario	180,2	48,6	44,2	36,2
Sector «informalizado» (terciario tradicional y jornaleros)	110,2	29,8	30,7	25,2

FUENTE: Censo de 1908. Por propietarios se entiende quienes trabajan independientemente, con personal asalariado a su cargo o por cuenta propia. Su número se calculó por ajuste, para cerrar el total de acuerdo con las otras variables[14].

Aunque la información limitada hace que las cifras del cuadro 8.5 sean aproximadas, importa destacar la persistencia de la situa-

[14] Incluimos también entre los «propietarios» a los arrendatarios, pues si bien éstos pagaban renta, desde el punto de vista de la empresa capitalista no son dependientes. El número de establecimientos citados por el censo comercial e industrial es de 16.077 y el de unidades de producción agropecuarias 43.784. El total de 59.951 no es muy lejano del que citamos nosotros por ajuste. Si se tomara un propietario por empresa faltarían citar unos 9.000. Podría incrementarse más si se tiene en cuenta que muchas empresas, especialmente comerciales e industriales, eran de propiedad de socios. Pero también habría que descontar los casos de propietarios de más de una unidad de producción, los rentistas propietarios que no desempeñasen una vida económicamente activa y los casos especiales de medieros, etc., de carácter sí dependiente. Lo aproximado de los cálculos hace que creamos adecuada nuestra posición, excepto para el caso de Montevideo, donde este cierre por ajuste provoca un porcentaje que creemos demasiado elevado.

ción de subempleo estructural, especialmente en el medio rural, que hace que el 30 por 100 de la población tenga una vinculación esporádica con el mercado de trabajo, y, aún más, probablemente muchas de las remuneraciones posibles fueran escasamente relevantes en lo monetario.

Comparando con el Montevideo de 1889 resulta más bajo el porcentaje de mano de obra dependiente, pero aquí hay que tener en cuenta que los criterios de ambos censos fueron diferentes, por lo cual la información resultante no es homogénea. De ser así, habría habido un incremento notorio del porcentaje de propietarios por cuenta propia, debido a un pequeño ascenso social por incorporación a un sector capitalista de reproducción simple. A su vez, el porcentaje del sector servicio doméstico más los jornaleros tiene un valor similar al de 1889, habida cuenta de la aproximación de las cifras.

Este subempleo que aparece nuevamente, puede visualizarse al analizar más precisamente la información censal respecto a remuneraciones y al estimar las necesidades de mano de obra. Comencemos por analizar la información censal referente a salarios pagados al personal permanente, de acuerdo con los censos económicos.

El cuadro 8.6 compara los salarios anuales declarados a la autoridad censal con los que estima que regularmente se debían pagar de acuerdo con la Oficina Nacional de Trabajo y Barrán y Nahum [15]. Según esto, una parte importante del personal estaba subremunerado, sobre todo en el interior rural. Aun dentro de él las diferencias regionales se hacían sentir.

Este cuadro 8.6 no señala lo que ocurrió, sino que intenta presentar un modelo de lo que pudo suceder en las condiciones en que fun-

---

[15] En el *Boletín de la Oficina Nacional de Trabajo,* 5 (1914) y siguientes, se publicó una tabla de remuneraciones de obreros de diversas categorías de la industria de Montevideo, indicando el tiempo de trabajo. Los salarios eran aproximadamente similares a los que señala el *Boletín de Estadística Municipal de Montevideo* para 1908.
El promedio que indica el censo de 286,34 pesos al año equivale a los salarios que se consideraban mínimos para un obrero que iniciaba su especialización (un medio-oficial), por tanto lo consideramos representativo de las remuneraciones corrientes y de ahí que en la agregación de todo el sector comercio, industria y servicios no indiquemos subremuneración, aunque en la realidad las diferencias de sueldo debían ser marcadas y aquélla existiese. Los datos para la agricultura también provienen de esas dos fuentes para el caso de Montevideo. Para el interior, Barrán y Nahum en *HRUM* indican las posibles remuneraciones del trabajador rural (1973, tomo VI, p. 378). Citan allí que el sueldo más frecuente era 8 pesos para el peón. Pero ello ocurría en los departamentos del sur, más modernizados. Sin embargo, la Oficina Nacional de Trabajo, hacia fines de la década de 1920, indicaba que todavía persistían en las zonas más atrasadas el pago exclusivo con vivienda y comida.

Cuadro 8.6

FUERZA DE TRABAJO Y SALARIOS, 1908.
DEPARTAMENTOS DEL INTERIOR. MONTEVIDEO-URUGUAY

Sector	Personal de trabajo según los censos económicos	Remuneración anual promedio en pesos		Porcentaje de fuerza de trabajo no remunerada de acuerdo con la diferencia
		Censo 1908	ONT/HRUM	
Uruguay				
Ganadería	54.603	51,68	100,30	48,47
Agricultura	58.212	20,73	97,90	81,12
Comercio, servicio, industria	67.394	232,40	258,80	10,21
Total	180.291	109,27	196,10	44,29
Montevideo				
Ganadería	492	103,65	120,00	13,62
Agricultura	2.511	78,05	120,00	34,95
Comercio, servicio, industria	41.233	286,34	286,34	—
Total	44.236	272,41	278,44	2,13
Departamentos Interior				
Ganadería	54.111	51,21	100,00	48,79
Agricultura	55.703	18,14	100,00	81,85
Comercio, servicio, industria	26.161	147,45	200,00	26,30
Total	135.975	56,17	13,37	88,00

Fuente: Censo de 1908: *Boletín de la Oficina Nacional de Trabajo: Boletín de Estadística Municipal; HRUM.*

cionaba la economía uruguaya con el mercado de trabajo. Eliminando del tratamiento todo el sector «no formalizado» (sirvientes, jornaleros), y analizando exclusivamente el que tendría una ocupación permanente y con cierto grado de retribución monetaria, resultaría el mercado de trabajo *strictu sensu,* o al menos nos acercaríamos más a sus dimensiones. De acuerdo con las diferencias salariales que aparecen entre lo que puede estimarse un mínimo y lo que efectivamente declararon los patrones, parte importante de la masa de trabajadores, los residentes en los departamentos del interior, un 58 por 100 de su fuerza de trabajo «formalizada» no podía cobrar seguramente esos salarios [16]. Por ello en todo el Uruguay ese porcentaje fue del 44 por 100. Por sectores económicos, la mayor diferencia la marca, lógicamente, la agricultura. Resulta claro que la gran mayoría de la fuerza de trabajo de este sector no recibía ingresos monetarios, salvo en muy escasa medida. La mayoría debía cobrar en especies: vivienda y comida.

El segundo gran sector donde también ocurría eso era la ganadería. También allí habría cierto pago en especie. Asimismo hay que señalar que los salarios considerados medios o mínimos por la Oficina Nacional de Trabajo, o por Barrán y Nahum, a partir de la compulsa de la *Revista de la Asociación Rural* y de diarios conservadores, indicaban una situación que distaba de ser real. Estos autores citan que en 1909 una encuesta entre 200 establecimientos ganaderos de Trenta y Tres dio como resultado que se pagaban salarios de $ 3.00 mensuales y no $ 8.00 [17].

Trataremos de estimar ahora las necesidades de fuerza de trabajo. En 1908 el censo consignó como personal de trabajo en la agricultura a 41.631 personas. Estimando que realizaran al año 240 jornadas estándar de trabajo (JST) y siendo 870.000 las hectáreas ocupadas por la actividad, daría que la relación JST/hectáreas sería de 11.96, cifra muy similar a la obtenida en 1963 por técnicos del Ministerio de Ganadería y Agricultura [18]. Esto indica que el número de trabajadores agrícolas quizás fuera el necesario en aquella época, teniendo en cuenta la tecnología disponible, pero con una productividad muy baja. En la ganadería, para el agrónomo alemán A. Backhaus se necesitaba un hombre cada 580 vacunos y uno cada 1.000 lanares. De acuerdo con los *stocks* indicados en 1908 ello suponía 40.411 como personal necesario en la ganadería. Si a los 54.603 hombres indicados como fuerza de trabajo en la ganadería se agregan los 16.583 de los establecimientos mixtos (gana-

---

[16] En rigor, si se pagasen los salarios mínimos indicados por la ONT o la *HRUM* el porcentaje excedente sería de personas que no cobrarían absolutamente nada en metálico.

[17] La encuesta fue realizada por el Instituto de Agronomía en la zona de Bañados de Medina, publicada en su revista y recogida por *HRUM*, 1973, tomo VI, página 378.

[18] De acuerdo con el Censo Agropecuario de 1961 la relación de jornadas de trabajo necesaria y hectáreas dedicadas a la agricultura da 10, pese a que el impacto de la mecanización cambió notoriamente las condiciones de trabajo agrícola (Ministerio de Ganadería y Agricultura-OPYPA, *Estudio económico y social de la agricultura en el Uruguay*, Montevideo, 1967). Pero hay que señalar que tanto en 1961, como en 1908 la mayoría de los predios agrícolas y de la fuerza de trabajo respectiva se localiza en los minifundios, que combinan autosubsistencia con producción para el mercado, alterando relativamente poco las condiciones a lo largo del tiempo.

dería-agricultura), queda un excedente de 30.775 personas que no serían necesarias en las unidades de producción. A su vez, si utilizáramos los mismos parámetros de 1963 estudiados por el Ministerio de Ganadería y Agricultura, que indican que la relación JST/ha en la ganadería era de 1.896, para 1908 daría un excedente de fuerza de trabajo de 40.709 personas. Las cifras son muy similares, si se tiene en cuenta el avance tecnológico más reciente que eliminó aún más la necesidad de mano de obra, y el problema de la sobrestimación del *stock* ovino en 1908.

Este empleo insuficiente de la fuerza de trabajo residente en el interior de la República, tanto de la población conectada con la ganadería como con la agricultura, pues allí las posibilidades de recurrir a fuerza de trabajo familiar no remunerada aumentaba las disponibilidades y los consecuentes excedentes de brazos, desembocó en un mantenido proceso de migración interna desde el campo hacia los centros urbanos, especialmente las capitales departamentales y Montevideo. Esto se acentuó al ceder, primero, y luego detenerse la afluencia de inmigrantes ultramarinos en ciertos períodos. En 1908 en Montevideo, de los 309.231 habitantes, el 8,85 por 100 había nacido en un departamento del interior, y de ellos la mayoría provenía del cercano y agrícola departamento de Canelones (7.252 en 27.358 de acuerdo con el censo realizado en ese año).

No hay, lamentablemente, censos posteriores o estudios precisos sobre la fuerza de trabajo y su origen, pero estimaciones parciales permiten apreciar, aunque sea en trazos gruesos, el fuerte volumen de la migración interna a lo largo de la primera mitad del siglo XX. De este modo, el interior fue liberando población que en buena medida era fuerza de trabajo, pero no exclusivamente, como ocurría más bien con los inmigrantes provenientes de Europa, pues aquí el proceso tendió a la migración de grandes grupos familiares.

Esta fuerza de trabajo incrementó la oferta en Montevideo, donde la industria, el comercio, los servicios y el Estado debieron absorber este creciente potencial. Las posibilidades eran, sin embargo, limitadas, transfiriéndose, pues, el problema del empleo insuficiente a los centros urbanos y a Montevideo. El subempleo estructural pasó a ser un problema nacional. De acuerdo con el enfoque clásico que reformuló W. Arthur Lewis estaríamos ante un caso raro, ya que no se trata de la oferta ilimitada de mano de obra de un vastísimo sector campesino, sino de un número sólo importante en términos relativos por la muy pequeña escala de la economía). Este tipo de oferta llevaba al subempleo estructural y a que los salarios fueran empujados al nivel de subsistencia o casi, considerando a éste un nivel «cultural» y no meramente fisiológico, tal como lo puntualizó Torrens.

CUADRO 8.7

ESTIMACIONES DE LA MIGRACION INTERNA HACIA MONTEVIDEO

Año	Población en miles			Volumen de migración interna en el período (miles)
	Uruguay	Montevideo	Departamentos Interior	
1908	1.042 *a*	309 *a*	733 *a*	169 *h*
1930	1.684 *b*	655 *c*	1.029 *g*	23 *h*
1941	1.943 *b*	750 *d*	1.193 *g*	123 *h*
1950	2.187 *b*	950 *e*	1.237 *g*	123 *h*
1963	2.592 *a*	1.257 *f*	1.335 *g*	246 *h*

a. Censo Nacional. Montevideo incluye población rural.
b. Estimaciones de Pereira y Trajtemberg en *Evolución de la población total y activa del Uruguay.* Montevideo, 1966, para 1929/39 y 1949.
c. Censo de enero de 1930, municipal, incluye zona rural.
d. Cifra aproximada de acuerdo con el censo de 1941 que no terminó de procesarse.
e. Estimación del autor de la población de la posible área metropolitana de la época. La autoridad estadística para el momento subestimaba la población del departamento, indicando que era 800.000, sobrestimando a su vez la población del Interior
f. Estimación del área metropolitana (Montevideo más barrios satélites de Canelones) a partir del Censo Nacional de 1963.
g. Ajuste por resto de la población del Interior.
h. Ajuste por ecuación compensadora. Se tomó el crecimiento vegetativo de Montevideo y se agregó el 86 % del saldo migratorio internacional, la diferencia con el crecimiento total se atribuyó a migración interna.

El mercado de trabajo hacia 1930. Comparación con la situación de 1980

A partir de 1908, escasea la información, pues hasta 1963 no se realizó una nuevo censo nacional. Pese a esta deficiencia, hemos intentado formar, a partir de datos de censos parciales, demográficos y económicos, un cuadro que indique cómo podría estar constituida la población económicamente activa hacia 1930.

Hemos intentado comparar la situación de la mano de obra en 1930 con la de 1908, aunque las dificultades planteadas por la heterogeneidad de fuentes haga que muchas sean sólo meras aproximaciones.

Una alta terciarización en una sociedad nueva, donde recién estaban en proceso de consolidación las forma capitalistas, pone de manifiesto un desempleo estructural (ricardiano), una insuficiencia de demanda. Sólo podía atenuarla el mercado constituido por Montevideo. El sector agropecuario estaba estancado y ya no absorbería nuevos brazos. El sector industrial presenta en cambio el caso más interesante. Es allí donde funcionaba el mercado de trabajo formal por excelencia (casi el único). Para

CUADRO 8.8.

ESTIMACION DE LA POBLACION ECONOMICAMENTE ACTIVA. 1930

Sector	Uruguay		Montevideo	
	Miles	Porcentaje	Miles	Porcentaje
Agricultura (a)	51	7,5		
Ganadería (b)	75	10,9		
Primario (c)	126	18,4	12	4,1
Industria. Sector «formalizado», censado por la ONT y detertado por ella (d)	94	13,7	79	28,2
Industria, posible sector «informalizado» (no censado) (e)	63	9,3	52	18,7
Secundario				
Comercio, Servicios, Profesionales liberales, mano de obra no calificada, etc. (f)	312	45,8	73	26,1
Empleados públicos (g)	60	8,7	45	16,1
Servicio doméstico tradicional identificado por la ONT (h)	28	4,1	19,1	6,8
Terciario	400	58,6	137	49,0
TOTAL (i)	683	100,0	280	100,0

(a) De acuerdo con Christophersen (*Recopilación de la Estadística Agropecuaria del Uruguay*, Montevideo, 1950) había 37.303 agricultores y sumamos los 11.460 asalariados. La diferencia indica el trabajo de familiares por un tiempo *full-time* (en realidad es efectuada en forma zafral y esporádica) y aún debiera tenerse en cuenta que el total de agricultores no siempre desempeñaba su labor *full-time* y aun podía llegar a completarla con otras actividades, especialmente el minifundista.
(b) Consideramos el grado de ocupación horas/hombre anuales por hectárea en 13 en la ganadería y en 135 en la agricultura (Graña: *Encuesta sobre los niveles de vida*, Montevideo, CICYP, 1945). De acuerdo con ello, el 40,2 por 100 de la FT del campo estaría dedicada a la agricultura y el 59,8 en la ganadería y procedimos a calcular.
(c) Dado que los demás sectores primarios no son relevantes y es difícil estimarlos, los omitimos. Para Montevideo estimamos, dada la intensividad de la agricultura de mercado practicada en su derredor que posiblemente alcanzara al 9,5 por ciento su posible PEA agropecuaria.
(d) Encuesta de la Oficina Nacional de Trabajo en 1930. Sólo pudo alcanzar a los establecimientos conocidos.
(e) Esta es la cifra más dudosa y controvertible. Hemos estimado en 40 por 100 de la anterior la fuerza de trabajo informal en el sector.
(f) Cifra que resulta de ajuste, para cerrar las demás variables. Incluye una muy heterogénea cantidad de estratos.
(g) De acuerdo con el Boletín de la Caja de Jubilaciones y Pensiones Civiles de julio-agosto de 1931 conocemos el número de empleados amparados por esa Caja. Adicionamos el personal militar y los docentes pertenecientes a Caja escolar.
(h) De acuerdo con un censo de la ONT de 1926 que también relevó sólo el sector identificable de estos trabajadores.
(i) El total nacional parte del trabajo de Pereira y Trajtemberg. El de Montevideo es estimación del autor.

CUADRO 8.9

OCUPACIONES DE LA POBLACION EN 1930

Actividad	Uruguay		Montevideo	
	Miles	Porcentaje	Miles	Porcentaje
Propietarios	113	16,5	70	25,0
Agricultores (a)	37	5,4		
Ganaderos (b)	29	4,2		
Profesionales, comerciantes, industriales (c)	47	6,9		
Funcionarios públicos (d)	60	8,8	45	16,1
Personal dependiente permanente	236	34,6	126	45,0
Obreros dependientes (e)	94	13,8	79	28,2
Empleados y dependientes de comercio (f)	99	14,5	45	16,1
Peones agrícolas (g)	11	1,6	2	0,7
Fuerza de trabajo en ganadería (h)	32	4,7		
Sirvientes (i)	28	4,1	19	6,8
Sectores dependientes que trabajan en sectores difíciles de identificar «informalizados», etc. (j)	246	36,0	20	7,5
TOTAL	683	100,0	280	100,0

(a) Número de agricultores propietarios (*Anuario Estadístico del Uruguay,* 1930). Un número sustancial de ellos son minifundistas y es posible que cumpliesen también tareas asalariadas.
(b) Suponemos que cada predio ganadero tiene un propietario de acuerdo con datos del Censo agropecuario de 1924.

ello tratemos primero las cifras de los censos económicos de 1908 y 1930, que sí son homogéneamente comparables.

En 1908 se contó a 29.984 como personal de trabajo industrial siendo el 8,06 por 100 del total de lo que podríamos denominar PEA. En 1930 el porcentaje subiría al 13,7 por 100 a nivel nacional. Pero el cambio tuvo por escenario principal a Montevideo, donde los porcentajes respectivos pasaron del 17,1 al 28,2 por 100. El personal que trabajaba por cuenta propia, como artesanos o pequeños industriales, difícil de estimar para 1930, en números absolutos (aunque en porcentaje no alto en Montevideo), podría haber alcanzado a 30.000 personas. En todo el país la diferencia podría ser 20.000, respecto a 1908. Los cambios tecnológicos

(c)   A partir de las declaraciones de los contribuyentes de la llamada «patente de giro» que debía pagar todo comerciante, industrial, proveedor de servicios, inclusive profesionales liberales. Se exceptuaban vendedores ambulantes, y en general todos los que trabajan a jornal en forma independiente. Este dato es mucho más preciso que los que disponemos para 1908, pues permite identificar a quienes realmente podríamos considerar comerciantes e industriales, aunque sean sólo pequeños empresarios que practiquen la reproducción simple. Consiguientemente, la información resultante no es homogénea con la de 1908. En el caso de Montevideo, el número de propietarios que pagaban patente de giro era sólo de unos veinte mil. Por tal razón, y para mantener la homogeneidad del cuadro respecto a 1908, hemos dejado el mismo porcentaje de aquella época. O sea, los 50.000 que agregamos son artesanos, comerciantes por cuenta propia, etc. (El dato de patentes de giro en *Anuario Estadístico del Uruguay*, 1930, p. 426.)
(d)   Ver cuadro 8.8.
(e)   Idem en base al censo de 1930.
(f)   También en base a la información sobre el pago de patentes de giro citada. Asumimos que los obreros declarados pertenecen a la industria y los dependientes al comercio, lo que si bien no se ajusta a la realidad no debía estar muy lejos de ella. Los porcentajes respectivos de personal de comercio e industria a nivel nacional eran 51,4 y 48,5 por 100. En Montevideo, 36,3 y 63,7 por 100 (nuevamente se nota el importante peso de la industria en el proceso económico de la capital). A partir de allí, estimamos los volúmenes de empleados de comercio aplicando esos mismos porcentajes a partir del número de empleados industriales relevado por el censo de 1930. Las diferencias provienen del ocultamiento que hacían los propietarios al pagar esa patente, que variaba según el número de personal disponible. Así, a nivel nacional, el total de personal declarado para el comercio y la industria es de 60.438 personas.
(g)   Peones agrícolas asalariados de acuerdo con la estadística agrícola (*Anuario Estadístico* de 1930).
(h)   A partir del cálculo indicado de un hombre cada 580 vacunos y un hombre cada 1.000 ovinos dado el *stock* de 7:9 millones de bovinos y 11:4 millones de ovinos.
(i)   Ver cuadro 8.8.
(j)   El ajuste es por resto. En el caso de Montevideo, si nos atuviésemos al mismo criterio nacional de indicar como propietarios sólo a quienes pagan la patente de giro habría que agregar 50.000 personas. En tal caso el porcentaje subiría al 25 por ciento. De todos modos, dada la forma en que se realiza el cálculo no es homogéneo respecto a 1908 y sólo deben tomarse estos datos como ilustración de tendencias.

en las industrias dinámicas de Montevideo llevaron al mismo tiempo a la concentración obrera, a una creciente «formalización» de ese mercado de trabajo y a la existencia paralela de ese otro sector «informalizado».

Las cifras de que disponemos para el sector terciario son poco homogéneas, pues en 1930 las obtenemos por resto y adicionando todo lo que podría ser el sector jornalero, fuerza de trabajo no especializada que se contrataba ocasionalmente día a día, y que aún debía de ser importante. Pero tenemos datos importantes de dos sectores que son estrictamente comparables en 1908 y 1930. El servicio doméstico tradicional, pese a ser subestimado en 1930, señala una tendencia previsible: al cambiar el estilo de vida, con la aparición progresiva de ayudas mecánicas, o de diseño, etc., para el hogar, se pudo prescindir de una buena parte de esta mano de obra. En cuanto a los asalariados del Estado el cambio a nivel nacional en porcentajes no parece muy alto, 3,5 por 100, pero resultan 40.000 personas más que en 1908. Más marcado es, igual que en la industria, en Montevideo. Aquí el porcentaje se duplica y en números absolutos los 9.000 empleados de 1908 se incrementan en 36.000 más.

Hemos intentado también construir un cuadro para 1930, similar al 8.2, de Montevideo en 1889, y al 8.5 de nivel nacional de 1908. La dificultad, al igual que en los casos anteriores, es la falta de datos precisos y confiables, en este caso mayor aún, porque el cálculo se basa en fuentes muy heterogéneas y no en una serie de censos simultáneos, como ocurría en los casos anteriores. Los números citados en el cuadro núm. 8.9 deben considerarse sólo como una mera ilustración de tendencia, cuyo margen de error puede ser elevado.

Dado el carácter de los cálculos, sólo cabe hacer referencias generales al comparar estas cifras con las del cuadro 8.5. Lo sustancial es que se mantiene un sector de la fuerza de trabajo que no tiene dependencia estable y cuya oferta encuentra una demanda insuficiente. Al igual que en 1908, Montevideo está claramente por delante del interior del país, en un mercado de trabajo capitalista. Un punto importante a señalar es el marcado aumento de los funcionarios públicos, especialmente en la capital. Aunque trabajar con datos «blandos» no nos permite hacer muchas más afirmaciones, pareciera que el personal dependiente, el que compondría el grueso del mercado de trabajo capitalista, se habría mantenido más o menos estable, en porcentajes, tanto a nivel nacional como en Montevideo. El desempleo estructural que provocaba la campaña se transfería constantemente hacia la capital, y allí tampoco había otra salida que mantener esa fuerte reserva de mano de obra «informal», acerca de cuyo grado de ocupación-desocupación, etc., desconocemos aún casi todo.

Una economía pequeña. Problemas estructurales de un mercado de trabajo reducido

De lo expuesto podemos concluir que conocemos, muy aproximadamente y en trazos gruesos, cuál era la oferta de trabajo existente y, por lo general, hemos asimilado estos datos a lo que podría ser la población económicamente activa. No podemos saber, a su vez, cuál era el posible grado de ocupación efectiva o desocupación de la misma.

Sin embargo, pese a que los datos manejados no permiten conclusiones «sólidas» en precisión cuantitativa, consta que había una demanda de empleo insuficiente a partir del alambramiento de los campos, en el medio rural, en un país que, sin embargo, todavía seguía necesitando especialistas para desenvolver sus incipientes sectores económicos capitalistas.

Los problemas comenzaron a acentuarse con el desarrollo de las formas capitalistas, que en el medio rural supuso la constante eliminación de su excedente población. Este tuvo por destino principal a Montevideo, de acuerdo con lo indicado en el cuadro 8.7.

Pese a ello, el campo mantuvo un número elevado de población. Muchos vivieron en la marginalidad, en rancheríos o «pueblos de ratas», practicando una paupérrima agricultura de subsistencia combinada con ocupaciones zafrales. Más aún, la mayoría de los agricultores minifundistas practicaron una economía campesina mixta que combinaba el trabajo para el mercado con la autosubsistencia y, eventualmente, trabajos fuera del predio. De ahí también provino un número importante de los migrantes internos a Montevideo.

Este país, nuevo, de corta historia, donde ciento ochenta años atrás no había más que ganado criollo salvaje, en 1900 se encontraba «lleno», con demanda de empleo insuficiente, pese a que la entidad demográfica del país continuaba siendo muy baja. El cuadro 8.10 resume lo expuesto para el período 1889-1930. Los resultados, pese a que las cifras de base son «blandas», señalan la existencia de dos mercados de trabajo. El «formalizado» era el más avanzadamente capitalista. Estaba compuesto por los trabajadores dependientes de la industria, el comercio y los servicios permanentes de mayor nivel, más aquellos que cobraban sus mensualidades del presupuesto estatal. El otro, «informal», fuertemente articulado con el anterior, se distinguía por varias modalidades de relación laboral. Allí se combinaba el pago de jornales, a veces sin continuidad en el tiempo, con el pago en especies. También existía, posiblemente, un sector que la mayor parte del año estaba marginado del mercado de trabajo: agricultores de subsistencia o quienes debían aceptar trabajar sólo a cambio de comida y cierta forma de alojamiento.

Aunque la segmentación de los mercados de trabajo rural y urbano se estaba disolviendo por el avance creciente de las formas capitalistas, todavía actuaba la inercia generada por el neoarcaísmo organizativo y esa estructura también estaba encerrando, en su círculo vicioso, las posibilidades de mejorar las condiciones de funcionamiento del mercado de trabajo en el medio rural que estaban bloqueadas por el predominio del complejo latifundio-ganadero y minifundio-agrícola.

Aunque los porcentajes señalados en el cuadro 8.10 sólo indican una tendencia, muestran, cuando la penetración del capitalismo en las estructuras económicas ya había recorrido un camino de casi medio

CUADRO 8.10

FUERZA DE TRABAJO Y SU RELACION CON LA ECONOMIA
CAPITALISTA (Porcentajes)

Año	Fuerza de trabajo «formalizada»		Fuerza de trabajo «informal» y fuera del mercado	
	Uruguay	Montevideo	Uruguay	Montevideo
1889	—	61,05	—	21,1
1908	35,0	48,10	51,2	25,4
1930	43,4	61,00	43,1	7,1 *

FUENTE: 1889: cuadros 8.1 y 8.2; 1908, cuadros 8.5 y 8.6, y 1930, cuadro 8.9.

* Si se tomase en cuenta sólo la patente de giro, el porcentaje subiría al 25 por 100 pero lo mismo ocurriría, seguramente retrospectivamente, aumentando los porcentajes señalados [19]. Al porcentaje total de F.T. («formal», «informal» y «marginalizada») debe adicionársele la diferencia que constituye el sector propietario para llegar al 100 por 100.

siglo, hacia 1930, que todavía cerca del 40 por 100 de la fuerza de trabajo estaba marginada o fuera del mercado de trabajo capitalista al menos durante una parte importante del año, y sólo podría considerarse que esa situación había desaparecido, o estaba en vía de desaparecer, en el único centro urbano importante del país: Montevideo.

Comparando el posible crecimiento del PBI con el de la fuerza de trabajo, los resultados también muestran los problemas estructurales que llevan a la demanda insuficiente de fuerza de trabajo.

El incremento del PBI es muy similar al de la industria organizada en forma de empresa capitalista y al de la fuerza de trabajo que demanda el Estado, pero, en cambio, el sector productivo rural prácticamente no muestra crecimiento en su fuerza de trabajo. Ese es el sector que vuelca

[19] Dado el carácter aproximado de los datos debe tomarse con cuidado la posible interpretación de los porcentajes indicados en el cuadro. La baja de la población «formalizada» en su relación laboral en 1908, respecto a 1889, podría indicar que en la fecha más lejana la marginalización era más el resultado de la carencia organizativa en lo social y económico que de la falta de empleo estructural y la afluencia de inmigrantes del interior. Pero, por otro análisis de fuentes (el Censo de 1908), sabemos que en 1908 todavía no era muy elevado el número de inmigrantes provenientes del interior en Montevideo. Por tanto, es muy posible que esas fuertes oscilaciones se deban a que hemos recurrido a fuentes muy heterogéneas y su manipulación al convertirlas en nuevas variables nos ha llevado a incrementar las posibilidades de error (ver también nuestro trabajo Población y desarrollo de un pequeño país. Uruguay, 1850-1930, Montevideo, 1982).

CUADRO 8.11

TASAS DE CRECIMIENTO ANUAL DEL PRODUCTO BRUTO INTERNO
Y DE LA FUERZA DE TRABAJO. 1908-1930

P.B.I.	5,1
F.T. total	2,9
F.T. sector primario	0,8
F.T. en industria en sector «formalizado»	5,4
F.T. al servicio del Estado	5,4

FUENTE: Elaborado en base a los cuadros 8.4 y 8.8 para la fuerza de trabajo. Se considera fuerza de trabajo al servicio del Estado, a militares y policías por su carácter de contratados profesionales en su totalidad. El PBI para 1908 lo calculamos multiplicando por 3 el promedio quinquenal de exportaciones de 1906-1910 dando unos 114 millones de pesos oro. Para 1930, repetimos la operación con los datos de 1925-1930, pero multiplicando por 4, pues consideramos que el aumento demográfico debió «cerrar» más la economía bajando la relación Exp./PBI que da 388 millones de dólares oro. El cálculo es meramente aproximativo por falta de otras fuentes [20].

el excedente de mano de obra en el comercio, servicios y otros sectores difícilmente mensurables.

Esta situación de desempleo estructural era ya percibida por los contemporáneos. En el diario *El Día,* del entonces presidente José Batlle y Ordóñez, quien promovería un estilo de desarrollo asistencial, se decía en 1905:

Esa falta de trabajo, esa desproporción entre el crecimiento de la población y el desarrollo de las industrias, es la causa que desvía del país las corrientes inmigratorias y hasta llega a conmover el mismo vegetativo... [21].

La inmigración extranjera ya no tenía a Uruguay por meta y aún el propio crecimiento natural se retardaba por la estrechez del mercado de trabajo [22].

---

[20] F. H. Harbison considera que el incremento del empleo total es aproximadamente igual a la mitad del ingreso nacional. Pero esta evidencia es de base empírica y reciente en cuanto a su aplicación, aunque las diferencias en nuestro caso son nulas, dado lo aproximativo de los datos, y están de acuerdo con esta posición. Sin embargo, el mismo Harbison indica que los incrementos en la demanda de trabajadores de mayores calificaciones debieran ser superiores al PBI. Aunque nos es difícil medirlo, creemos que no estamos en el caso (ver Naciones Unidas, *Métodos para preparar proyecciones de la población económicamente activa,* Manual V, Nueva York, 1971).

[21] Diario *El Día,* «El aumento de población y la crisis de trabajo», 17 de junio de 1905 *(apud. in* Barrán y Nahum, *HRUM).*

[22] Un mes después de realizado el Censo de 1908 la dirección del mismo informó al gobierno sobre sus resultados y entre lo expresado se indicó: «nuestro aumento es modesto ("aumento poblacional")... y no puede sorprender, tratándose de un país

El tamaño de la economía condicionaba el del mercado de trabajo provocando esa demanda insuficiente. En el siglo xix y comienzos del xx, con casi 178.000 km², Uruguay no era un país pequeño; comparado con los europeos era «grande» y así lo destacaron los textos escolares. Aún a escala regional, la escasa integración nacional de los vecinos tampoco hacía notar esa diferencia de superficie con Argentina y Brasil. El progresivo «empequeñecimiento» resultó del acortamiento de las distancias, debido a la introducción de medios rápidos de transporte y transmisión de mensajes, y del mantenimiento, al mismo tiempo, de estructuras socioproductivas primitivas, carenciales, propias de vastos territorios «desiertos», y del reforzamiento de la dependencia de los centros rectores del desarrollo del capitalismo.

La permanencia de la ganadería extensiva como principal actividad económica exportadora al adecuarse a las necesidades del mercado comprador eliminó las posibilidades del crecimiento del mercado de trabajo en el campo, pues no hubo una agricultura capitalista de mano de obra intensiva adonde pudiera dirigirse ese excedente de brazos [23].

La alternativa fue el desarrollo de un sector económico industrial, urbano, y esto fue apoyado por la élite política reformista, encabezada por José Batlle y Ordóñez que defendió este programa pese a la dura oposición conservadora [24], impulsando el proceso iniciado hacia la déca-

entregado casi exclusivamente a la industria ganadera, cuyas condiciones naturales no permiten contarle entre las industrias intensamente pobladoras... Especialmente la expectativa de una mayor población para la ciudad de Montevideo resultaría singularmente vana... El rasgo de esa cabeza demasiado abultada, no es como para que se lamente todavía, que el Censo no revele mayor desproporción con el crecimiento correspondiente de todo el organismo...» (Informe de Carlos María de Pena, M. C. Martínez y J. de Salterain, en diario *El Siglo*, de 22 de noviembre de 1908, *apud. in* J. Klaczko, *El Uruguay de 1908: obstáculos y estímulos en el mercado de trabajo. La población económicamente activa*). Los informantes planteaban claramente la influencia despobladora de la ganadería y, como contraposición, el ya evidente desequilibrio entre Montevideo y el Interior. El casi 30 por 100 de la población de esta ciudad, que aumentaría al 40 por 100 ya en 1930 y a la mitad en la década de 1950 era el corolario lógico del mantenimiento de este tipo de estructuras.
[23] En el caso de la Argentina de la «revolución del trigo», la movilidad de la mano de obra era mayor y los ajustes eran más fáciles de efectuar. La existencia de la migración golondrina permitía mayor elasticidad, pues al fin de la cosecha se producía el reembarque hacia el verano europeo de un importante número de braceros. Además, había una frontera horizontal aún abierta, campos recién incorporados a la producción que permitían también otros ajustes. Sin embargo, luego de la Primera Guerra Mundial el excedente en la oferta de mano de obra, también de tipo ricardiano, comenzó a manifestarse (ver R. Cortés Conde, *El progreso argentino, 1880-1914*, Buenos Aires, 1979, pp. 191 y ss.).
[24] El diario *La Democracia*, de la oposición, del Partido Blanco o Nacionalista, al criticar el proyecto de ley de limitación de la jornada laboral, caracterizaba así

de de 1870 y que, como hemos visto, había absorbido un importante número de trabajadores. La siguiente cita, reiterada en otros trabajos, expresa claramente la visión del batllismo respecto al problema del mercado de trabajo insuficiente, hacia 1925, cuando el avance del proceso de migración interna era evidente:

> Si todo derecho protector se suprimiese entre nosotros, no podría sostener más que una industria: la pastoril. Y todos los obreros nuestros que trabajan en otras cosas y los que no pudiesen ocuparse en el servicio de los patores, tendrían que ir a buscar el medio de vivir en los grandes centros de población, de otros pueblos que se nos han adelantado en el camino del progreso en razón de su existencia más larga... El país, así, empezaría a despoblarse poco a poco...
>
> Una fábrica de sombreros... que sirve a diez mil clientes, puede dar sus productos diez veces más baratos que la fábrica que sirve a mil, y obtener las mismas utilidades y, teniendo nosotros muy pocos clientes para nuestras industrias, nos veríamos siempre vencidos por la fabricación extranjera... [25].

He aquí planteados los problemas básicos. Reconociendo el mantenimiento de la estructura socioproductiva agropecuaria, o sea, aceptando la «ventaja comparativa» que implicaba esta especialización, dado nuestra inserción dependiente en el sistema capitalista, había que impedir que el país se «despoblase poco a poco» por exceso de fuerza de trabajo, por lo cual era necesario desarrollar un sector industrial, implicando protección estatal, pues el mercado disponible era muy limitado y la eficiencia y productividad de esa industria resultaría necesariamente baja por falta de economía de escala. Desaparecido paulatinamente el papel de Montevideo como centro comercial intermediador en la cuenca del Plata, el cerramiento progresivo del mercado consumidor hacía que su industria sólo contase con el mercado interno y, dentro de él, el que sustancialmente contaba era el montevideano, pues en el resto del país las comunicaciones sólo permitían un acceso adecuado a las capitales departamentales y, además, la capacidad de consumo de la población era muy baja. O sea, el problema de la pequeña escala más que geográfico era el resultado del mantenimiento de una estructura socioproductiva carencial,

al país: «Nuestro país no es otra cosa que una pobre y oscura republiquita, donde todo está en cierne, sin capitales, con muy escasa población y alguno que otro embrión de fábrica» (octubre de 1915). Si bien exageraba por razones de lucha política, describe el ambiente de carencia que imperaba como resultado de la corta historia y la herencia colonial y utilizaba tal argumento para defender el *statu quo*.
[25] Palabras de J. Batlle y Ordóñez en la Convención del Partido Colorado Batllismo de 1925, publicadas en el diario *El Día*, 27 de junio de 1925.

primitiva de origen colonial, que la inserción en el sistema capitalista, en buena medida, consolidó.

El desarrollo industrial adquirió un carácter «malthusiano», limitado por el «techo» que imponía un mercado de consumo reducido, de ahí que también la fuerza de trabajo que podía absorber era limitada. Ya hemos visto como el sector «formalizado», o sea, el que tiene continuidad en su trabajo y una relación plenamente capitalista, se complementa con otro, que denominamos «informal», donde no se dan esas condiciones, aunque una parte del mismo también trabaje en el sector capitalista. También hemos visto que el sector secundario estaba radicado, en su casi totalidad, en Montevideo (véanse cuadros 8.4 y 8.8).

Mientras que las pautas de consumo de la población no fueron muy elevadas y lo que hoy denominamos necesidades básicas fueron sumarias, la situación del empleo insuficiente estructural pudo superarse y ajustarse por parte de la oferta de trabajo. Esta, por supuesto, era bastante inelástica, sin demasiados problemas de desocupación, pues ésta se disimulaba por la falta de formalidad del mercado de trabajo, la discontinuidad en la labor, la baja productividad, etc.[26]. Pero también el desarrollo del capitalismo llevaba en dirección contraria. El desarrollo industrial eliminaba la posibilidad de realizar, por parte de artesanos, trabajos por cuenta propia. La introducción de métodos tayloristas aumentaba la productividad hora/hombre en las empresas más avanzadas, etc.[27]. Y el incremento de bienes disponibles hacía aumentar también lo que se consideraban necesidades básicas y las pautas de consumo, al menos para los sectores ubicados en los escalones medios de la estructura social hacia arriba, a la vez que elevaban el nivel de subsistencia en los estratos bajos.

El «malthusianismo» económico determinado por el mantenimiento de la atrasada estructura exportadora ganadera, que absorbía un porcentaje reducido de la fuerza de trabajo, por una agricultura primitiva que permitía la autosubsistencia de quienes la practicaban y que abastecía el

---

[26] Lamentablemente no hay datos sobre desocupación, pero en 1932 el batllismo intentó llevar adelante un proyecto de seguro de desocupación y bolsas de trabajo, muy resistido por los organismos representativos de los empresarios, unidos en el llamado Comité Nacional de Vigilancia Económica. Ya desde 1926, sin embargo, el batllismo insistiría en el tema, aunque por razones políticas negaba que fuera un problema importante (ver al respecto H. Finch, *Historia económica del Uruguay contemporáneo,* Montevideo, 1980, p. 219).

[27] De acuerdo con el Censo Industrial de 1936 el número de obreros y empleados era de 74.192, mientras que en 1930 era 94.441. Aunque fueron organismos distintos los que hicieron los censos y con criterios que tampoco fueron homogéneos (el de 1936 es mucho más fiable), el 20 por 100 largo en menos puede estar indicando este cambio.

mercado interno, y por un sector comercial e industrial que tenía por límite el escaso potencial de sus consumidores, en un país donde ya no había además una frontera «horizontal» hacia donde expandirse, ese «malthusianismo» requería ajustes en el funcionamiento del mercado de trabajo, todavía en formación pero aquejado ya de desequilibrios estructurales [28].

En lo demográfico, el malthusianismo se aplicó a reducir la oferta de trabajo, especialmente en el medio urbano, donde el crecimiento de las necesidades básicas y los efectos de demostración provenientes del mundo desarrollado incentivaban más el consumo, mientras que en el interior estos hechos se dieron más tarde y con menor intensidad. En Montevideo, el descenso de la fecundidad principal, medio de lograrlo, comenzó a ser perceptible hacia 1890, tardando varios decenios más en el Interior. Este siguió suministrando a Montevideo el exceso de oferta de fuerza de trabajo que producía. En conjunto, la caída de la fecundidad permitió controlar la oferta de mano de obra, aunque sus efectos, lógicamente, fueran retardados, de acuerdo con el proceso biológico de renovación.

El segundo gran ajuste fue provisto por el Estado.

Las palabras de J. Batlle y Ordóñez ya indicaban una voluntad de intervención, en ese caso indirecta, promoviendo la industria.

Otra forma fue promover una legislación laboral que además de amparar a la fuerza de trabajo permitiese aumentar la demanda, por ejemplo, por medio de la imposición obligatoria de la jornada limitada (en el medio urbano, pues la oposición conservadora y los hechos hacían imposible hacerlo en el campo), y el descanso semanal. Pero también el Estado actuó directamente creando una demanda de trabajo. En el análisis de los censos hemos notado el crecimiento de los funcionarios públicos entre 1908 y 1930, especialmente perceptible en Montevideo hacia 1930 cuando ya constituían un 16 por 100 de la fuerza de trabajo. Para la época ya era una cifra significativa y los críticos contemporáneos se encargaban de subsanarlo [29]. Esta tendencia plantearía un grave problema

---

[28] Por frontera «horizontal» entendemos nuevas tierras, posibilidad vedada a Uruguay ya desde el fin de la época colonial, cosa que diferenció claramente a este país de sus vecinos, donde la ocupación de territorios vacíos se prolongó hasta entrado ya el siglo xx. Se diferencia de las fronteras «verticales», o sea, la expansión como resultado de una reasignación de recursos (pasar de la ganadería extensiva a la agricultura y de laboreo extensivo al intensivo, por ejemplo, cosa que no se hizo) o por la creación de nuevos sectores económicos (como lo fue la industrial).

[29] Julio Martínez Lamas, en *Riqueza y pobreza del Uruguay* (Montevideo, 1980, pp. 430-433), interpretaba que el batllismo, visto que «... en el Uruguay, por su régimen económico no hay trabajo para todos, el Estado debe darlo a quienes no lo tienen, evitando con ello la emigración hacia centros de mayor potencialidad

después de la II Guerra Mundial cuando el torrente de burocratización comenzó a ser imparable [30].

Se complementaba esta política con una política de incremento de gasto público estatal, por la vía de la creación de empresas de servicio e industriales, por la realización de obras públicas, etc., en suma, un programa que seguía las líneas que sugirió luego lord Keynes [31].

Otra serie de medidas tendía a reducir la oferta por medio de la creación de un sistema de jubilaciones y pensiones que permitiese el retiro anticipado del mercado laboral. Los funcionarios públicos podían retirarse a los cincuenta y cinco años de edad, y por el hecho de ser despedidos los trabajadores de la actividad privada podían acogerse a la jubilación con un mínimo de años trabajados. Claro que estas medidas eran rápidamente contrarrestadas, pues el hombre así liberado de su empleo procuraba reinsertarse en el mercado de trabajo (el formal o el informal, según lo permitiese su situación legal) para aumentar sus ingresos. Esta medida resultó contraproducente, así como el fijar una jornada reducida (seis horas) a los empleados públicos [32].

---

que el nuestro... El error de tal sistema no consiste en la finalidad que lo guía, sino en los medios escogidos para alcanzarla; medios que son los más en absoluto contrarios a ella. Porque el bienestar general, la dicha para todos, tan sólo puede ser conseguida por medio del trabajo reproductivo...», criticando el proceso de burocratización.

[30] Según C. Quijano, en «Una economía en crisis», en semanario *Marcha*, número 966, diciembre 1959, p. 11, en 1955 habría unos 168.000 funcionarios públicos en Uruguay, cerca del 18 por 100 del total de la población económicamente activa, en este caso a nivel nacional. El número de jubilados en las dos principales cajas que servían el retiro alcanzaría en 1955 a 55.000. En 1969 un censo de funcionarios estatales reveló que había 213.000, sin contar el personal militar (estimable en 16.000 más), cerca de un 20 por 100 de la PEA (datos de *Anuario Estadístico del Uruguay*, 1964-69, fasc. X). Hay que señalar que el aumento de esta burocracia se dio al mismo tiempo que creció la oferta de una fuerza de trabajo con un mayor nivel de instrucción.

[31] Finch, en *Historia económica del Uruguay*, cit., menciona dos posibles interpretaciones acerca del porqué del desarrollo estatal de programas de bienestar; Rimlinger lo relaciona con la creciente productividad y escasez de mano de obra, mientras que Bjork sólo señala que aparecieron «cuando había necesidad de ellas» (ambos artículos en *Journal of Economic History*, 1966, vol. 26, pp. 555-576). La última posición refleja más claramente el caso uruguayo. Las medidas de protección de la fuerza de trabajo eran necesarias, tanto que, recientemente, el tercer tipo de ajuste fue la emigración. Un país de escasa población que apenas un siglo atrás debió recurrir a la inmigración extranjera, cambió su orientación en ese corto lapso transformándose en expulsor de población.

[32] En la década de 1920 fueron muy resistidos los intentos de sancionar una legislación que impusiera un salario mínimo. Sólo pudo hacerse para los trabajadores de parte de la administración pública y para los trabajadores rurales de las grandes estancias, pero en el último caso no se sabe si realmente pudo cumplirse.

Por último, una política tendente a imponer salarios mínimos, también muy resistida, que sólo pudo cristalizar después de 1943, intentó transferir ingresos, redistribuirlos, con el fin de ampliar la capacidad de consumo, lo que incidía indirectamente en el incremento de la fuerza de trabajo demandada.

El gráfico 8.1 resume el funcionamiento del mercado de trabajo en las primeras décadas del siglo, de acuerdo con lo que hemos venido expresando.

En el gráfico sumarizamos un modelo verbal de funcionamiento del mercado de trabajo en el Uruguay de las primeras décadas del siglo xx, a partir de tres variables independientes que consideramos son las más relevantes: mercado exterior, Estado y población.

El mercado exterior indica la inserción en la economía mundo por la vía del comercio de exportación-importación y, a la vez, se conecta con la población al porvenir de esos mismos mercados exteriores el flujo inmigratorio que acompañó al crecimiento de las importaciones. A los solos efectos de no complicar más el gráfico consideramos que las inversiones extranjeras son parte del proceso de importaciones.

El Estado ha constituido, desde siempre, un actor social relevante en América Latina, R. Morse ha señalado que las colonias españolas al independizarse «eran un Estado patrimonial en búsqueda de una fuente de legitimidad»[33]. Estos Estados que nacieron desarbolados, sin el suficiente aparato, sin «estatidad» elevada, tardaron casi todo el siglo xix en consolidarse como órganos con efectivo poder nacional, pero cuando lo hicieron emergieron en una situación de preeminencia respecto a la sociedad civil, al contrario de lo que ocurrió en el proceso de la Europa nordatlántica y los EE.UU. De ahí el protagonismo esencial del Estado en el siglo xx para llevar adelante un estilo de desarrollo asistencial que, entre otras acciones, protegió a la fuerza de trabajo.

La población siempre fue escasa, partiendo de una situación de efectivo vacío al no ser factible la integración a la nueva sociedad de los pocos indígenas que trashumaban en el territorio.

La interrelación de estas variables lleva a procesos mediadores sucesivos, que aquí presentamos en forma muy simplificada. La población escasa conforma un mercado interno de pequeña escala y consiguientemente de poco poder adquisitivo. En las relaciones de mercado que se contraen entre los hombres al demandar mano de obra es factible distin-

---

La incidencia de la crisis de 1930 y los cambios políticos de 1933 congelaron luego esos proyectos. Recién en 1943 con la creación de Consejos de Salarios mixtos (con participación estatal, patronal y asalariada) se pudo fijarlos, con un alcance general.

[33] R. M. Morse, «The heritage of Latin America», L. Hartz (comp.), *The founding of new societies,* Nueva York, 1964, pp. 123-177.

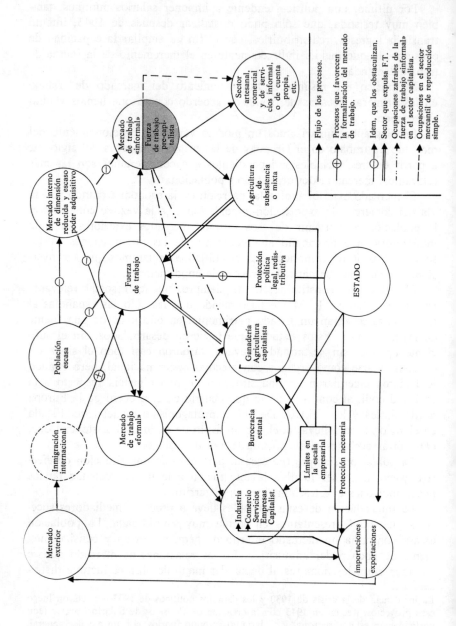

GRÁFICO 8.1.—*Funcionamiento del mercado de trabajo en las primeras décadas del siglo XX. Uruguay*

guir un mercado «formal» y otro «informal». Parte de este último mercado, en realidad, está fuera de él; en rigor no constituye mercado, dado el tipo de relaciones que se llevan adelante. La fuerza de trabajo «formal» es la que atiende sustancialmente las actividades económicas productivas, comerciales y de servicios que tienen mayores conexiones con la estructura capitalista más desarrollada, pero no es el único que prové de mano de obra a este sector. Para cubrir la demanda zafral en el sector productivo y cierto tipo de trabajo escasamente calificado, especialmente en el comercio y el transporte se recurría, también, al mercado de mano de obra informal, suponiendo inseguridad en cuanto a la vinculación laboral de tipo capitalista.

La fuerza de trabajo en los sectores más primitivos y menos desarrollados de la economía, tal como la empleada en la agricultura de auto-subsistencia o mixta, o aún en ciertos sectores artesanales o de servicios no tenía el mismo tipo de relación, era en su casi totalidad «informal», recibiendo retribuciones sustancialmente en especie y no en dinero, o teniendo una relación laboral con soluciones de continuidad.

El Estado realizó a partir de la segunda década del siglo una intervención tendiente a proteger directamente a la mano de obra, disponiendo límites al tiempo de labor, diario y semanal, disponiendo medidas para asegurarla contra accidentes, etc. Pero esta protección tendía a amparar a la fuerza de trabajo «formalizada», la única posible de fiscalizar con cierta eficacia por el aparato estatal.

También intentó incrementar la demanda de fuerza de trabajo con medidas de carácter directo e indirecto, mediante la creación de empleos en la burocracia estatal tendente a favorecer el crecimiento industrial mediante una política proteccionista. Aunque algunas empresas públicas comenzaron a aparecer hacia 1911, la mayoría eran de servicios (financieros, de transportes). Sólo hacia 1930 surgieron las que también producían bienes.

Esta política no fue suficiente para solucionar los problemas de base. Pese a que la población adoptó también una conducta demográfica reproductiva malthusiana, restrictiva, este país literalmente «nuevo», creado por inmigrantes hace apenas dos siglos y medio, al permanecer incambiada la causa que da origen a ese desempleo estructural, se ha convertido abiertamente en un país de emigrantes, lo que siempre fue, pese a que el fuerte impacto urbano que tuvo la inmigración masiva europea haya ocultado el fenómeno [34].

---

[34] Ver C. A. Aguiar, *Uruguay: país de emigración*, Montevideo, 1982; C. A. Aguiar, *Uruguay, población y desarrollo. El flujo emigratorio*, Montevideo, CLAEH, 1978, y J. Rial, *Impacto de la inmigración europea en la urbanización de la zona rioplatense, 1870-1914*, informe de investigación a CLACSO, 1979, inédito.

9. Inmigrantes y *caipiras* en la división del trabajo de la hacienda paulista (1850-1930)

Chiara Vangelista
Universidad de Turín

La situación económica y social de la provincia de São Paulo sufrió en la segunda mitad del siglo XIX profundas modificaciones al introducirse las plantaciones de café y percibir la oligarquía las grandes posibilidades que este producto tenía en el mercado internacional. La creciente demanda mundial de café dio lugar a dos fenómenos principales: la expansión del territorio cultivado (con los problemas conexos al avance de la línea de frontera) y el incremento de una necesidad masiva de mano de obra.

Presupuesto esencial para el éxito de una economía de exportación fundada en sistemas productivos escasamente capitalizados es la disponibilidad ilimitada de tierras y de mano de obra. No había problemas en cuanto a la oferta de tierras cultivables; la región paulista era particularmente apta para el café. La necesidad de una masa constantemente en aumento de trabajadores para emplear en la plantación fue, en cambio, una de las preocupaciones que agitaron a la clase dominante en este primer período de ajuste de la hacienda. El régimen de esclavitud padecía entonces sus primeras crisis importantes. Aun cuando no cesó tras la ley Aberdeen, la trata de esclavos de Africa sufrió un duro golpe en Brasil. En los años siguientes fue necesario echar mano de los recursos internos: el incremento demográfico y el traslado planificado de la fuerza de trabajo existente[1]. Los límites concretos impuestos a los recursos internos

---

[1] *Anais da Càmara do Deputados*, Río de Janeiro, 1880; véase también L. Bethel, *A abolição do tráfico de escravos no Brasil*, São Paulo, 1976; M. Goulart, *Escravidão africana no Brasil (das origens à extinção do tráfico)*, São Paulo, 1975.

221

tornaron más rígida la oferta de mano de obra. El ascenso de São Paulo a región dinámica en el ámbito de la economía brasileña se verificó en un momento de crisis del sistema tradicional de apropiación de la fuerza de trabajo. São Paulo tenía que identificar, junto con los métodos de producción y de comercialización del nuevo renglón de exportación, los canales y los modos de atraer una mano de obra apta para las labores de la plantación.

La crisis de la esclavitud se agudizó. La ley de Vientre libres, las manumisiones, las fugas frecuentes, eran síntomas de una situación que estaba cambiando. La necesidad de encontrar nuevas formas para la provisión y aprovechamiento de la mano de obra inauguró un amplio debate que ocuparía por años a la oligarquía paulista. El nudo del problema radicaba en la elección del trabajador libre. Dando por sentado que, con el cierre del tráfico con Africa, el trabajador esclavo terminaría por desaparecer, era necesario determinar qué trabajador y qué forma de trabajo serían más apropiados para las necesidades de la plantación y, sobre todo, qué forma de trabajo representaría una ruptura menos traumática con el régimen esclavista precedente. En el prolongado debate de este período, no se aludió casi nunca a la posibilidad de reintegrar la mano de obra de los antiguos esclavos en la organización de la hacienda. En efecto, con la abolición de la esclavitud se produjo una total y rápida sustitución de la mano de obra de origen africano, que ya no sería empleada en el cultivo del café, donde hasta entonces detentaba el monopolio. El esclavo liberado se incorporó en especial al sector terciario y a la economía de subsistencia [2]. El hacendado no recurrió, en el proceso de reorganización del trabajo, a su mano de obra tradicional; tomó en consideración, en vez, a los elementos potencialmente disponibles en el mercado, sin vinculación anterior con la plantación. Las alternativas concretas eran, en consecuencia, dos: los recursos internos o la mano de obra extranjera.

Según la opinión de algunos exponentes de la oligarquía, São Paulo poseía fuerzas insuperables constituidas por un enorme ejército de reserva, raramente utilizado en el proceso productivo y con funciones margi-

---

[2] «... los antiguos esclavos, los actuales libertos desaparecieron con rapidez del campo de trabajo de una manera casi fantástica. Parece increíble, mas es un hecho comprobado por cuantos se interesan en el problema: municipios esencialmente agrícolas como Campinas, São Simao, Ribeirão Breto y otros que en el 88 tenían, cada uno, un promedio de 15.000 esclavos, si fuesen censados ahora no contendrían más que unas pocas centenas de libertos inútiles, porque los que quedaron son en su totalidad los viejos domésticos; los trabajadores o desaparecieron o cultivan lejos de la sociedad lo necesario para su vida poco exigente.» E. Ferré, «La crisi economica brasiliana», en L. Einaudi, *Un principe mercante. Studio sulla espansione coloniale italiana*, Turín, 1900, pp. 234-247, en especial pp. 237-238.

nales: el llamado «trabajador nacional». Este integraba el estrato de la población ligado a una economía de subsistencia y privado de una efectiva participación social y económica [3]. Louis Couty calculó, para el período que nos interesa, en unos seis millones el número de estos trabajadores potenciales en la totalidad del territorio brasileño [4]. Una oferta de fuerza de trabajo de dimensiones tales debería haber resuelto holgadamente los problemas derivados del incremento constante del área destinada a la producción. La posibilidad de emplear esta mano de obra local chocaba, empero, con las características propias de esta fuerza de trabajo. El trabajador nacional no parecía apto, en efecto, para sustituir al esclavo. El trabajo en la plantación de café exigía una dedicación intensa y constante con empleo amplio de mano de obra estable. El *caipira*, habituado al ritmo de la vida de subsistencia, no podía contribuir de manera continuada a la formación de riqueza de la hacienda.

Si la oferta potencial interna no exhibía los requisitos exigidos por la plantación de café, era necesario identificar alguna en el exterior, en el mercado internacional del trabajo. En este caso también, la forma de cultivo nacida de la economía esclavista parecía contraria a la introducción de un elemento completamente extraño a la hacienda. El trabajador extranjero —y se pensaba, sobre todo, en el europeo— no podía adaptarse, según la opinión de la clase dominante, a las condiciones de la plantación [5]. El clima, la tendencia del hacendado a reducir el costo de la mano de obra, el trabajo agotador, eran elementos que el trabajador europeo no estaría dispuesto a aceptar. La hacienda necesitaba de otro tipo de trabajador más parecido al esclavo que al trabajador libre. Se citaba al *coolie* como ejemplo de pasaje ideal de la esclavitud al trabajo asalariado propiamente dicho [6]. De hecho, el chino nunca sería utilizado en la plantación. El gran interés que parte de la oligarquía tenía por él muestra, sin embargo, cuál era en realidad el problema: en esos años no se estaba buscando una oferta de mano de obra que, desde el punto de vista numérico, cubriera las necesidades del aumento constante de la producción; antes que nada era preciso encontrar una forma de trabajo que se adaptara a la realidad de la plantación. El régimen de aparcería y en seguida el de colonato, experimentados por algunos hacendados particularmente clarividentes, demostrarían adaptarse perfectamente, tanto a la organización productiva de la hacienda como a la oferta de mano

---

[3] Véase el debate sobre los trabajadores nacionales en *Congresso Agricola. Collecção de documentos*, Río de Janeiro, 1878.

[4] L. Couty, *L'esclavage au Brésil*, París, 1881, p. 87.

[5] *Relatorio do Ministerio da Agricultura*, Río de Janeiro, 1877, p. 408; 1879, página 29.

[6] *Congresso Agricola*, p. 258; *Gazeta de Mogy Mirim*, 9 de diciembre de 1892.

de obra —europea y en particular italiana— más numerosa en el mercado internacional[7]. Tras probar esta nueva forma de trabajo, que permitía emplear al trabajador libre sin pagarle un salario, se inauguró una política de inmigración masiva, administrada mayormente por el Estado, que tenía no sólo la función de atraer nueva fuerza de trabajo sino también la de distribuirla de manera racional por el territorio de São Paulo. De aquí en adelante el cuidado de la plantación fue entregado al inmigrante europeo, empleado mediante un contrato de colonato. Sólo en los momentos de crisis de la inmigración sería el turno del trabajador nacional. Este, en los períodos normales, siguió ocupándose en sus actividades tradicionales: trabajo ocasional, pequeño comercio, tala[8].

Parece evidente, pues, que en el mercado de trabajo brasileño de fines del siglo xix y comienzos del xx se aplicó una discriminación en la demanda de fuerza de trabajo. A pesar de la existencia de una oferta interna más o menos amplia, en el momento de la abolición de la esclavitud la organización productiva de la hacienda prefirió la oferta internacional, la europea en particular. En efecto, el trabajador nacional no fue incorporado por largos períodos a la plantación y la mano de obra esclava fue sustituida radicalmente por una fuerza de trabajo ajena por completo no sólo a la forma del trabajo esclavo sino también a la organización económica y social de la plantación. El brasileño y el antiguo esclavo, elementos de una oferta de mano de obra generados por esta sociedad, fueron destinados a ocupaciones que, aunque ligadas con la vida de la hacienda, no se vinculaban con la producción misma del café.

También en la inmigración hubo discriminación. De hecho no toda la mano de obra inmigrada se adaptó a la forma de trabajo establecida. Los alemanes, en el primer período experimental, y los italianos después, fueron considerados como el estereotipo del inmigrante ideal[9]. Los demás quedaron marginados en el mercado que gravitaba alrededor de la plantación. Un ejemplo ilustrativo es el de la inmigración japonesa: surgida de un acuerdo entre los gobiernos, la oleada inmigratoria japonesa fue atraída y luego rechazada de la hacienda en el transcurso de dos meses, según los testimonios de los periódicos de la época. El labrador

---

[7] Véase de J. de Souza Martins, *A imigração e a crise do Brasil agrario*, São Paulo, 1973; y *O cativeiro da terra*, São Paulo, 1979. También de Ch. Vangelista, *Le braccia per la fazenda. Immigrati e caipiras nella formazione del mercato del lavoro paulista (1850-1930)*, Milán, 1982.

[8] L. Couty, *Le Brésil en 1884*, Río de Janeiro, 1884, p. 321. Véase también «O trabalhador nacional», *Boletim do Departamento Estadual do Trabalho*, 5 (1916), núm. 20, pp. 349-372; *O Jornal do Commercio*, 11 y 21 de diciembre de 1916.

[9] Sobre la formación del estereotipo del inmigrado, véase Souza Martins, *A imigração*, pp. 177-178.

japonés, expulsado del sistema productivo de la hacienda, se dedicó a otras actividades, ya en el sector terciario, ya en la pequeña agricultura [10].

En São Paulo se asistió así a la formación de un mercado de mano de obra dividido en segmentos, donde el criterio discriminatorio era principalmente étnico. Tampoco toda la fuerza de trabajo que gravitaba en derredor del sector primario tenía la misma posibilidad de adherir a la plantación. Cada grupo tendía a desempeñar una tarea propia a la cual era destinado. Los brasileños estaban encargados de hacer avanzar la frontera del café mediante la ampliación de la plantación y eran usados, al mismo tiempo, para trabajos temporarios inherentes a la producción del café. Los japoneses se incorporaron a la producción agrícola para el mercado interno, en especial urbano, con pequeñas labranzas cada vez más diversas y desligadas de la agricultura de subsistencia. Los inmigrantes europeos, en fin, fueron empleados en el cafetal. Para este último caso se hizo otra fuerte discriminación, esta vez de carácter nacional. Dentro de los europeos, los italianos fueron considerados los mejores colonos. En suma, la inmigración proveniente de Italia, constituida por núcleos familiares compactos y numerosos de campesinos, era la más idónea para el colonato, donde la fuerza de trabajo la ofrecía, no el individuo, sino el grupo familiar entero. La familia como tal era jurídicamente responsable del cumplimiento del contrato.

El por qué de esta diferenciación de la demanda y de la oferta ha de ser investigada en la organización productiva de la hacienda. Es necesario comprender las razones por las cuales el paso de la esclavitud al trabajo libre no fue excesivamente traumático, por lo menos desde el punto de vista de la organización del trabajo en la plantación. Con la política inmigratoria, la clase de los dueños de la tierra impuso una continuidad en la historia de la organización del trabajo en Brasil: la importación de mano de obra europea permitió la permanencia de la marginalidad de una potencial oferta interna.

Al adoptar al inmigrante como trabajador para el cafetal, no sólo se mantuvieron invariables las tradicionales relaciones sociales y culturales entre hacendado y trabajador; tampoco se modificó de manera sustancial el modo de adquirir la mano de obra para las labores de la plantación. El ciclo económico del café, como otros anteriores en la historia brasileña, basados en la producción y exportación de un producto

---

[10] Sobre la inmigración japonesa, *Relatorio apresentado pelo Dr. Carlos Botelho, Secretario da Agricultura, anno de 1907*, São Paulo, 1908; *Relatorio da Secretaria da Agricultura, Industria e Comercio*, São Paulo, 1918, 1923 y 1928; *Fanfulla*, 28 de agosto de 1908, 19 de septiembre de 1908, 4 y 13 de octubre de 1908 y 7 de febrero de 1909; y F. Callage, «As colonias japonêsas de São Paulo», *Boletim da Direitoria de Terras, Colonização e Imigração*, 12 (1933), núms. 75-76, pp. 50-87.

único, procuró su mano de obra en el exterior del país. La fuerza de trabajo de la plantación continuó siendo un elemento exógeno al sistema de relaciones económicas y sociales brasileñas [11]. Al escoger como solución una intensa política inmigratoria, el Estado, de hecho, no rompió con la mentalidad del latifundista, fundada en la esperanza de obtener siempre y únicamente del exterior el factor productivo que más necesitaba, con independencia de la situación interna de la oferta de fuerza de trabajo. Así, durante el régimen esclavista, una demanda creciente de fuerza de trabajo era satisfecha con un simple incremento del comercio de mano de obra importada de Africa. Con la aparición del trabajo libre, la mano de obra siguió proviniendo del exterior, y era hasta más elástica en cuanto a la demanda. Además, puesto que esta fuerza de trabajo no implicaba una inversión inmediata de capital, pudo también formar un ejército de reserva disponible. La mentalidad y los usos derivados de la esclavitud imprimieron por consiguiente un carácter indeleble al mercado libre de mano de obra. El fenómeno no fue sólo fruto de una cultura sino también, y, sobre todo, de un determinado sistema económico. De este modo, en una economía fundada en el comercio con el exterior, en la cual la trata de esclavos era parte integrante del sistema, se esperaba, naturalmente, del exterior el abastecimiento de la mano de obra necesaria. Cabe, pues, decir que «la economía colonial podría, por consiguiente, ser redefinida como un régimen en el cual la producción queda sometida al comercio, en tanto no sólo el producto del trabajo sino el trabajador mismo era objeto de comercio» [12]. Otro tanto puede decirse de la inmigración: que fue el resultado de un sistema productivo basado en el comercio con el exterior, y esto en dos sentidos. En primer lugar se modificó la estructura ocupacional de la hacienda sólo en la medida en que era funcional para la producción sin originar cambios ni sociales ni en la organización productiva; en segundo lugar, no se alteró el canal de adquisición de mano de obra.

La estructura ocupacional de la hacienda parece haberse modificado sólo en función de una mayor disponibilidad de mano de obra, en un proceso que tendió a disminuir los costos sociales del cambio. Durante el período de esclavitud, la plantación estableció tres categorías de empleo: el esclavo que se ocupaba del trabajo de plantación propiamente dicho y de algunas actividades colaterales, como la producción de géneros y el beneficio del café; el esclavo destinado a trabajos domésticos en la casa del dueño de la tierra; y los trabajadores adventicios, ligados con

---

[11] J. de Souza Martins, «Mercato del lavoro ed emigrazione italiana in Brasile», en R. de Felide (compil.), *Cenni storici sulla emigrazione italiana nelle Amèriche e in Australia*, Milán, 1979, pp. 165-184.

[12] Souza Martins, «Mercato», p. 169.

todo a la plantación porque habitaban en tierras del latifundio dedicados a la roza y limpieza de terreno, al plantío de cafetos, a la cosecha en ayuda de los esclavos, etc. De este último segmento de población el hacendado obtenía los elementos para su ejército particular, es decir, los dependientes sobre quienes basaba su poder personal: guardaespaldas, vigilantes, etc.

Con esta estructura simplificada de la ocupación en el latifundio a la vista, se percibe cómo, con la abolición de la esclavitud, sólo un elemento del cuadro cambió sustancialmente [13]. El trabajador nacional, en efecto, continuó siendo empleado para la primera ocupación del territorio, para plantar y para trabajos temporarios; tampoco se ve una tendencia a sustituir al esclavo destinado al trabajo doméstico, ya que este segmento de trabajadores negros fue el más estable. El único elemento nuevo fue el colono, el trabajador inmigrado que sustituyó en la plantación de café al esclavo liberado.

La hacienda no inició por consiguiente, con la abolición de la esclavitud, proceso alguno de reestructuración de la división del trabajo. Por un lado, uno de los componentes tradicionales de la mano de obra de la plantación siguió con sus tareas de siempre; por otro, el trabajo entre las hileras del cafetal se modificó sólo en lo indispensable para ser aceptado por el trabajador europeo.

La introducción del trabajador libre en reemplazo del esclavo no implicó, pues, necesariamente una real modificación de la organización del trabajo, ni, en un sentido más amplio, la alteración en las relaciones sociales de producción. En un sistema económico fundado exclusivamente en el comercio con el exterior, las modificaciones en el nivel productivo no revisten importancia, salvo en el caso de producir una cantidad mayor de bienes exportables. La incorporación de mano de obra inmigrada posibilitó el aumento de producción, verificándose un incremento del factor productivo trabajo, apto para ampliar el territorio cultivado de café, y, a la vez, permitió la perpetuación del abastecimiento de la mano de obra desde el exterior y de las relaciones sociales y económicas que el dueño de la tierra había instaurado con la mano de obra local.

Dicho de otra manera, la política inmigratoria dio lugar a la formación de un amplio ejército de reserva de mano de obra local, marginal en relación con el ciclo productivo de la hacienda, pero no por ello menos importante para mantener la organización de las relaciones sociales en su interior. La diferenciación de la oferta y de la demanda siguiendo líneas raciales garantizaba al Estado una notable estabilidad social. Ella explica también las continuas quejas del latifundista sobre la escasez de

---

[13] K. Marx, *El Capital*, libro III, IV sección.

oferta, aparte de las pretensiones de poder encontrar una mano de obra dispuesta a trabajar en torno al límite de la sobrevivencia. La división de las tareas según el carácter étnico provocó una insuficiencia artificial de oferta: los trabajadores que se ofrecían en el mercado no podían permutarse entre sí, ni adaptarse a todos los trabajos necesarios para la hacienda. La división étnica del trabajo coadyuvó de esta manera a la formación de una contradicción típica del mercado de mano de obra paulista: un vasto ejército de reserva acompañado de escasez de mano de obra, fenómeno que se prolongará durante todo el período de inmigración masiva.

10. Del esclavo al asalariado en las haciendas de café, 1880-1914. La génesis del trabajador volante *

José de Souza-Martins
Universidad de São Paulo

Población y producción: cuatro problemas

La tesis principal de este estudio es que al modo de explotar la fuerza de trabajo en las haciendas cafeteras correspondía, en Brasil, un modo en el movimiento de la población. Si en la producción cabe analizar minuciosamente cómo se da el proceso, también es posible descubrir cómo el trabajo moviliza a la población. Este modo se hace patente en las formas que asume la fuerza de trabajo, en la manera en que se la recluta y organiza a partir de las relaciones que definen los distintos momentos del proceso de trabajo y del proceso de explotación. Esto es lo que nos permite entender por qué, al abolirse la esclavitud, el cambio más importante ocurrido en los cafetales no fue, como creen algunos, el paso del trabajo esclavo al asalariado, sino el del trabajo esclavo al trabajo campesino del colono libre. Es lo que nos permite igualmente comprender el largo y complicado proceso de ruptura de las trabas estructurales que se oponían a la liberación del salario, o sea, a la liberación del capital, de la propiedad rústica y del propio trabajo. Este proceso es por lo general simplificado, reducido a un esquematismo abstracto y sin sentido, en el cual se pierde por completo de vista el lento y complejo camino de la confrontación entre trabajadores y hacendados en el desarrollo capitalista de Brasil.

---

* La presentación de este trabajo fue posible gracias a una beca de la Fundación Ford.

A título simplemente de referencia, tomo los años de 1880 y 1914. La primera fecha representa el comienzo de la etapa social e históricamente más rica de la evolución del café; la segunda, la decadencia de la inmigración extranjera y el comienzo de la importancia del llamado «trabajador nacional» en la economía del café [1]. De todos modos, no me he atenido rígidamente a esas fechas y he tratado la cuestión cronológica de un modo que los investigadores, que con razón consideran indispensable trabajar con límites bien definidos en el tiempo, podrían tal vez objetar. Era indispensable, empero, que destacara en mi investigación la constitución y la desintegración de las relaciones históricamente fundamentales para comprender la vinculación, en el mundo del café, entre población y producción, entre fuerza de trabajo y acumulación de capital.

El café fue, entre 1850 y 1930, el principal artículo de exportación de la economía brasileña, junto, según el momento y en diferentes grados, con el azúcar de caña y el caucho. Siendo la brasileña una economía agraria, de características coloniales, el café, mercadería predominante, incidió profundamente en la organización de la sociedad, en especial en el Sudeste del país —Río de Janeiro y São Paulo— y determinó acontecimientos sociales y políticos fundamentales: la extinción del tráfico negrero (1850), la emancipación progresiva de los esclavos y la abolición de la esclavitud (1888), la proclamación de la República (1889), la industrialización a partir de los años ochenta y la revolución de 1930, que puso fin a la hegemonía política de los grandes hacendados del café.

Con este momento de la historia económica, de predominio del café, se relaciona uno de los capítulos más animados de la historia demográfica de Brasil. La inmigración de trabajadores extranjeros, intensificada a partir de 1880 y dirigida principalmente a la región cafetera de São Paulo, trajo aquí, entre 1877 y 1914, 1.779.470 personas. De este número 845.816 eran italianos, a quienes seguían en número los españoles y los portugueses [2]. Decenas de millares de inmigrantes, incluidos también alemanes, suizos y polacos, se dirigieron al sur del país. La mayoría acudió a las grandes plantaciones de café de la región de São Paulo.

Al considerar el movimiento de población y la población en tanto que fuerza laboral de las haciendas cafeteras, surgen cuestiones importantes para la comprensión de proceso histórico concreto. La primera, aunque corriente en los estudios sobre economía cafetera, sigue sin resolverse claramente: ¿Por qué tuvo que recurrir el café a una inmigración extran-

[1] Cf. Ch. Vangelista, *Le braccia per la fazenda (immigrati e «caipiras» nella formazione del mercato del lavoro paulista, 1850-1930)*, Milán, 1982, p. 84.
[2] F. Cenni, *Italianos no Brasil*, São Paulo, 1975, p. 172.

jera para sustituir al esclavo cuando el país contaba con una vasta masa de campesinos libres y pobres?

Una segunda cuestión, mal solucionada en muchos estudios, se refiere a la modalidad de la relación laboral que reemplazó a la esclavitud: ¿Por qué el esclavo no fue sustituido por el trabajador asalariado y sí por formas no capitalistas de explotación de la fuerza de trabajo por el capital, como la aparcería o el colonato, basados en la producción directa de los medios de vida por el propio trabajador?

Una tercera cuestión concierne al modo cómo se combinaron dinámica de población y dinámica de producción. Desde un primer momento, el cese del tráfico de negros y la extinción a largo plazo de la esclavitud aparecieron, para el hacendado y para la economía del café, como un problema de oferta de mano de obra, de cantidad de fuerza de trabajo disponible para los cafetales. El gobierno preconizaba, ya en 1850, una política inmigratoria que garantizase un sustituto para el trabajador esclavo. En efecto, el problema de población era el de la fuerza de trabajo para la gran hacienda; y el problema del trabajo consistía, en realidad, en el de las relaciones sociales de trabajo, en el de la forma de las relaciones de producción. La cuestión de la cantidad de trabajadores necesaria para la gran hacienda hacía que el movimiento de población se determinase por el modo de explotación de la fuerza de trabajo y por el modo en que el café creaba riqueza.

De ahí se desprende una cuarta cuestión. Si el movimiento de población estaba así determinado, es necesario esclarecer la relación que hubo entre movimiento demográfico y trabajo en la hacienda de café. ¿Cómo se reflejan en el movimiento demográfico el modo de producir el café, el proceso de trabajo en la hacienda cafetera y la relación entre trabajo, propiedad y capital? Aquí trataré de lo que fue más significativo en la cafeicultura: la inmigración y la preponderancia de la familia en el proceso inmigratorio y en la organización laboral de la hacienda. En suma, así como para la gran industria cabe hablar de sobrepoblación relativa, respecto de la economía agraria del café se puede hablar de una forma determinada de manifestarse el movimiento de población y de constituirse ésta en mano de obra de la hacienda cafetera. Me refiero al trabajo familiar en régimen de colonato, característico en los cafetales por largo tiempo.

La roza y la deuda en la sujeción del trabajo libre

A pesar de que el país disponía, según Couty [3], de millones de campesinos libres, cuando se produjo la crisis del trabajo esclavo y era previsible el fin de la esclavitud, los grandes hacendados del café recurrieron a la inmigración de centenas de millares de trabajadores extranjeros. La aparente contradicción encubre características y procesos de suma importancia para comprender el mundo del café y sus dificultades para evolucionar directamente hacia relaciones capitalistas plenas, en lo que se refiere tanto a la producción como a la composición de la fuerza de trabajo. La solución del problema laboral estaba, en efecto, determinada por las dificultades objetivas que impedían a hacendados y trabajadores rurales confrontarse, liberados de las constricciones representadas por la propiedad de la tierra, el ciclo natural de la agricultura y la producción directa de los medios de vida.

No es totalmente cierto que la gran hacienda no incorporó el trabajo de campesinos libres. Cuando el cese del tráfico negrero puso en peligro, en el sudeste el país, los cultivos cafeteros, se desarrolló un tráfico interprovincial. Fue importante en especial el que drenó esclavos del Nordeste azucarero hacia Río y São Paulo [4]. Los mecanismos propios del mercado se encargaron de remover la mercancía esclava de las haciendas azucareras, en decadencia ya, para los cafetales, que iniciaban a la sazón su prosperidad. Esta se prolongaría hasta casi fines del siglo XIX. La crisis del tráfico negrero se reflejó, por ende, primero en la antigua economía azucarera, con una inmediata elevación del precio de los esclavos.

En reemplazo del negro, empezaron a ser incorporados los antiguos *agregados* de las haciendas, los llamados *moradores*. Estos eran hombres libres que, debido a los mecanismos de exclusión y de discriminación del régimen de propiedad rural vigente en Brasil durante la etapa colonial, habían permanecido por generaciones como moradores de favor en las grandes haciendas. Mestizos de indio o de negro y blanco, indígenas domesticados mantenidos como agregados dentro de tierras que muchas veces les habían pertenecido, negros libertos y blancos pobres, estos campesinos libres tenían por lo general permiso para practicar sus rozas de mandioca, frijoles o maíz en las lindes de las haciendas. Con la disminución de la mano de obra esclava, los hacendados comenzaron a cobrar un foro, llamado *cambão* [5], de sus moradores. A cambio de días de servicio en el cañaveral, los campesinos podían seguir plantando sus rozas.

Esta fórmula no podía extenderse a todo el país. Couty, ya citado,

---

[3] «... estos millones de campesinos, caboclos, caipiras, labradores, esparcidos por casi toda la superficie del imperio...» L. Couty, *L'Esclavage au Brésil*, París, 1881, p. 36; Vangelista, *Le braccia*, p. 34.
[4] P. Beiguelman, *Formação política de Brasil*, vol. 1, São Paulo, 1967, pp. 29-30; y *Joaquim Nabuco*, São Paulo, 1982, p. 33.
[5] M. Correia de Andrade, *A terra e o homem no Nordeste*, 2.ª ed., São Paulo, 1962, pp. 97 y 109.

y otros participantes en el amplio debate sobre las consecuencias sociales y económicas del fin de la esclavitud, creían que para integrar la masa de campesinos libres en la economía del café había que fragmentar el latifundio y multiplicar la pequeña propiedad. Los hacendados cafeteros se convertirían en este caso en empresarios industriales, como empezaba a ocurrir en el ámbito azucarero gracias a la instalación de ingenios centrales. Tendrían a su cargo únicamente las instalaciones de beneficio y preparación del café para la exportación, de las cuales serían tributarios los pequeños agricultores [6]. Los campesinos libres entrarían de este modo directamente en la producción de los artículos de exportación, del café en especial, monopolizada hasta entonces por los grandes propietarios de tierras y de esclavos. Esta fórmula, entendían sus defensores, aceleraría el desarrollo capitalista de la economía del café y ayudaría a superar los obstáculos, en particular los representados por el esclavo y por la esclavitud, que impedían al hacendado encarnar plenamente al capital.

La transformación, empero, no era simple ni dependía de que los hacendados fuesen iluminados por una «claridad de conciencia» en lo que atañía a sus intereses como capitalistas. Justamente, porque eran hacendados capitalistas, podían percibir con claridad —y excepcional, a veces, como fue el caso del gran empresario y señor de esclavos Antonio da Silva Prado [7]— que, en defensa de su propio capital, se hallaban sujetos a las dificultades y obstáculos representados por la esclavitud y por las relaciones de trabajo no capitalistas que, más tarde, implantaron en sus haciendas. Las contradicciones del capital, en aquella situación histórica singular, no podían ser superadas mediante un mero acto de la voluntad; tenían que ser superadas objetivamente, resueltas en el proceso mismo del capital, del cual era el hacendado un simple agente.

La principal dificultad que, por tanto, enfrentaban los hacendados de muchas regiones del país, y en especial los del café, fue la de que no siempre disponían de mecanismos sociales y económicos para convertir en compulsivo, en beneficio propio, el trabajo de los pequeños labradores libres y pobres. Couty reconocía esa dificultad cuando no veía otra salida para la crisis del trabajo esclavo que la redistribución de la propiedad rural.

En el Sudeste, la domesticación, expulsión o exterminio de la población indígena habían ocurrido siglos antes del desarrollo de la agricultura de exportación. Cuando el café se expande, con mayor o menor rapidez, por Río de Janeiro rumbo al valle del Paraíba y, luego, al centro

---

[6] Couty, *L'Esclavage*, p. 37.
[7] N. Prado, *Antonio Prado no Imperio e na Republica*, Río de Janeiro, 1929, *passim*; D. E. Levi, *A familia Prado*, São Paulo, 1977, *passim*.

y al oeste de São Paulo, encontró regiones vacías que desde hacía casi tres siglos vegetaban en la pobreza de una agricultura de subsistencia[8]. Era una situación bien distinta de la de la región cañera del Nordeste, ocupada por el azúcar casi desde el comienzo de la colonización y mucho antes de que se aboliera, a mediados del siglo xviii, la esclavitud indígena.

Había, además, otras diferencias importantes entre la caña de azúcar y el café, que se reflejaron en el modo de incorporar los labradores libres y pobres a la agricultura de exportación. La agricultura de la caña se mantuvo, a lo largo de los siglos, en la misma región litoral del nordeste. El cultivo del café se fue trasladando hacia tierras más fértiles y distantes de la costa en un movimiento que duró un centenar de años, hasta alcanzar el norte de Paraná, a más de mil kilómetros del lugar de su expansión inicial[9]. Por esta razón el café, a diferencia de lo ocurrido con la caña, enfrentaba constantemente el problema de la creación de nuevas haciendas. La tala de la vegetación virgen y la formación del cafetal implicaban una demanda especial de mano de obra. El ciclo de renovación del cultivo era, por otro lado, lento: los cafetos eran capaces de resistir muchos decenios, dos o tres como término medio, en buenas condiciones de producción. El cultivo de caña exigía, en cambio, una renovación cíclica muy rápida. Antonil mencionaba, en el siglo xviii, plantaciones que en el mejor de los casos duraban de seis a siete años[10]. Pronto se imponía, pues, la renovación del cañaveral que, al hacerse en tierras ya desbrozadas, de ningún modo puede confundirse con el trabajo de formación de una nueva hacienda.

Los labradores libres y pobres, los *posseiros*, los llamados *caboclos* y *caipiras*, fueron excluidos sólo aparentemente de la economía del café. Durante su expansión geográfica, estos campesinos, dedicados a la agricultura de roza (tala, quema, siembra de maíz y de frijoles, con mudanza a nuevas parcelas tras dos o tres años de cultivo) fueron, en efecto, expulsados de la tierra por los grandes hacendados[11]. No había lugar para ellos dentro de la gran hacienda de café. No obstante, la expansión de los cafetales los incorporó como plantadores. Aun en tiempo de la escla-

---

[8] D. P. Müller, *Ensaio d'um quadro estatistico da provincia de S. Paulo* [1838], reedición, 1923, pp. 122-132.

[9] J. R. de Araujo Filho, «O café, riqueza paulista», *Boletim paulista de geografia*, 23 (1956), pp. 84-85 y 102-104; S. Milliet, *Roteiro do café e outros ensaios*, São Paulo, 1941, pp. 5-70; P. Monbeig, *Pioniers et planteurs de São Paulo*, París, 1952, pp. 147-188.

[10] A. J. Antonil, *Cultura e opulencia do Brazil por suas drogas e minas* [1711], São Paulo, 1922, p. 109.

[11] C. Pereira de Queiroz, *Un fazendeiro paulista no século XIX*, São Paulo, 1965, pp. 25-28; W. Dean, *Rio Claro - A Brazilian Plantation System, 1820-1920*, Stanford, 1976, pp. 1-23.

vitud, no había sido el negro el encargado de la tala del bosque, limpieza del terreno y siembra del café. Estas tareas las desempeñaban habitualmente campesinos libres y pobres. A estos, a veces destajistas *(empreiteiros)* incumbía formar el cafetal, por lo general en cuatro años. Recibían a cambio una pequeña paga en dinero y, más importante, autorización para plantar, entre los cafetos, maíz y frijoles, y también para cosechar el café que eventualmente se produjese al cuarto año [12]. El maíz, que daba sombra a los cafetos tiernos susceptibles de secarse, era el sembrado que más interesaba al hacendado.

Este procedimiento, que caracterizó la formación de las haciendas de café (y no sólo de ellas) hasta mucho tiempo después de la abolición de la esclavitud, fue la fórmula encontrada por los grandes propietarios para incorporar dentro de la economía cafetera los hábitos de itinerancia de los campesinos que, dedicados a la roza, avanzaban hacia las tierras vírgenes. A cambio de no expulsarlos de inmediato y de permitirles practicar sus cultivos de subsistencia, el hacendado recibía el cafetal ya formado [13]; cobraba, por ende, una renta en trabajo. En el Nordeste cañero, el agricultor libre y pobre permaneció en el interior de la hacienda como agregado, sujeto al pago periódico y permanente de una renta de días de foro en el cañaveral. En el Sudeste, el foro se cobró también en trabajo, pero se cobraba de una vez, sin constituir vínculo de agregación. En el Nordeste, el campesino libre y pobre fue incorporado al proceso mismo de producción de la caña y, por consiguiente, al proceso de reproducción de la economía cañera. En el Sudeste, fue incorporado «exteriormente» a la formación de la hacienda, pero no a la producción del café. Hay una excepción: en el valle del Paraíba, al desaparecer la esclavitud, perduró un régimen de aparcería, que no representó un avance social en relación con el colonato. Aquí predominaba el trabajador nacional. Esta zona fue, empero, secundaria en la economía del café tras la abolición de la esclavitud.

El hacendado, al arrancar de los labradores la hacienda ya formada como tributo por el uso de la tierra, enmascaraba la expropiación y la explotación consumadas y aparecía como si, al conceder el permiso para sembrar, estuviera protegiendo la supervivencia y reproducción de esta modalidad del campesinado. De modo distinto ocurría con la caña. Aquí el tributo representado por los días de *cambão* configuraba la sujeción e incorporación de los campesinos a un proceso de explotación permanente y sistemática por parte del hacendado.

---

[12] L. Couty, *Étude de biologie industrielle sur le café*, Río de Janeiro, 1883, pp. 5 y 117-119; Dean, *Rio Claro*, p. 35; Pereira de Queiroz, *Un fazendeiro*, p. 85; P. Denis, *Le Brésil au XXᵉ siècle* [1908], París, 1928, p. 126.

[13] A. Ramos, *O café no Brasil e no estrangeiro*, Río de Janeiro, 1923, pp. 207-208.

La producción de café propiamente dicha, al no incorporar a los agricultores libres, se vio pues amenazada ante la posibilidad de la extinción de la mano de obra esclava. Los cafeicultores tuvieron, por consiguiente, que desarrollar mecanismos de reclutamiento e incorporación de mano de obra para sus cafetales, diferentes de los que existían en los cañaverales del Nordeste.

Estas circunstancias determinaron la necesidad de la inmigración masiva de trabajadores extranjeros, con apogeo entre 1880 y 1914. La importancia numérica de esta inmigración en la formación de la fuerza laboral de los cafetales brasileños ha sido, creo, suficientemente estudiada. Importa ahora averiguar los mecanismos sociales y económicos de incorporación del trabajo del inmigrante en la economía del café. Abolida por fin, la esclavitud negra desaparece como mecanismo de explotación compulsiva de la fuerza de trabajo. El advenimiento del trabajo libre del inmigrante exige analizar la génesis y la difusión de los mecanismos sociales que, con otras formas, convirtieron este trabajo también en compulsivo, asegurando su sujeción a la hacienda de café.

En este sentido, se ha de considerar, en primer lugar, la reformulación del régimen de propiedad de la tierra impuesta en septiembre de 1850, apenas dos semanas después de la extinción legal del tráfico negrero. La llamada Ley de Tierras no fue pase de magia ni «invención», como sostienen algunos autores que en realidad no han estudiado el tema y tienen una concepción idealista acerca de la eficacia histórica de las medidas legales. Un marco de referencia histórico y político define con claridad las razones objetivas de la promulgación de la nueva ley. En los años veinte del siglo pasado, Inglaterra ejerció las primeras presiones contra el tráfico de esclavos y se alcanzó el primer acuerdo al respecto, acontecimientos determinantes de la independencia del país, que se proclamó en 1822. Pocos meses antes se había suspendido el viejo régimen de sexmos, régimen colonial de propiedad por el cual el rey preservaba el dominio de las tierras concedidas, otorgando, bajo determinadas condiciones, sólo la posesión y el uso a los hacendados [14]. En realidad, ya en los siglos XVIII y XIX regiones próximas al gran mercado de alimentos de Río

---

[14] «... se suspenden todos los sexmos futuros hasta la convocación de la Asamblea general, constituyente y legislativa.» Cf. «Núm. 76 —Reino—. Resolução de consulta da Mesa do Desembargo do Paço de 17 de julho de 1822», en Instituto Nacional de Colonização e Reforma Agrária, *Vade-Mecum agrário*, vol. 1, Brasilia, 1978, p. 17; R. Cirne Lima, *Pequena história territorial do Brasil - Sesmarias e terras devolutas*, 2.ª ed., Porto Alegre, 1954, pp. 42-43. Dos excelentes análisis de la historia fundiaria son el de M. Yedda Linhares y F. C. Teixeira da Silva, *História de agricultura brasileira*, São Paulo, 1981, *passim*; y el de C. F. S. Cardoso, *Agricultura, escravidão e capitalismo*, Petrópolis, 1979, en especial cap. III.

de Janeiro o en las de mayor desarrollo de la economía de exportación, la tierra se estaba transformando en un objeto de comercio y especulación, como medio de producción de renta diferencial [15]. Estos casos eran, empero, excepcionales, ya que no se habían generalizado ni liberado los factores que convertían a la tierra en mercadería.

Sin ninguna interdicción racial, social o jurídica hubiera impedido convertirse en propietarios rurales a los hombres libres, aunque pobres, que iban a poblar el país, la inmigración como solución para la crisis del trabajo esclavo habría entrado en conflicto con la libertad de acceso a la tierra, asegurada al menos formalmente. Una nueva forma de interdicción se creó, pues, al tiempo que cesaba el tráfico negrero y se instauraba el nuevo régimen de propiedades. El principio se explicita ya en 1842, cuando se gestaba la Ley de Tierras. En una consulta del Consejo de Estado se lee: «Uno de los beneficios de la medida que la Sección tiene la honra de proponer a Su Majestad Imperial es la de convertir en más difícil la adquisición de tierras... Puesto que la profusión en las donaciones de tierras ha contribuido, más que otras causas, a la dificultad que hoy se siente para obtener trabajadores libres, es su parecer que de ahora en adelante sean las tierras vendidas sin excepción alguna. Al aumentar así el valor de la tierras y dificultar en consecuencia su adquisición, es de esperar que el inmigrado pobre alquile su trabajo efectivamente por algún tiempo antes de ganar medios para hacerse propietario» [16]. De este modo hasta las tierras libres que, en el régimen anterior, estaban sujetas a simple ocupación sólo podrían adquirirse legítimamente mediante compra. Se abre con esto un largo período de conflictos sobre propiedad de tierras, inconcluso hasta hoy. Otras formas de adquisición se transformaron automáticamente en ilegales y en materia contenciosa, salvo en los casos expresamente contemplados en las leyes. Sería engaño suponer que la finalidad de la Ley de Tierras fue democratizar el acceso a la propiedad rural. En verdad, fue un instrumento legal que aseguraba un monopolio de clase sobre las tierras de todas las regiones del país, incluso de las que todavía no habían sido ocupadas económicamente. Con él se imposibilitaba el acceso del labrador pobre a la tierra, impidiéndole trabajar para sí mismo y obligándolo a trabajar para los grandes propietarios.

Un segundo mecanismo de sujeción del campesino pobre puesto en práctica por los hacendados de café fue el endeudamiento. Los primeros

---

[15] Cf. M. T. Schorer Petrone, *A lavoura canavieira em São Paulo*, São Paulo, 1968, pp. 56 y ss.; J. Luccock, *Notas sobre o Rio de Janeiro e partes meridionais do Brasil*, Belo Horizonte, 1975, pp. 194-195, 306, 381 y 382; J. Mawe, *Viagens ao interior do Brasil*, Belo Horizonte, 1978, pp. 55-56.

[16] Cirne Lima, *Pequena história*, p. 82; E. Viotti da Costa, *Da Monarquia à República: Momentos decisivos*, São Paulo, 1977, p. 133.

inmigrantes extranjeros que llegaron a Brasil para trabajar en la cafeicultura fueron incorporados al régimen de aparcería. El hacendado cubría
los gastos de transporte, alojamiento y mantenimiento del inmigrante hasta
que éste obtuviese los primeros frutos de su trabajo; registrábanse las
costas como deuda del colono, a la que, además, se sumaban los intereses
correspondientes. La aparcería incluía todas las expensas, desde el trato
del cafetal hasta la cosecha, el beneficio, el transporte y la comercialización, además de los adelantos hechos para la adquisición de herramientas y para el mantenimiento de la familia del campesino [17].

A pesar de que las discusiones sobre la sustitución del trabajo esclavo
por el libre remitían por lo común al trabajador asalariado, el gran temor de los hacendados era precisamente las consecuencias económicas
del salario [18]. Este introducía una temporalidad específica en la remuneración del trabajador y en su relación con el hacendado que no coincidía
con el ciclo de producción del café, con el año agrícola. El salario, se
temía, desvinculaba al trabajador del ciclo agrícola y colocaba al hacendado en el peligro de encontrarse, en el momento de la cosecha, sin la
mano de obra necesaria. El trabajador asalariado adquiría una libertad
de circulación que comprometía a toda la economía cafetera. Esto fue
un factor de peso, aunque no el único, para que las relaciones salariales
no se difundieran en la hacienda cafetera en la misma proporción que
la sustitución del trabajador esclavo por el libre. Otro factor, señalado
en repetidas ocasiones por observadores y estudiosos, era el encareci-
miento del cultivo del café que la generalización del trabajador asalariado provocaría [19].

La liquidación de cuentas se hacía en la aparcería una vez por año,
al clausurarse el ciclo agrícola; comprometía, pues, al trabajador por el
ciclo entero. El mecanismo de endeudamiento prolongaba la sujeción del
trabajador, obligándolo a permanecer más tiempo en la hacienda. Aun
cuando el trabajador pudiese trasladarse de una hacienda a otra, la mudanza dependía de la compra de su deuda por el otro hacendado.

[17] Cf. T. Davatz, *Memórias de um colono no Brasil (1850)*, São Paulo, 1941, en
especial pp. 71-139. Sobre la transición de los mecanismos de coerción del trabajo
esclavo al trabajo libre, cf. A. Barros de Castro, «Em torno à questão das técnicas no
escravismo», *Simpósios da 29.ª Reunião Anual da Sociedade Brasileira para o Progresso da Ciência*, São Paulo, 1980, pp. 196-197. Sobre el doble mecanismo de la roza
y la deuda como medios para retener al trabajador libre en la hacienda, cf. J. J. von
Tschudi, *Viagem às provincias do Rio de Janeiro e São Paulo*, en especial pp. 136-
137, 134-135 y 182; M. Leclerc, *Lettres du Brésil*, París, 1890, p. 102; Denis, *Le Brésil au XXᵉ siècle*, p. 122.
[18] S. J. Stein, *Grandeza e decadência do café no Vale do Paraíba*, São Paulo,
1961, p. 305.
[19] Cf. Ramos, *O café no Brasil*, p. 562; Vangelista, *Le Braccia*, p. 193.

El aparcero no podía, por añadidura, ausentarse siquiera de la hacienda sin consentimiento del hacendado o del administrador. Así se impedía que pudiera ofrecer su trabajo a otro hacendado y que burlase los intereses de quien, con los adelantos, se había convertido en dueño de su trabajo. Se impedía también que pudiese comprar en otros almacenes fuera de la hacienda donde estaba[20]. La manipulación de los precios de las mercaderías en los almacenes era, precisamente, instrumento esencial en la sujeción por endeudamiento.

Cuando decayó la aparcería como forma de explotación del trabajador por la hacienda, otro mecanismo de sujeción nacido con ella sobreviviría por largo tiempo, el colonato. Era éste el permiso para que el labrador tuviese su propia roza y una reducida cría de animales domésticos para su subsistencia. En la aparcería, el hacendado también era por lo común aparcero de los productos de la roza. En el colonato se combinaron elementos diversos, que se describen más adelante. Por de pronto interesa señalar que importaba el pago en dinero de una suma fija por mil pies de café tratados y de una cantidad proporcional a la cantidad de café cosechado, junto con la autorización para plantar géneros alimenticios (maíz, frijoles y, eventualmente, arroz o algodón) entre los cafetos o, conforme con la edad del cultivo o con su alineación, en terreno separado, por lo general tierras bajas poco aptas para el café[21].

El pago en dinero por el cuidado del cultivo y por la cosecha no cubría por lo general las necesidades de subsistencia del trabajador y de su familia. El pago, por otra parte, se hacía al final del año agrícola, después que el hacendado concretaba la venta del café. El colono dependía, por tanto, considerablemente de la producción directa de su alimentación y no podía ajustar su sujeción a la hacienda a los ciclos más cortos de sus alimentos, diferentes al del café, que se iban superponiendo a lo largo del año (el haba tenía dos ciclos anuales de alrededor de tres meses, el maíz uno de seis y el café otro anual). Aun antes de que el hacendado dispusiera la liquidación de cuentas del trato y de la cosecha de café, tenía el colono que preparar, según se verá luego, la siembra del maíz y de los frijoles de agua. Teóricamente libre para dejar la hacienda tras el arreglo de cuentas, el colono tenía ya sembradas ambas plantas, que le pertenecían. De este modo, se combinaban dos insuficiencias relativas: la cosecha de alimentos no bastaba para cubrir todas las necesidades de la familia; pero el dinero recibido por el tra-

[20] Denis, *Le Brésil au XXᵉ siècle*, p. 143.
[21] B. Belli, *Il Caffè - Il suo paese e la sua importanza (S. Paulo del Brasile)*, Milán, 1910, p. 112; Denis, *Le Brésil au XXᵉ siècle*, p. 124; O. B. Filho, *A fazenda de café em São Paulo*, Río de Janeiro, 1952, *passim*; J. de Souza Martins, *O cativeiro da terra*, São Paulo, 1979, pp. 77-93.

bajo en el cafetal, tampoco. Ambas insuficiencias eran atendidas, pues, siguiendo un ritmo desigual y combinado de cosechas, que encadenaba la roza del colono al cafetal del hacendado en un ciclo único en el cual el final del ciclo de cada planta imponía la necesidad de comenzar el de otra, dificultando o impidiendo la salida del colono de la hacienda. Se reducía así la movilidad de la fuerza de trabajo y se garantizaba al hacendado su permanencia, al menos por el año agrícola. Al final de cada uno podían ocurrir los traslados de trabajadores de una hacienda a otra [22].

El campesino en el ritmo del capital: la producción del productor

Los mecanismos de sujeción de la mano de obra en el gran cafetal antes descritos no dan cuenta de la completa organización social del proceso del trabajo en la hacienda; son indicativos, empero, de que la agricultura y, dentro de ella, el trato del cafetal constituían el fundamento del modo de inserción de la fuerza de trabajo en la producción cafetera. El trato del cultivo era, por tanto, el fundamento de la organización laboral, tanto bajo la esclavitud como bajo el colonato. Aunque las tareas agrícolas tuviesen precedencia sobre las diferentes etapas de producción y de preparación del café para el comercio, el beneficio, etapa propiamente industrial, momento técnico, económica e históricamente más avanzado, era el que tenía en realidad mayor poder de desorganización y de transformación de las relaciones de producción en la economía del café. Aun cuando este dominio del capital no se transparentara —y por decenas de años fue así—, diferentes acontecimientos concernientes a la producción del café tendían a resolverse en una mayor liberación del capital propiamente dicho de los obstáculos y contradicciones representados por el trabajo esclavo o, más tarde, por la producción directa de los medios de vida por parte del colono. La finalización del tráfico negrero, por ejemplo, impuso alteraciones al régimen de propiedad que eran, en verdad, mecanismos de sujeción del trabajo.

La sustitución del esclavo por el trabajador libre no supuso, aparentemente, una modificación propiamente técnica. A primera vista, en vez del esclavo entró el inmigrante; la institución jurídica de la esclavitud fue sustituida por la del trabajo libre y contractual. Sin embargo, la mudanza fue en realidad profunda. La economía del café se caracterizó precisamente por incorporar, producir y reproducir relaciones sociales y

[22] Denis, *Le Brésil au XXᵉ siècle*, p. 140.

relaciones raciales, combinándolas de modo contradictorio en el proceso del capital.

Durante la etapa de esclavitud, combinó el trabajo libre con el esclavo. Las haciendas cafeteras fueron formadas en general, según se ha dicho, por labradores libres y pobres que, empleados a destajo, pagaban con la formación del cafetal el derecho a practicar su agricultura itinerante de roza en la tierra de la cual se había adueñado el hacendado[23]. Las tareas auxiliares de la hacienda —construcción de cercas, servicios de herrero y carpintero, edificación y aun el beneficio— se configuraron como tareas desempeñadas por trabajadores libres llamados *camaradas*, quienes recibían un salario mensual. A medida que se acentuó la crisis del trabajo esclavo y que los esclavos disponibles fueron destinados al trabajo agrícola propiamente dicho, esas tareas pasaron, cada vez más, a ser desempeñadas por los camaradas, verdaderos operarios libres dentro de la hacienda[24].

Con la implantación del trabajo libre, un buen número de negros libertos se dedicó, junto con los caipiras y caboclos mestizos y libres, a formar cafetales. Para muchos la libertad adquiría, como para los indios y mestizos del siglo XVIII, sentido pleno con la agricultura de roza.

El advenimiento del trabajo libre no modificó las relaciones dentro de la hacienda de café. Cada etapa del proceso del trabajo en la cafeicultura, el trato, la cosecha y el beneficio (esta última sólo en las grandes haciendas; las otras se limitaban a secar el café), siguió determinada por una relación de trabajo distinta, aun cuando involucrara a las mismas personas. Las labores del trato y de la cosecha las desempeñaba a destajo el colono, y se complementaba con la autorización para sembrar dentro o fuera del cafetal alimentos, en especial frijoles y maíz. En el beneficio las relaciones de trabajo eran asalariadas, de camarada, contando con trabajadores nacionales, no inmigrantes[25].

A pesar de que los cambios verificados en el proceso del trabajo de la hacienda de café no parecen significativos, sí hubo uno fundamental, que alteró la dinámica de la producción cafetera y que, a la larga, modificó la forma de inserción de la fuerza de trabajo en la cafeicultura. Bajo el régimen del trabajo esclavo, los gastos de capital más importan-

---

[23] Couty, *Étude*, pp. 5 y 119; C. F. Van Delden Laèrne, *Le Brésil et Java - Rapport sur la cultura du café en Amérique, Asie et Afrique*, La Haya-París, 1885, p. 185; Pereira de Queiroz, *Um fazendeiro*, p. 85.

[24] Stein, *Grandeza*, p. 279 y ss. y p. 325; E. Viotti da Costa, *Da Sanzala à Colonia*, São Paulo, 1966, p. 210; Van Delden Laèrne, *Le Brésil et Java*, p. 278.

[25] Couty, *Étude*, pp. 116-117; M. S. C. Beozzo Bassanezi, «Absorção e mobilidade da força de trabalho numa propriedade rural paulista (1895-1930)», en *O café. Anais do II Congreso de História de São Paulo*, 1975, p. 247.

tes los hacía el hacendado para adquirir esclavos[26]. A medida que la crisis del esclavismo se intensificó, los esclavos fueron destinados para las tareas agrícolas, donde la cuestión de la mano de obra era esencial[27]. El beneficio del café se hacía todavía a la sazón con máquinas primitivas de madera, como el monjolo, el pilón de agua y el carretón[28]. La mayor inversión de capital la hacía el hacendado en la agricultura, donde concentraba a los esclavos. Pero esta inversión tenía una particularidad que le impedía funcionar como capital propiamente dicho. El precio del esclavo era, en realidad, un tributo que el hacendado pagaba al traficante para tener el derecho a explotar la mano de obra del negro. Se trataba, pues, de una inmovilización improductiva de capital, de una conversión del capital en renta capitalizada[29]. El capital perdía de este modo su eficacia de capital verdadero; lo inverso ocurriría con la inversión en máquinas, que no sólo sustituirían trabajo por capital, sino que también multiplicarían la eficacia de los trabajadores restantes. La compra del esclavo no aumentaba en nada la capacidad de producción del trabajador cautivo, sujeto además a gastos adicionales, directos o indirectos, para adquirir los medios de vida necesarios a su manutención y reproducción como trabajador.

La sustitución del esclavo por el trabajador libre en el cultivo —liberación que en realidad sólo se consumó cuando se suprimieron los meca-

---

[26] Van Delden Laèrne, *Le Brésil et Java*, pp. 292-293; Von Tschudi, *Viagem*, página 55.

[27] Stein, *Grandeza*, pp. 279 y ss.

[28] H. de Almeida Leme, «A evolução das máquinas de beneficiar café no Brasil», *Anais da Escola Superior de Agricultura «Luiz de Queiroz»*, 10 (1953), pp. 5-14.

[29] «El precio que se paga por el esclavo no es sino la plusvalía o ganancia anticipada o capitalizada que se piensa arrancar de él. Pero el capital que se paga para comprar el esclavo no forma parte del capital mediante el cual se extraen de él, del esclavo, la ganancia, el trabajo sobrante. Por el contrario, es un capital del que se ha desprendido el poseedor del esclavo, una deducción del capital de que puede disponer para la producción real y efectiva. Este capital ha dejado de existir para él, exactamente lo mismo que el capital invertido en la compra de la tierra ha dejado de existir para la agricultura.» C. Marx, *El Capital. Crítica de la economía política,* México, 1959, tomo III, pp. 748-749. J. Gorender, *O escravismo colonial,* São Paulo, 1978, pp. 172-191, al referirse a esa clara formulación de Marx, entiende que ella permite caracterizar al esclavo como *capital-dinero*. En el trabajo que envié para el seminario sobre los modos de producción y dinámica de la población que se realizó en México en marzo de 1978, traté la formulación de Marx por un camino distinto al de Gorender, cuyo libro no conocía entonces. Guardadas las diferencias evidentes entre la tierra y el esclavo, señaladas por Gorender (pp. 190-191), el esclavo aparecía en la economía de la hacienda y en el proceso de producción del café, al par que la tierra, como *renta capitalizada*, como inmovilización improductiva del capital, completamente distinta al dinero. Cf. Souza-Martins, *O cativeiro*, cap. 1, en especial pp. 15-18.

nismos de sujeción por endeudamiento— liberó al capital hasta entonces aplicado improductivamente al esclavo, para aplicarse productivamente a las máquinas modernas de beneficio del café, que aparecieron entre 1860 y 1880. La máquina no sólo sustituía al trabajo, sino también le imponía un ritmo nuevo en la hacienda cafetera [30]. El capital dejaba de ser renta capitalizada para convertirse realmente en capital. Aunque se argumenta que el esclavo no representaba un obstáculo para el progreso técnico del cultivo del café [31], por ser renta capitalizada desviaba recursos de las funciones propiamente capitalistas e imponía al hacendado gastos excepcionales impidiéndole alcanzar un desarrollo tecnológico mayor, en particular mediante la introducción de máquinas en la producción y el beneficio del café. El esclavo no era impedimento; la esclavitud lo era.

Cabe preguntarse entonces por qué no hubo una mecanización de los trabajos agrícolas inmediatamente después del fin de la esclavitud, por más que ya en el siglo XIX hubiese equipos que podían emplearse en las labores de limpieza del cafetal. Es que no todos los momentos del proceso de producción del café podían ser mecanizados, o no con la misma intensidad. El beneficio fue el que alcanzó al mayor grado de mecanización, con la introducción de la máquina de vapor, ventiladores, bruñidores, vagonetas de tranporte, secadores de café por gravedad, tanques de lavado, etc. También llegaron a usarse en el cafetal máquinas carpidoras para las tareas de limpieza y de extirpación de hierbas dañadas [32]. Unica-

---

[30] Almeida Leme, «A evolução das máquinas», pp. 15-17; T. H. Holloway, «Condições do mercado de trabalho e organização do trabalho nas plantações na economia cafeeira de São Paulo, 1885-1915: uma análisis preliminar», *Estudos econômicos*, 2, núm. 6 (1972), p. 151. Los documentos de familia reunidos por A. de Rezende Martins, *Um idealista realizador - Barão Geraldo de Rezende*, Río de Janeiro, 1939, contienen indicaciones sobre la relación entre la modernización del beneficio y la aceleración del proceso de producción del café.

[31] «... la incompatibilidad entre la permanencia del régimen esclavista y la mecanización, forzaba a emplear una numerosa mano de obra.» Viotti da Costa, *Da Senzala*, p. 27. Una argumentación opuesta puede leerse en Barro de Castro, «Em torno à questão das técnicas no escravismo». Contra la opinión de ambos autores, pienso que es preciso distinguir las técnicas que exigían inversión de capital, como la mecanización, de las relativas a la simple modificación de la población incorporada en el proceso del trabajo, por ejemplo el paso del trabajo en serie al trabajo familiar. En el primer caso, el esclavo, en cuanto trabajador, no era un obstáculo; mas la esclavitud lo era, en la medida en que el esclavo constituía renta capitalizada, capital que no se transformaba en un incremento de la fuerza de trabajo.

[32] «El trabajo de carpir los cafetales, que en muchos lugares podría hacerse en gran parte, si no casi completamente, a máquina, es uno de los servicios en que, en la mayoría de las haciendas, todavía se desperdicia mucho trabajo de los colonos.» F. W. Dafert, *Relatorio anual do Instituto Agronomico do Estado de S. Paulo (Brasil) em Campinas, 1894 e 1895*, vols. VII y VIII, São Paulo, 1896, p. 200; Couty, *Étude*, pp. 26-27.

mente la recolección siguió dependiendo por entero del trabajo manual. Máquinas para la cosecha del café se están probando ahora en nuestros días [33].

La tarea eminentemente manual de la cosecha del café ha de islarse del conjunto del proceso del trabajo para explicar la gran demanda de mano de obra en la recolección y la imposibilidad de modernizar esta labor. La modernización y mecanización del beneficio no sólo posibilitó una más rápida preparación del café para la comercialización y proporcionó ventaja en la competencia contra otros productores más atrasados; también impuso un nuevo ritmo de trabajo en la cosecha [34]. El predominio del trabajo manual en esta última labor no se debía únicamente a la imposibilidad de mecanizarla [35]; era resultado asimismo de la necesidad de aumentar el número de trabajadores para realizar una cosecha más rápida, al ritmo más intenso introducido por la mecanización a vapor en el beneficio. La segmentación del proceso del trabajo por sus cualidades homogéneas, que resulta de un razonamiento formal, encubre las contradicciones: con el desarrollo del capital se dio, en efecto, simultáneamente un aumento del número de braceros en las labores de cosecha. Contradictoriamente, la mayor modernización y aplicación del capital en la hacienda implicaba más mano de obra. Por depender en grado más alto de la mano de obra y por ser la tarea reguladora de la fuerza de trabajo en la cafeicultura, la cosecha acentuaba, a su vez, la importancia del colonato, una forma no capitalista de explotación del trabajo por el capital. El colonato preservaba características campesinas en el proceso de trabajo e impedía que la fuerza del trabajo del colono se liberase de la producción directa de los medios de vida para convertirse en trabajo asalariado.

Contradicciones del colonato

Para las labores del cafetal, remoción de hierbas y limpieza de calles entre los cafetos, se adaptaron o desarrollaron máquinas carpidoras. Pero

---

[33] Cf. J. Graziano da Silva, *Progresso técnico e relações de trabalho na agricultura*, São Paulo, 1981, p. 111.

[34] Rezende Martins, *Um idealista*, pp. 252, 298 y 488.

[35] Este fenómeno ya había sido observado por los agrónomos A. A. B. Junqueira y A. D. Piteri en un trabajo presentado, en enero de 1965, en la reunión anual de la Sociedade Brasileira de Economistas Rurais, a propósito de la situación de los trabajadores volantes: «Así, la mecanización que ahorra mano de obra más en algunas fases del trabajo agrícola que en otras, puede contribuir a agravar el problema.» «Estudo prominar da mecanização agrícola em São Paulo», *Anais da IV Reunião da Sociedade Brasileira de Economistas Rurais*, São Paulo, 1966, pp. 362 y ss., en especial p. 364.

esta modernización técnica no podía separarse como etapa independiente de la producción cafetera. La mecanización del trato hubiera dejado a la hacienda desprovista de mano de obra para la cosecha, que no podía ser mecanizada y dependía enteramente del bracero.

La mecanización a vapor y la modernización técnica de las diferentes tareas de beneficio (transporte, limpieza, descascamiento, ventilación, clasificación, etc.) abreviaron, se ha dicho ya, el tiempo del tratamiento industrial del café. Se obtenían, por ende, mejores precios, no sólo por llegar el producto más rápido a los centros de comercialización, sino también por ser mejor su calidad. De este modo se acortaba también el tiempo de realización del capital [36].

En el siglo xix y primeros decenios del xx, en las haciendas grandes y, hasta no hace mucho tiempo, en las más pequeñas, de menor desarrollo técnico, el período de cosecha se extendía, por lo común, unos cinco o seis meses, desde mayo hasta octubre o noviembre. Ocurría, pues, muchas veces que una nueva floración nacía cuando no se había aún terminado de recoger todo el café [37]. El sistema de cosecha por derrumbamiento, el más difundido, perjudicaba la zafra siguiente; esto explicaría la clásica sucesión en la cafeicultura brasileña de una zafra mala tras una buena. El beneficio moderno liberaba, en parte, al hacendado de la incidencia de los factores naturales; por ejemplo, para el secado en terrenos, que necesitaba de tiempo bueno, seco y caliente. El beneficio imponía, pues, a la cosecha el ritmo de la máquina y, en consecuencia, del capital. Este ritmo influía en la recolección que podía ser reducida a dos meses, de fines de mayo a julio. De esta manera el nuevo año agrícola comenzaba en agosto, como era natural, antes de la nueva floración del cafetal. Para acortar el tiempo de beneficio y de recolección, se necesitaba mayor concentración de trabajadores en la cosecha, lo cual incidía en la organización y en la fuerza de trabajo de la etapa previa. Para asegurarse el número de brazos necesarios, la hacienda procuraba tener la mayor cantidad posible de trabajadores permanentes, ocupados en otras tareas fuera de la época de recolección, y no depender o, por lo menos, no en grado significativo, de temporeros, por lo general escasos. Al ser el café un cultivo permanente y al haberse expandido notablemente durante largo tiempo, al menos de 1850 a 1895, pasó a absorber mano de obra. Incluso las haciendas de productividad más baja, como terminaron por ser las del valle del Paraíba, continuaron necesitando trabajadores, ya que, en una economía agrícola volcada así por entero a la exportación, no

---

[36] Rezende Martins, *Um idealista*, p. 488; Viotti da Costa, *Da Senzala*, p. 187; Couty, *Étude*, pp. 43 y 47.

[37] Rezende Martins, *Um idealista*, pp. 310, 544 y en especial p. 553; Denis, *Le Brésil au XXᵉ siècle*, p. 137.

había alternativas muy amplias. Por otro lado, el avance de los cafetales hacia el oeste multiplicaba la necesidad de brazos. Asimismo, los cafetales de la región central de São Paulo producían mucho más café por árbol que las antiguas plantaciones de Río de Janeiro; aquéllos requerían, pues, un número mayor de trabajadores[38]. La situación se complicaba porque, en rigor, el café no generaba una población sobrante, disponible en el tiempo de la cosecha. Si alguna unanimidad hubo en las reclamaciones de los hacendados durante un centenar de años, fue a propósito de la falta de brazos para los cultivos.

El problema existía ya en los años finales de la esclavitud, cuando los hacendados se vieron obligados a recurrir a brazos alquilados —libres o esclavos— para las tareas de cosecha[39]. El contexto era, no obstante, diferente del que surgiría con la implantación del trabajo libre y, sobre todo, con la diseminación del café por la región central y oeste de São Paulo, y con la introducción de las modernas máquinas de beneficio[40]. En la región paulista, el lugar central que el bracero ocupó en la organización del proceso del trabajo era el producto contradictorio del desarrollo capitalista de la cafeicultura, de la inversión de capital en las tareas industriales del beneficio.

Los llamados colonos constituyeron, en consecuencia, el grupo principal y más numeroso de trabajadores de la hacienda cafetera, un 75 por 100 de total o más[41]. El colonato fue de hecho, como hemos dicho, una variante del régimen de aparcería, combinado con el régimen de localización de servicios. La característica principal del colono es que, aun cuando recibía parte de su paga en dinero, no era de modo alguno un trabajador asalariado, en tanto producía directamente sus medios de vida, sembrando los alimentos que necesitaba. Los excedentes podían ser

[38] Van Delden Laèrne, *Le Brésil et Java*, pp. 296-310.
[39] Van Delden Laèrne, *Le Brésil et Java*, p. 302; Viotti da Costa, *Da Senzala*, pp. 29 y 54; V. Stolcke, «A família que não é sagrada - sistemas de trabalho e estrutura familiar: o caso das fazendas de café em São Paulo», en M. Suely Kofes de Almeida *et alii* (compil.), *Colcha de retalhos - Estudos sobre a família no Brasil*, São Paulo, 1982, pp. 46-47; V. Martínez Alier y M. M. Hall, *From Sharecropping to the colonato*, abril de 1978, copia mimeográfica, pp. 3 y 7; Beozzo Bassanezi, «Absorção e mobilidade», pp. 247 y 262; M. Ramos, *A illusão paulista*, Río de Janeiro, 1911, p. 19; Denis, *Le Brésil au XXᵉ siècle*, pp. 154-155.
[40] Almeida Leme, «A evolução das máquinas», pp. 15-17. En la Segunda Exposición del Café en Brasil, realizada en 1883, se presentaron 1.277 productores de café. De ellos, 49,5 por 100 utilizaba máquinas modernas para el beneficio y 50,5 por 100 empleaba máquinas primitivas. La proporción de los que utilizaban máquinas modernas en las diversas provincias era: en Espirito Santo, 31,6 por 100; en Río de Janeiro, 48,2; en Minas Gerais, 48,9, y en São Paulo, 58,7.
[41] Beozzo Bassanazi, «Absorção e mobilidade»; pp. 248-252; Vangelista, *Le braccia*, p. 146.

negociados con venteros o intermediarios locales, o con el propio hacendado que, muchas veces, exigía derecho preferente de adquisición. El colono podía también contratar el trabajo de terceros como auxiliares en sus tareas, el pago era efectuado en este caso por el hacendado, que le deducía la suma correspondiente. Podía asimismo trabajar aventualmente como asalariado del hacendado o de otro colono; la suma ganada se le acreditaba para ser pagada en la liquidación anual de cuentas. El colono, además, debía realizar determinadas tareas gratuitas (construcción o reparación de cercas, limpieza de campos y caminos, control de incendios...). Tenía derecho a vivienda, a un lote para huerta y para cría de animales domésticos, y a tener animales en los prados de la hacienda. Diferenciaba el camarada del colono el que la hacienda no empleaba a éste sólo, sino a su familia. El colonato era fundamentalmente un régimen de trabajo familiar y campesino.

El trabajo del colono se desenvolvía de manera distinta al del esclavo. Con la esclavitud, las labores se efectuaban en equipo; un conjunto de negros dirigidos por un capataz carpían a un ritmo coordinado las calles del cafetal. Con el colonato, la limpieza y la cosecha se organizaron sobre la base del grupo familiar. La familia tenía asignado el trato (que incluía extirpación de hierbas dañinas, preparación del suelo alrededor del suelo para la cosecha y, tras ésta, esparcir el cisco) de determinado número de pies de café, por lo general unos dos mil por hombre adulto y unos mil por mujer y niño. La paga se hacía asimismo por mil pies tratados. De este modo, cuanto más numerosa fuera la familia, mayor era el rendimiento monetario por año. La cosecha, que podía ser hecha o no en el lote designado para el trato, se pagaba según cantidad de café recogido. Se organizaba también como tarea familiar. Los hombres adultos recogían, con escaleras, el fruto de la cima de los árboles, las mujeres el del medio y los niños el de la parte inferior.

El proceso del trabajo en el cafetal combinaba ajustadamente el trato del café y su cosecha con la agricultura de subsistencia. Tomado en cuenta el ciclo agrícola de cada planta involucrada en la relación café-agricultura de subsistencia, se observa que había entre ellas una combinación perfecta. El año agrícola se clausuraba hacia septiembre, con el esparcir del cisco, de los detritos vegetales, alrededor de las matas y por las calles entre los cafetos. Octubre era el mes de siembra del maíz y de los frijoles de agua, período que coincidía con una limpieza de hierbas perjudiciales. En diciembre y enero se recogía el frijol de agua y en febrero y marzo se preparaba el suelo para sembrar la de la seca. En abril y mayo se recogía el maíz; en mayo y junio, el frijol de seca y se efectuaba la coronación del cafeto y la limpieza en su derredor, para poder derribar el café sobre el suelo o sobre un lienzo allí extendido. Los ciclos de las plantas alimenticias se articulaban con los del café de manera tal que permitían efectuar la siembra o la cosecha del maíz y de los frijoles al mismo tiempo que la limpieza del cafetal. En haciendas donde la agricultura de subsistencia debía practicarse fuera del cafetal, había en cierta medida una duplicación de la jornada de trabajo. Ello provocaba el desinterés de los colonos por los cafetales viejos, donde tal separación era necesaria [42]. Para evitar este problema, los hacendados aceptaban que los cultivos de plantas alimenticias se hicieran en forma alterna en las calles entre hileras de cafetos. Los propios hacendados, al formar su cafetal, solían dejar entre las matas espacios más anchos que los existentes en las antiguas plantaciones de Río de Janeiro de tiempos de la esclavitud [43].

En la combinación del cultivo del café con el de alimentos, del artículo de exportación con el de subsistencia, el primero era producto del hacendado y el segundo del colono. Para comprender la *forma asumida por la explotación del colono en la hacienda de café* hay que tener presente esa relación y esa diversidad. El hacendado toleraba la agricultura de subsistencia practicada por el colono como un modo de retener en la hacienda, como mano de obra permanente, la familia del colono. Para él, el café era el producto principal y fundamental. En la cabeza del colono, sin embargo, las cosas eran distintas. Para él lo principal eran los cultivos de subsistencia y el rendimiento monetario del café constituía una ganancia secundaria y excepcional, fuera de la rutina de la sobrevivencia. El café era un excedente de su trabajo y tenía, por consiguiente, una forma material distinta de la del producto del trabajo necesario para la subsistencia y reproducción del trabajador y de su familia [44].

Por otra parte, en la organización económica de la hacienda, el café tratado y cosechado podía parecer trabajo pagado en dinero, porque esas tareas se pagaban, en efecto, en moneda. Tales pagos representaban sin embargo una fracción de los salarios anuales más bajos de los trabajadores urbanos. En realidad, contra lo que aparentaba el ajuste de cuentas anual, la familia del colono estaba pagando también en café una renta territorial por el derecho a vivienda y a cultivar géneros alimenticios. El colonato era, pues, una relación no capitalista de producción constituida y sujeta por el proceso de producción del capital y, por esta razón, aparecía mezclada con formas aparentemente salariales. Estas formas, empero, debido al carácter predominantemente campesino del trabajo del colono, no se liberaban para constituirse en formas salariales

---

[42] Denis, *Le Brésil au XXᵉ siècle*, p. 151.
[43] Cf. G. Maistrello, «Fazendas de café - Costumes (S. Paulo)», en Ramos, *O Café no Brasil*, p. 556; Van Delden Laërne, *Le Brésil et Java*, p. 253.
[44] Cf. Souza Martins, *O cativeiro*, pp. 83-90.

características. Para ello, hubiera sido necesario romper y superar la producción directa de los medios de vida, liberar al salario —desarrollos que, es evidente, no dependían de la lucidez ni de la voluntad del hacendado o del propio colono.

En este caso no cabe aplicar la distinción establecida por Marx entre *tiempo de trabajo* y *tiempo de producción* para caracterizar la producción de subsistencia como aplicación del *tiempo de no trabajo*. Tal suposición, en lugar de reconstituir el proceso del trabajo concreto y objetivo en la cafeicultura, refleja más bien la perspectiva del propio hacendado, para quien el café era lo fundamental en cuanto producto y mercadería. Entre tanto, objetivamente, el proceso de trabajo de la cafeicultura era, también y al mismo tiempo, proceso de explotación de fuerza de trabajo. Esta explotación no se configura sino de manera deformada, si no se reconstruye la producción del café por medio de la producción de géneros de susbsistencia. No se puede trasladar, sin más, la diferenciación entre *tiempo de trabajo* y *tiempo de producción,* que Marx analizara fundamentalmente en relación con la valorización del capital, en tanto el producto que él tenía en cuenta era no sólo una cosa útil, sino también una plusvalía [45]. En el caso del café no había cómo separar, antes de que se creasen determinadas condiciones y se superasen determinadas contradicciones aquí apuntadas, salvo como abstracción académica, la combinación de los diferentes ciclos de plantas articulados en un mismo y único proceso de trabajo. Esa unidad estaba construida y determinada por la explotación del trabajo que en el proceso se daba. El hecho de que hubiera productos diferentes no debe crear la ilusión de que cada uno resultaba de un proceso de trabajo distinto. La agricultura de subsistencia no puede, por lo tanto, en la situación concreta del colonato ni en la de la esclavitud, ser considerada como forma de ocupación del tiempo de no trabajo derivado de la maduración natural del café.

La agricultura de subsistencia no se destinaba fundamentalmente al mercado, aunque los excedentes, cuando los había, pudiesen ser comercializados. En rigor, tales productos no eran, en los mismos términos que el café, productos comerciales. La agricultura de subsistencia tenía como propósitos primarios la reproducción del trabajador y de su familia y reducir las inversiones en dinero del hacendado, quien, en una economía estrictamente salarial, hubiera corrido el riesgo de no lograr los obje-

---

[45] «La no coincidencia entre el tiempo de producción y el tiempo de trabajo solamente puede deberse a las condiciones naturales que aquí interfieren directamente en la valorización del trabajo, esto es, en la apropiación del sobretrabajo por el capital. Tales obstáculos en el camino de éste no constituyen, naturalmente, ventajas, sino, desde su punto de vista, pérdidas.» Cf. K. Marx, *Elementos fundamentales para la crítica de la economía política,* vol. 2, México, 1978, p. 191.

tivos capitalistas de su empresa. De este modo, el colono se reproducía como trabajador para el café y, en consecuencia, como trabajador campesino para el capital. La situación era, pues, distinta por completo a la del trabajador asalariado de la gran industria.

Todo el tiempo del colono, en tanto que trabajador para el capital y para la propiedad, era *tiempo de trabajo* y *tiempo de producción*. La distinción entre ambos sólo podría existir para el capital (no para el trabajador) y para el capitalista, quien, por eso mismo, se empeñaba en reducir el tiempo de producción, es decir, el tiempo de reingreso del capital en el proceso productivo de plusvalía. El problema del tiempo de no-trabajo es que el producto permanece parado, que no circula porque todavía no está terminado. Mas al capitalista lo que le interesa no es la utilidad del producto, sino su valor. Al no estar terminado, el producto no puede circular, no puede realizar su valor y liberar para el capitalista la plusvalía que contiene. El problema del capitalista no está en el trabajo vivo (en la capacidad ociosa de trabajador mientras el producto está madurando), sino en el trabajo muerto, en aquel del cual ya se apropió y que sólo se realiza en el mercado; únicamente aquí se convierte en capital para ser utilizado de nuevo. Ahora bien, considerar a la producción de subsistencia como empleo de tiempo de no-trabajo, que permite la reproducción del trabajador en tanto trabajador expropiado que debe trabajar para el hacendado, es pensar que el propio trabajo vivo, el creador de capital, es no-trabajo.

En la industria y en el trabajo asalariado, los medios de vida del trabajador no son producidos directamente, como lo son, en su mayor parte, los del colono e incluso los del esclavo. En el primer caso, resultan de la conversión del salario en medios de vida, salario que fue antes capital variable del capitalista. En cualquier situación, los medios de vida constituyen, pues, necesariamente una parte del tiempo de trabajo, necesario para la reproducción y la sobrevivencia de quien trabaja. No podrían salir jamás, en tanto fruto y condición del trabajo explotado, incluso bajo la forma de trabajo campesino o bajo el nombre de colonato, del tiempo de no-trabajo. El trabajo dedicado a su producción, aunque carezca en lo fundamental de la mediación del salario y del mercado, es condición esencial para que el producto del trabajo se configure como propiedad, como café para el hacendado, para el capital y la propiedad de la tierra que él personifica. Afirmar que la producción de subsistencia está posibilitada por la existencia de un tiempo de no trabajo es un ardid conceptual, que pone el concepto en lugar del método, la diferencia en lugar de la contradicción, la utilidad del producto en lugar de su valor, la técnica de la producción en lugar de la explotación.

La forma campesina del trabajo en el régimen de colonato no puede comprenderse si no es por la mediación del capital y de la propiedad como instrumento de sujeción del trabajo. En vez de evolucionar el latifundio hacia una fragmentación que creara una clase (un tercer estado, al decir de Couty) de campesinos, de pequeños agricultores de café subsidiarios de los ingenios de los grandes hacendados, estableciendo así una explotación indirecta del trabajo, la gran plantación de café promovió el retroceso a una organización campesina del trabajo. Se generó así un campesino expropiado cuyo trabajo nacía ya subyugado por la hacienda, obligado a trabajar para el hacendado, a quien entregaba café como si fuese un tributo, por más que disfrazado por el pago, insuficiente, que recibía en dinero. Salvadas las debidas diferencias, el colonato creaba en los cafetales una situación similar a aquella que el foro había provocado para los agregados de los cañaverales del Nordeste. La gran plantación logró pues, a la vez, sustituir el trabajo esclavo y evitar la redistribución de la propiedad de la tierra. Hizo de ésta un instrumento de sujeción del trabajo libre, sin avanzar hacia la explotación salarial del trabajo.

Por este camino, los grandes hacendados impidieron que *la tierra se divorciara del capital*. Se convirtieron, al mismo tiempo, en capitalistas y en propietarios. Este recurso introdujo un tiempo, un ritmo específico en la relación entre trabajo y propiedad. En lugar de ser la propiedad condición para colocar al trabajador a disposición del hacendado, el trabajo del colono se constituyó en condición para el acceso a la propiedad. En lugar de tornarse la tierra en libre, se hizo renta capitalizada en manos del hacendado y capitalista. En vez de separarse del capital, como condición de la explotación del trabapo ajeno, del trabajador, la tierra se constituyó en condición de la explotación que se realizaba en la acumulación de capital. El colono tendría que recorrer el camino de la sujeción a la propiedad para invertir el proceso convirtiendo la renta capitalizada de la tierra en capital del hacendado, una segunda forma de explotación.

Esto se llevaría a cabo a partir del decenio del veinte y sobre todo en la crisis de los años treinta [46].

El colonato hizo de la *familia* del colono, del inmigrante, la *unidad de la fuerza del trabajo* de la hacienda cafetera y el meollo del movimiento de inmigración para el Brasil. De éste, se restringía o impedía la movilidad del trabajador, el traslado fácil y rápido siguiendo los estí-

---

[46] Cf. S. Milliet, «O desenvolvimiento das pequenas propriedades no Estado de São Paulo», *Roteiro do café e outros ensaios*, 3.ª ed., São Paulo, 1941, pp. 73-120. A propósito del trabajo a destajo en los cafetales, después de la abolición de la esclavitud, observa un autor: «Un hecho que comprueba las ventajas del sistema fue que los hacendados evitaron la división de sus latifundios. El completo dominio sobre la tierra y sus cosechas continuó siendo la regla.» Stein, *Grandeza*, p. 328.

mulos del mercado de trabajo dificultaba que el trabajador percibiese al cafetal como un medio para enriquecerse y regresar a su país. El colonato daba al colono hartura de alimentos y pobreza material. Las cartas que escribían indican con claridad que su visión de la vida se configuraba según criterios campesinos, de saciedad de maíz o de carne [47]. En la agricultura argentina se abría para el inmigrante la posibilidad de retornar a la tierra y a la sociedad de origen. Para el de Brasil, por más que el regreso no fuera imposible, la perspectiva era otra: llamar a los parientes que también podían beneficiarse de la inmigración subvencionada, y reconstituir en la sociedad nueva la familia dividida por los traslados. El colono, por tanto, no respondía a estímulos del mercado de trabajo, que funcionaba de acuerdo con las reglas del mercado libre y del trabajo asalariado; sus motivaciones eran otras [48]. Esto indica que el *modo de explotar la fuerza de trabajo* implica también un *modo de concretar la dinámica de la población* —en este caso, la inmigración, la ideología del inmigrante, se centraban en la familia y en el trabajo familiar.

En la medida en que la constitución y el funcionamiento del colonato estaba determinado por el capital, situaciones como la reducción del número de colonos, las crisis del café, la prohibición en 1902 de la emigración italiana para el Brasil, las restricciones a la plantación de nuevos cafetales, no se reflejaron en un retroceso de ese régimen. Recayeron, más bien, en lo que constituía su mediación en el trabajo de la cosecha del café. La falta de mano de obra no aparecía como escasez de colonos, sino de apañadores de café, expresión que se difundió sobre todo a comienzos del siglo. Distinto al camarada, asalariado permanente con quien no debe ser confundido, el apañador surge como un operario estacional de la cafeicultura, como un trabajador volante, según fue bautizado hace más de medio siglo. Se reclutaban grupos de volantes, no sólo entre los pequeños agricultores, que aprovechaban el período entre zafras de la agricultura de subsistencia trabajando en los cafetales, sino también entre los desocupados de la propia ciudad de São Paulo, asegurándoles transporte y alojamiento [49]. Dentro de este contexto surge, con inten-

---

[47] Cf. E. Franzina, *Merica! Merica! Emigrazione e colonizzazione nelle lettere dei contadini veneti in America Latina, 1876-1902*, Milán, 1980, *passim*.

[48] Vangelista, *Le braccia*, pp. 92 y 100; Denis, *Le Brésil au XXᵉ siècle*, p. 133; A. Piccarolo, *Um pioneiro das relações italo-brasileiras (B. Belli)*, São Paulo, 1946, página 27.

[49] Cf. Secretaria dos Negocios da Agricultura, Commercio e Obras Publicas do Estado de São Paulo, *Relatorio apresentado ao Dr. Jorge Ibiriçá, Presidente do Estado, pelo Dr. Carlos Botelho, Secretario da Agricultura - Anno de 1906*, São Paulo, 1907, pp. 179-180; Denis, *Le Brésil au XXᵉ siècle*, pp. 154-155 y 169; J. S. da Fonseca Queiroz, *Informações uteis sobre a cafeicultura*, São Paulo, 1914, p. 23;

sidad mayor, el clamor por el desarrollo de la pequeña propiedad como forma de crear viveros de mano de obra estacional para las haciendas de café, cuyas cosechas no podían ya ser atendidas exclusivamente por los colonos [50], debido sobre todo a la reemigración.

La cosecha se convirtió así en el momento determinante del proceso del trabajo cafetero y llevó, en consecuencia, a la aparición o expansión del trabajo asalariado en los cultivos. Superó las trabas que impedían la liberación del trabajo en relación con la propiedad y con su carácter campesino. El salario liberaba al trabajador, que sometía ahora su trabajo directamente al capital de la hacienda y lo desvinculaba de la tierra como medio de producción de sus medios de vida. Liberaba, empero, principalmente al hacendado, en tanto titular de renta capitalizada en tierra. El crecimiento de la agricultura familiar fuera de la hacienda, en sitios y núcleos de colonos, en viveros de mano de obra estacional, liberaba a la renta rústica y expandía el mercado de tierras. Criaba y expandía, contradictoriamente, el lugar social e histórico del salario en el proceso de reproducción del capital agrícola, alteraba las bases sociales de reproducción de la hacienda y del hacendado —comprometía, en fin, el colonato y su reproducción en la medida en que la tierra usada por el colono se hacía equivalente a capital. Por esta razón debía la tierra como renta capitalizada, fuera de los mecanismos de lucro y de reproducción ampliada del capital, ser sustituida por salario, y el colono por una población reducida a las reglas del mercado, sometida a un modo capitalista de ser fuerza de trabajo.

La liberación del salario

Se subrayan ahora los puntos fundamentales de la transformación del trabajo esclavo en trabajo libre de aparcería y de colonato, y la tran-

---

Ramos, *O café no Brasil*, p. 203. El Departamento de Trabajo del Estado distinguía colonos de cosechadores de café y éstos de asalariados, es decir, camaradas. Los cosechadores recibían el salario, según la cantidad recogida, por pieza; los asalariados lo recibían, conforme con el arreglo efectuado, por semana, quincena o mes. Cf. *Boletim do Departamento Estadual do Trabalho* (São Paulo), año I, núms. 1 y 2 (1912), pp. 19-21.

[50] «El remedio consiste en facilitar a éste (el inmigrante) los medios para establecerse por cuenta propia, sin quitarle la condición de asalariado de la gran agricultura... Ya en 1899, la Comisión de Obras Públicas del Senado... destacaba la conveniencia de establecer estos núcleos y convertirlos en viveros de trabajadores para la gran agricultura.» Cf. *Relatorio apresentado ao Dr. Francisco de Paula Rodrigues Alves, Presidente do Estado, pelo Dr. Antonio Candido Rodrigues, Secretario da Agricultura - Anno de 1900*, São Paulo, 1901, p. 11 (el subrayado es mío); Vangelista, *Le braccia*, p. 51.

sición de este último a trabajo asalariado. Este orden lógico de los cambios ocurridos no coincide necesariamente con el cronológico, aunque sí con la tendencia general. Determinadas modificaciones pueden haber ocurrido hacia el mismo tiempo, pero por lo común los cambios históricos y estructuralmente significativos no se produjeron sin que se dieran las condiciones sociales e históricas para su realización. Es en este plano y según esta secuencia que se comprende la importancia de la *relación entre población y producción* en la cafeicultura, de la *relación entre las formas asumidas por la fuerza de trabajo en el cafetal y las condiciones sociales de producción del café y del lucro —las condiciones sociales de explotación del trabajo.*

La crisis del café se inicia con un problema «exterior» a la hacienda y, es probable, también a la propia economía cafetera: la presión política por parte de Inglaterra sobre el gobierno brasileño para concluir con el tráfico negrero entre Africa y Brasil con la finalidad de mejorar la circulación de las mercaderías necesarias a la reproducción de la fuerza de trabajo inglesa y de favorecer la reproducción del capital en aquel país [51]. La puesta en práctica de esa medida comprometió de inmediato la provisión de mano de obra esclava para las haciendas de caña de azúcar y de café, fundamentales en la economía colonial brasileña.

El proceso, ya descrito, produjo no sólo la difusión del trabajo libre a través de la inmigración, sino también la universalización, mediante la ley, del régimen de propiedad privada y la superación del divorcio colonial entre posesión y uso de la tierra, por un lado, y dominio, por el otro. La propiedad rústica se generalizó como propiedad absoluta; la tierra, en consecuencia, se transformó en mercadería. No pudo ser ocupada libremente y funcionó como instrumento de coerción del trabajo.

Esas providencias no bastaron para que el trabajador jurídicamente libre fuese de hecho libre. En tanto los hacendados hacían gastos para traer a los inmigrantes necesarios para las labores en sus haciendas y percibían el trabajo libre también como capital libre, entendían que el trabajador debía reponer el dinero invertido en su transporte, alojamiento y alimentación, más los intereses correspondientes. Se creó así un mecanismo de retención por deudas, indicado ya al comienzo. En realidad, esta relación ponía cortapisas al inmigrante e instituía una explotación del trabajo no muy diferente de la esclavista.

La sujeción por deudas no se limitó a constituir una garantía de la devolución del dinero gastado en la venida del inmigrante. Era también una forma de someter al trabajador al ciclo natural de la planta y a

---

[51] E. Williams, *Capitalism and Slavery*, Nueva York, 1966; L. Bethell, *A abolição do tráfico de escravos no Brasil*, São Paulo, 1976.

las diferentes tareas del proceso de trabajo a lo largo del año agrícola. Por eso, cuando con la inmigración subvencionada el mecanismo por endeudamiento fue destruido, la sujeción no desapareció; se transformó de sujeción al hacendado a sujeción al ciclo propio del café.

En la década del 70, pero sobre todo entre 1880 y 1888, el gobierno dictó medidas legales y administrativas, en particular en la región de São Paulo, por las cuales indemnizaba al hacendado por los gastos incurridos con la inmigración de sus trabajadores. Estos también podían ser contratados por intermediación de compañías o agencias especializadas en traer mano de obra de diferentes países europeos [52]. Esta inmigración subsidiada englobó, en algunos momentos, entre 1885 y 1895 la totalidad de los inmigrantes entrados en la región de São Paulo.

La subvención de la inmigración por el gobierno fue el primer hecho significativo en la difusión del trabajo libre en las haciendas cafeteras. Facilitó la evolución de la aparcería al colonato, que sería la relación característica del trabajo en la cafeicultura.

En realidad, aparte de la inmigración subvencionada, hubo un conjunto de hechos relacionados con la aparición del trabajo libre. Los mecanismos de sujeción provocaban constantes conflictos, a veces graves, como ocurrió en la hacienda Ibicaba en 1856 [53]. Por otro lado, aun cuando el mecanismo fue atenuado, los hacendados mantuvieron el ajuste anual de cuentas. Este generaba presiones sobre los colonos, y, más todavía, sobre los gobiernos de los respectivos países de origen, en particular el italiano, cuya economía dependía en grado sumo de las remesas monetarias de sus emigrantes en el exterior, en los Estados·Unidos, Argentina y Brasil. Además, la forma de inserción del inmigrante en el cafetal, a través de la producción directa de sus medios de vida y con pagos en moneda inferiores a los salarios corrientes, limitaba su capacidad para consumir mercaderías importadas (uno de los intereses del gobierno italiano) y para remitir dinero para la familia que había quedado en Italia. De hecho, las remesas más bajas fueron siempre las de los inmigrantes de Brasil. El pago en dinero más frecuente fue una reivindicación constante. Para no arriesgar la sujeción al ciclo del café y tener asegurada la mano de obra, los pagos en dinero se hicieron más frecuentes, pero en forma de adelantos sobre las ganancias que la familia colona cobraría al finalizar el año agrícola. Estos adelantos se

---

[52] Denis, *Le Brésil au XXᵉ siècle*, p. 128; M. M. Hall, «Approaches to Immigration History», en R. Graham y P. H. Smith (compil.), *New Approaches to Latin American History*, Austin y Londres, 1974, *passim*.

[53] Davatz, *Memórias de um colono*, pp. 140-208; Von Ischudi, *Viagem*, páginas 145-146.

hacían por trimestre y hasta por mes; no se convirtieron, sin embargo, en verdaderos salarios, preservando el endeudamiento [54].

Otro acontecimiento importante para la transformación de las relaciones de trabajo en las haciendas, fue la salida de la agricultura de subsistencia del colono del cafetal a los terrenos bajos, no aptos para el café. No puede precisarse el momento cronológico en que ocurrió. El cultivo de alimentos dentro o fuera del cafetal, a partir del siglo XIX, dependió de factores diversos: agotamiento del suelo, estrechamiento de las hileras en el cafetal, edad de los cafetos, etc. De cualquier modo, la mudanza representó una duplicación de la jornada de trabajo, instauró una división del trabajo agrícola dentro de la hacienda y permitió perfeccionar y modernizar el cultivo y el trato del café, así como aumentar el número de pies por área. Hubo épocas en que la importancia económica del cafetal se medía por el número de cafetos y no por la extensión ocupada. La expulsión de la agricultura de subsistencia fuera de los cafetales evidenció la importancia económica que la tierra empezó a tener. Esa medida, que reflejaba la transformación de la tierra en renta territorial capitalizada, en el plano lógico hizo posible la roza fuera de la hacienda y el desarrollo de una agricultura familiar independiente de la coerción territorial permanente del hacendado; al mismo tiempo hizo posible el comercio de tierras que los grandes propietarios aprovecharían, en los años veinte y sobre todo a partir de 1929, para recuperar o ampliar capitales amenazados por la crisis del café. La tierra se libera efectivamente, para convertirse en mercadería y dejar de ser instrumento de coerción del trabajo.

Es a comienzos del siglo, sobre todo, que se habla con mayor insistencia acerca de la creación de viveros de mano de obra fuera de las haciendas. En estos núcleos de pequeños propietarios, se reclutarían las familias como asalariadas en el período de cosecha [55]. La forma de contrato seguía siendo familiar, pero era en esencia una relación salarial.

Se abre de este modo el camino para que la relación salarial se difunda y vaya acabando, aunque a paso lento, con la forma campesina de inserción del colono en la hacienda cafetera. El asalariado empieza a sustituir al colono. La mano de obra comienza a liberarse, a su vez, del obstáculo representado por la propiedad. Aun cuando recreara fuera de la hacienda el campesinado y la agricultura familiar, forja así una población sobrante para el café y expande, por lo tanto, la estructura de relaciones salariales, una mano de obra liberada por completo del ciclo de la naturaleza, enteramente salarial desde el punto de vista de la eco-

---

[54] Cf. A. Lalière, *Le café dans l'Etat de Saint Paul (Brésil)*, París, 1909, páginas 270-273.

[55] Vangelista, *Le braccia*, pp. 70 y 77.

nomía cafetera. En vez de recibir renta en trabajo, materializada en la mercadería café, el hacendado pasa a pagar salario. Su dinero, en lugar de ser materialización de renta recibida, se transforma en capital variable. El hacendado comienza también, por consiguiente, a liberarse como capitalista agrario, como empresario rural.

Antes de transformarlo en un capitalista de la agricultura, el café hace del hacendado un capitalista. El avance técnico en el cafetal, la aceleración de la cosecha y del beneficio propiciaron la conversión del producto en capital en una etapa más temprana. No había, empero, cómo acelerar en todas las fases el tiempo de producción del café; sólo en la cosecha y en el beneficio industrial. Por esta razón, la plusvalía representada por el acortamiento del tiempo de producción tenía que materializarse en actividades económicas fuera del cafetal, en otros sectores cuyo ciclo de reproducción no dependiera de las limitaciones de la naturaleza. El capital producido por el café tenía que reproducirse fuera de la hacienda. El hacendado fue, por lo tanto, capitalista de un modo determinado en un primer momento de su historia y, al cabo de un largo siglo, de otro modo, característico del capital.

El proceso, empero, no se completa con la aparición del cosechador, del campesino que se alquila temporalmente. El temporero es propio de cierta fase de agricultura. El operario permanente asalariado sobrevendrá más tarde, ya en nuestro tiempo, con el llamado *bóia-fria*. El trabajador temporario no personifica el salario, ni configura una clase social. Al mismo tiempo, y contradictoriamente, recrea al campesino y a la agricultura familiar, negando la relación salarial que por otra parte configura ya estructural y objetivamente.

No hay que confundir al cosechador asalariado con el camarada, cuya existencia se remonta a tiempos de la esclavitud. No es la única diferencia entre ellos la de que el primero recibía salario por jornada o por cantidad de café cosechado, y el segundo salario mensual. El camarada era en la hacienda del café *complemento* del esclavo y, más tarde, del colono; su presencia no comprometía ni destruía las formas no capitalistas de explotación de la fuerza de trabajo. El cosechador, asalariado temporario, era, por el contrario, una *contradicción* del colonato, su destrucción, como acabó siendo al cabo de varias décadas.

El colonato, como forma característica del trato del cafetal, fue producido, hemos dicho, por las necesidades de mano de obra para el período de cosecha. En la medida en que el trabajo asalariado estacional para el tiempo de recolección se fue haciendo necesario y extendiendo, comenzó a ser socavado el proceso de reproducción del colonato. Se hace lugar, entonces, para otro modo de inserción de la población como fuerza de trabajo.

11. Población y fuerza de trabajo: el caso de la cafeicultura en el oeste paulista *

Maria Coleta F. A. de Oliveira
Universidad de São Paulo

Felícia R. Madeira
Fundación Carlos Ghagas, São Paulo

Introducción

El objeto de este trabajo es examinar algunos presupuestos con cuya ayuda se han interpretado los cambios de la dinámica demográfica del Brasil. Aunque bastante recientes, estos cambios enlazan con el pasado y se hallan por consiguiente en la base de la organización social y económica vigente en el país hasta los años cincuenta del presente siglo. Prestaremos particular atención a las relaciones entre población y su utilización como fuerza de trabajo en la producción capitalista del café, artículo que ha sustentado la economía brasileña desde la centuria anterior.

Caracteriza a la demografía brasileña' reciente una intensa declinación de los niveles de fecundidad. Estimaciones basadas en investigaciones domiciliarias indican una caída de alrededor del 24 por 100 para la totalidad del país entre 1970 y 1976, con un máximo del 30 por 100 y un mínimo del 20 en diferentes partes del territorio. La intensidad y la generalidad del cambio contrastan con las tendencias anteriores. Entre 1940 y 1970, según estimaciones hechas a partir de censos, la fecundidad cayó apenas un 11 por 100. Esta lenta declinación se localizaba, además, en las regiones más desarrolladas del país; en las menos desarrolladas se registró incluso un aumento del nivel de fecundidad [1].

---

* Este trabajo se realizó con subsidios parciales de la Financiadora de Estados e Projetos (FINEP).
[1] Cf. Carvalho *et al.*, *A recente queda da fecundidade no Brasil: Evidências e interpretação*, Belo Horizonte, 1981.

Una transición demográfica tan rápida y vigorosa, acaecida sin la adopción de una política oficial explícita de control de la natalidad, plantea una tentación y un desafío a los estudiosos brasileños: tentación porque lo que ocurre en los países atrasados constituye una oportunidad única para comprender y analizar mejor los procesos que determinan el comportamiento social y biológico de la reproducción; desafío porque el caso contradice los modelos teóricos simplistas que relacionan caída de la fecundidad con mejora del nivel de vida. La declinación reciente de los niveles de reproducción no va en efecto acompañada de un progreso notable en las condiciones de vida del conjunto de la población.

Una caída rápida y generalizada como la que está ocurriendo actualmente en el Brasil sólo es posible en la medida en que abarque también a los sectores desposeídos del país. Alrededor del 50 por 100 de las familias brasileñas viven con rentas inferiores al salario mínimo legal, considerado como la línea divisoria de la pobreza[2]. ¿Qué llevó al segmento más pobre de la población a pasar de una fecundidad natural a otra más próxima a la que se caracteriza por el control deliberado?

La cuestión ha sido debatida acaloradamente por los demógrafos brasileños. Desde el punto de vista teórico, quien mejor enfrentó el desafío fue Paiva, al adelantar hipótesis sobre la desestabilización de la fecundidad que remiten a determinantes fundamentales de la historia brasileña[3]. Su trabajo tiene además el mérito de someter a discusión aspectos de la sociedad brasileña pretérita, sobre todo sus características sociodemográficas, que permanecen todavía oscuros.

Uno de ellos es precisamente la idea de que en el pasado predominó el patrón de familia grande por conveniencia económica. Con esto se da por sentado que la familia del pasado fue grande por una fecundidad deliberadamente no controlada. Por otra parte, se supone que la prole numerosa resultó de una determinada organización de la producción económica.

El colonato, régimen de trabajo propio de la cafeicultura en el Oeste Paulista, constituye un terreno apropiado para debatir la cuestión. El colonato, aparte de otras implicaciones demográficas, generalizó una modalidad de organización laboral sustentada en la familia como unidad

---

[2] Las autoridades federales brasileñas determinan cada año los niveles mínimos legales de los salarios para las distintas regiones. Estos niveles funcionan, teóricamente, como referencia para la remuneración de la mano de obra calificada en la industria.

[3] Cf. P. de T. A. Paiva, «O processo de proletarização como fator de desestabilização dos níveis de fecundidade no Brasil», *VII Reunião do Grupo de Trabalho sobre Processo de Reprodução da População (PROREPOP)* de la Comisión de Población y Desarrollo de CLACSO, Cuernavaca (México), febrero de 1982.

de la fuerza de trabajo. Su difusión constituiría, según algunos autores, la base de un régimen demográfico de fecundidad elevada.

Este trabajo replantea, pues, la importancia de la familia en la organización de la fuerza de trabajo bajo el colonato y sus implicaciones demográficas. Presentamos los datos disponibles acerca de la organización productiva de la familia y de su tamaño bajo este régimen hasta 1930; insistimos, a la vez, en la necesidad de intensificar la investigación sobre el tema para poder alcanzar una adecuada explicación de la dinámica demográfica brasileña.

El colonato en la cafeicultura: implicaciones demográficas

Durante el siglo XIX el café fue el producto comercial de exportación más importante del Brasil. Cuando su explotación se fundaba todavía en la esclavitud, su cultivo se expandió del eje Río de Janeiro-São Paulo al oeste del estado paulista. En el momento de la abolición de la esclavitud, el llamado «Oeste Paulista» se había convertido en la principal región productora.

Por sus características tecnológicas, la producción cafetera dependía de la constante incorporación de nuevas tierras y de un adecuado abastecimiento de mano de obra. Ante la interrupción del tráfico negrero, la solución encontrada fue introducir trabajadores libres europeos. La inmigración europea constituyó para el Brasil un movimiento de masa, en especial a partir de los años ochenta, cuando empezó a contar con subsidios oficiales. Entre 1886 y 1903 entraron unos 97.000 extranjeros por año; la mayoría se dirigía a las haciendas cafeteras de São Paulo. El flujo migratorio se mantuvo intenso hasta el comienzo de la Primera Guerra Mundial; luego declinó [4].

El colonato fue el régimen de trabajo que permitió movilizar a grandes contingentes de trabajadores extranjeros. El problema de la mano de obra encontró en este régimen su solución. Con él se estructuró un mercado de trabajo inexistente hasta entonces. Después de diversos intentos, escasamente fructuosos, de ajustar las relaciones entre hacendado

[4] Cf. M. S. F. de Levy, «O papel da migração internacional na evolução da população brasileira (1872 a 1972)», *Rev. Saúde Pública* (São Paulo), 8 (supl.), 1974, pp. 49-90; T. H. Holloway, *Immigrants on the Land: Coffe and Society in São Paulo 1886-1934*, Chapel Hill, 1980; y su tesis doctoral, *Migration and Mobility: Inmigrants as Laborers and Landowners in the Coffe Zone of São Paulo*, Brasil, 1886-1934, University of Wisconsin, 1974, para información sobre la entrada de inmigrantes en Brasil; y T. W. Merrick y D. H. Graham, *Population and Economic Development in Brazil*, Baltimore, 1979.

y trabajador, en su forma final, tal como fue ampliamente usado en el Oeste Paulista y zonas adyacentes de fines del siglo xix hasta los años cincuenta de la centuria presente, el colonato tuvo algunos rasgos básicos.

Las actividades relacionadas con el cafetal constituían la obligación primera del colono, sometido a un contrato de trabajo con vigencia mínima de un año [5]. Estas actividades eran, como se ha explicado más ampliamente en el capítulo 9 de este libro, de dos tipos. Por una parte, el colono debía ocuparse de determinado número de pies de café a lo largo de un año para protegerlo de las hierbas dañinas. De acuerdo con un cronograma fijado por la administración de la hacienda, estaba obligado a realizar varias escardas (de 4 a 6, según las regiones) durante el período de lluvias. El segundo tipo de tareas tenía que ver con la cosecha. En esta ocasión, el colono no trabajaba en la parte del cafetal bajo su responsabilidad, sino donde la administración lo asignaba. Por ambas tareas, el trabajador recibía un salario en moneda. También era remunerado por servicios aislados y eventuales realizados en la casa principal, en la conservación de cercas o caminos. Algunos autores sostienen que el dinero obtenido era poco, por más que incrementaba la renta monetaria anual de la familia del colono [6].

El trabajo del colono se distribuía desigualmente a lo largo del año agrícola. Conforme al calendario de las lluvias, el trato de los cafetos se realizaba de octubre a abril; comenzaba con la preparación del cultivo para un nuevo ciclo productivo y se clausuraba con la preparación para la cosecha. Esta se concentraba en los meses de mayo a agosto y reclamaba el trabajo intenso de toda la mano de obra disponible. Períodos de gran actividad —escardas y cosecha— alternaban, pues, con otros en que caía drásticamente el empleo.

Este tiempo ocioso permitía que el colono hiciese compatible el salario con la producción independiente de su sustento y el de su familia. Esta agricultura, más la cría de aves y cerdos y quizás de algunas vacas, proveía la mayor parte de la subsistencia del colono y de su familia. Su participación como consumidor en el mercado se limitaba, pues, a pocos artículos no producidos dentro de la hacienda [7].

---

[5] Colono era el trabajador masculino adulto contratado para las plantaciones de café.

[6] Cf. M. S. C. B. Bassanezi, *Fazenda Santa Gertrudes: uma abordagem quantitativa das relações de trabalho em uma propriedade rural paulista, 1895-1930*, tesis doctoral, Facultad de Filosofía, Ciencia y Letras de Río Claro, 1973.

[7] Holloway calcula que alrededor del 70 por 100 de las necesidades de la familia trabajadora en el colonato no dependían del mercado para su satisfacción. Véase, del autor, «Condições do mercado de trabalho e organização do trabalho nas plantações na economia cafeeira de São Paulo, 1885-1915: uma análise preliminar», *Estudos econômicos*, 2 (2), 1972, pp. 145-180. J. de Souza-Martins se refiere a cálculos

La producción directa de la subsistencia era en realidad parte del contrato de trabajo del colonato y una de sus estipulaciones características. El ajuste entre hacendado y colono suponía el concurso de otros trabajadores: los miembros aptos de la familia. En función de su número —literalmente, del número de «brazos» o «azadas»— [8] se determinaba la cantidad de pies de café a colocar bajo su cuidado. Se estimulaba así la integración productiva de cuantos pudieran manejar los aperos. La colaboración de los miembros de la familia ampliaba la capacidad productiva de su jefe, quedando sometidos todos a un mismo contrato. Al ajustar un colono, el hacendado estaba, en realidad, contratando un equipo de trabajadores, dirigido por un jefe, para el cuidado de determinada parte de sus cultivos.

El colonato fue, en suma, un régimen de trabajo que articulaba la producción de mercaderías con la producción para el autoconsumo. En su base se halla la necesidad de conciliar la movilización masiva de trabajadores libres con la insuficiencia de recursos por parte de los hacendados para pagar salarios.

La vinculación entre colonato y demografía y mano de obra no se agota en la cuestión de la inmigración extranjera. La producción para el autoconsumo contribuyó, según algunos autores, a determinar niveles y tendencias demográficas, en especial las de la fecundidad. Al colonato se asocia la idea de una familia grande, dando por sensato que tanto el éxito del colono como el del sistema dependían del tamaño de la familia [9]. La prole numerosa resultaría de una fecundidad a propósito no controlada, en un intento de responder a la organización del trabajo predominante.

___

de la época que establecían que la producción directa de géneros alimenticios correspondía a entre el 35 y el 45 por 100 de los gastos de una familia de seis personas. Véase su *O cativeiro da terra*, São Paulo, 1979.

[8] La azada era el instrumento básico para el trabajo agrícola. El término era usado de forma analógica para designar al miembro de la familia del colono apto para el trabajo en la plantación. Los menores de dieciséis años eran considerados «medias-azadas» en tanto su capacidad productiva no excedía la mitad de la del trabajador adulto.

[9] En la literatura sobre el colonato es corriente subrayar la importancia de la familia grande dentro de este régimen de trabajo. Véanse, entre otros, Bassanezi, *Fazenda Santa Gertrudes*; Holloway, *Immigrants on the Land*, en especial caps. 5 y 8; B. J. Sallum, Jr., *Capitalismo e cafeicultura no Oeste Paulista: 1888-1930*, tesis doctoral, Universidad de São Paulo, 1979; A. M. P. da Silva Diaz, *Fartura ou carestia*, disertación de maestría, Programa de Pós-Graduação em Ciências Sociais da PUC-SP, 1979; C. R. Spindel, *Homens e máquinas na transição de uma economia cafeeira*, Río de Janeiro, 1980, cap. 2; y V. Stolcke, «A família que não é sagrada», en M. Suely Kofes de Almeida *et al.* (compil.), *Colcha de retalhos - Estudos sobre a família no Brasil*, São Paulo, 1982.

La interpretación de cómo se efectuaba el ajuste ha sido modificada por influencia de la historiografía que procuró incorporar la experiencia europea de la transición demográfica[10]. El nivel de fecundidad preindustrial parece estable y por debajo del biológicamente posible, en razón de determinaciones institucionales y no por decisión sobre el tamaño más conveniente de la familia. El proceso de transición ha de entenderse, pues, como una transformación en las formas de regulación, desde la institucional a la racional. Cabe percibir la transición demográfica, por consiguiente, como el pasaje desde un modelo de oferta de hipos (control institucional) a uno de demanda (control deliberado). Este último régimen sería característico de sociedades industrializadas, donde las decisiones racionales se basan en la variación de los costes.

En un trabajo reciente, Paiva se propuso identificar qué estructuras institucionales habrían propiciado la autorregulación preindustrial brasileña. Advierte al comienzo, inspirándose en el trabajo de Tilly[11] que «el control institucional de la fecundidad es característico de las relaciones sociales no-capitalistas» y «que el proceso histórico fundamental de transformación que habría determinado cambios en la forma de regulación de la fecundidad, sería el proceso de proletarización»[12].

Los argumentos con que el autor explica la realidad brasileña giran alrededor de un eje central: la importancia capital de la producción para el autoconsumo como garantía de la supervivencia familiar. Esta producción propia, tanto del colonato como del sistema de *morador* en la economía azucarera del Nordeste, se prolongó hasta mediados de este siglo, contribuyendo a mantener una fecundidad natural e influyendo sobre el tamaño de la familia. Elevada mortalidad, más abundancia de tierras, habrían alentado casamientos precoces y altos niveles de fecundidad. Este patrón entró en crisis cuando dejó de conciliarse la producción de mercaderías con aquella para autoconsumo. La proletarización de la amplia masa de trabajadores hacia los años sesenta de este siglo explicaría el cambio en los niveles de fecundidad.

El argumento del control institucional, con el cual en principio concordamos, permite desechar la idea, implícita a menudo en los análisis del colonato, de que las familias serían grandes por ventajas económicas que importaba su mayor tamaño. En situación como la del colonato, en que la absorción de brazos disponibles sólo depende de una reorganiza-

---

[10] La exposición que sigue se basa en Paiva, representante de la línea de investigación más fructífera en el momento actual. De su «O processo de proletarização» extraemos algunos puntos que abordamos en el texto.

[11] Véase Ch. Tilly (compil.), *Historical Studies of Changing Fertility*, Princeton, 1978.

[12] Cf. Paiva, «O processo de proletarização», p. 6.

ción del trabajo dentro de la unidad familiar, es difícil imaginar cuál sería aquí el tamaño adecuado o deseado de la familia.

El tamaño de la familia en el colonato

Implícita en la discusión precedente está la noción de que el tamaño de la prole se adecúa a la lógica de una determinada forma de organización social de producción.

El argumento que encadena la amplia disponibilidad de tierras, el casamiento precoz y la prole numerosa enfrenta problemas ante las evidencias empíricas. Aunque insuficientes y poco concluyentes, estos datos nos advierten de la existencia de complejidades por detrás de una supuesta fecundidad alta y estable en el pasado. Una investigación reciente sobre la antigua región del café del Oeste Paulista indica que aquello que se dio por cierto es en realidad todavía discutible[13]. Relatos sobre la vida de trabajadores que vivieron bajo el colonato entre los años de 1930 y 1950 dan cuenta de la existencia de familias relativamente pequeñas entre los colonos. Estas narraciones plantean, pues, dudas acerca de la naturaleza esencial de la familia grande bajo aquel régimen de trabajo. Los indicios obtenidos indican que todavía es largo el camino a recorrer. Este trabajo pretende dar un primer paso en esa dirección.

El primer conjunto de datos, reunidos en los cuadros 11.1 y 2, se refieren a las familias que ingresaron en la Hospedería de Inmigrantes de São Paulo entre 1902-23 y 1928[14]. La Hospedería funcionó, durante la vigencia de los programas oficiales, como centro de acogida y de distribución de los recién llegados a Santos, puerto de entrada de la mayoría de los inmigrantes en ese período. De ella salían familias contratadas por los hacendados, quienes encontraban allí un verdadero mercado de mano de obra.

Llama la atención, en primer lugar, la relativa estabilidad en el tamaño medio de familia a lo largo del tiempo. Las familias variaban, como término medio, de un mínimo de 4,2 a un máximo de 5,5 miem-

[13] Nos referimos a la investigación efectuada por una de las autoras de este trabajo en la región de Pederneiras, en el Oeste Paulista. Aunque el objetivo de esa indagación era la familia trabajadora actual, se recogieron también informaciones sobre el pasado.

[14] Estos datos fueron recogidos y organizados por Holloway en su tesis doctoral. Según esta información, la mayoría de los inmigrantes entraron en el país como miembros de una familia; los que llegaron solos representaron menos de un 30 por 100 del total. Estos últimos fueron en especial importantes dentro del grupo de inmigrantes espontáneos, fuera de los programas de inmigración subsidiada. Véase en particular cap. 5.

CUADRO 11.1

«HOSPEDERIA DE INMIGRANTES»: COMPOSICION FAMILIAR
DE LAS PERSONAS REGISTRADAS, 1902-23, 1928

A	B	C	D	E
Año	Adultos solos	Personas en grupos familiares	Número de familias	Tamaño medio de las familias (C % D)
1902	2.215	23.221	5.120	4,5
1903	2.147	5.487	1.274	4,3
1904	2.480	14.773	3.177	4,6
1905	4.235	33.690	7.531	4,5
1906	5.248	31.718	6.511	4,9
1907	5.688	16.947	3.495	4,8
1908	8.956	21.359	4.497	4,7
1909	7.773	22.995	4.719	4,9
1910	6.943	25.081	5.318	4,7
1911	9.465	34.987	7.593	4,6
1912	10.196	56.583	11.928	4,7
1913	10.765	72.315	15.677	4,6
1914	10.596	36.328	7.839	4,6
1915	6.919	15.640	3.488	4,5
1916	6.211	15.923	3.382	4,7
1917	6.654	24.803	5.007	5,0
1918	4.373	12.607	3.006	4,2
1919	4.761	13.418	2.915	4,6
1920	7.246	24.641	5.133	4,8
1921	7.916	25.542	5.100	5,0
1922	7.350	19.055	3.623	5,3
1923	9.904	33.123	6.130	5,4
1924-27 *	—	—	—	—
1928	27.522	60.925	11.111	5,5
TOTAL	175.565	641.161	133.574	4,8

* No se dispone de datos para los años entre 1924 y 1927.

FUENTE: Holloway, *Migration and Mobility* (citado en nota 4, p. 239).

bros. Según estos datos, el número medio de hijos de estas familias compuestas, se presupone, por la pareja y su prole, estaría entre los 3 y 4.

En segundo lugar, estos datos muestran que existían, a la sazón, pautas levemente diferenciadas dentro del contingente de inmigrantes. En el cuadro 11.2 se comparan las características de la migración subsidiada y de la espontánea. Los migrantes que llegaban a Brasil mediante

CUADRO 11.2

«HOSPEDERIA DE INMIGRANTES»: TAMAÑO MEDIO DE LAS FAMILIAS
REGISTRADAS SEGUN EL TIPO DE INMIGRACION, 1902-1928

Período *	Todas las categorías	Subsidiada	No subsidiada	Reingresados
1902-1910	4,7	5,0	4,7	4,0
1918-1921	4,7	5,0	4,9	4,1
1928	5,5	6,3	5,7	4,6

* No se dispone de datos para los años 1911-17 y 1921-27.

FUENTE: Holloway, *Migration and Mobility*, p. 240.

los programas oficiales tenían, en promedio, familias un poco mayores, aunque las diferencias fueran aparentemente pequeñas.

La imagen sugerida por estos datos puede precisarse a partir del examen de un segundo conjunto de evidencias, perteneciente a una importante y gran hacienda cafetera del Oeste Paulista para los años que van de 1895 a 1930 (véanse cuadros 11.3 y 4) [15].

Salta primeramente a la vista la consistencia de los valores a lo largo del período. El tamaño medio de las familias de colonos presenta una fluctuación leve de año a año. En los once años que separan las fechas extremas del cuadro 11.3, las familias empleadas en esta hacienda variaron de un tamaño medio mínimo de 6,1 a uno máximo de 7 personas. El número de hijos estaría, por consiguiente, alrededor de 5 ó 6. ¿Puede una familia de estas dimensiones ser considerada grande? ¿Grande en relación con qué? ¿Con el presente? Cabe también pensar que parte de estas familias podían tener un pariente adulto adicional, sin que por ello se desviaran del patrón nuclear dominante en la época. El tamaño de la prole sería, en este caso, aún más reducido.

El cuadro 11.4 indica, además, que la magnitud de las unidades familiares variaban en función del origen de los colonos. Sólo los trabajadores procedentes de Italia se habrían destacado por su numerosa descendencia [16].

---

[15] Los datos proceden del trabajo, ya citado, de Bassanezi sobre la hacienda de Santa Gertrudes, en el municipio de Río Claro en el Oeste Paulista, perteneciente a la importante familia Prado.

[16] Importa señalar que el primer conjunto de datos, provenientes del trabajo de Holloway, se refieren a un período en que, proporcionalmente, los italianos habían declinado en el conjunto de la inmigración. Esto podría explicar las divergencias entre estas series y las de Bassanezi en lo que atañe a las medias del tamaño de la familia, ya que los italianos fueron, al parecer, los más prolíficos.

CUADRO 11.3

HACIENDA SANTA GERTRUDES: COMPOSICION FAMILIAR
DE LOS TRABAJADORES EN EL CAFE, 1908-1919

Año	Personas en grupos familiares	Número de trabajadores	Número de familias	Tamaño medio de las familias	Número medio de trabajadores en la familia
A	B	C	D	E	F
1908-09	1.078	464	170	6,3	2,7
1909-10	1.085	489	165	6,6	2,8
1910-11	1.128	468	167	6,8	2,8
1911-12	1.088	471	156	7,0	3,0
1912-13	915	441	134	6,8	3,3
1913-14	926 *	454 *	147	6,3	3,1
1914-15	948	467	153	6,2	3,1
1915-16	825	381	135	6,1	2,7
1916-17	808	370	125	6,5	3,0
1917-18	877 *	307 *	104	6,5	3,0
1918-19	930	407	144	6,5	2,8
MEDIA TOTAL	944	426,8	145	6,5	2,9

* Datos estimados.

FUENTE: M. S.C. Bassanezi, *Fazenda Santa Gertrudes* (citado en nota 6).

Informaciones como las aquí reunidas no pueden usarse sin crítica. Se trata de valores medios que esconden la variabilidad. Es imposible saber qué proporción de los casos se sitúan en torno de este patrón y cuánto se escapan en más o en menos. Padecen esta limitación en especial los valores discriminados por nacionalidad de las familias, por cuanto resumen una observación de treinta y cinco años en un promedio único para cada grupo. Además, cada una de esas medias representa un corte transversal en el tiempo, reuniendo las familias que estaban en distintas fases de su desarrollo en proporciones que desconocemos.

A pesar de esta limitaciones, la consistencia entre los valores, así como su leve fluctuación de año a año sugieren algo que no podemos despreciar. Las discrepancias entre ambos conjuntos de evidencias no llegan a perturbar la imagen que se desprende en cuanto al patrón de tamaño de familia vigente entonces.

Los resultados no desentonan, además, con estimaciones de fecundidad disponibles, aunque para períodos más recientes. El número medio de hijos de quince años sobrevivientes por mujer —indicación del tamaño final de la familia— habría permanecido, en São Paulo, constante en-

CUADRO 11.4

HACIENDA SANTA GERTRUDES: TAMAÑO MEDIO DE LA FAMILIA
SEGUN NACIONALIDADES, 1895-1930

Nacionalidad	Tamaño medio de la familia	Número medio de trabajadores en la familia
Italianos	7,3	3,0
Brasileños/portugueses	5,6	2,3
Españoles	5,5	2,3
Japoneses	3,8	3,3

FUENTE: Bassanezi, *Fazenda Santa Gertrudes.*

tre 1930 y 1960, alrededor de cuatro. En la década de 1960-1970 habría habido una caída a la cifra de 3,6 hijos por mujer. Ahora bien, Paiva ha calculado que una familia rural típica de comienzos de siglo, basada en una economía de subsistencia, para que sobrevivieran cinco hijos, debía alcanzar una fecundidad total de 8,3 hijos. Para incrementar de cinco a seis el número de sobrevivientes hasta los quince años, la tasa de fecundidad total tenía que elevarse a diez hijos nacidos vivos [17]. La cantidad anterior de sobrevivientes no casa con la tesis que suponía que el número de hijos debió aumentar al implantarse y expandirse el colonato.

Los valores presentados en los cuadros 11.3 (columna F) y 11.4 indican asimismo cuántos trabajaban por familia. Las medias anuales muestran una relativa estabilidad durante el período estudiado. La amplitud de variación es incluso menor que la encontrada para los tamaños de familia. Las razones de dependencia que estos valores indican muestran que no todos participaban de manera regular en el trabajo agrícola. En realidad, sólo alrededor del 40 ó 50 por 100 de la población constituida por el conjunto de las familias de los colonos trabajaban en el trato de los cafetales.

Cuanto se conoce acerca de la organización del trabajo bajo el colonato no permite determinar quiénes, por detrás de las medias familiares, participaban activamente en la producción: esposas, esposas-madres, hijos y a partir de qué edad...

Al colono se le asignaba una determinada parcela del cafetal y la responsabilidad, como jefe de grupo, por el cumplimiento de ciertas tareas. Esta organización le permitía gozar de alguna autonomía en el proceso de trabajo. Atendidas las exigencias del contrato, poco importaba

---

[17] Cf. Paiva, «O processo de proletarização», pp. 17 y ss.

al hacendado quién y cuándo desempeñaban esas tareas. Correspondía, pues, al jefe de familia distribuir los recursos de fuerza de trabajo disponibles de modo de ocuparse, a su debido tiempo, del trato del cafetal y del plantío, del cuidado y cosecha de los frutos de su roza.

No toda la familia del colona participaba, como queda dicho, del trabajo agrícola. Aparte de inválidos y viejos, la participación de los niños menores se reducía a las cosechas y a tareas menores del resto del año —por ejemplo, llevar comida a los que estaban en la roza. Su transición a la condición de trabajadores o trabajadoras se daba de modo paulatino, socializándose en el trabajo agrícola a medida que pudieran arreglárselas con el peso de la azada. En las cosechas participaban todos, aun los pequeños, para incrementar el rendimiento del conjunto de la familia [18].

En la zafra, que comprometía a todos los miembros de la unidad doméstica, había una división del trabajo. Las tareas se distribuían según el trabajo requerido por cada actividad, así como de acuerdo con la capacidad y/o habilidad física de cada cual. Los niños más pequeños se ocupaban así de las ramas inferiores de los cafetos y de buscar los granos caídos que el rastrillo no recogía. Hijos e hijas mayores se dedicaban con los demás a derribar al suelo los frutos. A medida que el trabajo avanzaba, los más viejos comenzaban a rastrillar para amontonarlos. Después, con el cedazo, el jefe de familia, acompañado de su mujer o de alguno de sus hijos, separaba los granos del material desechable y los colocaba de inmediato en sacos para transportarlos a la sede de la hacienda. Cabe pensar que cuanto mayor era el número de personas trabajando, mayor también era el volumen de café cosechado con menor trabajo por cada una. Fuera de la cosecha, no está claro si existían o no pautas de división del trabajo dentro de la unidad familiar [19].

Muchas eran las actividades a desempeñar por la familia del colono. A las esencialmente agrícolas en el cafetal y en la roza, se agregaban otras de tenor más doméstico. La división sexual del trabajo no parece haber ido más allá de una vinculación eventualmente más estrecha del

---

[18] La exclusión de algunos de los miembros de la familia del colono del trabajo regular en el cafetal sirve como fundamento a la distinción propuesta por Sallum entre «familia» y «unidad técnica de trabajo familiar». *Capitalismo e cafeicultura,* pp. 255 y ss.

[19] Cf. Silva Diaz, *Fartura ou carestia,* y Sallum, *Capitalismo e cafeicultura.* Este último autor subraya que, incluso en la cosecha, no se configuraba un patrón consistente de división técnica del trabajo, en tanto no había una especialización por tareas diferentes y complementarias. La división por tareas provenía más bien de la necesidad de adaptarse a la composición por edad y por sexo de la familia.

hombre con el trabajo agrícola y de la mujer con los servicios domésticos. No puede afirmarse categóricamente que rigiera una estricta atribución de papeles por sexo. La relativa autonomía de que disfrutaban en el proceso del trabajo hacía que no se separasen con nitidez el «mundo de la casa» y el «mundo del trabajo». Esta distinción se produjo en Brasil más tarde con el desarrollo capitalista. En la vida familiar de cada día bajo el colonato, se intercalaban las ocupaciones estrictamente productivas con otras cuyo carácter es difícil definir. Tareas como el cuidado de los animales y de las huertas, el llevar comida a quienes permanecían en los campos, etc., expresan una articulación entre ambos «mundos». A la mujer, la flexibilidad en el uso del tiempo, proporcionada por la relativa autonomía de la familia bajo el colonato, le permitía transitar libremente entre la casa y la labranza.

Por otro lado, cabe imaginar que el tamaño de la familia repercutía sobre las demandas del tiempo femenino. Una familia numerosa incrementaría el volumen de trabajo doméstico; la disponibilidad de un número mayor de brazos permitiría a la vez una «especialización» en diferentes tareas. Sobre las esposas-madres, auxiliadas en muchos casos por alguien más de la familia, caería la responsabilidad por el servicio doméstico. Así, la ampliación del tamaño de la prole posibilitaba, y a la vez exigía, la adopción de algún tipo de división de tareas dentro de la unidad familiar.

Con todo, para la organización de la vida cotidiana, hay que tomar en cuenta no sólo el tamaño de la familia sino también su composición por edad. Más que el tamaño de la prole, era la existencia de más de un trabajador equivalente lo que permitía a la esposa-madre dejar la azada para dedicarse a actividades de naturaleza más doméstica. El tamaño de la familia tiene, en realidad, consecuencias contradictorias en diferentes etapas. El aumento de la prole implica durante un tiempo incrementar el volumen de trabajo necesario, en su conjunto, para la supervivencia del grupo familiar y, por consiguiente, una carga mayor para los miembros adultos. Sólo en una etapa posterior el tamaño significaría la posibilidad de una distribución más equilibrada de tareas. De acuerdo con el número de hijos, la familia grande pudo disfrutar de condiciones demográficas favorables por un período de tiempo más prolongado.

Al indagar sobre las posibles ventajas de la familia grande bajo el colonato, hay que pensarlas en función de la etapa de desarrollo en que ella se encuentra. Cada etapa tiene implicaciones distintas en cuanto a disponibilidad de fuerza de trabajo en la unidad doméstica [20].

---

[20] Autores como Holloway y Sallum señalan la importancia de una composición familiar favorable, pero no se detienen en este aspecto.

272 Maria Coleta F. A. de Oliveira y Felícia R. Madeira

Antes de proseguir por esta vía, conviene referir algunos de los resultados de la investigación sobre la organización familiar de trabajadores hoy asalariados en el Oeste Paulista [21]. Ellos ayudarán a colocar en perspectiva las informaciones acerca del pasado que estamos examinando.

En entrevistas realizadas con dos muestras de mujeres asalariadas en la agricultura en 1977, encontramos un valor medio de tamaño de cinco para las residentes en área urbana y de seis para las rurales —valores semejantes a los constatados seis decenios antes. Asimismo se parecen las medias del número de trabajadores en las familias. Para la muestra urbana, se halló un valor medio de dos trabajadores, y para la rural, de tres por cada unidad doméstica [22]. El conjunto de las familias entrevistadas tiene, por consiguiente, del 40 al 50 de sus miembros económicamente activos.

Con esta información, cabe ir respondiendo a una cuestión que habíamos planteado: comparadas las familias de trabajadores del presente con las del pasado, las magnitudes encontradas llaman la atención más por su semejanza que por su diferencia. El cotejo de datos, aunque no nos lleve a conclusiones definitivas, permite al menos calibrar cuanto se ha afirmado sin un suficiente respaldo empírico.

A la vez que se acepta, más o menos automáticamente, que la familia era grande, se explica el hecho recurriendo a las necesidades de mano de obra. Se sigue, pues, una lógica que, en puntos principales, nos parece cuestionable. Se parte de una supuesta escasez de brazos y de la vigencia de normas de inmigración extranjera en favor de familias grandes. Se pasa luego a afirmar que la familia grande era indispensable para el tipo de organización del trabajo y de la producción que entonces se forjaba. Aquí encontramos el primer salto en un argumento que, a pesar de las muchas adhesiones, sigue siendo problemático. Se supone que un número grande de hijos constituía una exigencia de una determinada relación de trabajo. De esta suposición se salta a una tercera, según la cual la prole numerosa posibilitaba al colono acumular un peculio con el cual podía trasponer la barrera de la propiedad de la tierra y realizar así uno de los sueños que le había llevado a dejar su lugar natal.

Antes que nada, hay que señalar que los criterios de selección de inmigrantes en los programas oficiales no fueron, al parecer, tan rigurosos como con frecuencia se cree. Durante buena parte de su vigencia, aparte del requisito de la organización en familia para merecer los beneficios del

---

[21] Estos datos fueron recogidos en la investigación citada en la nota 13 y se encuentran, junto con otros, en *A produção da vida*, tesis doctoral, Universidad de São Paulo, 1982.

[22] Si en vez de las medianas hubiésemos empleado promedios, los valores hallados serían ligeramente más elevados.

subsidio, sólo se exigía la presencia de un adulto apto del sexo masculino en cada familia inmigrante [23].

A pesar de la falta de respaldo empírico, se ha insistido en la literatura sobre el tamaño grande de la familia inmigrante. En realidad lo que contaba era la unidad de cooperación en el trabajo. Quizás sea este aspecto el que dio pie a las tan propagadas ventajas de la familia grande en este régimen de trabajo. Entre ellas, la más importante sería la posibilidad de ahorrar en conjunto a lo largo de años de trabajo duro.

Un número mayor de miembros permitía acrecidos ingresos monetarios provenientes del trato del cafetal, de la cosecha y de servicios eventuales. El cuidado de un número mayor de árboles, el volumen mayor de café recogido y la posibilidad de transferir a algunos miembros para otras actividades desvinculadas del trabajo en el cafetal, remuneradas por separado, darían cuenta de los saldos positivos que mantenían las cuentas de los colonos en la hacienda al final del año agrícola [24].

Por otro lado, el tamaño de la familia facilitaba el acceso a una extensión más grande de tierra para plantar los cereales. Esta cantidad dependía, según todas las indicaciones, del número de pies de café al cuidado del colono, determinado a su vez en función del número de brazos disponibles en la familia. A mayor número de trabajadores, mayor disponibilidad, por tanto, de tierras para los cultivos de alimentos. El colono y su familia podían disponer así de una producción mayor de cereales y ampliar sus rendimientos monetarios con la venta de los excedentes por encima del consumo familiar.

Cabe hacer una primera observación en relación con las implicaciones del tamaño de la familia en las distintas fases de su desenvolvimiento. Una familia grande, se ha visto, no siempre equivale a una mayor disponibilidad de brazos. Ha de transcurrir un tiempo más o menos largo entre la ampliación de la unidad familiar y la de su capacidad productiva. La ampliación del tamaño de la familia significa una prolongación del tiempo durante el cual la unidad familiar está constituida por un puñado de productores. En este caso, el mayor tamaño puede significar un retraso del momento en que sería posible al colono realizar su salto cualitativo acumulando un peculio. Las fases iniciales serían, por esta razón, más precarias desde el punto de vista de la intensidad de trabajo requerida a los miembros adultos y de las pautas de consumo resultantes.

Los argumentos que subrayan las ventajas de la familia grande valen, por consiguiente, sólo para una de sus fases y funcionan en sentido opuesto en otras. Unicamente cuando la unidad familiar puede sacar partido

---

[23] Véase Holloway, *Immigrants on the Land,* cap. I.
[24] Esta es la opinión de Bassanezi, *Fazenda Santa Gertrudes.*

de una alta proporción de productores resulta beneficioso su tamaño grande.

La discusión suele dejar aquí de lado algo que nos parece más importante en la determinación de la viabilidad de la acumulación para el colono: la calidad y la localización de las tierras para el plantío de subsistencia así como la capacidad de transformación de los excedentes en mercaderías [25].

Con el curso del tiempo, el desgaste de las tierras y el crecimiento de los cafetos restringieron el cultivo simultáneo de cereales. Permitida generalmente en las áreas nuevas, la siembra entre las hileras de cafetos de frutos destinados al consumo del colono fue sustituida, en las regiones más antiguas, por el cultivo en terrenos cedidos fuera del cafetal. En este caso las rozas no podían ser atendidas al tiempo que se escardaba el cafetal. La producción directa de la subsistencia pasó a requerir un mayor gasto de energía por parte de la familia trabajadora. La necesidad de conciliar exigencias contradictorias de trabajo condujo, es probable, a una división de tareas: determinados miembros de la familia atenderían sólo o con prioridad unos el café, otros los cereales. El cambio en la localización de las rozas afectó, al parecer, la capacidad de producción de excedentes. Hay autores que sostienen que ésta sería la razón por la cual los colonos abandonaban las haciendas con cafetales ya formadas por otras en que la plantación nueva daba margen todavía al cultivo intercalado. Esto también explicaría la movilidad de la mano de obra bajo el colonato: los colonos se trasladaban de las áreas viejas a las nuevas en procura de condiciones de trabajo más favorables [26].

La posibilidad de transformar el producto del esfuerzo familiar en peculio dependía de la comercialización de los excedentes del consumo. De la información acerca del destino de esos excedentes, cabe deducir que, con frecuencia, no producían ingresos relevantes. En algunos casos, la hacienda tenía preferencia en la compra de los excedentes, vendidos luego a los asalariados que no disponían de rozas. Este habría sido el arreglo usual cuando la hacienda estaba lejos de centros urbanos que pudiesen absorber esos productos. El resultado de la venta de los excedentes integraba, pues, la contabilidad de la hacienda y se agregaba a los demás créditos y deudas en las cuentas de los colonos. En otras situaciones, la proximidad de un mercado consumidor permitía al colono probar mejor suerte y vender su producción a los almacenes de la ciudad más próxima. No se puede afirmar que en este caso los resultados fuesen mejores. Los precios de los productos alimenticios tendían a ser bajos en función del

---

[25] Véase Sallum, *Capitalismo e cafeicultura,* en particular pp. 219 y ss.
[26] Véanse, entre otros, Holloway, Souza Martins y Sallum.

reducido tamaño del mercado y de la competencia de gran número de pequeños productores [27].

La posibilidad de acumular un peculio por esta vía sería, pues, reducida, menor tal vez que la que se ha supuesto a menudo. En realidad, la relación de trabajo forjada por el colonato no involucraba el presupuesto de transformar al colono en propietario. Los incentivos incluidos en el contrato de trabajo procuraban antes que nada garantizar su subordinación al proceso de producción capitalista de café. Es innegable que muchos de los que llegaron como inmigrantes, empleados en las haciendas de café, consiguieron prosperar y, eventualmente, convertirse en hacendados. Es probable, empero, que quienes ascendieron de este modo hayan sido beneficiados por contratos de trabajo más favorables, como los de formación de cafetales u otros de aparcería a partir de los años treinta del presente siglo. En ambos casos, parte del producto comercializado era el café. Además, los que iniciaban plantaciones disfrutaban de la ventaja de cultivar en tierras recién roturadas, de mayor fertilidad [28].

En resumen, de lo expuesto cabe admitir que determinados momentos del ciclo vital hayan sido sumamente útiles para que el esfuerzo familiar rindiese pecuniariamente. Es posible también que el momento del ciclo vital fuese un criterio relativamente difundido entre los hacendados para la selección de las familias a contratar. Si estas hipótesis son verdaderas —y pensamos que lo son—, esto sólo prueba la utilidad de este factor y no su carácter esencial o determinante, como en algunos estudios se sugiere. Pretender qué es determinante encierra el riesgo de minimizar e incluso descartar otros órdenes de factores cuyo papel fue, al parecer, más decisivo para el éxito, tanto entre las familias como para el sistema.

Consideraciones finales

Las situaciones cruciales acostumbran a ser encaradas como la fase de mayor transparencia de los procesos sociales. Son tomadas, por consiguiente, como momentos propicios para esclarecer puntos todavía oscuros.

---

[27] Véanse al respecto Souza Martins y Sallum. En las declaraciones que recogimos, los trabajadores viejos fueron unánimes al afirmar que los cereales que cosechaban «no tenían precio» para vender.

[28] En los contratos para la formación de plantaciones, el hacendado cedía al trabajador el derecho a intercalar cultivos, que alcanzaban grandes rendimientos gracias a la fertilidad de la tierra recién roturada. En muchos casos podían también comerciar las primeros cosechas de café, obtenidas antes de la entrega prevista del cafetal al hacendado. En los contratos de aparcería para el cuidado de plantaciones ya formadas, se repartía el producto de la cosecha de café y quedaban los cereales enteramente para el aparcero.

La transición demográfica reciente en el Brasil constituye, por sus características, uno de estos momentos. La preocupación por el tema ha rozado aspectos del pasado que se creían establecidos y ha suscitado sobre ellos algunas dudas. Nuestro trabajo se inscribe dentro de este marco. Nuestras consideraciones finales llevan, por tanto, el mismo sello. No resumen los argumentos desarrollados. Constituyen, por el contrario, una serie de sugerencias, de puntos a resolver antes de establecer conclusiones.

Para comenzar, se ha de investigar un poco más sobre lo que está por detrás de los valores medios que hemos presentado. ¿Cuál sería la distribución de las familias según el número de hijos? La recurrencia con que se acepta la existencia de la familia grande no debe ser óbice. Tenemos la impresión de estar, una vez más, frente a un argumento que gana fuerza gracias a su repetición. Faltan, sobre todo, evidencias empíricas y un punto de referencia: familia grande en relación con qué. No va a ser ésta la primera vez que se refuta el mito de la familia grande. Se ha hecho en los países europeos; en Brasil una serie de estudios se encaminan en esta dirección.

El presupuesto de la familia grande proviene de las imágenes acerca de las características domésticas antes y después de la independencia. Ellas nos presentan la familia brasileña del pasado como de tipo patriarcal, ampliada por la presencia de una vasta parentela y de agregados diversos que se sumaban a la descendencia del jefe. Herencia de un pasado más remoto, la familia grande habría predominado en todas las capas sociales [29].

A pesar de toda la autoridad con que este tipo de reconstrucción del pasado suele revestirse, la información hoy disponible sobre diversos períodos apunta en la dirección opuesta. Con la cantidad de estudios históricos hoy existentes, cabe afirmar con seguridad que, contra lo que se suponía, predominó en el pasado un tipo de familia bastante próximo al que hoy conocemos, relativamente pequeña y constituida fundamentalmente por un núcleo conyugal central, ampliado en ocasiones por la presencia de otros miembros, parientes o no [30].

Estos antecedentes, sumados a informaciones recogidas en investigaciones recientes, imponen la necesidad de revisar las ideas acerca del tamaño de la familia en el colonato. En la cafeicultura, las necesidades de mano de obra habrían acentuado la imagen de la familia grande, con la

---

[29] Estas imágenes fueron difundidas en buena parte por la obra de G. Freire, *Casa grande e senzala*, Río de Janeiro, 1958, y *The Mansions and the Shanties*, Nueva York, 1963.

[30] Véanse, entre otros, M. L. Marcílio, *Crescimento demográfico e evolução agraria paulista, 1700-1836*, tesis de libre docencia, Facultad de Filosofía, Letras y Ciencias Humanas, 1974; I. de Nero Costa, *Vila Rica: População (1719-1826)*, São Paulo, 1979; y *Populações mineiras*, São Paulo, 1981.

preferencia por la importación de trabajadores europeos con proles numerosas.

En cuanto al papel fundamental que se supone tendría la familia grande bajo el colonato, nos hemos esforzado en distinguir lo que sería *efectivamente ventajoso* de lo qué podría considerarse *esencial* a esa organización del trabajo. En este orden de cosas, mostramos la necesidad de tomar en cuenta las fases de desarrollo familiar al evaluar los efectos de las proles numerosas.

Una serie de ideas yacen por debajo de esta propuesta de separar lo funcional de lo esencial. Una sería que el tamaño de la familia estaría dado por las pautas vitales de la época [31]. Estimadas las probabilidades de sobrevida, la mayoría de las familias no podían disfrutar de un tamaño final sumamente grande [32]. Una segunda idea tiene que ver con la adaptación de la familia al sistema productivo. Dadas las características de la producción cafetera entonces, la adecuación podía lograrse, por un lado, con una simple reorganización del trabajo familiar y, por otro, por la acción de mecanismos de distribución proporcional de la tierra para los cultivos de alimentos. Una tercera consideración se vincula con la familia grande en tanto que proyecto. La concentración de sus beneficios en un período muy corto de tiempo suscita, por cierto, dudas sobre la eficacia del modelo. En este sentido, la importación de familias con composición demográfica favorable habría evitado los inconvenientes de las fases iniciales del proceso de constitución de una familia grande. Este habría sido uno de los mecanismos responsables por la eventual vigencia de un patrón de tamaño grande de familia para una parte de la masa trabajadora bajo el colonato.

El intento de separar lo que es simplemente ventajoso en un momento dado de lo que es fundamental, no es inocuo en sus consecuencias. Subrayar la insuficiencia de determinados argumentos permite desmantelar falsos paralelismos, frecuentes en la comparación del presente con el pasado.

En este sentido, importa desentrañar qué hay tras la aparente constancia en el tamaño medio de la familia y en la proporción de los económicamente activos, en momentos tan diferentes en São Paulo como el auge del colonato y la generalización del proletariado. Las medias numéricas obviamente pueden estar escamoteando diferencias importantes en las estructuras familiares. Es posible también que las diferencias entre

---

[31] Esta idea aparece ya en trabajos de otros autores, como el de L. Herrmann, «Evolução da estrutura social de Guaratinguetá num período de trezentos anos», *Revista de administração municipal*, núms. 5 y 6, 1948, pp. 1-326.

[32] Cf. con las estimaciones de Paiva, «O processo de proletarização», páginas 17 y ss.

períodos tengan otra explicación. Esto no reduce la influencia que pudo tener la organización social del trabajo sobre la vida familiar, ya que el tamaño es sólo uno de sus aspectos.

De cualquier forma, el cotejo de ambos momentos, tan diferentes desde el punto de vista de la organización del trabajo, suscita reparos contra la hipótesis a partir de la cual adquieren sentido las evidencias reunidas por Paiva en su trabajo acerca de los factores responsables de la desestabilización de la fecundidad en Brasil. La eliminación del espacio dedicado a la producción directa de la susbsistencia —i.e. la proletarización de la masa trabajadora— no basta para explicar las alteraciones en los patrones de fecundidad. Entre otras razones posibles, porque en esta hipótesis importa el tamaño de la familia que, como vimos, no habría cambiado sustancialmente.

De ser verdad esto, otros aspectos también relacionados con el proceso de proletarización podrían ser invocados para reforzar la hipótesis acerca de los mecanismos responsables de la desestabilización de la fecundidad. En especial, factores vinculados con la formación de mercados de trabajo tanto regionales como en el ámbito nacional podían haber afectado a aspectos de la nupcialidad que a su vez repercutirían en los niveles de fecundidad. El aumento de la movilidad espacial de la población, importante en determinadas regiones, afectaría la capacidad reproductiva al demorar las uniones y al separar a las parejas por períodos variables de tiempo. La oposición entre pasado y presente en términos de vigencia de mecanismos institucionales de regulación de la fecundidad, por un lado, y de predominio de un control deliberado, por otro, nos parece inadecuada. Las transformaciones ocurridas en la organización de la actividad económica en el Brasil han producido un nuevo cuadro institucional dentro del cual se mueven la racionalidad individual y la familiar.

Cabe, por último, aducir un argumento de carácter demográfico frecuentemente olvidado cuando se debate el pasado. No sabemos si en las generaciones que nos precedieron dominaron las familias numerosas. Sin embargo, aunque su proporción haya sido igual a la de las pequeñas o aun si estas últimas predominaban, es innegable que las familias grandes dieron origen, en su conjunto, a más personas. Si se toman, por consiguiente, como base de informaciones de sobrevivientes, la imagen de la familia grande en el pasado saldrá, con toda probabilidad, reforzada.

12. Mano de obra en la agricultura de exportación venezolana *

Gastón Carvallo
Josefina Ríos de Hernández
CENDES, Universidad Central de Venezuela

El estudio de la inserción de la mano de obra en la agricultura de exportación constituye un tema central en la reconstrucción de los procesos históricos que caracterizan a la formación social venezolana hasta las primeras décadas del presente siglo. Durante más de cuatro siglos, la agroexportación representó en efecto la actividad económica de más significación, por no decir única, en la generación de excedente y en la provisión de medios de vida a la mayor parte de la población. En su momento culminante, hacia fines del siglo xix, cerca de las tres cuartas partes de la población dependía de esta actividad [1].

El conocimiento acumulado sobre el tema adolece, sin embargo, de fallas que afectan a la comprensión del problema, de gran importancia para reconstruir la formación social venezolana de entonces. Presenta

---

* Este trabajo recoge, en parte, resultados de una investigación —*Las relaciones de producción en la agricultura venezolana (1900-1980)*—, actualmente en su etapa final, realizada por el Equipo Sociohistórico del CENDES, integrado por Gastón Carvallo, Ocarina Castillo, Juan Luis Hernández, Josefina R. de Hernández (coordinadora), Luis Llambí, Carlos Viso, Francisco J. Velasco y Margarita López.

[1] Según el censo de población de 1891, las regiones con predominio de la agroexportación concentraban el 67,47 por 100 de la población total del país, el 80,5 por 100 de la población activa nacional y el 77 por 100 de la dedicada a la agricultura. En conjunto, la población activa dedicada a la agricultura y a otras actividades conexas —comercio, servicio personal y artesanía— alcanzaba el 75 por 100 de la población activa nacional. Cálculos propios a partir de las series aportadas por M. Izard, *Series estadísticas para la historia de Venezuela*, Universidad de los Andes, Mérida, 1970, p. 50.

grandes vacíos informativos, que suelen suplirse con generalizaciones que
eluden el referente espacio temporal, en particular con respecto a las formas que caracterizaron la inserción de la mano de obra en la producción
agroexportadora.

Por esta falta de información, la mano de obra en la actividad agroexportadora es categorizada a menudo como peonaje, término que más
bien tipifica al trabajador en la hacienda. Tal generalización se basa a
veces en el supuesto de que la organización de la agricultura de exportación era homogénea y por tanto también las formas de inserción de la
mano de obra. En otros casos, se supone que las diferencias de organización no afectaron esta inserción. Estos supuestos traban el conocimiento
del problema, ya que dejan de lado la complejidad propia de la realidad.
La hacienda es sólo una de las formas en que se organiza la producción
agrícola para la exportación y la inserción de la mano de obra no sólo
varía de una forma productiva a otra, sino que dentro de una misma forma coinciden tipos diferentes de trabajadores.

Dos importantes retos se plantean, por tanto, al conocimiento sobre
el problema de la mano de obra en el período agroexportador: ampliar
la base informativa y reinterpretar la información acumulada a la luz de
un nuevo marco analítico que garantice la comprensión integral del problema. Avanzar sustantivamente en la tarea a partir del trabajo de investigadores individuales sería difícil. Se requiere aquí la conjunción del
esfuerzo sistemático y prolongado de diferentes equipos de investigación[2].

Con el propósito de contribuir a avanzar en la dirección señalada,
presentamos en este trabajo un conjunto de resultados de investigación,
centrados en las formas principales de inserción de la mano de obra en la
producción agroexportadora. Tratamos los siguientes aspectos: rasgos generales del funcionamiento agroexportador; distribución espacial de la
mano de obra; sus modos de inserción en la hacienda y- en las formas
de producción familiar; y, finalmente, las consecuencias de la crisis de
la agroexportación.

El marco agroexportador

El cultivo del cacao había sido el pivote de la agroexportación hasta
la primera década del siglo XIX; en los años siguientes fue desplazado por

_____

[2] Una valiosa contribución en este sentido es la recopilación de las fuentes para
el estudio de la cuestión agraria que realiza el equipo de la Escuela de Historia
de la Universidad Central de Venezuela bajo la coordinación de Germán Carrera
Damas.

el café. Este llegó a constituirse en el motor de la expansión de la agricultura posterior a 1870. En este decenio, los volúmenes de exportación y su valor duplicaron y continuaron aumentando hasta fines del siglo hasta alcanzar un nivel que, con alzas ocasionales y poco sostenidas, se mantuvo hasta la crisis de 1929, cuando comenzó su declinación [3].

El auge del café permitió reconstruir la actividad agroexportadora que había sido afectada por la Guerra de Independencia. Consecuencias de la lucha fueron la destrucción de propiedades y de población en algunas zonas, centros de la contienda; la prolongada desatención de las arboledas de cacao; la pérdida del mercado cautivo de la Nueva España, cuando no se había ampliado todavía el mercado mundial para ese producto; el abandono de otros cultivos, como el tabaco y el añil, de menos significación para la exportación; así como la aniquilación de la ganadería, que había servido de apoyo logístico a los ejércitos.

El cultivo del café comenzó a tener alguna importancia en los últimos años del siglo XVIII. Para 1830 sobrepasó los niveles anteriores de producción y logró compensar en valor la baja experimentada por el cacao. Este, por su parte, sólo en 1880 recuperó los niveles de producción previos a la guerra.

El aumento del consumo de café en Europa y en los Estados Unidos, y, sobre todo, la creciente demanda de suaves, que se adaptaban a las condiciones climáticas venezolanas y que contaban con mejores precios en el mercado internacional, contribuyeron a estimular la expansión del café en Venezuela [4]. Europa fue el mercado más importante hasta el comienzo de la Segunda Guerra Mundial. Estados Unidos fue adquiriendo, desde principios del siglo XIX, una significación creciente, hasta ser a veces el primer comprador del café venezolano [5].

La vinculación de la economía venezolana con esas áreas capitalistas fue, sin embargo, fundamentalmente comercial. Los capitales foráneos no se orientaron hacia el aparato productivo agroexportador. A pesar de los constantes esfuerzos del gobierno venezolano por conseguirlos, su participación se realizó primordialmente mediante créditos otorgados por

---

[3] Véanse las series de exportaciones de café y cacao entre 1786 y 1941 en Izard, *Series estadísticas*, pp. 191-193.

[4] Se aprecia una estrecha correlación entre los momentos de alza de los precios internacionales del café y las sucesivas ampliaciones del cultivo en Venezuela. Véase G. Carvallo y J. R. de Hernández, *Economía cafetalera y clase dominante en Venezuela*, Cuaderno, CENDES, 1979.

[5] La serie sobre destinos del café exportado por Venezuela, en M. Izard, «El café en la economía venezolana del siglo XIX. Estado de la cuestión», *Estudis*, 1, 1973, pp. 202-273.

las casas comerciales extranjeras a productores y comerciantes, en forma de adelantos por concepto de cosechas [6].

Los capitales foráneos mostraron escaso interés no sólo en la inversión directa en la agricultura sino también en la minería y en la banca. Las inversiones foráneas en los servicios fueron asimismo tardías y limitadas, a pesar del interés mostrado por los diferentes gobiernos en atraerlas y a las ventajosas condiciones ofrecidas con el propósito de desarrollar una infraestructura básica [7]. El capital extranjero sólo tuvo significación por la vía, muy onerosa y poco productiva, de empréstitos gubernamentales, que no se orientaron hacia el fortalecimiento de la actividad agroexportadora [8].

La forma predominantemente comercial en que la economía venezolana se insertó, a través de la agroexportación, en el mercado mundial, la hizo, sin una integración orgánica en dicho mercado, dependiente de las oscilaciones de los precios internacionales. Este hecho influyó en las modalidades que el uso de los recursos, la organización de la actividad productiva y la inserción de la mano de obra adoptaron.

La expansión agroexportadora significó la especialización de la producción en limitados rubros agrarios y la incorporación de las distintas zonas agrícolas del país al mercado internacional. La similitud de las producciones en los diversos ámbitos agrícolas determinó una escasa diversificación económica y, en consecuencia, un desarrollo sumamente limitado del mercado interno.

Los escasos requerimientos de insumos productivos y de instrumentos de trabajo [9] dotaban a la actividad agrícola de escasa capacidad dinamizadora; no hubo pues incentivos para producciones complementarias que hubiesen favorecido un cierto nivel de diversificación y de intercambio interno. Freno también para la diversificación económica, y de mayor peso, pareció ser el impuesto por las formas de vinculación de la mano de obra. Las unidades productivas funcionaban, en efecto, con un alto grado de autosuficiencia en relación con la reproducción de la fuerza de trabajo y con los insumos productivos. El limitado poder de compra de

---

[6] Este funcionamiento ha sido reconstruido, para las primeras décadas del siglo xx, a partir de testimonios orales. En Equipo Sociohistórico, *Resultados preliminares de investigación. Las relaciones de producción en la agricultura venezolana (1900-1980)*, Documentos, CENDES, 1982.

[7] Ventajas tales como utilidades mínimas del 7 por 100 anual, exoneraciones diversas, etc. Véase E. Arcila Marías, *MOP. Centenario del Ministerio de Obras Públicas*, Caracas, 1974.

[8] Detalles de estas negociaciones en R. Veloz, *Economía y finanzas de Venezuela desde 1830 a 1944*, Caracas, 1945.

[9] Carvallo y Hernández, *Economía cafetalera*.

la población trabajadora se agotaba en los reducidos mercados locales, sin llegar a estimular una diversificación de mayor alcance [10].

La agricultura exportadora se apoyó en una economía de subsistencia. Esta permitía la reproducción de la fuerza de trabajo directamente vinculada con la agricultura de exportación y podía aún generar pequeños excedentes que abastecían de bienes agrícolas y artesanales a los limitados mercados locales. La agricultura de subsistencia y la de exportación se combinaron con frecuencia dentro de una misma unidad productiva. Aquélla o la artesanía no eran actividades marginales; estaban, por el contrario, íntimamente ligadas a la agricultura de mercado. Esta no hubiera podido operar sin ellas.

Las características señaladas determinaron que la agricultura y, en menor medida, otras actividades vinculadas con ella —como el comercio, la artesanía y el servicio personal— constituyeran la fuente de ocupación fundamental de la población trabajadora [11].

La agricultura de exportación se organizó bajo dos formas productivas principales, diferentes tanto en su funcionamiento global como en sus formas de vinculación de la mano de obra: la hacienda y la producción mercantil familiar. Aunque ambas coexistieron espacialmente, tendieron a predominar en ciertos ámbitos geográficos debido a las diferencias regionales establecidas desde el período colonial [12]. Así, la hacienda predominó en la región costera, en los Andes y en Oriente, la producción mercantil familiar [13].

---

[10] Indicación del bajo grado de diversificación es la escasa importancia de las actividades manufactureras. La mayoría de los establecimientos que se ocupaban en algún tipo de actividad transformadora eran familiares. En 1891, esa actividad absorbía un 17 por 100 de la población activa total. Izard, *Series estadísticas*, p. 50. En el mismo libro, los resultados del censo industrial de 1894, p. 119.

[11] En 1891, la distribución de la ocupación en el país era: 47 por 100, agricultura y cría; 5,5 por 100, comercio; 17,3 por 100, artes y oficios manuales, y 26,5 por 100, servicios personales. Cálculos propios a partir de datos de Izard. *Series estadísticas*, p. 50.

[12] Para un examen detenido sobre la organización del espacio agrícola durante el período colonial, véase G. Carvallo y J. R. de Hernández, «Formas de ocupación del espacio en la Venezuela agroexportadora», *Alternativas para Caracas*, CENDES, 1980, vol. II, cap. 1.

[13] Esta conclusión se basa en testimonios orales recogidos para la investigación que estamos realizando y en la bibliografía disponible. No se dispone de información estadística sobre el tamaño de las unidades productivas antes de 1941. Los datos aportados por el censo cafetero de ese año muestran las características señaladas: en la región centro-costera el 62 por 100 de las unidades de producción contaban con más de 50.000 matas, mientras que en los Andes y en Oriente unidades de estas dimensiones representaban sólo el 1 por 100. Cálculos propios a partir de los datos censales.

Localización espacial de la agroexportación y de la mano de obra

Con el café se amplió el ámbito espacial de la agroexportación. Su cultivo se extendió, en la primera mitad del siglo xix, por la región centro-costera a tierras quebradas y de laderas de los valles, ocupadas ya por la hacienda cacaotera. En el último tercio del siglo se difundió por la región andina y por la zona montañosa de la costa oriental del país[14]. Los Andes y el centro, que llegaron a ser las principales regiones productoras de café, mantuvieron, hasta fines del siglo xix, niveles de producción similares; en las primeras décadas del xx, la producción andina pasa a la cabeza[15].

La expansión del cultivo del café se produjo en el marco de una relativa escasez de mano de obra, que se mantuvo hasta los años veinte del presente siglo. Condicionada por el lento ritmo del crecimiento demográfico y por la posibilidad que parte de la población encontraba para organizar actividades productivas bajo su control directo, esta escasez, alarmante en el momento de ruptura del nexo colonial[16], se mantuvo, afectando el desarrollo de la agricultura de exportación. Tendió a atenuarse después de 1860-70, al conjugarse una lenta recuperación demográfica[17] con el debilitamiento de la resistencia de la mano de obra a incorporarse a las haciendas[18].

La escasez de capitales y la limitada oferta de mano de obra fueron responsables de los bajos rendimientos de la producción venezolana de café, inferiores a los de otras regiones de América Latina[19]. La fuerza de

---

[14] En la región centro-costera incluimos los actuales estados de Miranda, Carabobo, Yaracuy, Aragua, norte de Guárico y el Distrito Federal. En los Andes, los estados de Táchira, Mérida, Trujillo y parte de Lara, Portuguesa y Barinas. El estado de Sucre y el norte del estado de Monagas constituyen la región costera oriental.

[15] Dos estados de esta región fueron primeros en la producción de café. Véanse los volúmenes de producción por estado en Izard, «El café en la economía venezolana», p. 219.

[16] Un tratamiento más detallado de este problema en G. Carvallo y J. R. de Hernández, *Notas para el estudio del binomio plantación-conuco en la hacienda agrícola venezolana*, Cuaderno, CENDES, 1977.

[17] Serie de población por estados en el siglo xix, en Izard, *Series estadísticas*, pp. 15-20.

[18] El análisis de los factores que contribuyeron a generar la resistencia de los trabajadores, así como su posterior debilitamiento, en Carvallo y Hernández, *Notas para el estudio del binomio plantación-conuco*.

[19] «... La superficie cultivada en Colombia dedicada al café, en números aproximados, es de 885.000 acres y en Venezuela de 494.000. Es decir, que en el primer

trabajo empleado por área cultivada fue, en efecto, comparativamente menor. Tampoco se realizaba un laboreo especializado; la atención al cultivo era mínima y algunas tareas, como la limpia en el café, se habían simplificado considerablemente en relación con las aplicadas al cacao. La escasez de mano de obra no afectó, sin embargo, con igual intensidad a todas las regiones agroexportadoras. La rápida expansión del café en los Andes y la importancia que adquirió su producción fueron el resultado de condiciones históricas favorables. La región se mantuvo al margen de las guerras civiles durante casi todo el siglo XIX; tampoco sufrió las endemias que azotaban al resto del país. Estas circunstancias contribuyeron a crear una oferta de mano de obra holgada, incrementada por un considerable flujo migratorio desde las tierras bajas, que se intensificó durante la Guerra Federal (1853-63) y, en las zonas cercanas a Colombia, por las migraciones estacionales provenientes de ese país. La región de los Andes contó, pues, hasta la década de 1920, con mayores disponibilidades de mano de obra que la centro-costera.

En el Oriente de Venezuela, la agricultura de exportación debió recurrir desde el comienzo a la mano de obra de las zonas costeras, principalmente de la isla de Margarita, para cubrir sus necesidades en la época de cosecha. Con frecuencia el hacendado o sus intermediarios propiciaban esta migración mediante pagos adelantados [20].

La región centro-costera fue la más afectada por la escasez relativa de mano de obra. A diferencia de las otras regiones, no contó con fuentes adicionales de trabajadores, como no fuese la población local desprovista de tierras. Parte de la mano de obra se obtenía también movilizando la población desde centros de mayor presión demográfica, como el estado de Lara, hacia las zonas de haciendas en Carabobo y Aragua [21]. Con todo, los hacendados debieron recurrir, como se verá, a mecanismos diversos de sujeción extraeconómica para cubrir sus demandas estacionales de mano de obra.

---

país la superficie cultivada es un poco menos del doble de la superficie cultivada en Venezuela. El número de cafetos colombianos, siempre aproximadamente, alcanza a 641.236.000, y en Venezuela 202.000.000. Tenemos, pues, que en Colombia en cada acre hay sembrados 724 cafetos; en Venezuela sólo 445. La producción colombiana alcanzó en el año 1936-1937 a 2.580.000 quintales y entre nosotros a 670.000. Cada acre en Colombia produce el promedio de 2.187 quintales y en Venezuela 1.357. En cuanto a la producción por árbol, tenemos en Colombia 400 gramos; en Venezuela, 2.300.» C. Irazábal, *Hacia la democracia*, Caracas, 1974, p. 217.

[20] Equipo Sociohistórico, *Resultados preliminares*.
[21] Equipo Sociohistórico, *Resultados preliminares*.

Formas de inserción de la mano de obra en la hacienda

La hacienda se caracterizó por la concentración de la propiedad de grandes extensiones de tierra y por el control que el propietario ejercía sobre los procesos de trabajo y la mano de obra. Estas características, junto con el bajo nivel de gastos del proceso productivo en virtud del patrón tecnológico utilizado, garantizaron al hacendado una participación significativa en el excedente generado por la agroexportación. Esta participación se incrementaba cuando el hacendado comerciaba directamente en el mercado internacional, sin recurrir a exportadores.

Los excedentes producidos tendieron a ser obsorbidos por actividades diferentes a la agricultura. Las mínimas inversiones requeridas para garantizar la continuidad del proceso productivo, las obtenían los hacendados como «adelantados por cosecha» proporcionados por los comerciantes. Para los de mayor poder económico, utilizar el financiamiento de los comerciantes era, antes que una relación de subordinación, una manera de no comprometer los excedentes agrícolas en una actividad altamente riesgosa, sometida a factores fuera de su control, como los cambios climáticos y las oscilaciones de precios. Los hacendados con propiedades más pequeñas y sin intereses comerciales no parecían tener, en cambio, otra alternativa que el «adelanto por cosecha». Dependían, pues, del capital comercial; esta relación solía dejarles, empero, algún margen para el enriquecimiento y la acumulación. La hacienda agroexportadora funcionó, en consecuencia, con bajos niveles de capitalización, manteniendo, sin modificaciones importantes, el patrón tecnológico configurado en el período colonial.

En lo que concierne a la mano de obra, el patrón tecnológico de la hacienda requería un plantel permanente de trabajadores para las tareas propias de la plantación y un número adicional para labores estacionales, sobre todo, para la cosecha[23].

Los trabajadores permanentes provenían por lo general de la población asentada dentro de la hacienda, donde usufructuaban de una parcela de tierra para sus sembrados (conuco) y de una vivienda. Esta fuente de mano de obra constituyó la base del funcionamiento de la hacienda. Había una vinculación orgánica entre la agricultura de plantación —producción de exportación— y la de subsistencia —producción de bienes por parte del trabajador para su reproducción y la de su familia— que lla-

---

[22] Esta parte y la siguiente se apoyan, en lo fundamental, en Equipo Sociohistórico, *Resultados preliminares.*

[23] Según los testimonios orales, en los momentos de mayor demanda de obra había entre 5 y 6 trabajadores temporales por cada fijo. Equipo Sociohistórico. *Resultados preliminares.*

mamos «binomio plantación-conuco» [24]. El proceso productivo para la exportación involucró, pues, formas de vinculación de la mano de obra que suponían una producción de autosubsistencia. El cultivo de plantación envolvía un proceso de trabajo organizado y controlado por el propietario de la tierra; la actividad agrícola de subsistencia era organizada, realizada y usufructuada por el trabajador de la hacienda, bajo la aquiescencia del hacendado. Este se aseguraba de este modo un reservorio de mano de obra para la plantación, cuyo empleo no le ocasionaba mayores costos.

El conuco se concedía para que esa parcela se utilizara para cultivos de autosubsistencia. Recaía así sobre el trabajador una parte importante de la generación de los medios que garantizaran al hacendado la reproducción de su fuerza de trabajo, a la par que éste aseguraba su derecho de propiedad sobre la tierra, cedida temporalmente al trabajador. Se prohibía expresamente que el conuco se dedicase a cultivos de carácter permanente que, además de competir con la producción de la hacienda, amenazaban la conservación de la propiedad de la tierra en manos del hacendado o, con frecuencia, obligaban a éste a efectuar desembolsos por pago de bienhechurías con el fin de mantener la propiedad. Cuando interesaba al hacendado ampliar los cultivos de plantación, se autorizaba al trabajador a realizar cultivos permanentes. En estos casos, el disfrute de la tierra para la agricultura de autosubsistencia estaba limitado hasta el momento en que los cultivos permanentes entraban en producción. La parcela pasaba entonces a integrarse al proceso productivo de la plantación de la hacienda mediante el pago de bienhechurías —en general por plantas— al trabajador.

Igual función cumplía la concesión de vivienda al trabajador, indispensable para asegurar el asentamiento de grupos familiares dentro de la hacienda. Esta vivienda, que con frecuencia se encontraba dentro del área del conuco, era propiedad del dueño de la tierra, quien la cedía al trabajador sólo en calidad de usufructo, evitando situaciones que pudiesen amenazar su condición de propietario.

Esta mano de obra, por estar asentada dentro de la hacienda, se diferenciaba del resto de la población ocupada. Se reconocía esta condición en los términos «vecinos», «vivientes» o «colonos» con que comúnmente se los designaba.

El usufructo de conuco y de vivienda no implicaba al trabajador y su familia erogación alguna, ni afectaba tampoco la remuneración recibida por las tareas desempeñadas para la hacienda. Para tareas iguales, los niveles de remuneración eran los mismos para «colonos» y «temporales». El usufructo actuaba más bien como un mecanismo que permitía

---

[24] Carvallo y Hernández, *Notas para el estudio del binomio plantación-conuco.*

a la hacienda asegurarse mano de obra. Esta disponibilidad era reforzada en tanto la hacienda funcionaba como una comunidad donde se generaban lazos y lealtades que vinculaban al «vecino» con el dueño de la tierra.

La mano de obra suplida por los «vecinos» resultaba, empero, escasa cuando, por breve períodos, se debían realizar tareas adicionales exclusivamente manuales. La hacienda tenía que recurrir entonces tanto a población cercana como a trabajadores de lugares relativamente distantes. En este último caso, el flujo migratorio se producía en el momento de la cosecha, que duraba de dos a tres meses; estaba integrado por mano de obra muy diversa —población sin tierras o con producciones familiares, artesanos, trabajadores de zonas de haciendas con ciclos distintos, etc. Las movilizaciones estacionales más importantes ocurrieron desde zonas de alta presión demográfica y limitadas alternativas de empleo. Tal era el caso de la isla de Margarita, hacia el oriente de la «tierra firme». Hubo otras desde ciertas partes del estado de Lara a las haciendas de Carabobo y Aragua. Entre regiones agrícolas con ciclos distintos, como la andina y la vecina a Colombia, hubo flujo recíproco de población. Estas migraciones laborales era promovidas y organizadas directamente por el hacendado cafetero, quien adelantaba el dinero para la movilización del trabajador.

De la población cercana dedicada a la producción mercantil familiar, la hacienda obtenía no sólo trabajadores sino también el suministro de productos de plantación y subsistencia. Ambas formas productivas, hacienda y producción mercantil familiar, coexistían en los mismos ámbitos geográficos. Esta última, aparte de reservorio seguro de mano de obra para la hacienda, sobre todo para los momentos de mayor demanda, como la limpia y la cosecha, representó una fuente adicional de ingresos para el hacendado, ya que con frecuencia el beneficio de los frutos de la población familiar mercantil se realizaba en las instalaciones de la hacienda.

La población desprovista de tierras asentada en los poblados cercanos a las haciendas fue otra fuente de mano de obra. Su importancia varió de una región a otra. En general parece haber tenido, desde el punto de vista cuantitativo, menos peso que las fuentes antes señaladas.

La concentración de la propiedad agraria y la limitada oferta de tierras adecuadas a los cultivos de exportación, favorecieron, en ciertas regiones, la existencia de una potencial mano de obra. No obstante, a causa de los modos de su inserción en la hacienda, el hacendado necesitó recurrir a otros mecanismos para garantizar esa vinculación. Estos mecanismos, que venían operando desde el período colonial en relación con la población libre, se recogieron en buena parte en las primeras disposiciones y siguieron vigentes hasta la década de 1930.

Las ordenanzas y reglamentos provinciales sobre la mano de obra y el mantenimiento del orden público enajenaban la libertad del trabajador consagrada en las leyes generales. Por una parte, todo aquel que no dispusiese de una determinada renta o producto en efectivo y el agricultor con menos de dos fanegadas de tierra era considerado jornalero y, por tanto, obligado a trabajar a las órdenes de quien lo requiriese. En segundo lugar, el trabajador debía trabajar en las condiciones determinadas por el patrón; éste podía solicitar de las autoridades la aplicación de penas en el caso de incumplimiento del contrato. Para hacer más efectivas estas medidas, existía la boleta de trabajo, requerida del trabajador para poder contratarse y para moverse dentro del territorio [25].

La aplicación de estos mecanismos de sujeción permitió mantener la remuneración del trabajador en los límites de la subsistencia. Así, el equivalente monetario no experimentó modificaciones significativas, al menos en los tres primeros decenios de este siglo. Por la misma razón, el trabajador, tanto permanente como ocasional, debía recurrir a una agricultura de subsistencia y a otras labores artesanales para asegurar su sobrevivencia y la de su familia.

Se pagaba al trabajador de formas diversas: fichas, vales, especies, efectivo o combinaciones diversas de éstas. Por ellas, el trabajador quedaba vinculado a un limitado circuito de intercambio que funcionaba en la «pulpería» de la hacienda. Allí el trabajador podía vender los excedentes conuqueros y adquirir elementos de consumo diario, textiles y herramientas. Se recurría con frecuencia al trueque.

La importancia y la frecuencia de las diversas formas de remuneración, así como el papel desempeñado por la «pulpería», variaron en el tiempo y en el espacio. El pago en fichas, utilizado en la colonia, se acentuó en el siglo XIX debido a una permanente escasez de circulante. Era empleado no sólo por los hacendados sino también por los comerciantes [26]. En 1911 el gobierno intentó eliminar esta práctica, considerada «abusiva». Su desaparición se produjo, empero, sólo en la década del veinte al solucionarse la situación monetaria. El pago en fichas fue común en la región centro-costera; en el resto del país fue esporádico y desapareció tempranamente.

Esa forma de pago fue sustituida, en unos casos, por la completa monetarización de la remuneración; en otros, por el vale. Este último representó un avance. La ficha mantenía al trabajador cautivo en el circuito de intercambio dominado por la hacienda; el vale le permitía en cambio

---

[25] Carvallo y Hernández, *Economía cafetalera*, pp. 22-23.
[26] G. Garriga, *Fichas, señas y mapas de Venezuela* (Cuadernos Lagoven), Caracas, 1979, pp. 15-16.

vincularse con otros circuitos comerciales. Aunque el trabajador seguía obligado a recurrir a la «pulpería» de la hacienda, una vez descontado el valor de los bienes allí adquiridos, podía quedar un remanente, variable en relación con las existencias de la pulpería, y que le era pagado en moneda.

La pulpería podía ser de la misma hacienda o de un concesionario. En el primer caso, el hacendado, al actuar como intermediario comercial, se beneficiaba de un ingreso adicional y disponía a la vez de un mecanismo de fijación del trabajador —el endeudamiento. Cuando la pulpería estaba en manos de un concesionario, el continuar operando con fichas y vales se explicaría por la necesidad del hacendado de mantener inmovilizada la mano de obra.

La importancia de los distintos mecanismos de fijación varió según los lugares. En las áreas donde predominaba la hacienda y donde la reserva de mano de obra dedicada a otras formas productivas era muy limitada, el hacendado tuvo que recurrir al uso combinado de la mayoría de estos mecanismos para garantizar la provisión de trabajadores. En áreas donde prevalecía la producción mercantil familiar, la hacienda encontró, al parecer, menos dificultades para proveerse de mano de obra. En ellas los trabajadores en condición de «vecinos» fueron pocos y, por consiguiente, casi inexistente el pago en ficha o el funcionamiento de la pulpería.

Formas de inserción de la mano de obra en la producción mercantil familiar

La producción mercantil familiar era una agricultura de autosubsistencia, basada en el grupo familiar, cuyos limitados excedentes comercializables se destinaban a la exportación y al mercado local. La actividad agrícola se complementaba con una variada producción artesanal. Esto le permitía alcanzar un alto nivel de autosuficiencia.

En esta forma productiva, que funcionaba en extensiones reducidas, el cultivo de plantación solió ser considerablemente más intensivo, combinado con otros de subsistencia. El proceso de trabajo estaba organizado y controlado por el grupo familiar.

El productor, por sus escasas disponibilidades financieras, era incapaz de colocar su producción en los puertos de embarque; dependía, por ende, de los bajos precios de compra fijados por los comerciantes locales, a menudo también hacendados. La comercialización de la producción para el mercado exterior dejaba al productor familiar reducidos márgenes de beneficio.

La organización del trabajo en esta forma productiva dependía del tipo de cultivo y de las tareas a cumplir, así como de las técnicas utilizadas. Estos factores determinaban los requerimientos de mano de obra, la asignación de tareas, la duración e intensidad de la jornada de trabajo, etcétera.

La mano de obra que en general garantizaba la continuidad del proceso productivo era la aportada por el grupo familiar. La producción para el mercado requirió, empero, con frecuencia la incorporación de mano de obra adicional. Se recurrían entonces a formas de trabajo recíproco o a la contratación de trabajadores temporales. En todo caso, el grupo familiar, entendido como familia extendida, funcionaba como base para la organización del trabajo. Esto permitía la realización de las tareas más importantes sin que mediase remuneración monetaria. La producción familiar contaba así con una disponibilidad relativamente alta de mano de obra y con la posibilidad de intensificar las labores por área. Estas condiciones —ya que la tecnología empleada era la misma— explican los más altos rendimientos por hectárea de la producción de café en los Andes, frente a otras zonas con predominio de la hacienda.

La cohesión y la solidaridad familiar eran fundamentales para organizar provechosamente el trabajo con tecnologías sencillas y el empleo de pocos instrumentos. Todos los miembros de la familia, niños incluidos, se incorporaban, según su capacidad, a las tareas del proceso productivo. En etapas como la limpia y la cosecha o cuando aumentaba la producción para el mercado, los requerimientos de mano de obra podían rebasar la capacidad familiar. La necesidad de trabajadores adicionales llegó a veces a hacerse permanente.

El trabajo se organizaba en esta forma productiva de un modo a la vez individual y cooperativo. Aunque las tareas se distribuyeran entre los diferentes miembros de la familia, el grupo como tal participaba, desempeñando tareas complementarias, en cada etapa del proceso productivo. El padre o el jefe de la familia organizaba el trabajo y el proceso productivo, asignando tareas por sexo, edad y especialidad. La mujer participaba en labores agrícolas, como la siembra y la cosecha, cuidaba de la ganadería menor y atendía a los integrantes de la familia y a los trabajadores. También realizaba trabajos artesanales (tejidos, cestería, cerámica, etc.). Los niños desempeñaban algunas tareas agrícolas y transportaban los alimentos desde la casa a los sitios de trabajo y algunos frutos al mercado. El hombre adulto tenía el mayor peso en las labores agrícolas; también podía vender su fuerza de trabajo a otras unidades productivas u ocuparse en actividades de comercialización.

La mano de obra adicional al grupo familiar provenía con frecuencia de la misma comunidad. El trabajo de los vecinos se retribuía con trabajo. Esta forma de reciprocidad extendía el trabajo familiar hasta abarcar a la comunidad de vecinos y permitía concentrar tareas que debían cumplirse en un período corto y para las cuales resultaba insuficiente la mano de obra familiar.

Había dos formas principales de trabajo recíproco. Una, conocida como «mano de vuelta» (o «brazo vuelto», «días vueltos», «a vuelta de brazos», «días cambiados»), consistía en trabajar por un número determinado de jornadas o en desempeñar tareas específicas en los sembrados de otra persona, quien quedaba obligada a retribuir con el mismo tipo de trabajo. Esta forma fue utilizada con frecuencia en tareas que requerían mayor cantidad de mano de obra, como la roza y la cosecha.

En la segunda forma de trabajo recíproco, conocida como «cayapa» o, en los Andes «convite», quien requería ayuda invitaba a un grupo de vecinos y les proporcionaba la comida y la bebida durante el tiempo que durara la realización del trabajo. En este caso, uno era libre de aceptar o no la invitación; la obligatoriedad de la retribución era, al parecer, menor aquí que en la forma anterior. La «cayapa» se utilizó tanto para labores agrícolas como para la construcción de viviendas e infraestructura. Generalmente incorporaba a todos los miembros de la familia, aun cuando el trabajo a realizar requiriera sólo hombres. El resto de la familia se encargaba de otras tareas útiles al grupo, como preparar la comida. La reunión de vecinos, con el obsequio de comida y aguardiente, convertían la «cayapa» en una especie de celebración que contribuía a estrechar los lazos de solidaridad dentro de la comunidad.

En los períodos de mayor demanda de mano de obra, se recurría asimismo a la contratación de trabajadores. Esta podía hacerse por jornada de trabajo (jornal) o por pago de tareas (ajuste). Las remuneraciones pagadas no diferían de las pagadas por las haciendas. La mano de obra prefería vincularse a las unidades de producción familiar, donde las condiciones de trabajo, por existir allí menores «diferencias sociales», le parecían más adecuadas.

En la forma de producción mercantil familiar se daba un uso intensivo de la tierra, de los medios de producción y de la fuerza de trabajo. La jornada de trabajo, tanto agrícola como doméstico, se extendía desde el amanecer hasta el anochecer. El calendario de trabajo abarcaba todo el año, salvo fechas festivas. Cuando los requerimientos de trabajo disminuían, dado el carácter estacional de los cultivos, los miembros de la familia podían dedicarse a labores complementarias (artesanales principalmente) o contratarse en otras unidades de producción o realizar trabajo recíproco. Las unidades de producción mercantil familiar lograban mantener una relativa autarquía, en tanto no solamente se autoabastecían de productos agrícolas sino también de instrumentos de trabajo, vestidos, enseres, etc.

Consecuencias de la crisis de agroexportación

La economía agroexportadora entró, a partir de 1929, en una crisis de la cual no lograría recuperarse. La baja sostenida en el valor de las exportaciones a partir de ese año [27], alcanzó su punto más crítico en 1940. Como consecuencia, se estabilizaron los niveles de producción y Venezuela perdió importancia como productor mundial [28].

La caída de los precios sólo actuó en realidad como catalizadora de una crisis que, profunda y prolongada, mantenía desde antes a la base productiva estancada, incapaz de renovar procedimientos y técnicas, al menos en la organización del trabajo [29]. La respuesta a la marcada disminución de la productividad de la tierra a partir del último cuarto del siglo XIX [30], fue la expansión del área cultivada, que triplicó entre fines de siglo y la década de 1940 [31]. Sin cambiar el patrón tecnológico, esta expansión produjo un incremento en la demanda de mano de obra. Las tareas tendieron a simplificarse con el propósito de mantener los costos de producción bajos.

Las consecuencias del descenso de los precios sobre la agroexportación, eje ordenador de la sociedad venezolana durante cuatro siglos, fueron, sin embargo, atenuadas por la irradiación de los efectos de la explotación petrolera, iniciada en la segunda década del presente siglo. Esta introdujo en la sociedad venezolana un nuevo dinamismo que, además de abrir vías alternativas para la incorporación de importantes sectores de la mano de obra, incluido aquel vinculado con la agricultura de exportación, creó condiciones que, al cabo de una década, aliviaron la situación en la agricultura.

En los años veinte, el empleo generado por la exploración y explotación del petróleo y, sobre todo, por las obras públicas —favorecidas por el ingreso fiscal aportado por el petróleo— suscitó un proceso migrato-

---

[27] En relación con los del año 1929, los precios descendieron en 1931 un 51 por 100; en 1939, un 74 por 100, y en 1940, un 75 por 100.
[28] De ocupar, en 1925, el cuarto lugar, pasó al octavo en 1933 y al décimo en 1939. Citado por Izard, «El café en la economía venezolana», pp. 54-60.
[29] Carvallo y Hernández, *Economía cafetalera*, pp. 24-25.
[30] Véase la producción por hectárea desde 1870 en Izard, *Series estadísticas*, página 229.
[31] Los datos sobre superficie cultivada, también en Izard, *Series estadísticas*, página 228.

Gastón Carvallo y Josefina Ríos de Hernández

rio interno. Producido el derrumbe de la agroexportación, la capacidad adquisitiva creada por la expansión del empleo en esas actividades, así como la redistribución del ingreso petrolero a través del gasto público, permitieron diversificar las fuentes de ocupación y su capacidad de absorción de mano de obra, a la vez que se daba un crecimiento demográfico sin precedentes. La construcción y los servicios públicos, el comercio, las finanzas, el transporte y las comunicaciones, y aun la manufactura, mostraron tasas de crecimiento del empleo comparativamente elevadas [32]. La agricultura, entre tanto, seguía absorbiendo gran parte de la mano de obra. Iba, empero, disminuyendo sensiblemente su significación, a pesar de que en esa década empezaron a colonizarse nuevas tierras. Este proceso, estimulado por la ampliación del mercado interno, se acentuaría en los decenios siguientes.

El derrumbe de la agroexportación, aunada a la creciente importancia que cobraron ciertas actividades como factores de atracción de población en los años treinta, intensificaron la tendencia a la concentración de la población que ya se advertía desde fines del siglo XIX [33]. La exploración y explotación del petróleo y el nuevo desarrollo agrícola, ambos en territorios de muy baja densidad demográfica o no ocupados antes, así como la construcción de carreteras, contribuyeron a incrementar significativamente la población censada como rural [34].

La emergencia de nuevas fuentes de ocupación y la movilidad espacial de la población resolvieron los problemas de desocupación derivados de la agricultura de exportación y condicionaron cambios tanto en el funcionamiento de las formas productivas características como en los mecanismos de vinculación de la mano de obra.

La baja de los precios de los productos de exportación provocó, en general, una drástica disminución en los ingresos de los productores así como en la remuneración de la mano de obra. Los cultivos de plantación fueron total o parcialmente abandonados. Se produjo, en consecuencia, el empobrecimiento de la población vinculada a la agroexportación. Esta situación incidió de maneras diversas en las distintas formas productivas.

La caída de los ingresos y, sobre todo, la desaparición del financiamiento aportado por los comerciantes como adelantos por cosechas

---

[32] Véase población ocupada en los sectores secundarios y terciarios por rama de actividad en Banco Central de Venezuela, *La economía venezolana en los últimos veinticinco años. Hechos y cifras relevantes*, Caracas, 1966.

[33] De representar, en 1891, un 57,7 por 100, la población rural pasó al 48,4 en 1926. Cálculos a partir de Izard, *Series estadísticas*, pp. 54-60.

[34] En 1936 esta población alcanzó al 77 por 100 y en 1941 al 76 por 100. Cálculos propios a partir del séptimo censo nacional de población de 1941.

—debida a la suspensión de pago de productores y de comerciantes— fueron debilitando la hacienda como forma productiva. Muchos hacendados se vieron obligados a hipotecar sus propiedades. Al no poder responder a sus obligaciones, las perdieron a manos de los bancos y de los comerciantes. En otros casos, aun cuando conservaron la propiedad, los cultivos de hacienda fueron abandonados. Endeudados y faltos de capital, estos hacendados se hallaban incapacitados para readecuar su producción a las demandas del mercado interno[35]. Recurrieron con frecuencia al arrendamiento de tierras a la mano de obra, principalmente bajo la forma de medianería: lograban de este modo mantener cierto nivel de ingresos o, al menos, los cultivos. Desde fines de la década del treinta, la medianería comenzó a ser sustituida por pagos monetarios. El hacendado conservaba por esta vía la propiedad de la tierra; la hacienda, empero, dejaba de funcionar como unidad productiva. En su lugar se configuraban explotaciones múltiples, por lo general formas de la producción mercantil familiar. Disminuyó en consecuencia la demanda de mano de obra, tanto temporal como permanente. Esta población, sin posibilidades de ocupación, alimentó el flujo migratorio hacia las zonas donde se concentraban la actividad petrolera o los efectos de la redistribución del ingreso fiscal generado por ella.

Al disminuir su necesidad de mano de obra, el hacendado perdió el interés en fijar a los trabajadores en su propiedad permitiéndoles el usufructo de tierras y de vivienda. Se disolvió la vinculación orgánica entre la agricultura de plantación y la agricultura de subsistencia, base del funcionamiento de la hacienda. La población asentada en ella en esas condiciones fue expulsada o, sin posibilidades de empleo, se vio obligada a salir. O, por el contrario, permaneció en la hacienda como arrendataria, pagando un canon en especie o en moneda, por el usufructo de la tierra y de la vivienda, sin obligación de trabajar para el hacendado.

También se debilitó o desapareció en la hacienda la utilización de la fuerza de trabajo excedente de la forma de producción familiar; lo mismo ocurrió con las migraciones estacionales. Parte de esa población intentaría encontrar nuevas formas de vida en otros lugares.

Asimismo fueron desapareciendo los mecanismos de coerción que servían a la hacienda para asegurarse la mano de obra necesaria. Expresiones de estos cambios son, primero, las dificultades que encontraba la aplicación de los reglamentos provinciales sobre mano de obra, en especial después de los cambios políticos de 1936, y su sustitución, en 1937, por la Ley del Trabajo.

---

[35] Estévez *et al.*, *La agricultura en Venezuela, 1960-1975*, Cuaderno, CENDES, 1977.

También, en el curso de una década, se completaría la monetarización del salario. Tras la baja en los niveles de remuneración de 1930, se inició un ascenso marcado desde mediados del decenio siguiente. Así, aunque pudo persistir la pulpería dentro de la hacienda, dejó de funcionar como un mercado cautivo, que en la práctica transformaba la remuneración en un pago en especie.

A diferencia de la hacienda, la producción mercantil familiar mostró mayor capacidad para sobrevivir en el contexto de la crisis. Estos productores confrontaron también graves dificultades en la comercialización de sus excedentes, debido a la caída de los precios tanto en los productos de exportación como de aquellos orientados a los mercados locales. En general orientaron el proceso productivo hacia la autosubsistencia, esforzándose, a la par, por restablecer su vinculación con el mercado, en particular con el interno, que comenzaba a experimentar un crecimiento sin precedentes.

Al disminuir los ingresos del grupo familiar por el descenso de los precios y al no poder sus miembros vender su fuerza de trabajo en otras unidades de producción, las actividades de autosubsistencia —base de su supervivencia y condición que posibilitaba su inserción en los mercados— persistieron y permitieron la continuidad del proceso productivo. Pero no sólo se mantuvo y aun se intensificó la producción de autosubsistencia; aunque menos atendidos, también se conservaron los cultivos de plantación, el café en especial. Con esto se trataba de asegurar algún ingreso adicional que ayudara a solventar necesidades no cubiertas por la autosubsistencia. Los ingresos obtenidos por la venta de excedentes, aunque exiguos sobre todo en los primeros momentos, permitieron la continuidad del funcionamiento de la unidad productiva familiar, garantizando la sobrevivencia del grupo.

La capacidad de la producción familiar mercantil para asegurar su sobrevivencia puede, en gran medida, explicar por qué parte de la mano de obra de la hacienda se convirtió en productores directos, que arrendaron tierras pagando en producto [36]. Si bien en desventaja en relación con aquellos productores propietarios u ocupantes de tierras nacionales o ejidales, ya que debía entregar parte de su producción al propietario [37], el arrendatario, desplazado de la hacienda y sin posibilidades de empleo, tuvo que recurrir al arrendamiento. El hacendado, dueño de la tierra, se beneficiaba de este nuevo tipo de relación que le aseguraba

---

[36] Este tipo de arrendamiento, llamado aparcería, tiene denominaciones diferentes de acuerdo con la proporción del producto que se pague al dueño de la tierra. Es más frecuente en este momento que la medianería.

[37] Hacia fines de la década del cuarenta el pago en productos comenzó a ser sustituido por el pago en dinero.

fuentes de ingresos y el mantenimiento, al menos en parte, de sus cultivos de plantación.

Las expectativas por la apertura de nuevas fuentes de ocupación en otras actividades y en otros ámbitos geográficos, aceleró la migración desde las áreas de agroexportación, sobre todo de los jóvenes. Estos desplazamientos, al disminuir el número de miembros dependientes de la unidad de producción y al asegurar ciertos ingresos enviados por los migrantes empleados, contribuyeron a atenuar los problemas de sobrevivencia que confrontaba el grupo familiar. Por otra parte, al incrementarse la migración, la unidad productiva comenzó a padecer escasez de mano de obra, agravada por la desaparición del trabajo recíproco. Estas circunstancias se reflejaron en una disminución de la superficie cultivada y en un menor laboreo de los cultivos; el proceso productivo no se llegó, empero, a abandonar totalmente.

La escasez de la mano de obra se haría sentir con más fuerza hacia mediados de la década del cuarenta, cuando estos productores, estimulados por las crecientes demandas del mercado interno, intentaron intensificar la producción, tanto de cultivos tradicionales como de otros nuevos requeridos por los cambios en los patrones de consumo. La escasa disponibilidad de brazos en el grupo familiar, así como la desaparición del trabajo recíproco, obligaron a esta forma productiva a recurrir al contrato de trabajadores. El número y la permanencia de éstos dependía del grado de vinculación alcanzado por la unidad productiva con el mercado. El grupo familiar seguía, empero, controlando la organización de la producción y participando en el proceso de trabajo.

En conclusión, a partir de la crisis de la agroexportación y, en gran medida, como consecuencia de ésta, se produjeron cambios que afectaron de manera diversa a las distintas formas productivas, tanto en su funcionamiento como en sus formas de vinculación de la mano de obra. La producción familiar mercantil se mantuvo y durante más de un decenio fue responsable en buena parte de la continuidad en la producción de ciertos bienes, en particular cacao y café. Aunque experimentó modificaciones en las formas de vinculación de la mano de obra, la función del grupo familiar y su significación en el proceso productivo perduraron. La hacienda sufrió cambios definitivos en las formas de vinculación de la mano de obra y entró en un proceso progresivo de debilitamiento hasta desaparecer, con la aplicación de la Reforma Agraria, en la década de 1960.

13. Oferta de trabajo y expansión agraria. La agricultura venezolana del período de Guzmán Blanco (1873-1889)

Aníbal Arcondo
Universidad de Córdoba (Argentina)

1

El propósito de este trabajo es presentar y discutir los resultados de una investigación sobre el fenómeno aparentemente contradictorio de expansión agraria, precios en descenso y demanda excedente de mano de obra. Tal es el caso de la agricultura venezolana del período comprendido entre 1873 y 1889, ejemplificado con la producción de café.

Por coincidir el período estudiado con un prolongado ciclo recesivo originado en la caída de los precios de los productos exportados por Venezuela —a excepción del cacao— nos interesa discutir el efecto de los precios sobre el nivel de los salarios en la producción de café.

Vamos a sostener que no existe una relación normal, entre precios y salarios, como la que se daba coetáneamente en la producción industrial europea o norteamericana, sino que en el caso analizado, la producción era inelástica al precio por dos razones: 1) por no existir inversiones alternativas de mayor rentabilidad relativa, y 2) por tratarse de un cultivo perenne en el que la cosecha dependía de las plantaciones hechas en los años anteriores [1]. El nivel de los salarios era función del área cosechada, por el lado de la demanda, y de la magnitud de las migraciones internas estacionales, por el lado de la oferta.

---

[1] En los países industrializados la disminución de la actividad productiva provocaba la caída del nivel de ocupación y de salarios. Cf. Jean Lescure, *Des crises générales et périodiques de surproduction*, París, 1938, I, pp. 96 y 97.

Existen dos fenómenos relevantes en el mercado de trabajo: 1) para todo el período que revisamos hay una demanda excedente de mano de obra para las cosechas, y 2) las superficies cosechadas son crecientes —es precisamente este hecho el que nos permite caracterizar como expansiva a la agricultura venezolana.

Sobre la base de los supuestos anteriores, analizaremos la ineficiencia de las medidas propuestas por los agricultores tendientes a abaratar la mano de obra para la cosecha y el funcionamiento imperfecto del mercado de trabajo en una economía liberal de producción agraria para la exportación y demanda excedente de mano de obra.

2

La elección de período, que *grosso modo* coincide con el ejercicio del poder, directamente o por personas interpósitas por el general Antonio Guzmán Blanco, pretende abarcar un lapso prolongado y rico en experiencias de gobierno, en el que se ensaya aplicar una política económica coherente de orientación decididamente liberal.

Durante este período se producen una serie de cambios tendientes a adaptar la economía local a los requerimientos del comercio internacional. Esos cambios suponen la participación de Venezuela como oferente de un número limitado de bienes agrícolas, cuya exportación permitirá importar aquellos productos que el país no está en condiciones de producir. En términos generales se trataba de abrir la economía al intercambio y aprovechar aquellos recursos excedentes en otras regiones y países para expandir la producción local. La propuesta se sustentaba en un aumento de las exportaciones agrarias competitivas, mediante la utilización de mano de obra y capitales extranjeros.

La situación local, en términos generales, difería poco de las de otros países de América Latina. Particularizando, nos encontramos, sin embargo, con algunas limitaciones que explican el relativo fracaso de la política ensayada para atraer mano de obra y capitales [2].

Las características de los bienes producidos por la agricultura venezolana hacían menos fácil su colocación en el mercado internacional que la de los granos o la carne, producidos en las regiones templadas. Tanto el café —principal renglón de exportación— como el cacao, servían para producir bebidas estimulantes y subproductos a los que por entonces

---

[2] María Elena González Deluca, «Los intereses británicos y la política en Venezuela en las últimas décadas del siglo xix», *Boletín Americanista*, 30 (1980), páginas 89 y ss.

sólo accedían los grupos de las clases medias y altas de Europa y de los Estados Unidos. Puede suponerse que la expansión de la demanda de esos productos cuyo mercado era reducido, dependía de la distribución y crecimiento del ingreso. No debemos olvidar que durante el período que estudiamos se suceden dos crisis económicas, a las que se señala como las primeras que afectan el orden económico mundial. La recesión tuvo varios efectos para las economías de exportación entre los que se destacan la disminución del flujo de capitales y migrantes y la caída de la demanda de bienes exportados.

Los precios obtenidos por el café en Caracas eran el reflejo de los logrados en los mercados internacionales; esto explica el paralelismo de las curvas de los precios del café —por ejemplo— en Hamburgo y Caracas [3].

El análisis de las fluctuaciones económicas muestra una tendencia decreciente para todo el período considerado. En ella se dibujan dos ciclos, o si se prefiere dos fluctuaciones cíclicas, semejantes a las registradas en varios países de Europa y en Estados Unidos de América. En el caso venezolano, los precios del café cayeron vertiginosamente entre 1878 y 1882, iniciándose luego un mejoramiento muy lento, pero sin alcanzar los niveles registrados a comienzos de la década de 1870. La caída de los precios fue de tal magnitud que, a pesar de aumentar las cantidades exportadas, los ingresos por exportaciones se redujeron a la mitad. Los precios obtenidos por el café en el mercado de Caracas eran un tercio de los que se pagaban entre 1870 y 1874 [4].

Hablamos antes de una expansión agraria muy particular, puesto que se verificaba con precios en descenso y con costos —por lo menos para la mano de obra empleada en la cosecha— que tendían a mantenerse estables. Lo de expansión se refiere al aumento del área cosechada y ésta era función de las ampliaciones de los cultivos efectuadas en años anteriores.

Nuestro análisis se centra exclusivamente en los problemas de la ocupación rural y dentro de ella, en particular, en lo que ocurre en la producción cafetalera. Si se revisa la copiosa documentación tanto de origen oficial como privada, en especial los periódicos y sueltos impresos, se llega a la conclusión de que existía la idea generalizada de que debía fomentarse la inmigración para cubrir el déficit crónico de mano de obra para las cosechas. Discutimos más adelante las características de esa

[3] Aníbal Arcondo, *Precios y expansión económica en la época de Guzmán Blanco. 1873-1889*, Universidad Central de Venezuela, Caracas, 1980, y Alfred Jacobs y Hans Richter, *Die Grosshandelspreise in Deutschland von 1793 bis 1934*, Berlín, 1935, p. 75.

[4] Arcondo, *op. cit.*

escasez crónica, señalando ahora que las medidas implementadas para atraer la inmigración no tuvieron los resultados esperados.

Ignoramos también las causas del desequilibrio entre población y producción. En la última no se produjeron grandes cambios durante la segunda mitad del siglo XIX, mientras que por el contrario la población debió verse impactada por fenómenos tan importantes como la liberación de los esclavos y la integración de ellos al mercado de trabajo. Pero estos problemas rebasan nuestras preocupaciones y posibilidades de análisis.

Vale la pena partir de la glosa de algunas ideas expuestas por un coetáneo, y no de un coetáneo cualquiera, sino un calificado estudioso de la agricultura del café, para ordenar nuestros planteos. Esas ideas fueron expuestas por el doctor Delgado Palacios en un trabajo destinado a demostrar la necesidad de aumentar los rendimientos del café mediante la intensificación de los cultivos [5]. Nuestro autor, refiriéndose a la escasez de mano de obra que aflijía a Venezuela, presenta como insoluble el problema de dotar a la agricultura del café de mano de obra suficiente para las tareas de recolección.

En un pasaje de su obra señala que los gastos comparados de la mano de obra utilizada en el cultivo y la recolección del café se mantienen en una relación de tres a uno, «... o lo que es lo mismo, que la industria del café requiere en la unidad de tiempo más peonaje en la cosecha que en el cultivo...» [6]. Atendiendo a este hecho, es decir, a la mayor demanda de mano de obra durante el período de cosecha, que por otra parte tenía un carácter estacional, plantea dos situaciones posibles:

«... o la agricultura del café tiene a su disposición poca mano de obra, suficiente para las necesidades de cultivo, pero insuficiente para cosechar, perdiéndose las cosechas por falta de brazos; o la agricultura del café posee abundantes brazos, convirtiéndose este exceso de mano de obra en un grave inconveniente para ella, en épocas de calma relativa que implica el simple cultivo del café...» [7]. Señalamos antes que Delgado Palacios estaba preocupado por aumentar los rendimientos de la agricultura del café en Venezuela, es por esto que sostiene: «... En las actuales condiciones, pues, la agricultura del café no ofrece por sí sola y como cultivo independiente sólidas garantías para atraerse la mano de obra...» [8]. ¿Cómo determinar si la mano de obra existente en Venezuela era suficiente, o no, para levantar las cosechas? Su respuesta coin-

---

[5] N. Delgado Palacios, *Contribución al estudio del café en Venezuela*, Caracas. 1935 (reedición).
[6] Delgado Palacios, *op. cit.*, p. 59.
[7] *Ibidem.*
[8] *Ibidem.*

cide en cierta forma con el planteamiento que efectuamos al comienzo; se la obtiene de la comparación entre: «... La exigencia estadística de la cosecha y la población rural relativa...» [9]. Decimos que el planteamiento coincide con lo expuesto al comienzo de este trabajo, cuando sosteníamos que la ocupación y el nivel de los salarios resultaban de la confrontación entre tamaño de la cosecha con magnitud de las migraciones internas de carácter estacional. Lo que Delgado llama «población rural relativa», no es otra cosa que la población económicamente activa del sector rural que emigra temporariamente.

Sostiene más adelante que puede afirmarse que la mano de obra existente sería suficiente para levantar las cosechas de café, si no existiera un desinterés en los trabajadores sobre el resultado de las cosechas y la posibilidad en los mismos de cultivar «conucos» [10].

Centramos nuestra atención en el segundo de los condicionantes, es decir, la existencia generalizada del conuco como unidad de subsistencia. El conuco permitía al pequeño campesino autoabastecerse y no lo obligaba a vender su fuerza de trabajo. Conviene recordar los argumentos de Nicanor Bolet Peraza, quien responsabilizaba al conuco de la carestía de la mano de obra [11]. El remontaba la existencia de ese fenómeno al período posterior a la liberación de los esclavos, producida en 1854. Los libertos habrían formado un sector de pequeños campesinos libres, lo que dificultó la formación de un mercado de trabajo. No se dispone de datos sobre la ocupación del suelo; sólo se poseen aquellos recogidos por los censistas de 1873 para los estados de Bolívar y Guzmán, es decir, para los actuales estados de Miranda y Mérida. De acuerdo a esa información predominaría en ambas jurisdicciones el consumo como unidad de producción, representando más del 80 por 100 del total [12]. Sin embargo, la generalización del conuco ha sido interpretada como una respuesta a la escasez de mano de obra y no el origen del problema [13].

En casi todos los análisis clásicos sobre el desarrollo de la agricultura en gran escala suele verificarse la coexistencia de grandes y pequeñas propiedades, coexistencia que asegura a las primeras la provisión de mano de obra extrafamiliar. El funcionamiento combinado de ambos tipos de

---

[9] *Ibidem*, p. 60.

[10] En Venezuela se denomina conuco a la pequeña explotación agrícola de subsistencia.

[11] Nicanor Bolet Peraza, *El gremio agrícola*, Caracas, 1877, p. 25.

[12] Cf. *Primer Censo de la República de Venezuela. 3 de Junio de 1873*, Caracas, 1874, pp. 164 y ss., y Miguel Tejera, *Venezuela Pintoresca e Ilustrada*, París, 1877, 2, pp. 375 y ss.

[13] Gastón Carvallo y Josefina Ríos de Hernández, *Notas para el estudio del binomio plantación-conuco en la hacienda agrícola venezolana*, CENDES, publicación núm. 43, Caracas, s. d.

unidades de producción lleva a aceptar algunos supuestos; el primero, es que las pequeñas propiedades produzcan a nivel de subsistencia o por debajo de él. Esos análisis clásicos han sido efectuados por lo general para economías agrarias dedicadas a la producción de cereales de secano; en los mismos se verifica la existencia de ciclos alternados de buenas y malas cosechas que obligan a los campesinos a vender su fuerza de trabajo para lograr un cierto equilibrio a mediano plazo en sus presupuestos familiares. No parece obedecer a este comportamiento el funcionamiento del conuco en Venezuela, en donde tanto la fertilidad del suelo como el régimen de lluvias aseguraban una producción diversificada y estable.

El otro mecanismo de sujeción de la mano de obra a las haciendas sería el endeudamiento originado en los adelantos hechos por los hacendados a los peones agrícolas. Conviene señalar, sin embargo, que los adelantos dependían del crédito proporcionado por los comerciantes a los agricultores. Dos hechos indicarían el debilitamiento de este sistema de sujeción; a comienzos del período que revisamos, el gobierno condonó las deudas atrasadas del empleado como acto de justicia revolucionaria por su participación en las luchas de las que resultó vencedor Guzmán Blanco y el fondo para adelantos que disponían los comerciantes disminuyó considerablemente por los efectos de la crisis. Estos fenómenos, unidos al ordenamiento monetario, debieron favorecer la formación de un mercado de trabajo.

Retornando a Delgado Palacios, notamos las siguientes características del mercado de mano de obra rural de Venezuela: *a*) la ocupación en la empresa cafetalera debía contar con una dotación de personal en la época de cosecha —desde diciembre a febrero— tres veces mayor que la ocupada con carácter permanente; *b*) el cálculo de la mano de obra necesaria, debía tomar en cuenta las necesidades del momento, es decir, el de la cosecha; *c*) el monocultivo cafetalero extensivo no podía resolver *per se* el problema de la ocupación; *d*) la respuesta a si la mano de obra existente era la necesaria, resultaba de la comparación entre: «... La exigencia estadística de la cosecha y la población rural relativa, hábil para esos trabajos...»; *e*) la posibililidad de fundar conucos a nivel de subsistencia disminuía la oferta de trabajo asalariado, y *f*) debía interesarse a los trabajadores rurales, haciéndolos participar en la empresa agrícola [14].

He aquí resumidos los problemas fundamentales que preocupaban a los empresarios cafetaleros de Venezuela durante el período que historiamos. Se puede agregar que todas estas cuestiones no se originaban en

---

[14] Delgado Palacios, *op. cit.*

situaciones coyunturales, es decir, momentáneas, sino que se relacionaban con la estructura productiva del país.

Sin embargo, aun reconociendo como crónica la escasez de mano de obra, pueden señalarse períodos en los que se recrudece esa escasez. En esos casos, el desequilibrio en el mercado de trabajo no se origina por defecto en la oferta de mano de obra, sino que proviene de aumentos en la demanda; un ejemplo de esa situación lo constituye el recrudecimiento de la escasez de trabajadores en el sector del café, originado por la expansión de los cultivos del algodón durante la década de 1860 y primeros años de la siguiente [15]. También el auge de las construcciones públicas y el empleo en el sector gobierno, fueron responsables del incremento de la demanda de mano de obra.

3

Dijimos antes que el período estudiado coincidía con el de un prolongado ciclo recesivo. La caída de los precios de las exportaciones venezolanas eran el resultado de dos fenómenos combinados: la crisis mundial y la expansión de los cultivos en un período en el cual todavía no existían *stocks* suficientes en los mercados como para regular los precios.

¿Cuáles fueron los efectos de las crisis sobre la ocupación y los salarios? Conocemos bastante bien la influencia de la caída de los precios industriales sobre los niveles de ocupación y de salarios en los países centrales, ignoramos por el contrario la casi totalidad de los efectos de la recepción sobre la ocupación en el caso de las economías agrarias en general, y en particular en aquellas economías caracterizadas por la escasez crónica de mano de obra.

La caída de los precios no afectaba inmediatamente el nivel de producción, especialmente en el caso del café y del cacao. Tanto uno como otro cultivo requerían un número de años antes de entrar en producción —tres en el caso del café, hasta ocho en el caso del cacao. Ese tiempo dificultaba los ajustes entre precio y oferta. Si por ejemplo se producía un aumento en los precios del café, tal como ocurrió durante el primer quinquenio de la década de 1870, ese hecho llevaba a los agricultores a aumentar la superficie cultivada. El aumento de la oferta

---

[15] Comentando ese hecho, *La Voz Pública* de Valencia, en su edición del 2 de mayo de 1881, escribía: «... Este es un país excepcional...» «... Desde que la guerra separatista de los Estados Unidos del Norte elevó el precio del algodón a una considerable altura, nuestros jornales crecieron también...» «... Después de la baja del algodón todavía era soportable el alza de los jornales porque el café iba en demanda, pero ha venido a menos el café y siempre continúa el alza de los jornales...»

tres o cuatro años después hacía caer los precios. La caída de los precios no tenía el efecto inmediato de disminuir la superficie cultivada, sustituyendo, por ejemplo, el café por un cultivo anual más remunerativo, pues esa estrategia hubiera sido desaconsejable a medio plazo, ya que al mejorar luego los precios por efecto de la menor oferta, los productores hubieran tenido que esperar un número de años antes de poder responder con un aumento en la producción [16]. Nada les aseguraba tampoco que cuando esto ocurriera los precios no estuvieran nuevamente en baja. Lo que el agricultor podía, y de hecho debía hacer, si no obtenía ganancia, era dejar de cosechar.

Si la caída de los precios del café no tenía como efecto inmediato la reducción del área cultivada, sí podía modificar la superficie cosechada. Los agricultores llegarían incluso a no levantar las cosechas por no resultarles económico hacerlo. Ese momento no llegó, sin embargo, para la agricultura venezolana, pues lejos de reducirse el área cosechada, se incrementó, al entrar en producción los cultivos efectuados durante los años anteriores y no existir, por otra parte, inversiones alternativas con una rentabilidad superior que llevaran a una reasignación de recursos hacia otras actividades económicas.

La demanda de mano de obra dependía de la magnitud de las cosechas, lo que permite suponer que ella fue creciente en todo el período. Por las razones anteriores, cuando los precios del café caían, esa caída no tenía ningún efecto sobre la superficie cosechada; esta inelasticidad en el precio de la producción se traducía entonces en una demanda de mano de obra también inelástica a las variaciones del precio del café.

Se explicaría así la aparentemente incomprensible situación de recolectar café sin suficientes perspectivas de ganancias. Se vuelve lugar común la argumentación tendiente a demostrar que la agricultura del café ya no era rentable y, en general, se señalaba la responsabilidad que tenían en esa situación los elevados salarios que se pagaban. Un ejemplo de esos argumentos se encuentra en una carta enviada por un agricultor del Yaracuy al periódico *La Opinión Nacional* [17]. La misma fue escrita en plena época de crisis y tenía por finalidad crear conciencia en los agricultores sobre la necesidad de tasar los salarios. Según esta fuente, los agricultores de San Felipe perdían 1,88 bs. por quintal, pagando un salario de tres reales diarios sin manutención. El monto de

---

[16] El cónsul norteamericano en Maracaibo, E. H. Plumacher, publicaba, en 1882, un informe sobre la producción del café en Venezuela y sostenía que no resultaba conveniente sustituir ese cultivo por otro momentáneamente más rentable como la plantación de caña de azúcar. *La Opinión Nacional*, edición del 20 de abril de 1882.

[17] *La Opinión Nacional*, edición del 9 de enero de 1883.

los salarios pagados no tendría ninguna relevancia como dato aislado si no fuera por las referencias adicionales que se agregan: los salarios pagados eran los mismos que se pagaban en San Felipe cuando el café valía 24 bolívares [18]. Se reconoce finalmente que los cálculos en base a los cuales resulta la pérdida consignada han sido efectuados para una empresa en la que todos los trabajos se realizaban en forma manual, reconociendo que: «... el dueño de un campo semejante no puede competir con los demás agricultores...» [19].

¿En qué medida la escasez de mano de obra coadyuvó a la tecnificación de la agricultura? Una división del trabajo por sexos existía en la producción de café. Las tareas de cultivo y recolección eran realizadas preferentemente por los varones, mientras que las mujeres se ocupaban con exclusividad en las tareas de clasificación y selección de los granos. Comentando las tareas de preparación del café posteriores a la limpieza se señala: «... En este estado se procede a la escogida, para cuyo trabajo son más a propósito las mujeres...», agregando que cada empleada preparaba un quintal diario de café por el que se le pagaban dos reales [20].

En las tareas de cultivo y recolección, la sustitución de la mano de obra por maquinaria era muy difícil, si no imposible. Los granos de café no maduran uniformemente y por esta razón se requiere una selección que sólo se puede efectuar manualmente. Además, la conformación del terreno en el que se cultivaba el café, muy quebrado, hubiera hecho dificultoso el desplazamiento de una hipotética máquina recolectora.

En las tareas de descascarado, lavado, secado y selección de los granos las perspectivas eran distintas, pues ciertos trabajos eran mecanizables. Esa mecanización dependía del costo diferencial de las tareas realizadas en forma manual o mecánica. Según José A. Díaz, la mecanización de las tareas de trilla y limpieza se justificaba en aquellas haciendas que trillaban más de trescientos quintales —unos trece mil ochocientos kilogramos [21]. Esto quizás explique la aparición y en ciertas regiones la proliferación de los llamados «establecimientos de beneficio del café», que se ocupaban de las tareas de preparación del café para su venta. Existen referencias a la fijación oficial de las tarifas que esos establecimientos pueden cobrar. Se dispone de datos sobre la localización de esos establecimientos en el estado de Bolívar —hoy estado de Miranda— y

[18] *Ibidem.*
[19] *Ibidem.*
[20] José A. Díaz, *El agricultor venezolano o lecciones de agricultura práctica nacional,* Caracas, 1877, I, p. 178.
[21] Díaz, *op. cit.,* I, p. 177.

llama la atención la coincidencia entre concentración de los mismos y predominio de la pequeña unidad de producción cafetalera [22].

La crisis parece haber acelerado la sustitución de mano de obra en las tareas de preparación del café cosechado; así interpretamos la reseña frecuente en los periódicos de inventos locales y la presentación de maquinaria importada [23]. Como bien señala en el capítulo 9 De Souza-Martins para el Brasil no puede separarse completamente el trabajo de beneficio del café de las tareas de recolección. Quienes mecanizaban las tareas de beneficio requerían mayor cantidad de mano de obra para la recolección, acortando de esa manera el período de cosecha y asegurándose la ventaja de llegar primero al mercado. Esto explica quizás la reacción de los agricultores que no mecanizan contra los pioneros, a quienes responsabilizan de haber formado una «aristocracia del peonaje»; pero sobre esto volveremos más adelante [24].

4

Durante el período más crítico para la economía venezolana, que transcurre en 1882 y 1883, se agudizan las críticas que responsabilizan al elevado costo de la mano de obra rural de la situación por la que atraviesa la agricultura.

De una documentación abundante destinada a argumentar sobre la necesidad de rebajar los salarios, hemos seleccionado dos testimonios. En el primero de ellos, los agricultores manifiestan: «... Nosotros hemos creído que los *exagerados salarios,* las pérdidas engendradas por la funesta práctica de los avances y la falta de orden en el trabajo, han venido cercenando la renta de nuestra agricultura...» (el subrayado es nuestro) [25]. Según la misma fuente, los salarios se elevaron durante los primeros años de 1870. Se pagaban dos reales por quintal escogido y las cien libras de café costaban entre cinco y siete pesos y hasta nueve y diez si se incluía el flete hasta el mercado [26]. Los gastos en jornales representaban la cuarta o quinta parte de los gastos de cosecha.

Se argumentaba que, habiendo caído el precio del café a la mitad de su precio anterior, era «lógico» que los salarios se redujeran «propor-

[22] Tejera, *op. cit.,* 2, pp. 283 y ss.

[23] El periódico *La Opinión Nacional,* en su edición del 13 de octubre de 1877, refiere la invención de una máquina trilladora por el hacendado José Antonio Mosquera, propietario de la hacienda «La Guía»; la misma efectúa en diez horas el trabajo para el cual las existentes insumen cinco días.

[24] Cf. *Diario de La Guaira,* edición del 12 de agosto de 1881.

[25] *Diario de La Guaira,* edición del 13 de agosto de 1882.

[26] *Ibidem.*

cionalmente» para los caporales, carreros y patieros. Se justificaba esa rebaja «lógica» de los salarios en el abaratamiento de las subsistencias, que según el articulista habían descendido «... dos cuartas partes...»; lo que le permitía sostener que «... la evolución viene a ser, pues, tan necesaria como racional...» [27].

El otro artículo seleccionado permite completar la visión que los agricultores tenían sobre la crisis agraria y el mercado de trabajo agrícola. Se justifica la necesidad de rebajar los salarios a niveles acordes con el precio del café, y propone un acuerdo de los agricultores para rebajar los salarios. «... La competencia —se dice— trae consigo siempre fatales consecuencias...» [28]. Se asegura que existe escasez de mano de obra, pero también abundancia de «vagos» y «holgazanes», añadiendo a continuación, que la falta de mano de obra dependió, una vez abolida la recluta, «... de los malos hábitos introducidos por ciertos y determinados industriales...» [29].

Los «ciertos y determinados industriales» a los que se refiere el articulista, no resultaban ser otros que aquellos agricultores que introdujeron la fuerza de vapor en sus haciendas para tecnificar las tareas de preparación del café. Se responsabilizaba a estos pioneros de haber contribuido a encarecer los salarios con su demanda de mano de obra que absorbió la de otras haciendas. La puja entre agricultores tendió a elevar los salarios, y según nuestro cronista, se formó una «aristocracia del peonaje» [30]. Recordemos lo señalado anteriormente con respecto a la incidencia de la mecanización de las tareas de preparación del café sobre la demanda de mano de obra para la recolección. Estos cambios incidieron también, sin duda, sobre la duración del período de cosecha, acortándolo.

¿Cómo revertir la situación? Pues uniéndose los agricultores y fijando límites a los salarios que se pagarían, es decir, tasándolos. ¿Era esa solución posible y «lógica» en el cuadro de una economía liberal? ¿Era

---

[27] *Ibidem.*

[28] *Diario de La Guaira,* edición del 12 de agosto de 1881.

[29] «... La escasez de brazos existe, pero también existe hoy la abundancia de vagos y holgazanes. Con la abolición que ha hecho del reclutamiento la paz pública, ella sólo depende de los malos hábitos introducidos por ciertos y determinados industriales, que interesados en cosechar sus haciendas por vapor, temiendo la decadencia de aquellos días de elevado precio, seducían y sonsacaban los peones de otras haciendas dándoles tanto o cuanto más por la tarea a condición de ser preferidos. De ahí que el peonaje se haya habituado a que sea necesario enamorarlo y hasta suplirlo para el trabajo.» El articulista se pregunta luego quiénes son los responsables de la existencia de esa aristocracia del peonaje, y se responde diciendo que son los propios agricultores.

[30] *Diario de La Guaira,* edición del 12 de agosto de 1881.

posible actuar sobre una sola de las variables del sistema, dejando al resto evolucionar libremente, sin producir distorsiones?

Debe diferenciarse el caso que nos ocupa de experiencias recientes de corte liberal —Argentina y Chile, por ejemplo— en las que se actúa sobre el mercado de trabajo, ya que en nuestro caso no existían posibilidades de actuar sobre el sector mano de obra para abaratar su costo. En la Venezuela del café existía una demanda excedente de mano de obra de ocupación estacional y la misma crecía con el aumento de la superficie cosechada, lo que diferenciaba su situación de la de aquellos países industrializados en los cuales se estaba operando una sustitución de mano de obra por maquinaria.

Los agricultores se proponían, mediante el acuerdo, acabar con la competencia —que, según vimos, traía «fatales consecuencias»— y lograr de esa manera una rebaja de los salarios. A pesar de invocar la «lógica» y la «racionalidad», no se actuaba para perfeccionar el mercado de trabajo, sino para evitar el libre juego del mismo. Se intentaba ignorar el hecho elemental de que cada productor competía con sus pares en la puja por obtener mano de obra. Esto explica el que se considerara en cierta forma una deslealtad la recluta de mano de obra en otras regiones, actividad que muchas veces efectuaban, por cuenta de aquéllos, los enganchadores. También se consideraba desleal la actitud de aquellos empresarios que ofrecían mayores salarios por permitírselo su situación ventajosa con respecto al resto de los productores, derivada de la utilización de mejores bienes de capital.

Se apelaba por último al recurso de la represión para aumentar la oferta de trabajo. Se trataba de actualizar la legislación sobre vagancia; legislación que si bien había caído en desuso por la política liberal que trató de fomentar la circulación de los trabajadores, aboliendo los derechos de peaje, no había sido derogada, por tratarse de normas de legislación local.

Nada autoriza, sin embargo, a sostener que esa legislación fue aplicada de manera general. Sólo hemos ubicado y de manera incidental la aplicación de la Ley de Vagos en el estado de Cojedes [31]. Esta región constituía uno de los estados desde los que se expelía población como migrantes estacionales. No debe extrañarnos que sea desde aquellas zonas que atraen mano de obra de ocupación temporaria de donde provengan

---

[31] El periódico de Valencia, *La Voz Pública*, en su edición del 10 de junio de 1881, publica un artículo, titulado «Contra la holgazanería», en el que se comenta que el gobierno de Cojedes ha dispuesto aplicar las ordenanzas de policía.
En otra edición, fechada el 10 de junio del mismo año, se reproduce un artículo de *El Fonógrafo* de Maracaibo en el que se solicita la represión de los vagos y desocupados, recordando que la Ley de Vagos «debe existir sólo en los archivos».

los pedidos de represión contra los «... holgazanes de las ciudades que viven metidos en las cantinas y casas de juego y los del campo en los juegos de bolas, fiolis y cachicameras...»[32]. Pensamos que esa situación era acorde con la «lógica» y la «racionalidad» de quienes la ocuparían, pero no contamos con mayores elementos para contraponer la situación de los estados desde donde provenía la inmigración estacional con la de aquellos otros que la atraían.

5

Una conclusión final surge de nuestro trabajo y es coincidente, en general, con la adelantada capítulos antes para la economía cafetalera brasileña del mismo período: la agricultura del café es incapaz de generar mano de obra evcedente. Esta conclusión sugiere una reinterpretación del lento crecimiento de la población venezolana del período en que la actividad predominante fue la del café; pero tal reinterpretación supera nuestros propósitos y posibilidades de análisis.

---

[32] *La Voz Pública* de Valencia, edición del 10 de junio de 1881.

14. ...Y los últimos serán los primeros. La inmigración masiva en Venezuela, 1945-1961

Susan BERGLUND
Universidad Central de Venezuela

Antecedentes

La inmigración masiva sobreviene en Venezuela después de la Segunda Guerra Mundial, aunque antes, a partir de su independencia, el país había intentado atraer inmigrantes. Como tantas otras naciones del Nuevo Mundo, Venezuela pensaba que su baja densidad demográfica era un impedimento para el desarrollo. Antonio Leocadio Guzmán, ministro del Interior, escribió, en 1831, que a causa de su escasa población, el país carecía de un adecuado sistema de transporte, la agricultura, el comercio y la industria no prosperaban y a la gente le faltaba educación y espíritu de progreso. Mucho antes de que la frase de Juan Bautista Alberdi, «Gobernar es poblar», se hiciera famosa, Guzmán había declarado que una de las tareas más importantes del gobierno era poblar el país[1]. Si para lograrlo bastara con llenar papeles, las doce leyes sobre inmigración promulgadas entre 1831 y 1935 hubieran inundado Venezuela de extranjeros. No obstante, un estado de guerra civil casi crónico, enfermedades endémicas y epidémicas, una agricultura y una publicidad en Europa por lo general ineficiente, redujeron la inmigración a un flaco goteo. Unicamente durante los años relativamente tranquilos del gobierno de Antonio Guzmán Blanco (1870-1888) acudió un número apreciable de inmigrantes, que, de todos modos, no sobrepasó los 30.000. La «paz» interna caracterizó también el régimen de Juan Vicente Gó-

---

[1] Venezuela, Ministerio del Interior, *Memoria... 1831,* Caracas, sin fecha, p. 87.

mez (1908-1935), pero este gobernante no tuvo interés en estimular la
inmigración; por el contrario, con una serie de leyes sobre extranjeros que
dictó, procuró limitar la entrada y las actividades de los inmigrantes en
Venezuela [2].

Vino nuevo en odres viejos: la política de inmigración de 1936 a 1943

Aunque repetido, sigue teniendo validez el comentario que hiciera
Mariano Picón Salas: que sólo con la muerte de Gómez ingresa Venezuela en el siglo xx —con treinta y cinco años de retraso. Bajo el gobierno del nuevo presidente, Eleazar López Contreras, se elabora el primer programa de desarrollo nacional. En él el gobierno muestra una
genuina comprensión acerca de los problemas que el país debía enfrentar en su modernización. La naturaleza de la empresa quedó expre-
sada en la frase de «Sembrar el petróleo», con la cual Arturo Uslar
Pietri destacaba la creciente importancia del sector petrolero en la economía. La modernización involucraba expandir la base económica del
país, desarrollando la agricultura y la industria, a la vez que elevar los
recursos humanos mediante la erradicación de enfermedades endémicas
y epidémicas, la eliminación del analfabetismo y el mejoramiento de las
pautas culturales, en particular las relacionadas con hábitos de trabajo y
responsabilidad familiar. El objetivo de la política de inmigración fue, en
este período, el «europeizar» a los venezolanos. Los europeos eran considerados como la personificación de la civilización moderna [3]. Los de-

[2] Hans-Joachim Hoffman-Nowotny señala la existencia, en varios países europeos, de este tipo de ley. A ella opone la Ley de Inmigración destinada a conseguir la permanencia de los inmigrantes. La Ley sobre Extranjeros pretende evitar
su instalación permanente y, en el caso de Venezuela, establecer un control sobre
sus actividades, en particular las relacionadas con reclamos contra el gobierno por
parte de los residentes foráneos. La primera de las leyes de este tipo data de 1903.
Véase Hoffman-Nowotny, «European Migration after World War II», en W. H. Mc
Neill y R. S. Adans (compil.), *Human Migration: Pattern and Polices*, Bloomington,
Indiana, 1978, pp. 93-94.
[3] Cabría decir que los objetivos de la política inmigratoria de Venezuela eran,
en buena parte, iguales a los exhibidos en Argentina en el siglo xix. Tal como
lo resume Gino Germani, la clase dirigente argentina creía que un Estado moderno
«debía basarse en la transformación de la estructura social y de la composición
humana». Las ideas corrientes a la sazón sobre las características nacionales y
los factores raciales reforzaban esa creencia. No bastaba la introducción de las
ideas europeas; se necesitaba traer físicamente Europa a Argentina para modernizar a esta última. Véase Germani, «Mass Immigration and Modernization in
Argentina», en I. L. Horowitz (compil.), *Masses in Latin America*, Nueva York,
1970, pp. 289-290.

fensores de la inmigración la veían como un modo de aumentar la población (de sólo 3.491.159 habitantes para una superficie de 912.050 kilómetros cuadrados), para expandir la fuerza de trabajo y el mercado consumidor, poblar las áreas desiertas, en especial las agrícolas y zonas de frontera, mejorar la herencia biológica de la población, debilitada a través de generaciones a causa de enfermedades crónicas, adquirir capacidad laboral especializada y proveer al pueblo inculto de una «escuela móvil» [4].

Se promulga una nueva Ley de Inmigración en 1936 y al año siguiente otra sobre Extranjeros; se crea en 1938 el Instituto Técnico de Inmigración y Colonización [5]. Con todo, fueron pocos los inmigrantes que llegaron a Venezuela entre 1936 y 1943. López Contreras (1936-1941) sostuvo que, entre los planes delineados por el gobierno, la inmigración debía ser dejada para lo último. Hasta que no se mejoraran, creía, la salud y la infraestructura, la llegada de extranjeros no daría frutos. Por otra parte, los más dispuestos a dejar Europa eran los judíos, los nacionalistas vascos y los republicanos españoles, ninguno de ellos bienvenido en Venezuela. Acosado ya por activistas de izquierda, López Contreras no quería agravar su problema permitiendo la entrada de vascos y republicanos españoles a quienes consideraba comunistas; si no, argumentaba, no hubieran estado deseosos de abandonar España.

Los judíos eran considerados, según la opinión de la época, como una raza diferente, no como un grupo religioso. Las instrucciones del gobierno a los cónsules indican claramente que debían ser calificados como no-blancos y no eran, por lo tanto, elegibles para visas [6]. Al estallar la guerra europea, se interrumpió el transporte civil y la inmigración cesó.

---

[4] Para una descripción general de las condiciones existentes en Venezuela durante ese período y las diferentes posiciones de los defensores de la inmigración, véase S. Berglund-Thompson, «The "Musiues" in Venezuela: Immigration goals and Reality, 1936-1961», tesis doctoral, University of Massachusetts, 1950, pp. 9-35.

[5] El Instituto Técnico de Inmigración y Colonización fue creado según los planes y con la ayuda del director del programa de inmigración de São Paulo y de un experto de la Oficina Internacional del Trabajo. Las nuevas leyes fueron, en términos generales, repeticiones de las anteriores. El doctor Ramón J. Valázquez observa que una actitud favorable a la inmigración formaba parte del bagaje intelectual de cualquier gobierno con pretensiones de modernizar el país y que era de rigor que cada uno dictara sus propias leyes en detrimento del gobierno anterior. Véase S. Berglund, «Las bases sociales y económicas de las leyes de inmigración venezolanas, 1831-1935», *Boletín histórico* (Fundación John Boulton), 48, en prensa.

[6] A pesar de las restricciones impuestas contra la inmigración de judíos, unos 7.500 entraron entre 1933 y 1947. Las cláusulas de exclusión de la Ley de Inmigración y Colonización de 1936 comprendían a los no blancos, un aspecto de la discriminación racial poco conocido que no fue eliminado hasta 1966. Véase Berglund-Thompson, «The "Musiues" in Venezuela», pp. 22-30 y 73.

De acuerdo con López Contreras, unos 18.000 extranjeros entraron al país con visas permanentes durante su gobierno. El censo de 1941, empero, muestra un aumento de únicamente unas 3.000 personas entre 1936 y 1941, cifra que indicaría una considerable salida durante el mismo período. La población total extranjera registrada en el censo sumaba 49.928.

Las puertas se abren y cierran: la política de inmigración de 1944 a 1961

El gobierno de Isaías Medina Angarita (1941-1945), a la espera de una afluencia masiva de inmigrantes al terminar la contienda europea, comenzó, en 1944, a planificar su llegada. Declaró los puertos abiertos para la inmigración y constituyó una comisión encargada de los refugiados que debía trabajar en combinación con las oficinas internacionales. Contrató también los servicios del doctor George Hill, profesor de sociología y de agricultura en la Universidad de Wisconsin, para la preparación de un estudio sobre la necesidad de la inmigración y sus probables repercusiones. Antes de que pudiera desarrollar sus planes, el gobierno fue derrocado en octubre de 1945. De todos modos, hubo unos 15.000 ingresos entre enero de 1944 y octubre de 1945. Es probable, sin embargo, que la mayoría de ellos fueran empleados de las empresas multinacionales establecidas en Venezuela. Serían más bien trabajadores temporarios, no inmigrantes.

A Medina siguió el gobierno comúnmente conocido como el «trienio», que duró hasta noviembre de 1948. La fuerza política predominante fue Acción Democrática, partidaria de la inmigración. Rómulo Betancourt, que encabezaba la agrupación, se propuso poner en marcha un programa modelo de inmigración. Se creó una Comisión Nacional de Inmigración, encargada de formular la política a seguir, y se enviaron misiones a Italia, Francia y Alemania para seleccionar inmigrantes. Los dos criterios básicos para la selección eran la compatibilidad ocupacional y la asimilación social. El primero tenía como objeto impedir que venezolanos y extranjeros compitieran por los mismos trabajos; el segundo, evitar la formación de *ghettos*. Las misiones en el extranjero recibían listas de las necesidades ocupacionales y seleccionaban a los inmigrantes en conformidad con ellas. Se otorgó preferencia a los españoles, que compartían tradiciones culturales, lengua y religión con los venezolanos. Por razones políticas, el gobierno del trienio, que había roto relaciones con Franco, favoreció a los españoles republicanos. También prefirió los canarios a los peninsulares, preferencia establecida ya en la primera Ley sobre Inmigración de 1831. Los italianos fueron también bienquistos, ya que se mezclaban bien, aprendían el castellano con rapidez, trabajaban duro y eran católicos. La política de selección fue más o menos eficaz; programas de recepción, en cambio, apenas los había. Por esta razón, desde los comienzos de la inmigración masiva, surgieron graves problemas de empleo, aparte de otros trastornos sociales.

La junta militar que reemplazó al gobierno del trienio prestó escasa atención a la inmigración. Las estructuras establecidas se mantuvieron, pero las autoridades, por razones tanto políticas como económicas, dejaron de fomentar activamente la inmigración. Al subir al poder Marcos Pérez Jiménez, en 1953, la resucitó una vez más. Laureano Valenilla Lanz, hijo, ministro del Interior, fue quien impulsó la nueva política puesta en práctica a partir de 1954. Restringida en un principio a España, Italia y Portugal, la inmigración se abre efectivamente para los ciudadanos de esos países menores de treinta y cinco años de edad, alfabetos, con certificados de buena salud y de buena conducta, y no incluidos dentro de las restricciones fijadas por la ley. Esta política de puertas abiertas se fundaba en una vaga doctrina de transformación nacional, conocida como «El Nuevo Ideal Nacional», que sostenía que, enriquecidos los recursos humanos del país con el aporte de los extranjeros, mejorarían notablemente las condiciones sociales y económicas de Venezuela [7].

Pérez Jiménez fue derrocado en enero de 1958; unos meses después, el Consejo de Ministros decide restringir la inmigración y permitir únicamente la entrada de familiares inmediatos de los inmigrantes residentes en Venezuela. El gobierno anunció la medida como temporaria, destinada a aliviar el problema del creciente desempleo. Este no se redujo rápidamente. De todos modos, el gobierno se vio obligado a modificar la medida y autorizar el ingreso de técnicos y trabajadores especializados. El Ministerio de Trabajo formuló un programa para certificar la necesidad de este tipo de trabajadores y determinar su admisión. Pero a pesar —o quizás a causa— de los eficaces procedimientos diseñados, el Minis-

---

[7] Las opiniones de Valenilla Lanz sobre la necesidad de la inmigración y la manera de establecer un programa eficaz pueden encontrarse en su *Escrito de memoria*, México, 1961, p. 102. Véase también *Venezuela bajo el nuevo ideal nacional: realizaciones durante el segundo año de gobierno del general Marcos Pérez Jiménez*, Caracas, 1955, pp. 12, 13, 14 y 27-29. Hubo, posiblemente, consideraciones políticas de largo alacance también en la decisión de fomentar la inmigración masiva, ya que la nueva constitución aprobada en 1953 concedía a los extranjeros, previo cumplimiento de algunos requisitos, el derecho a votar en las elecciones. La legislación correspondiente se promulgó en 1957, y en ese mismo año los extranjeros participaron en el plebiscito llevado a cabo para decidir la continuación de Pérez Jiménez en el gobierno.

terio intervino en reducido número de casos. Personal requerido por el gobierno no necesitaba ser aprobado y poco a poco la mayor parte de las visas fueron resueltas directamente por la Oficina de Extranjería. La inmigración declinó considerablemente, a consecuencia no de las medidas restrictivas, sino porque Venezuela había dejado de ser atractiva, en términos económicos, para los inmigrantes. Estos siguieron llegando, pero en números exiguos, hasta que en 1974, al cuadruplicarse el precio del petróleo, el país vuelve a convertirse en centro magnético de atracción para los extranjeros [8].

Los inmigrantes

Antes de analizar la corriente migratoria hacia Venezuela, conviene hacer algunas advertencias sobre el empleo de la palabra «inmigrante» y sobre las estadísticas de inmigración dentro del contexto venezolano. En términos generales, un inmigrante es quien cruza una frontera internacional con la intención de vivir, permanentemente o no, en otro país [9]. En Venezuela, un inmigrante es, por ley, quien ha entrado en el país con un visado de inmigrante. Sólo alrededor de un 15 por 100 de los que ingresaron en el país tenían tal visado. El resto entró ya como transeúnte, ya como residente, cuyos visados se emitían bajo los auspicios de la Ley para Extranjeros, no de la Ley de Inmigración y Colonización. Las estadísticas se refieren algunas únicamente al primer grupo, otras a los tres y las de un tercer tipo a todos los extranjeros, incluidos los turistas. Para el período considerado en este artículo, se confeccionó una serie de estadísticas (VENIMSTATS) sobre inmigración basadas en la información contenida en los prontuarios existentes en la Oficina de Extranjería para todos los forasteros registrados allí. Todo dato estadístico que se usa en este texto en forma de porcentaje proviene, pues, de VENIMSTATS, a menos que se indique lo contrario [10].

---

[8] Para una revisión completa de la política inmigratoria entre 1936 y 1961, véase Berglund-Thompson, «The "Musiues" in Venezuela», pp. 41-65. Información sobre el período posterior puede hallarse en S. Berglund y H. Hernández Calimán, *Los de afuera: la problemática de la inmigración en Venezuela*, Caracas, 1982.

[9] Las Naciones Unidas definieron como migración «permanente» un cambio de país que se prolonga por un año o más. Véase W. Peterson, «Migration: Social Aspects», en *International Encyclopedia of the Social Sciences*, Nueva York, 1968, X, p. 286.

[10] Unicamente los extranjeros con alguno de los tres visados mencionados antes están registrados en la Oficina de Extranjería, ya que sólo con alguno de ellos podían trabajar legalmente y obtener un documento nacional de identidad. Fueron pocos los que llegaron sin visado o con visado turista durante este período y, por

La inmigración creció de manera lenta en 1946. Pero hacia 1947, con mejor transporte transatlántico por aire y por mar y con las misiones instaladas en Europa, los números se multiplicaron. La cantidad de extranjeros que estaba entrando en el país hacia 1948 fue tal que el gobierno se vio urgido a llevar estadísticas más adecuadas. Por ejemplo, entre los años 1948 y 1961, Extranjería registró 614.125 personas, mientras la migración neta muestra una ganancia de sólo 411.250 y el censo de 1961 un total de 526.188. La primera cifra refleja el total de llegadas, la segunda la permanencia, y la tercera incluye a niños y a indocumentados que no figuraban en los dos grupos primeros.

Cualquiera que sea la cifra, parece excesivo hablar de inmigración masiva en Venezuela cuando se la compara con los millones llegados a países como los Estados Unidos, Argentina o Brasil. La dimensión relativamente pequeña de la población venezolana y las características demográficas y la distribución espacial de los recién llegados, explican la notable repercusión que éstos tuvieron, con todo, en la sociedad receptora.

Durante este período, cinco nacionalidades predominan en la corriente inmigratoria: españoles, italianos, norteamericanos, colombianos y portugueses. Las cinco suman un 78 por 100 del total ingresado, proporción que concuerda con el 80 por 100 de población nacida en el extranjero registrada en el censo de 1961. Los italianos, estimulados por una misión oficial instalada en Italia y por la ayuda recibida de organizaciones internacionales, ICEM en particular, fueron en los comienzos el grupo más importante. Casi el 60 por 100 de ellos procedían del sur, especialmente de las provincias de Bari y de Salerno, un 25 por 100 de la región central, L'Aquila sobre todo, y el resto de las provincias septentrionales. Hacia mediados del decenio de 1950, cuando las condiciones económicas en Italia, y en Europa en general, habían mejorado considerablemente, la emigración ultramarina italiana declinó. La española se convierte entonces en la predominante, y sigue siéndolo por el resto del

lo general, se las arreglaban para obtener uno en corto tiempo; éstos figuran pues en los archivos. Los menores no necesitaban tarjeta de identidad; aparecen por consiguiente registrados años después de su llegada. Aparte de las dificultades involucradas en la definición de «inmigrante», ninguna de las fuentes estadísticas de información resulta completamente satisfactoria. La Oficina de Extranjería registraba sólo a los adultos y no anotaba información sobre aspectos fundamentales de la presencia del inmigrante en Venezuela, por ejemplo, sobre su permanencia. El movimiento migratorio refleja las múltiples entradas y partidas de una misma persona. La información proveniente de los censos se limita a las condiciones existentes en un momento determinado, en este caso cada diez años. VENIMSTATS se basa en muestras. Para una información más detallada, véase Berglund-Thompson, «The "Musiues" in Venezuela», Apéndice B.

período. Un tercio de estos inmigrantes provenía de las Islas Canarias y otro tercio de las provincias de Galicia. La afluencia de norteamericanos, quienes en su mayoría trabajaban para compañías internacionales instaladas en Venezuela, se hace perceptible a partir de 1948 con la reactivación de la economía y el remontar de la corriente migratoria. La presencia de norteamericanos indica el grado de bienestar económico en Venezuela. Es elevada en momentos de expansión y baja en los de recesión. Las oscilaciones reflejan las decisiones de las empresas multinacionales que los empleaban. La inmigración colombiana, que nunca contó con el apoyo del gobierno venezolano, aumentó significativamente sólo después de 1955. La fecha indicaría que la *violencia* no fue el factor decisivo en la emigración, pues para entonces ya había pasado lo peor. El deterioro económico fue el que más bien impulsó a los colombianos a cruzar la frontera. La inmigración ilegal no parecer adquirir envergadura, asimismo, hasta después de 1957. La inmigración portuguesa prospera como resultado de la política liberal reinante entre 1954 y 1958. Un tercio de estos portugueses eran oriundos de la isla de Madeira.

Entre los inmigrantes, los hombres fueron más que las mujeres, en una proporción de tres a uno, hasta fines de la década de 1950, cuando la nueva política limitó la entrada a familiares de extranjeros residentes. La edad de los llegados muestra una tendencia, leve pero persistente, a la baja. Hasta mediados de la década dominaba la cohorte de veintisiete a cuarenta años de edad; luego, prevalece ligeramente la de diecisiete a veintiséis años. También cambió con el tiempo el estado civil de los inmigrantes. Inmediatamente después de la guerra europea, el porcentaje de inmigrantes casados era el más alto, con el de hombres casados superando al de mujeres por dos a uno. Los solteros alcanzaron apogeo en 1955, cuando los varones menores de treinta y cinco años podían fácilmente obtener una visa. Con el cambio de política, en 1958, volvieron a prevalecer los inmigrantes casados, aunque ahora las mujeres excedían a los hombres en una proporción de dos a uno. En el momento del ingreso al país, entre el 50 y el 70 por 100 de los inmigrantes carecían de hijos; entre quienes los tenían, el 70 por 100 tenía sólo uno o dos.

Inmigrantes y fuerza de trabajo

La economía venezolana de este período puede dividirse en dos etapas: una de rápido crecimiento, de 1948 a 1957; y otra de recesión, de 1958 a 1961. Durante la fase de auge, la tasa anual de crecimiento del producto nacional bruto llegó a cerca del 10 por 100, y el ingreso *per capita* efectivo se incrementó en más de un 40 por 100 [11]. Por más que la economía dependiera en grado sumo de los ingresos derivados del petróleo, otros sectores, como los de construcción, minería, manufacturas, comercio y servicios, crecieron también de manera notable. Debido a la naturaleza de la inversión en la industria (capital intensivo, menos en la construcción), el crecimiento en el sector no generó en grado significativo empleo. La misma observación es válida para la agricultura. Incremento del empleo hubo, en cambio, en el comercio y en los servicios. El primero refleja el crecimiento de la demanda debido al aumento de los ingresos reales; ha de señalarse, empero, que buena parte de esta actividad comercial, en particular en las ciudades grandes, se fundaba en artículos importados. Los lazos comerciales con los Estados Unidos y con otras naciones hacían que los productos locales no fueran por lo general competitivos, en términos tanto de calidad como de costo. Los comerciantes estaban acostumbrados a obtener elevados márgenes de ganancia sobre volúmenes pequeños de mercaderías. Los recién llegados no tardaron en descubrir la manera de obtener beneficios, en especial cuando sus contactos en el exterior les facilitaban las importaciones. El sector de servicios, como a partir de la Segunda Guerra Mundial en otros países en desarrollo, creció desproporcionadamente y ocultaba un elevado grado de subempleo o desempleo.

Pese a que los esfuerzos por seleccionar a los inmigrantes conforme a las necesidades ocupacionales se aplicaron durante un determinado tiempo, las mismas ocupaciones prevalecen en general a lo largo de todo el período. Alrededor de un 20 por 100 de los inmigrantes dicen ser agricultores o trabajadores agrícolas. Otro tanto eran albañiles, carpinteros o trabajadores no calificados, que en su mayor parte encontraron empleo en la construcción. Algo más del 10 por 100 estaban vinculados con el comercio, y un 8 por 100 eran mecánicos. Hubo cambios importantes entre estas categorías generales. Tanto la agricultura como las actividades relacionadas con la construcción crecieron y luego declinaron de manera notable durante el período. El porcentaje de mecánicos fue bajando ininterrumpidamente, debido, es probable, a que se les presentaban mejores oportunidades fuera, en su país nativo o en otro del Mercado Común, una vez que se inició allí la recuperación económica tras la guerra. Las actividades vinculadas con el comercio decayeron algo de 1948 a 1955; hacia 1958, empero, el proceso se había revertido. El sector comercial fue, al parecer, el que menos sufrió por la paralización

---

[11] S. Aranda, *La economía venezolana: una interpretación de su modo de funcionamiento*, 2.ª ed., México, 1978, pp. 149-151.

de la construcción en 1958 y por la recesión que afectó a la economía
venezolana en los años siguientes.

Es interesante comparar la ocupación declarada por los inmigrantes
con la distribución de la población extranjera en la fuerza de trabajo,
según el censo de 1961. A escala nacional, los extranjeros y los venezolanos naturalizados constituían el 14,4 por 100 de la población económicamente activa, o sea, uno de cada siete trabajadores. Su distribución
dentro del territorio nacional o dentro de la fuerza de trabajo, tomada en
su totalidad o teniendo en cuenta sólo el grupo extranjero, no correspondía, empero, a esas cifras. Dentro de las tres categorías ocupacionales
que pueden compararse, había un marcado descenso en el porcentaje
dedicado a la agricultura (11,7 por 100) y a la construcción (10,4) y un
sorprendente aumento en el porcentaje dedicado al comercio (21,3). Había también una amplia participación en el sector de servicios (22,7
por 100) imposible de relacionar directamente con las ocupaciones declaradas, en tanto gran número de mujeres activas en esta área se habían
identificado como amas de casa.

Si fue intención del gobierno venezolano mejorar la fuerza de trabajo
mediante la inmigración, cabe decir, visto el predominio en ciertas ocupaciones, que no logró su objetivo. Los resultados de la inmigración han
de medirse, sin embargo, también por las repercusiones que ésta tuvo
en la sociedad receptora. Aun cuando la mayoría de los inmigrantes no
eran trabajadores calificados, tenían, en promedio, más años de educación que la población venezolana. El análisis que Mary Kritz hace sobre
las estadísticas educativas del censo de 1961 muestra que los extranjeros tenían, en término medio, seis años de escolaridad, comparados con
cuatro de los venezolanos; un 17 por 100 había recibido educación secundaria o superior, contra el 6 por 100 en la misma categoría de los venezolanos; y si bien el 30 por 100 era analfabeto (se ignora si este dato
se fundaba en el conocimiento del castellano o en el de su lengua nativa), la cifra entre los venezolanos era del 50 por 100 [12]. Otros aspectos
importantes de la repercusión de la presencia de los extranjeros, relacio-
nado también con factores educativos, fue la posición que aquéllos ocuparon en una fuerza de trabajo que comenzaba entonces a diferenciarse.
Interesan en este caso las posiciones directivas y ejecutivas. Aunque menos de un 5 por 100 de la población de origen extranjero económicamente
activa desempeñaba cargos tales, a escala nacional los extranjeros constituían el 50 por 100 dentro de esa categoría. Asimismo, sumaban cerca

---

[12] M. Kritz, «Immigration and Social Structures: the Venezuelan Case», tesis
doctoral, University of Wisconsin, 1972, pp. 107, 113 y 116.

del 20 por 100 entre los profesionales del país, por más que sólo un 7 por 100 de ellos lo eran.

Aparte de su sorprendente nivel de participación en algunas actividades económicas, los inmigrantes estaban también concentrados geográficamente. En 1961, el 14 por 100 de la fuerza de trabajo era de origen foráneo; la cifra se elevaba al 30 en el Distrito Federal. En los sectores comercial e industrial, los inmigrantes sumaban el 40 por 100 de los trabajadores; en la construcción eran uno de cada dos. Si bien la incidencia de extranjeros en la fuerza de trabajo del área metropolitana de Caracas era la más notable, había otras zonas donde la participación foránea fue también significativa: los estados de Carabobo (centro de desarrollo industrial a partir de 1959), de Zulia (región petrolera y agrícola) y de Táchira (principalmente agrícola). Zulia y Táchira son estados de frontera; en este último alrededor del 90 por 100 de la población extranjera procedía de Colombia.

Como puede verse en el cuadro, los extranjeros prevalecían en el grupo ocupacional de ejecutivos y directivos; el porcentaje desciende perceptiblemente, empero, en los estados limítrofes. En éstos, las actividades artesanales y de servicio eran casi tan frecuentes como las directivas. La agricultura alcanzó una proporción significativa únicamente en el Distrito Federal, donde cultivaban huertas que producían vegetales destinados al mercado de Caracas. Debe tenerse en cuenta que el porcentaje no refleja números absolutos —había más extranjeros ocupados en la agricultura fuera del Distrito Federal: el mayor número de venezolanos empleados en las mismas áreas rebaja, empero, la proporción. La cantidad relativamente grande de venezolanos empleados en los yacimientos de petróleo explica el porcentaje mínimo de los extranjeros dentro de esa categoría en Zulia; en cambio, las actividades de oficina relacionadas con los centros administrativos de las empresas localizados en Caracas, dan razón de la elevada proporción de extranjeros que en ellas trabajaban. En las ocupaciones de servicio —por ejemplo, entre otras, barberos, peluqueros, camareros, cocineros, porteros, conserjes, criados— predominaban en el estado de Miranda, más que en otros, los inmigrantes. Esto se explicaría por la expansión de Caracas hacia el este, hacia el estado de Miranda, donde los vecindarios ricos preferían extranjeros para esos servicios, en parte, simplemente, porque ello les otorgaba un cierto prestigio. Dentro de los sectores de comercio y de servicios, es interesante señalar el predominio de algún grupo nacional en determinada actividad. Así, por ejemplo, entre los panaderos, el 40 por 100 era españoles y el 30 por 100 italianos. El 64 por 100 de los barberos y el 63 por 100 de los carniceros era también de origen italiano. Entre los cocineros, el 57 por 100 procedía de España y el 21 por 100 de Italia. De los mecánicos, el 40 por 100 eran italianos y el 30 por 100 españoles. Los costureros, el 50 por 100 eran oriundos de España y el 20 por 100 colombianos; entre los criados, estos mismos orígenes se distribuían con un 43 por 100 para los primeros y un 35 por 100 para los segundos. El 53 por 100 de los fabricantes de zapatos eran italianos, y el 18 por 100 españoles. El 70 por 100 de los sastres provenían de Italia, igual que el 21 por 100 de los tenderos; en cambio, un 33 por 100 de empleados de comercio, o sin especificar, de España.

CUADRO 14.1

PARTICIPACION EXTRANJERA POR GRUPO OCUPACIONAL
EN DETERMINADAS AREAS, 1961 (Porcentajes)

Grupo ocupacional	Distrito Federal, área metropolitana de Caracas	Miranda	Carabobo	Zulia	Táchira
Profesionales, etc.	23,4	37,9	16,2	21,3	14,7
Ejecutivos, directivos, etc.	65,6	63,6	47,2	39,3	26,8
Oficinistas, etc.	16,4	30,5	9,0	10,2	8,7
Vendedores, etc.	48,4	45,3	23,4	13,7	17,6
Trabajadores agrícolas, etc.	25,8	8,5	4,2	15,3	18,6
Mineros, etc.	35,3	38,1	24,4	2,2	11,2
Transportistas, etc.	25,4	29,9	10,1	5,0	10,7
Artesanos	37,5	37,1	22,4	18,9	26,2
Otros artesanos	30,7	29,3	11,2	11,5	28,5
Servicios	26,8	35,2	12,1	19,3	26,2

FUENTE: *Noveno censo general de población: Resumen general de la República, Parte A* Caracas, 1966, 184-187. Estas cinco áreas contenían el 80 por ciento de la población de origen extranjero en 1961.

Y los últimos serán los primeros

El breve análisis sobre la política de inmigración en Venezuela ha mostrado que ésta no siguió pautas bien definidas a lo largo del período estudiado. Aunque la mayor parte de la inmigración fue espontánea, es decir, no seleccionada ni ayudada por el gobierno, al provenir de España, Italia y Portugal, considerados a la sazón como países más desarrollados que Venezuela, los recién llegados estaban en general mejor preparados a la par que altamente motivados para alcanzar el éxito. Fueron acogidos por una sociedad que Jorge Ahumada ha caracterizado como dual, donde la dualidad se definía como «la coexistencia de estructuras institucionales tradicionales y modernas, y/o el funcionamiento de organizaciones modernas según normas tradicionales» [13]. Observa Ahumada que el rápido crecimiento económico de Venezuela a partir de 1936 ha desempeñado un papel fundamental en este dualismo cultural, provocando el cambio de valores y de actitudes a ritmo diferente. También ha alentado este dualismo cultural el hecho de que la transformación económica haya tenido en buena parte su origen en el exterior, en tanto fue resultado de la acción de empresas transnacionales. Puesto que los cambios fueron impulsados por extranjeros que importaban sus técnicas, capital y organización «no fue necesario —explica Ahumada— quebrar las estructuras de poder ni crear empresarios, ni aumentar los conocimientos, ni generar actitudes favorables hacia el ahorro, el trabajo y la racionalidad económica...» [14]. Se podría agregar que, si algún esfuerzo se hizo con esos propósitos, se limitó, cabe pensar, a fomentar la inmigración en vez de intentar cambiar la población venezolana.

Durante los años considerados en este trabajo, Venezuela estaba cerrada en una economía de importación y exportación; los ingresos derivados del petróleo posibilitaron el crecimiento económico del país sin que éste tuviera la capacidad técnica ni las actitudes apropiadas para ese desarrollo. La negligencia del sistema educativo y la estructura económica preexistente, volcada hacia el comercio de exportación e importación, impidieron a los inmigrantes alterar visiblemente las normas con que se toparon. Más bien, gracias a su preparación algo mejor, a las ganas de salir adelante típicas de todo migrante espontáneo y, también, en alguna medida, a la inclinación de los venezolanos a estimar lo extranjero como superior, los trabajadores europeos se incorporaron en la economía en un escalón más alto que sus colegas nativos.

Del análisis de la fuerza de trabajo por estructura ocupacional en 1961 se extraen las proporciones que siguen. Entre los varones, el 18,5 por 100 de los venezolanos desempeñaba trabajos administrativos o de oficina, en comparación con el 32,5 de los extranjeros y el 53,5 de los ciudadanos naturalizados. Entre los obreros, las proporciones respectivas para los tres grupos son 26,7; 42,1 y 33,2 por 100. El 4,5 por 100 de los venezolanos estaba incorporado al sector de servicios, contra el 8,1 y el 6,4 por 100 de extranjeros y naturalizados. El 42,4 por 100 de los venezolanos eran trabajadores agrícolas, mientras que sólo el 15,1 por 100 -

---

[13] J. Ahumada, «Hypotheses for Diagnosing Social Change: The Venezuelan Case», en F. Bonilla y J. A. Silva Michelena (compil.), *A Strategy for Research on Social Policy*, Cambridge, Mass., 1967, pp. 7-10.
[14] *Ibid.*, pp. 9-10.

de los extranjeros y el 5,3 por 100 de los ciudadanos naturalizados encontraron empleo en este sector [15]. Está claro que el elevado número de venezolanos que trabajaban en la agricultura representaba una mano de obra mal utilizada. No hay manera de saber si trabajadores potencialmente aptos permanecían en las regiones agrícolas hasta que surgía una demanda de mano de obra en otros sitios, o si migraban simplemente para probar suerte. Las estadísticas elaboradas por Kritz sobre el censo de 1961 indican con toda claridad que había muy pocas diferencias entre migrantes extranjeros y venezolanos en lo que atañía a la preparación y capacidad para determinadas labores. Antes estos datos, cabe preguntar si, de no haber venido los inmigrantes, hubiera sido mayor el número de venezolanos que se beneficiaran con el auge de los años de 1950. Aunque no hay estadísticas sobre la riqueza o la propiedad en manos de extranjeros, la composición de la fuerza de trabajo en 1961 evidencia que el desarrollo económico de la década anterior había beneficiado a los inmigrantes más que a los nativos. Los extranjeros, también se muestra, más que desarrollar la economía, la explotaron. Al actuar así, debe tenerse presente, sin embargo, que ellos sigiueron las reglas existentes ya en el mercado, reglas que no habían impuesto. Que los últimos en llegar fueron los primeros, implica tanto un elogio a la perseverancia del inmigrante como un reproche a la estrechez de miras de los gobiernos.

---

[15] Kritz, «Immigration and Social Structure», cuadros 6-8, p. 185.